Ubuntu und Restorative Justice als Alternative zum formellen Jugendstrafverfahren

Europäische Hochschulschriften Recht

European University Studies in Law

Publications Universitaires Européennes de Droit

Band/Volume 6714

Nikolai Martin Anstatt

Ubuntu und Restorative Justice als Alternative zum formellen Jugendstrafverfahren

Eine vergleichende Untersuchung der Diversionssysteme von Deutschland und Südafrika

PETER LANG

Bibliografische Information der Deutschen Nationalbibliothek
Die Deutsche Nationalbibliothek verzeichnet diese Publikation in der Deutschen Nationalbibliografie; detaillierte bibliografische Daten sind im Internet über http://dnb.d-nb.de abrufbar.

Zugl.: Mainz, Univ., Diss., 2022

D 77
ISSN 0531-7312
ISBN 978-3-631-89311-1 (Print)
E-ISBN 978-3-631-89324-1 (E-PDF)
E-ISBN 978-3-631-89325-8 (EPUB)
DOI 10.3726/ b20556

Peter Lang – Berlin · Bern · Bruxelles · New York · Oxford · Warszawa · Wien

Diese Publikation wurde begutachtet.

www.peterlang.com

Man kann sich nicht gegenseitig auf die Schultern klopfen und sich ansonsten blind stellen. Wahre Versöhnung deckt den Schrecken, die Misshandlung, den Schmerz, die Erniedrigung und die Wahrheit auf. Manchmal kann sie sogar die Lage verschlimmern. Es ist ein riskantes Unterfangen, aber am Ende ist es die Mühe wert, denn nur wenn man sich mit der wirklichen Situation auseinandersetzt gibt es wirkliche Heilung … Wahre Versöhnung ist nicht einfach; sie ist nicht billig.

Desmond Tutu

Vorwort

Die vorliegende Arbeit wurde im Sommersemester 2022 vom Fachbereich Rechts- und Wirtschaftswissenschaften der Johannes Gutenberg-Universität Mainz als Dissertation angenommen. Literatur und Rechtsprechung konnten bis zum Stand der Einreichung im November 2021 berücksichtigt werden.

Meinem Doktorvater Professor Dr. Dr. Hauke Brettel danke ich herzlich für die Betreuung. Er hat mir großen Freiraum bei der Umsetzung des Projekts gelassen, stand aber gleichwohl mit wertvollen Ratschlägen und entscheidenden Denkanstößen zur Seite. Frau Professorin Dr. Wapler danke ich für die Erstellung des Zweitgutachtens.

Den Rechtsanwaltskollegen Niko Brill und Christoph Weiß gilt mein besonderer Dank. Sie haben mit der promotionsbegleitenden Anstellung die Möglichkeit geschaffen, das Projekt fertigzustellen und gleichzeitig reichhaltige praktische Erfahrungen sammeln zu können.

Mit dem Verfassen dieses Vorworts endet ein mehrjähriger und fordernder Schaffungsprozess. Meine Familie und meine Freunde waren diejenigen, die mir die Kraft gegeben haben, diesen durchzuhalten. Ohne die Unterstützung und Förderung meiner Eltern und Großeltern wäre ich nie in der Lage gewesen, studieren und promovieren zu können. Besonders danken möchte ich meinem Vater für das Korrekturlesen der Arbeit.

Schließlich gebührt mein tiefster Dank meiner Verlobten Tanja. Sie hat mich bedingungslos von Beginn bis zum Abschluss der Arbeit unterstützt und ihre eigenen Interessen viel zu oft zurückgestellt.

Mainz, im Oktober 2022

Nikolai Anstatt

Inhaltsübersicht

Inhaltsverzeichnis

Abkürzungsverzeichnis

a. a. O.	am angegebenen Ort
Abs.	Absatz
Art.	Artikel
Aufl.	Auflage
BAG	Bundesarbeitsgericht
BAG TOA	Bundesarbeitsgemeinschaft Täter-Opfer-Hilfe e. V.
Bd.	Band
BGB	Bürgerliches Gesetzbuch
BGH	Bundesgerichtshof
BMJV	Bundesministerium der Justiz und für Verbraucherschutz
BRD	Bundesrepublik Deutschland
BT-Drucks.	Drucksache des Bundestages
BVerfG	Bundesverfassungsgericht
bzgl.	bezüglich
BZRG	Bundeszentralregistergesetz
CJA	Child Justice Act
CODESA	Convention for a Democratic South Africa
CSU	Christlich-Soziale Union
d. h.	das heißt
DCS	Department of Correctional Service
ders.	derselbe
DPP	Director of Public Prosecution
DSD	Department of Social Development
dt.	deutsch
DVJJ	Deutsche Vereinigung für Jugendgerichte und Jugendgerichtshilfen e. V.
e. V.	eingetragener Verein
ebd.	ebenda
etc.	et cetera
f., ff.	folgende Seite(n)
FGC	Family Group Conference
Fn.	Fußnote

GG	Grundgesetz
ggf.	gegebenenfalls
GPI	Global Peace Index
GVG	Gerichtsverfassungsgesetz
h. M.	herrschende Meinung
HIV	Humanes Immundefizienz-Virus
Hrsg.	Herausgeber
HZ	Häufigkeitszahl
i. d. F. d. E.	in der Fassung des Entwurfs
i. d. F. v.	in der Fassung von
i. V. m.	in Verbindung mit
ISS	Institute for Security Studies
JGG	Jugendgerichtsgesetz
JGGÄndG	Gesetz zur Änderung des Jugendgerichtsgesetzes
JGH	Jugendgerichtshilfe
m. w. N.	mit weiteren Nachweisen
MPI	Max-Planck-Institut
NDPP	National Director of Public Prosecution
NICRO	National Institute for Crime Prevention
NK	Neue Kriminalpolitik (Zeitschrift)
NP	Nationale Partei
Nr.	Nummer
NStZ	Neue Zeitschrift für Strafrecht
OECD	Organisation for Economic Co-Operation and Development
OLG	Oberlandesgericht
ORRG	Opferrechtsreformgesetz
PAC	Pan African Congress
PCTS	Pre-Trial Community Service
PKS	Polizeiliche Kriminalitätsstatistik
RiJGG	Richtlinien (des Bundes) zum JGG
RiStBV	Richtlinien für das Strafverfahren und das Bußgeldverfahren
RL	Richtlinie
Rn.	Randnummer
RSA	Republic of South Africa
RStGB	Reichsstrafgesetzbuch von 1871

s. o.	siehe oben
s. u.	siehe unten
SALC	South African Law Commission
SALRC	South African Law Reform Commission
SAPS	South African Police Service
Sec.	Section (dt. Paragraf)
SGB	Sozialgesetzbuch
SPAA	South African Prisoners‘ Aid Association
StA	Staatsanwaltschaft
StGB	Strafgesetzbuch
StORMG	Gesetz zur Stärkung der Rechte von Opfern sexuellen Missbrauchs
StPO	Strafprozessordnung
TOA	Täter-Opfer-Ausgleich
TRC	Truth and Reconciliation Commission
u. a.	unter anderem
UNODC	United Nations Office on Drugs and Crime
vgl.	vergleiche
VOM	Victim-Offender-Mediation
YES	Youth Empowerment Scheme
ZIS	Zeitschrift für Internationale Strafrechtsdogmatik
zit.	zitiert
ZPO	Zivilprozessordnung

Einleitung

Restorative Justice versteht sich als Alternative zum herkömmlichen Strafverfahren. Opfer, Täter und die Gemeinschaft sollen in den Konfliktlösungsprozess einbezogen werden, um Schäden wiedergutzumachen und Verletzungen zu heilen.[1] Die hierzu gänzlich konträren Maximen beherrschten jedoch lange Zeit den Umgang Südafrikas mit Jugendkriminalität: Abschreckung und Vergeltung.[2]

Noch Mitte der 1990er-Jahre wurden jährlich Zehntausende Kinder zum Auspeitschen verurteilt[3] und es wurden drakonische Haftstrafen für Bagatelldelikte verhängt.[4] Das Alter der Strafmündigkeit lag bei sieben Jahren; die Inhaftierungsquote von Minderjährigen war eine der höchsten weltweit.[5] Traurige Fälle wie der des Neville Synman stießen immer wieder öffentliche Diskussionen über die Ausgestaltung des Jugendstrafrechts an. Der polizeilich nie zuvor in Erscheinung getretene Neville entwendete 1992 im Alter von 13 Jahren eine Handvoll Süßigkeiten aus einem Ladengeschäft, wurde festgenommen und anschließend in einer Gefängniszelle von erwachsenen Mitgefangenen zu Tode geprügelt.[6]

Friedensnobelpreisträger Nelson Mandela erklärte schon vor seiner Wahl zum ersten Präsidenten des demokratischen Südafrikas im Jahr 1994 die Reform des Jugendstrafrechts als dringliche Angelegenheit der neu zu bildenden Regierung[7] - er selbst hatte zuvor 27 Jahre lang in Haft gesessen.[8] Doch erst viele Jahre der Diskussion und Reformbestrebungen später ist 2010 schließlich ein neues Gesetz in Kraft getreten, welches eine radikale Kehrtwende im Umgang mit Jugenddelinquenz eingeleitet hat: der Child Justice Act 75 of 2008 (CJA). Mit diesem Gesetz wurde erstmals in der Geschichte Südafrikas ein eigenständiges Jugendstrafrecht kodifiziert, welches in bemerkenswertem Kontrast

---

1 Dazu ausführlich Kapitel A. II. 1.

2 Zum Umgang mit Jugendkriminalität in Südafrika vor Einführung des Child Justice Acts vgl. *Ovens* 2018, 2.8 - 2.10; *Skelton* 2015, S. 328 ff.; *Kiessl* 2001, S. 135 ff.

3 *Kiessl* 2001, S. 140.

4 *Skelton* 2015, S. 334 ff.

5 *Community Law Centre 1997.*

6 *Skelton* 2015, S. 344.

7 *Nelson Mandelas* Rede zur Lage der Nation am 24.5.1994, veröffentlicht auf South African History Online unter: https://www.sahistory.org.za/archive/1994-president-mandela-state-nation-address-24-may-1994-after-national-elections (zuletzt abgerufen am 6.6.2021).

8 Dazu Mandela selbst *Mandela* 2004, S. 509 ff.

zum vorherigen System steht.[9] Das bis dato geltende Ziel der Vergeltung und Abschreckung wurde durch die Maxime von Restorative Justice und der uralten afrikanischen Ubuntu-Philosophie abgelöst.[10]

Während hierzulande schon das erste deutsche Jugendgerichtsgesetz von 1923 vermeiden wollte,[11] dass der jugendliche Täter durch das gerichtliche Verfahren Schaden erleidet, stellte Südafrika mit der gesetzlichen Kodifikation umfangreicher Diversionsbestimmungen seine Art, auf Delinquenz zu reagieren, komplett auf den Kopf. Restorative Justice ist hierbei ausweislich des Child Justice Acts das Leitprinzip der Diversion. Die Versöhnung zwischen Täter, Opfer und der Gemeinschaft ist eines der erklärten Hauptziele von Diversion. Jede Diversionsmaßnahme soll ein „Restorative Justice Element" beinhalten und es wurden „Restorative Justice Strafen" eingeführt, die auch außerhalb des förmlichen Strafprozesses als Diversionsmaßnahme durchgeführt werden können.[12]

Hierin liegt einer der Hauptunterschiede zum deutschen, spezialpräventiv ausgerichteten Diversionssystem, dem Restorative Justice als übergreifendes Paradigma fremd ist. Zwar spielt die Schadenswiedergutmachung und die Einbeziehung des Opfers im deutschen Diversionssystem durchaus auch eine Rolle.[13] Insbesondere kann das Bemühen des beschuldigten Jugendlichen,[14] einen Ausgleich mit dem Verletzten zu erreichen (Täter-Opfer-Ausgleich), zur Einstellung des Verfahrens führen.[15] Während die deutsche Literatur hierbei jedoch eher von einem „positiven Nebeneffekt" [16] spricht und entsprechend der Ausrichtung des JGG erzieherische Aspekte betont, kommt dem Versöhnungsgedanken im neuen südafrikanischen Jugendstrafrecht hingegen eine zentrale Rolle zu.

Mit Restorative Justice überträgt Südafrika ein Konzept in sein Jugendstrafrecht, das in der Republik tief verwurzelt ist und eine bedeutende Rolle in der Geschichte und Kultur des Landes spielt.[17] Schon die Ureinwohner Südafrikas

---

9 Siehe unten Kapitel B. III.

10 *Songca* 2019, S. 86; zur Ubuntu-Philosophie siehe Kapitel A. I. 2.3.

11 Siehe unten Kapitel B. II. 1.

12 Dazu ausführlich Kapitel B. III.

13 Zu den Bestandteilen von Restorative Justice im deutschen JGG siehe Kapitel B. II. 2.6.2 und 2.6.3.

14 Aus Gründen der besseren Lesbarkeit werden im Folgenden nicht durchgängig geschlechtlich differenzierte Doppelformulierungen gebraucht. Sämtliche Personenbezeichnungen gelten stets, sofern nicht ausdrücklich betont, gleichermaßen für alle biologischen Geschlechter (weiblich, männlich oder divers).

15 Vgl. § 45 Abs. 2 JGG i. V. m. § 46a StGB.

16 So *Gräf* 2015, S. 36.

17 Zur besonderen Beziehung Südafrikas zu Restorative Justice siehe Kapitel A. I.

setzten auf restaurative Formen der Konfliktbewältigung: *Versöhnung* war das maßgebende Prinzip bei der Transformation Südafrikas von der rassenideologischen Apartheid zur Demokratie ab 1990. Die zur Aufarbeitung von Verbrechen während der Apartheid eingesetzte Wahrheits- und Versöhnungskommission erreichte weltweite Berühmtheit. Anstelle herkömmlicher Strafverfolgung entschied sich der Staat für ein Versöhnungsmodell. Täter und Opfer sollten in einen Dialog gebracht werden, um verfeindete Bevölkerungsgruppen zu versöhnen und so dauerhaften Frieden zu erreichen. Diese Art der Konfliktbewältigung wird zu Recht als große humane Leistung bewertet, denn der allseits befürchtete blutige Bürgerkrieg ist ausgeblieben und Südafrika hat einen weitgehend friedlichen Wandel zur Demokratie vollzogen.[18]

Versöhnung statt Strafverfolgung und Vergeltung – diese Maxime dominierte nicht nur den Umgang mit der Bewältigung des gesamtgesellschaftlichen Konflikts nach der Apartheid, sondern wurde auch dem neuen südafrikanischen Jugendstrafrecht von 2010 als Leitprinzip zugrunde gelegt.[19] Mit dieser radikalen Kehrtwende sieht sich Südafrika einer großen Herausforderung ausgesetzt, denn das Land gilt als gewalttätigste Demokratie der Welt und ist berüchtigt für sein hohes Kriminalitätsniveau.[20]

Diese Arbeit will sich der Frage annehmen, ob es sich bei diesem Ansatz um eine gut gemeinte, aber sozialromantische und utopische Vorstellung handelt, oder um eine echte, praktisch anwendbare Alternative im Umgang mit Jugendkriminalität, die auch den Realitäten unseres deutschen Rechtssystems und unserer Gesellschaft gerecht würde.

Sie beginnt hierzu einleitend mit einem Grundlagenteil, der die Wurzeln und Ausgangspunkte des südafrikanischen Verständnisses von Restorative Justice skizziert. Das Konzept wird abstrakt dargestellt und die Grundprinzipien und Grundannahmen werden beschrieben sowie von der konventionellen Strafjustiz abgegrenzt (Kapitel A.). Im darauffolgenden zweiten Teil schließen sich die Darstellung und der Vergleich der praktischen Ausgestaltung von Diversion und Restorative Justice in beiden Bezugsländern an (Kapitel B). Der Gegenstand des sich anschließenden kriminologischen Teils ist sodann eine Analyse der tatsächlichen Begebenheiten und Bedingungen, denen Jugendliche in beiden Bezugsländern ausgesetzt sind, insbesondere im Hinblick auf soziokulturelle, ökonomische und gesellschaftliche Faktoren. Bezug nehmend hierauf wird das

---

18 Siehe dazu ausführlich Kapitel A. I. 2.2.1.

19 Siehe Kapitel B. III. 2.2.

20 Siehe Kapitel C. II.

Konzept von Restorative Justice im Ländervergleich anhand kriminologischer Theorieansätze kritisch beleuchtet (Kapitel C). Hierauf aufbauend werden im letzten Teil der Arbeit dann einzelne Regelungen und Ansätze des Child Justice Acts auf ihre Umsetzbarkeit und Praktikabilität im deutschen Jugendstrafsystem hin bewertet. Daraus resultierende abschließende Schlussfolgerungen sollen das „Beste beider Welten" herausarbeiten und mögliche Reformvorschläge für das deutsche Jugendstrafrecht anbieten (Kapitel D).

A. Theoretische Grundlagen

I. Die besondere Beziehung Südafrikas zu Restorative Justice

1. Einleitung

Der 2010 in Kraft getretene Child Justice Act schreibt die umfassende Verankerung des Konzepts von Restorative Justice[21] ausdrücklich als Ziel des neuen Gesetzes vor. Die Prinzipien von Restorative Justice sollen ausweislich der Präambel des Gesetzes im Jugendstrafrechtssystem etabliert und ausgeweitet werden.[22] Der Geist des Ubuntu soll durch Versöhnung mittels Restorative-Justice-Maßnahmen gefördert werden, das Diversionssystem wurde der Restorative-Justice-Philosophie unterstellt und es wurden „Restorative-Justice-Strafen" eingeführt.[23] Das folgende Kapitel stellt daher zunächst dar, was das Konzept von Restorative Justice überhaupt ist und woraus es sich in Südafrika entwickelt hat.

2. Die südafrikanischen Wurzeln von Restorative Justice

Restorative Justice ist seit den 1990er-Jahren eine international viel beachtete und diskutierte Erscheinung - nicht nur in der Strafrechtswissenschaft und in der Kriminologie, sondern auch in der Psychologie, der Soziologie und in der sozialen Arbeit.[24] In Südafrika, aber auch in anderen Ländern wie Neuseeland, Australien und Kanada wurde nicht nur darüber diskutiert, sondern Restorative-Justice-Prozesse wurden umfassend in das Jugendstrafrecht implementiert.[25] Dabei fällt auf, dass es sich hierbei insbesondere um Länder handelt, deren Ureinwohner für

---

21 Eine deutschsprachige Übersetzung des Begriffs „Restorative Justice" hat sich bislang nicht etabliert. Vereinzelt wird das Konzept als „restaurative Gerechtigkeit" oder „wiederherstellende Gerechtigkeit" bezeichnet. Verbreitet wird der Begriff mangels klarem Terminus jedoch nicht übersetzt, unter anderem weil „Justice" (engl.) sowohl „Gerechtigkeit" als auch „Justiz" bedeutet, vgl. *Früchtel und Halibrand* 2016, S. 28. Auch in dieser Arbeit wird daher der etablierte englische Originalbegriff beibehalten.

22 So heißt es in der Präambel des CJA: „*THIS ACT THEREFORE AIMS TO- […] expand and entrench the principles of restorative justice in the criminal justice system for children who are in conflict with the law […]*".

23 Siehe Kapitel B. III. 2.2.

24 *Horrer* 2014, S. 27; *Hagemann* 2020, S. 152 ff.

25 *Horrer* 2014, S. 27.

restaurative Konfliktlösungsstrategien bekannt waren und der alternative Umgang mit Delinquenz so historisch tief verwurzelt ist.[26] Was diese „Renaissance" in Südafrika betrifft, so zeigt die Auswertung der südafrikanischen Literatur, dass sich das dortige Verständnis von Restorative Justice neben der Berufung auf die allgemeine internationale Forschung auf zwei landeseigene, grundlegende Ursprünge zurückführen lässt: die Aufarbeitung der Apartheid durch die Wahrheits- und Versöhnungskommission und die afrikanische Ubuntu-Philosophie.

2.1. Historisches und kulturelles Vorverständnis

Beide dieser Ursprünge lassen sich nicht ohne die relevanten historischen und kulturellen Begebenheiten des Landes erschließen, die im Folgenden daher zunächst skizziert werden.[27]

2.1.1. Südafrika vor der Apartheid

Das heutige Südafrika gilt verbreitet als Wiege der Menschheit.[28] Es wird vermutet, dass sich die Entwicklung des anatomisch modernen Menschen (Homo sapiens) im südlichen Afrika vollzogen hat.[29] Die alleinige Bevölkerung Südafrikas von indigenen afrikanischen Stämmen (insbesondere San, Xhosa und Zulu) endete mit dem Beginn der Besiedlung der Kapregion durch die Niederländische Ostindien-Kompanie (VOC) unter der Leitung von *Jan van Riebeeck*.

Dessen Schiffe landeten am 6.4.1652 am Kap der Guten Hoffnung.[30] Die ursprünglich als Versorgungsposten für die Schifffahrt nach Indien vorgesehene Kapkolonie breitete sich schnell aus. Ein dadurch bedingter großer Bedarf an Arbeitskräften führte zu einem florierenden Sklavenhandel.[31] Schon ab 1710 gab es in der Kapkolonie mehr Sklaven als freie Bürger.[32]

---

26 *Kenny und Leonard* 2014, S. 44 ff.; aber auch in Europa findet Restorative Justice zunehmende Beachtung, vgl. die Einzelbeiträge in *Lummer et al.* 2011 und *Dünkel et al.* 2015.

27 Die umfassendste Darstellung der älteren Geschichte Südafrikas bis 1990 bietet *Fisch* 1990; eine übersichtliche Skizzierung der Geschichte Südafrikas im Ganzen liefert *Hagemann* 2018; zur neueren Geschichte einschließlich eines Ausblicks bis 2024 siehe *Sprenger-Menzel* 2019.

28 Exemplarisch *Porsche-Ludwig* 2016, S. 577.

29 *Fisch* 1990, S. 30 ff.; *Hagemann* 2018, S. 9 ff.

30 Das Kap der Guten Hoffnung wurde zunächst von dem portugiesischen Seefahrer *Bartolomeu Dias* wegen der gefährlichen Wetterlagen als „Kap der Stürme" bezeichnet und erst später zum heutigen Namen umbenannt, *Fisch* 1990, S. 53 ff.

31 *Fisch* 1990, S. 67 ff.

32 *Fisch* 1990, S. 67.

Die Machtverschiebung in Europa und zunehmender britischer Einfluss ab 1795 führten 1814 dann zu einer Annexion des Kaps durch Großbritannien. Die Briten und die Nachfahren der Kapkolonisten (*Buren*) koexistierten zunächst weitgehend friedlich nebeneinander. Unter der britischen Herrschaft wurde 1834 die Sklaverei abgeschafft,[33] was große Wanderungsbewegungen (sog. *Voortreks*) der hierüber verbitterten Buren auslöste.[34]

Die Inbesitznahme als Farmland von immer weiteren Teilen des Landes im Rahmen dieser Wanderbewegungen und der damit verbundenen Verdrängung der indigenen Völker Südafrikas führte zu zunehmenden Spannungen. Blutige kriegerische Auseinandersetzungen waren die Folge, allen voran die Grenzkriege zwischen den Buren und dem *Xhosa*-Volk sowie den burischen *Voortrekkern* mit der Streitmacht der *Zulu*.[35] Aus diesen Kriegen resultierte die Gründung zweier Burenrepubliken, die auch von Großbritannien unabhängig waren: *Transvaal* (1852) und *Oranjefreistaat* (1854). Die Xhosa und andere schwarzafrikanische Stämme verloren hingegen immer weiter an Land, Einfluss und Unabhängigkeit.[36]

Funde massiver Diamanten- und Goldvorkommen Ende des 19. Jahrhunderts verursachten eine wirtschaftliche Wende und machten Südafrika schnell zum reichsten und wirtschaftsstärksten Land des afrikanischen Kontinents.[37] Die Fundorte lagen jedoch in den Buren-Republiken, Oranjefreistaat und Transvaal - was die Briten dazu veranlasste, die Unabhängigkeit der Buren infrage zu stellen. Die friedliche Koexistenz zwischen Buren und Briten endete somit und

---

33 Dazu *Jaenecke* 1989, S. 55 ff.

34 *Fisch* 1990, S. 128 ff.; *Jaenecke* 1989, S. 65 ff.

35 Relevanz hat insbesondere die ***Schlacht am Blood River*** am 16.12.1838, bei der wenige Hundert burische *Voortrekker* etwa 3000 Zulu Krieger töteten, ohne eigene Verluste zu erleiden. Gegen die Schusswaffen und Defensivtaktiken der Buren konnten die Zulu mit ihren dünnen Schilden und Speeren trotz extremer zahlenmäßiger Überlegenheit nichts ausrichten, dazu *Fisch* 1990, S. 134; *Jaenecke* 1989, S. 77 ff.; *Jenny* 1992, S. 70.

36 Das endgültige Ende der Macht der Xhosa lässt sich in 1857 verorten. Ein Mädchen namens *Nongqawuse* soll Visionen gehabt haben, in denen ihr Ahnengeister versichert haben sollen, dass die Weißen ins Meer getrieben würden, wenn die Xhosa zuvor ihr Vieh und ihre Vorräte zerstörten. Die einflussreichsten Zulu-Führer kamen dem nach und töteten 85 % ihres Viehbestandes (400 000 Tiere). Daraufhin brach eine Hungersnot aus, die viele Tausende Xhosa das Leben kostete. Damit war die militärische und wirtschaftliche Macht endgültig gebrochen, dazu *Fisch* 1990, S. 150 ff.; *Hagemann* 2018, S. 39.

37 *Hagemann* 2018, S. 44 ff.

führte letztlich zum britisch-burischen Krieg (*Anglo-Boer-War*) zwischen 1899 und 1902.[38]

Nach dem britisch-burischen Krieg versöhnten sich die Briten allmählich mit den Buren. Einig war man sich insbesondere in einem Punkt: Man musste die Vorherrschaft der eigenen, vermeintlich privilegierten, Minderheit gegen die schwarze Mehrheit sichern. Auch um den Bedarf an billigen Arbeitskräften zu decken, verbündeten sich Briten und Buren schließlich gemeinsam gegen die Schwarzen.[39] Man einigte sich auf die Vereinigung der vier bestehenden Republiken (Kapprovinz, Natal, Oranjefreistaat und Transvaal) unter politischem Ausschluss der schwarzen Bevölkerung.[40] 1910 wurde so die *Südafrikanische Union* unter Ausschluss des Wahlrechts für Nichtweiße gegründet.

2.1.2. Südafrika auf dem Weg zur Apartheid

Die zu diesem Zeitpunkt bereits praktizierte Rassentrennung wurde durch die Südafrikanische Union von 1910 durch zahlreiche Gesetze und Verordnungen auf ein gesetzliches Fundament gestellt.[41] Grundlage für die später immer weiter verschärfte Rassentrennung war der *Natives Land Act* von 1913 mit der klaren Trennung zwischen weißem und schwarzem Grundbesitz.[42] Der schwarzen, 67,3 % der Gesamtbevölkerung ausmachenden Bevölkerung wurden 7,3 % der Gesamtfläche Südafrikas als sog. *Homelands* zugesprochen.[43] Der Zuerwerb von Land wurde Schwarzen verboten. Die Prinzipien des Landgesetzes wurden durch den 1923 verabschiedeten *Native Urban Areas Act* auf städtische Gebiete ausgeweitet, d. h. Städte konnten in weiße und nicht weiße Gebiete unterteilt werden.[44] Weitere gesetzlich gestützte Rassendiskriminierung erfolgte auch auf wirtschaftlicher und politischer Ebene. So waren beispielsweise besser bezahlte Arbeitsplätze weißen Arbeitern vorbehalten (*Mines and Work Act* von 1911) und das Wahlrecht wurde weiter beschnitten: Schwarze durften lediglich drei weiße Abgeordnete ins Parlament wählen (*Representation of Natives Act* von 1936).[45]

---

38 *Fisch* 1990, S. 212 ff.

39 *Fisch* 1990, S. 217 ff.; *Kaußen* 2003, S. 71: *„Die Rassenspaltung wog letztlich schwerer als die anhaltende Rivalität um die politische Vorherrschaft zwischen Afrikanern und Briten".*

40 *V. Dewitz* 2005, S. 32 ff.

41 *Hagemann* 2018, S. 59 ff.

42 *Fisch* 1990, S. 238.

43 *Fisch* 1990, S. 239.

44 *Fisch* 1990, S. 254.

45 *V. Dewitz* 2005, S. 37.

2.1.3. Apartheid als Regierungssystem

Damit war die Grundlage für die Apartheid (1948–1990) als Regierungssystem geschaffen.[46] Die Apartheid begann mit dem Wahlsieg der *Nationalen Partei* unter der Führung von *Daniel François Malan* im Jahr 1948.[47] Erklärtes Ziel der Nationalen Partei war die umfassende Trennung der Rassen, sie selbst gab dieser Politik den Namen Apartheid.[48]

Um das Ziel der Rassentrennung konsequent verfolgen zu können, wurde zunächst ein Gesetz verabschiedet, welches die obligatorische Einteilung aller Südafrikaner in drei Rassen festlegte: Weiße, Farbige und Schwarze (*Population Registration Act* von 1950).[49] Auf dieser Einteilungsgrundlage konnte nun in allen Bereichen des Lebens rassistisch getrennt werden. Eheschließungen und intimer Verkehr zwischen Rassen wurden verboten (*Prohibition of Mixed Marriage Act* von 1949 und *Immorality Ammendment Act* von 1959).[50] Selbst die Benutzung öffentlicher Einrichtungen wie Badestrände, Toiletten, Verkehrsmittel, Gehwege und Krankenhäuser wurde nach Rassenzugehörigkeit reglementiert.[51] Die völlige Trennung von Schwarzen und Weißen sollte so sowohl in der Öffentlichkeit als auch im Privaten erreicht und der Kontakt auf ein Minimum beschränkt werden.[52]

Ein weiterer Pfeiler der Gesetzgebung der Apartheidregierung, der sich der Trennung im sozialen Bereich (sog. „kleine Apartheid") anschloss, war die Trennung der Wohngebiete (sog. „große Apartheid").[53] Durch den *Group Areas Act* von 1950 wurden einzelne Gebiete bestimmten Rassen zum Wohnen zugeordnet. Hierfür wurden primitive Barackensiedlungen (sog. *Townships*) außerhalb der Stadtzentren gegründet.[54] Diese Barackensiedlungen prägen noch heute das Stadtbild südafrikanischer Großstädte.[55] Von der Einteilung abweichende und somit illegale Siedlungen in den Zentren wurden teilweise mit Waffengewalt

---

46 *Jaenecke* 1989, S. 184 ff.; *Kaußen* 2003, S. 74 ff.
47 *Hagemann* 2018, S. 70 f.
48 *Fisch* 1990, S. 290.
49 *Fisch* 1990, S. 291.
50 *Sprenger-Menzel* 2019, S. 14.
51 Vgl. *Sprenger-Menzel* 2019, S. 13 f.
52 Vgl. auch *Gobodo-Madikizela* 2006, S. 175 ff.
53 Zu den Begriffen *Fisch* 1990, S. 293 ff.; *Sprenger-Menzel* 2019, S. 13.
54 Ausführlich zur Urbanisierung südafrikanischer Städte *Cramer* 2010, S. 17 ff.
55 Siehe Kapitel C. III. 5.

geräumt und abgerissen. Zwischen 1960 und 1983 wurden etwa 3,5 Millionen Schwarze deportiert und zwangsumgesiedelt.[56]

Passgesetze wurden durch den *Abolition of Passes Act*[57] von 1952 dahingehend verschärft, dass jeder schwarze Südafrikaner verpflichtet wurde, einen Pass bei sich zu tragen. Um Wanderarbeit zu verhindern, durften schwarze Südafrikaner nur mit schriftlicher Genehmigung des Arbeitgebers oder einer Behörde den Wohn- und Arbeitsplatz verlassen. Wer keine Arbeit hatte, durfte sich maximal 72 Stunden lang in städtischen Gebieten aufhalten.[58] Schon das Nichtvorzeigen eines Ausweises war unter Strafe gestellt und führte zu zahlreichen Verhaftungen und Inhaftierungen. Alleine 1967/68 wurden 693 700 Fälle von Verstößen gegen Passgesetze aktenkundig.[59]

2.1.4. Sharpeville und wachsender Widerstand

Insbesondere die Passgesetze waren verhasst und führten zu zunehmendem Widerstand und zivilem Ungehorsam der unterdrückten Bevölkerung. Hauptakteur des politischen und gesellschaftlichen Widerstandes war der 1912 gegründete *South African Native National Congress*, der 1923 in *African National Congress (ANC)* umbenannt wurde.[60]

Zum Protest gegen die Passgesetze versammelten sich am 21.3.1960 mehrere tausend schwarze Südafrikaner friedlich und unbewaffnet vor einer Polizeistation in Sharpeville (Provinz Gauteng). Die Polizei begann in die Menge zu schießen, die sofort die Flucht ergriff. Überwiegend durch Schüsse in den Rücken wurden 69 Menschen getötet und mehrere Hunderte verletzt.[61]

Dieses als „*Massaker von Sharpeville*" bezeichnete Geschehen gilt als Wendepunkt in der Geschichte der Apartheid.[62] Es führte sowohl zu landesweiten

---

56 *Fisch* 1990, S. 315; die Anzahl der zwangsumgesiedelten Menschen während der gesamten Apartheid wird auf 6 Millionen geschätzt, *Löwer* 2010, S. 180.

57 Von einem *Abolition of Passes Act* (dt. Gesetz zur Abschaffung von Pässen) kann hier freilich nicht die Rede sein, denn die Passgesetze wurden gerade erheblich verschärft. Statt eines Passes musste schlicht ein *reference book* mitgeführt werden, *Fisch* 1990, S. 295.

58 *Fisch* 1990, S. 294 ff.

59 *Fisch* 1990, S. 296.

60 *Fisch* 1990, S. 279. Der ANC sollte später unter der Führung Nelson Mandelas die Apartheidregierung ablösen und die freie Republik Südafrikas gründen, die Partei bildet seither ununterbrochen die Regierung. Die nächsten Parlamentswahlen finden 2024 statt.

61 *Fisch* 1990, S. 308; dazu ausführlich *Lodge* 2011, S. 74 ff.

62 *Sprenger-Menzel* 2019, S. 84; *Leubolt* 2015, S. 298.

Protesten als auch zu internationaler Verurteilung und Isolation.[63] So wurde u. a. eine Resolution der Vereinten Nationen verabschiedet, die die Apartheid als Verbrechen gegen die Menschlichkeit bewertete und von der südafrikanischen Regierung ihre Auflösung forderte.[64] Davon unbeeindruckt versuchte das Apartheidregime die Kontrolle zurückzugewinnen, indem es den ANC, den *Pan African Congress* (PAC) und andere Parteien und Organisationen verbot.[65] Der Widerstand wurde hierdurch jedoch nicht gebrochen, sondern führte im Gegenteil dazu, dass ANC und PAC den jahrelangen friedlichen Widerstand aufgaben und Untergrundflügel zum bewaffneten Kampf gründeten.[66] Zu der vom ANC gegründeten Untergrundorganisation *Umkhonto we Sizwe* (Speer der Nation) gehörten unter anderem auch *Walter Sisulu* und *Nelson Mandela*. Zwar gelangen ihnen vereinzelt Sabotageakte und aufsehenerregende Anschläge, jedoch konnten die Gruppen rasch vom Geheimdienst des Regimes unterwandert und weitestgehend zerschlagen werden. *Nelson Mandela* und andere Führungskräfte des ANC wurden zu lebenslangen Haftstrafen verurteilt.[67]

Das Apartheidregime wandelte sich mehr und mehr zu einem Polizeistaat. Verdächtige durften ab 1963 ohne Gerichtsverhandlung für bis zu 90 Tage festgehalten werden; die *„staatliche Unterdrückungsmaschinerie geriet außer Kontrolle“*,[68] so beschreibt es *Pumla Gobodo-Madikizela*.[69] Hunderttausende wirkliche oder vermeintliche Apartheidgegner wurden inhaftiert und teilweise gefoltert.[70] Neben den Menschenrechtsverstößen, die durch Gesetze des Apartheidregimes legitimiert waren, kam es darüber hinaus auch zu zahlreichen Verbrechen des Polizeistaats, die schon während der Apartheid gegen geltendes Recht verstießen

---

63 Dazu *Lodge* 2011, S. 163 ff.

64 VN-Resolution Nr. S/RES/134 (1960) vom 1.4.1960, abrufbar unter https://digitallibrary.un.org/record/112105 (zuletzt abgerufen am 6.6.2021).

65 *Fisch* 1990, S. 308.

66 *Fisch* 1990, S. 309.

67 *Hagemann* 2018, S. 88 f.

68 *Gobodo-Madikizela* 2006, S. 179.

69 Die Professorin für klinische Psychologie war Mitglied der Wahrheits- und Versöhnungskommission. Besondere Bekanntheit erhielt sie durch mehrere Treffen mit *Eugene de Kock*, der als Leiter einer geheimen Einsatzgruppe der Polizei (*Vlakplaas*) für die Ermordung, Entführung und Folterung zahlreicher Menschen zu 212 Jahren Haft verurteilt wurde. Die Gespräche mit dem als „Prime-Evil“ genannten *de Kock* während ihrer Haftbesuche schildert sie in einem sehr lesenswerten Buch (*Gobodo-Madikizela* 2006). *De Kock* wurde 2015 nach 20 Jahren Haft auf Bewährung entlassen.

70 *Gobodo-Madikizela* 2006, S. 179.

(und später teilweise zum Gegenstand der Wahrheits- und Versöhnungskommission werden sollten).[71] Dazu gehörten insbesondere verdeckte und gezielte Ermordungen von Apartheidgegnern und Menschenrechtlern auf offener Straße oder im Polizeigewahrsam.[72] Widerstandskämpfer des *Umkhonto we Sizwe* wurden von geheimpolizeilich rekrutierten Spitzeln in Fallen gelockt und gruppenweise erschossen.[73]

Nachdem der Widerstand gegen das Apartheidregime auf diese Weise zumindest nach außen hin weitgehend eingedämmt wurde, flammten ab Mitte der 1970er-Jahre erneut massive Proteste auf.[74] Auslöser war neben der Wirtschaftskrise ein Erlass, wonach das burische *Afrikaans* als Pflichtsprache in sämtlichen Schulen eingeführt werden sollte.[75] Afrikaans galt als die Sprache der Unterdrücker und war dementsprechend verhasst.[76] Hiergegen bildeten sich massive Schüler- und Studentenproteste. In Soweto, der größten Vorstadt Johannesburgs, kam es am 16.6.1976 zum „Schüleraufstand von Soweto".[77] Bewaffnete Polizeikräfte schossen in die Menge und töteten mehrere Schulkinder.[78] Es folgten landesweite Aufstände von Schülern und Studenten und heftige blutige Konfrontationen mit der Staatsmacht, die mindestens 575 Menschen das Leben kosteten.[79] Das Regime reagierte erneut mit voller Härte. Sämtliche Organisationen, die mit den Unruhen in Verbindung gebracht werden konnten, wurden verboten. So unter anderem die einflussreiche *Black-Consciousness*-Bewegung,[80]

---

71 Siehe dazu die Fallsammlung mit prominenten Einzelbeispielen in *V. Dewitz* 2005, S. 174 ff.

72 *V. Dewitz* 2005, S. 174 ff.

73 *V. Dewitz* 2005, S. 179 f.

74 *Kaußen* 2003, S. 84 ff.

75 *Fisch* 1990, S. 336 f.

76 *Fisch* 1990, S. 337. Die Sprachpolitik innerhalb des Bildungssystems ist bis heute Gegenstand anhaltender Debatten. So hat das Verfassungsgericht die Sprachpolitik der Universität Stellenbosch jüngst bestätigt, wonach jeder Kurs zumindest *auch* in Englisch angeboten werden muss und nicht nur in Afrikaans abgehalten werden darf, Constitutional Court Of South Africa, CCT 311/17, Urteil vom 10.10.2019, abrufbar unter http://www.saflii.org/za/cases/ZACC/2019/38.pdf (zuletzt abgerufen am 6.6.2021).

77 *Sprenger-Menzel* 2019, S. 9.

78 *Fisch* 1990, S. 337.

79 *Fisch* 1990, S. 337.

80 Dazu *Leubolt* 2015, S. 295.

dessen Führer, *Steve Biko*, nach Misshandlungen im Polizeigewahrsam einer Gehirnverletzung erlag.[81]

Die frühen 1980er-Jahre waren geprägt von immer wieder aufflammenden Unruhen und blutigen Kämpfen.[82] Staatliche Gewaltmaßnahmen eskalierten immer mehr, der Staatsapparat wurde ausgebaut und eine „totale Strategie" wurde unter Premierminister *P. W. Botha* erarbeitet, die sich dem „totalen Angriff" der schwarzen Bevölkerung entgegenstellen sollte, um den Fortbestand der weißen Überlegenheit zu sichern.[83] Auf der anderen Seite verschärfte auch der ANC (bzw. dessen militärischer Flügel *Umkhonto we Sizwe)* seinen bewaffneten Widerstand und setzte zunehmend auf Bombenattentate, bei denen auch Zivilisten starben.[84]

Ein weiteres Phänomen der Apartheid war auch Gewalt der Unterdrückten gegen eigene Landsleute, die der Kollaboration mit den weißen Machthabern beschuldigt wurden.[85] Traurige Berühmtheit erreichten diesbezüglich sogenannte *Necklacing*-Morde, bei denen dem Opfer ein mit Benzin getränkter Autoreifen umgehängt und angezündet wurde.[86] Fälle dieser grausamen Form von Lynchjustiz in Townships erreichen auch heute immer wieder mediale Aufmerksamkeit.[87] Die Apartheidpolitik führte zu einer „Unkultur der Gewalt", auch in der unterdrückten Bevölkerung.[88]

2.1.5. Das Ende der Apartheid

Zunehmender internationaler diplomatischer und wirtschaftlicher Druck, insbesondere ausgelöst durch internationale Sanktionspolitik, die für die Regierung nicht zu vermeidende Entstehung von schwarzen Gewerkschaften und der anhaltende Widerstand der Bevölkerung zwangen die Regierung gegen Ende der 1980er-Jahre zu der Einsicht, dass sich das System Apartheid nicht ewig halten und finanzieren lässt.[89] Präsident *Botha* trat 1989 auf Druck des eigenen

---

81 Zu den Einzelheiten des zu dem vor der TRC verhandelten Falles siehe *V. Dewitz* 2005, S. 178 f.

82 *Falk* 1986, S. 12 ff.; *Kaußen* 2003, S. 88 ff.

83 *Gobodo-Madikizela* 2006, S. 179.

84 *Sprenger-Menzel* 2019, S. 84; dazu auch *Razumovsky und Wätjen* 1988, S. 106 ff.

85 *V. Dewitz* 2005, S. 49.

86 *Gobodo-Madikizela* 2006, S. 180; *Steinbrink* 2009, S. 216; *Razumovsky und Wätjen* 1988, S. 111.

87 Dazu mit Einzelbeispielen *Hesselink und Dastile* 2016, S. 18 f.

88 *V. Dewitz* 2005, S. 49.

89 *V. Dewitz* 2005, S. 49 f.; *Hagemann* 2018, S. 92 ff.

Kabinetts zurück.[90] Sein Nachfolger, *Frederik Willem de Klerk*, läutete Reformen ein und erklärte in einer weltweit viel beachteten Regierungserklärung am 2.2.1990 das Ende der Apartheid.[91] Zeitgleich erklärte er die Wiederzulassung verbotener Parteien und Organisationen wie des ANC und die Freilassung politischer Gefangener. So wurde auch der spätere Präsident *Nelson Mandela* nach 27 Jahren Haft entlassen.[92]

Eine repräsentative Kommission „*Convention for a Democratic South Africa (CODESA)*" wurde gegründet und erarbeitete die Grundlagen der Umgestaltung des Landes in eine Demokratie.[93] Nelson Mandela leitete als einstimmig gewählter Vorsitzender des ANC die Verhandlungen mit der Regierungspartei und prägte diese durch seine Politik der Versöhnung. Die immer wieder von Gewalt überschatteten Verhandlungen mündeten in einer Übergangsverfassung, die im Dezember 1993 in Kraft trat.[94] Im selben Jahr wurde *Mandela* und *de Klerk* gemeinsam der Friedensnobelpreis verliehen.[95] Bei den ersten demokratischen Wahlen im April 1994 gewann der ANC schließlich mit 62,65 % der Stimmen, Nelson Mandela wurde neuer Staatspräsident und Südafrika wurde so zur Demokratie.[96] Die endgültige Verfassung der Republik Südafrika trat am 4.2.1997 in Kraft und löste die Übergangsverfassung ab.[97] Ein neu geschaffenes Verfassungsgericht wacht seit 1995 über die Einhaltung der Verfassung *(Constitutional Court of South Africa)*.[98]

Die dunkelhäutige Bevölkerung hat sich bis heute nicht von der Apartheid erholt. Auch wenn nunmehr alle Menschen vor dem Gesetz gleich sind – die über ein Jahrhundert andauernde Benachteiligung und wirtschaftliche und soziale Ausgrenzung wurde nie aufgeholt.[99]

---

90 *Hagemann* 2018, S. 100.

91 *Hagemann* 2018, S. 101.

92 Der Entlassung waren öffentlich geheimgehaltene Gespräche mit Teilen der Regierung und Mandela vorangegangen, dazu wohl am authentischsten *Mandela* 2004, S. 687 ff.

93 *Sprenger-Menzel* 2019, S. 100; *Mandela* 2004, S. 793.

94 *Hagemann* 2018, S. 106; zur Übergangsverfassung von 1993 siehe *Lang* 2005, S. 192 ff.

95 *Sprenger-Menzel* 2019, S. 3.

96 *V. Dewitz* 2005, S. 54.

97 Zur neuen Verfassung Südafrikas im Ganzen *Grupp* 1999.

98 *Haase* 1999, S. 9 ff.; zum Aufbau der Strafgerichtsbarkeit in der heutigen Republik siehe *Swanepoel* 2017.

99 Dazu ausführlich unten Kapitel C. III. 3.–6.

2.2. *Ausgangspunkt Nr. 1: Die Wahrheits- und Versöhnungskommission*

In dieser Phase des Umbruchs entwickelte sich die Wahrheits- und Versöhnungskommission *(Truth and Reconciliation Commission, TRC)*, die später eines der beiden prägenden Fundamente von Restorative Justice im neuen südafrikanischen Jugendstrafrecht werden sollte. Die Entstehung und Arbeit der TRC soll daher im Folgenden skizziert werden.

2.2.1. *Die Aufarbeitung von Verbrechen während der Apartheid*

Mit dem Übergang in eine Demokratie wurde die Apartheid zwar abgeschafft und alle Südafrikaner wurden gesetzlich gleichgestellt, doch die innenpolitische und gesellschaftliche Situation war extrem brisant, der unkontrollierte Ausbruch von Gewalt und blutigen Bürgerkriegen war zu befürchten.[100]

Die Frage des Umgangs mit dem Apartheidregime und dessen Verbrechen musste gelöst werden, um eine neue Nation bilden zu können.[101] Wie diese Aufarbeitung erfolgen sollte, war einer der umstrittensten Hauptpunkte bei den Übergangsverhandlungen zwischen 1990 und 1994.[102] Es standen sich zwei grundlegend gegensätzliche Positionen gegenüber: Regierungsmitglieder der NP forderten den Erlass einer umfassenden Generalamnestie,[103] die Basis des ANC forderte hingegen eine umfassende Strafverfolgung, häufig unter Bezugnahme auf die Nürnberger Kriegsverbrecherprozesse als Vorbild.[104]

---

100 Eine Beschreibung von 1978 bringt das Dilemma auf den Punkt: *„Commonsense-Überlegungen dürften kaum zu dem Schluss führen, die Chancen friedlichen Wandels sehr hoch einzuschätzen. In der Geschichte sind zweifellos Fälle, in denen privilegierte Minderheiten starrsinnig an ihren Privilegien festhielten und bei deren Verteidigung zugrunde gingen, häufiger als Fälle, in denen sich die Einsicht durchsetze, es sei besser, vieles zu opfern, als alles zu verlieren. Häufiger als die Fälle, in denen ausgebeutete und mißhandelte Mehrheiten auf ihnen gebotene Möglichkeiten friedlichen Wandels von Herrschaftsverhältnissen eingingen, dürften auch die Beispiele sein, in denen lang gestaute Haß- und Rachegefühle zum Ausbruch kamen, wenn sich einmal das Blatt gewendet hatte“*, *Hanf et al.* 1978, S. 1 f.

101 *Kaußen* 2003, S. 185 ff.

102 *Lang* 2005, S. 198 ff.

103 Zu der Position der Regierung im Einzelnen *Lang* 2005, S. 180 ff.

104 Die Vorstellungen waren aber innerhalb des ANC durchaus divergent, auch extremistische Positionen im Sinne von *„one settler, one bullet“* und *„kill the Boers“* wurden vertreten, dazu *Kaußen* 2003, S. 185; *Lang* 2005, S. 231.

Nach langen und kontroversen Verhandlungen wurde schließlich ein Kompromiss zwischen diesen Positionen gefunden: die Einsetzung einer Wahrheits- und Versöhnungskommission.[105] Die gesetzliche Grundlage für diese Kommission war der *Promotion of National Unity and Reconciliation Act 34 of 1995*,[106] der am 1.12.1995 in Kraft trat.[107] Vorsitzender der TRC war der hoch angesehene Erzbischof von Kapstadt und Friedensnobelpreisträger *Desmond Tutu*.[108]

Das neu begründete und erstmals demokratisch gewählte Parlament Südafrikas entschied sich damit für einen Mittelweg zwischen Generalamnestie und Strafverfolgung.[109] Eine Amnestie konnte einzelnen Straftätern dann gewährt werden, wenn die gesetzlichen Forderungen des TRC-Acts erfüllt waren.[110] Formell bedurfte es hierzu eines Antrags innerhalb der festgelegten Frist.[111] Materiell musste es sich bei der Tat um eine solche zwischen dem 1.3.1960 und dem 10.5.1994 gehandelt haben, die politisch motiviert war.[112] Erfasst waren nur Taten, die auch schon während der Apartheid unter Strafe standen, Gegenstand war also nicht die Apartheid als System der Unterdrückung als solches.[113] Der persönliche Anwendungsbereich der Amnestiebestimmungen erfasste sowohl Staatsbedienstete und Sicherheitskräfte des Apartheidregimes als auch Mitglieder und Sympathisanten von politischen Organisationen und Freiheitsbewegungen, also Täter „auf beiden Seiten".[114] Der Antragsteller musste alle relevanten Tatsachen zur Überzeugung der Kommission offenlegen und enthüllen.[115] Reue

105 Die möglichen Modelle des Strafrechts in Reaktion auf Systemunrecht werden in einer entsprechenden Schriftenreihe des Max-Planck-Instituts für ausländisches und internationales Strafrecht (seit 2019: zur Erforschung von Kriminalität, Sicherheit und Recht) in drei grundlegende Modelle eingeteilt: das „**Schlussstrichmodell**" (so die Forderung der NP nach Generalamnestie), das „**Strafverfolgungsmodell**" (so die Forderung der ANC Basis) und das „**Versöhnungsmodell**", vgl. zuletzt *Eser und Arnold* 2012, S. 24.

106 Im Folgenden: TRC-Act.

107 *Lang* 2005, S. 211.

108 Sehr lesenswert ist die autobiografische Darstellung Tutus über sein Wirken als Vorsitzender der TRC, *Tutu* 2001.

109 *Lang* 2005, S. 211.

110 Vgl. *Lang* 2005, S. 211 ff.

111 Vgl. *Lang* 2005, S. 214 f.

112 Vgl. Sec. 20(1)(b) i. V. m. Sec. 20(2) TRC-Act.

113 *Lang* 2005, S. 214.

114 Vgl. Sec. 20(2) TRC-Act; *Lang* 2005, S. 216 f.

115 Sec. 20(1)(c) *„the applicant has made a full disclosure of all relevant facts"; Lang 2005, S. 219.*

zu zeigen oder sich von den Taten zu distanzieren war hingegen keine Voraussetzung zur Gewährung von Amnestie.[116] Daraus ergibt sich, dass gerade zur Entstehungszeit der TRC pragmatische Überlegungen dominierten.[117] Es galt, den international befürchteten blutigen Bürgerkrieg zu verhindern.[118] Man wollte „Lippenbekenntnisse vermeiden" und möglichst breite Wahrheitsfindung erreichen.[119] Viele der Täter beteuerten auch Scham und Reue, gleichwohl war einer der Kritikpunkte an der TRC, dass auch viele Täter amnestiert wurden, die keine Einsicht zeigten und sich auch nicht bei den Opfern oder Angehörigen entschuldigten.[120]

Gewährte die Kommission dem Täter Amnestie, so löste dies eine ex tunc Wirkung dahingehend aus, dass sämtliche Strafverfolgungsmaßnahmen einzustellen und erlassene Urteile aufzuheben waren.[121] Auch sämtliche zivilrechtlichen Ansprüche wurden durch die gewährte Amnestie gesperrt.[122] Wurde der Antrag auf Gewährung von Amnestie hingegen abgelehnt, so wurde wiederum das konventionelle Justizsystem zuständig.[123] Die durch die Aussage von Beschuldigten vor der TRC gewonnenen Erkenntnisse unterlagen in einem späteren Strafverfahren jedoch einem umfangreichen Beweisverwertungsverbot.[124]

Mit diesem Regelungswerk hatte Südafrika ein bisher einzigartiges Konzept entwickelt.[125] Zum einen war die TRC als bisher einzige Wahrheitskommission mit den Befugnissen eines Gerichts ausgestattet, sie durfte insbesondere Zeugen hören, selbstständig ermitteln und staatsanwaltliches Beweismaterial sichten.[126] Zum anderen war auch das Zusammenspiel zwischen ordentlicher Justiz und Amnestiekomitee einzigartig, da sich diese nicht gegenseitig ausschlossen – das drohende Strafverfahren sollte gerade den Anreiz schaffen, sich auf freiwilliger und eigenengagierter Basis dem Amnestiekomitee zu stellen und so zur lückenlosen Wahrheitsfindung beizutragen.[127]

---

116 *Lang* 2005, S. 248; *Ottendörfer* 2018, S. 70 ff.
117 *Lang* 2005, S. 247 ff.
118 *V. Dewitz* 2005, S. 169.
119 *Lang* 2005, S. 248.
120 *V. Dewitz* 2005, S. 171.
121 Zur Besetzung der Kommission und zum Verfahrensablauf siehe *Lang* 2005, S. 219 ff.
122 Vgl. Sec. 20(7)(a) TRC-Act; *Lang* 2005, S. 221.
123 Vgl. *Lang* 2005, S. 221 ff.
124 Vgl. Sec. 31(3) TRC-Act; *V. Dewitz* 2005, S. 136 f.
125 *Lang* 2005, S. 224.
126 *Lang* 2005, S. 224.
127 Das Amnestiekomitee tagte bis zum 31.5.2001 und bearbeitete 7112 Amnestieanträge. Von diesen wurden 5510 (67,10 %) als unzulässig abgelehnt, da die formellen

Für diese Art der Aufarbeitung politisch motivierter Menschenrechtsverstöße und dem so erreichten weitestgehend friedlichen Übergang von der Apartheid zur Demokratie erlangte Südafrika weltweites Ansehen. Dennoch darf nicht außer Acht gelassen werden, dass das Vorgehen letztlich auch ein „Produkt pragmatischer Überlegungen“ war, dem lange Verhandlungen vorausgegangen waren.[128] Die von großen Teilen der schwarzen Bevölkerung geforderte Aufarbeitung durch konsequente Strafverfolgung nach dem Vorbild der Nürnberg-Prozesse wäre wohl nicht möglich gewesen, da es eine militärische Pattsituation und keine obsiegende Partei gegeben hat, die eine „Siegerjustiz“ wie die Alliierten nach dem 2. Weltkrieg hätte durchführen können.[129] Zudem ist davon auszugehen, dass Südafrikas Justizsystem nicht die Ressourcen zur konsequenten Strafverfolgung gehabt hätte und auch nicht den ausreichenden Willen, da insoweit nach dem Ende der Apartheid keine Auswechslung von Richtern und Staatsanwälten stattgefunden hatte.[130] Auch wäre damit zu rechnen gewesen, dass ein Teil des noch bestehenden Staatssicherheitsapparats versucht hätte, die „Nürnberger Option“ mit Gewalt zu verhindern.[131]

Erst in der Folgezeit hat sich das Paradigma „Versöhnung“ mehr von einem Pragmatismus hin zu einer moralischen Anschauung entwickelt[132] – und zum primären Ziel von Restorative Justice im heutigen Jugendstrafsystem Südafrikas.

Anforderungen nicht erfüllt waren. Von den zur Entscheidung angenommenen 2341 Anträgen wurden hingegen nur 442 abgelehnt (24,43 %). In 75,57 % der geprüften Fälle wurde demnach Amnestie gewährt, dazu *V. Dewitz* 2005, S 55. Neben diesem Komitee für die Gewährung der Amnestie bestand die TRC auch aus einem Komitee für die Entschädigung der Opfer und einem Komitee für die Aufklärung der Verbrechen während der Apartheid. Im Rahmen von öffentlichen Opferanhörungen (*human rights violation hearings*) wurde Opfern oder ihren Angehörigen Gelegenheit geboten, über die erlittenen Qualen zu berichten, dazu etwa *Tutu* 2001. Die offizielle Website der TRC mit zahlreichen Abschlussberichten und Statistiken ist abrufbar unter https://www.justice.gov.za/trc (zuletzt abgerufen am 6.6.2021).

128 *Lang* 2005, S. 248.

129 *Tutu* 2008, S. 79; *Lang* 2005, S. 238.

130 *Lang* 2005, S. 238; zur Rolle und Zusammensetzung des Justizapparats während der (Post-)Apartheid siehe *Thiedemann* 2007, S. 63 ff.

131 *Tutu* 2008, S. 79 ff.; *Lang* 2005, S. 239.

132 *Lang* 2005, S. 248.

2.2.2. *Versöhnung als Grundlage von Restorative Justice*

Dass „Wahrheit“ und „Versöhnung“ die der TRC zugrunde liegenden Prinzipien sein sollten, ergibt sich schon aus der Namensgebung und war allgemeiner Konsens. Was nun aber genau unter dem Begriff „Versöhnung“ zu verstehen war und welche Ziele damit verfolgt werden sollten, wurde auch innerhalb der Kommission unterschiedlich bewertet. Das Verständnis reichte hier von reinem Pragmatismus (Schaffen eines politisch stabilen Staates) bis hin zu religiös-christlichen Vorstellungen.[133] Die Betonung lag zum einen mehr auf der nationalen Versöhnung zwischen den Volksgruppen, zum anderen mehr auf der Versöhnung zwischen Tätern und Opfern als Individuen.[134]

Jedenfalls standen Restorative Justice und Versöhnung nach dem Verständnis der TRC in einem untrennbaren Zusammenhang und wirkten auf verschiedenen Ebenen zusammen.[135] Restorative Justice umfasst nach diesem Verständnis nicht nur Täter und Opfer, sondern auch die Gesellschaft. Der Abschlussreport der TRC führt auf der Ebene der Beziehung von Täter und Gesamtgesellschaft aus:

> *„Reconciliation involves a form of* ***restorative justice*** *which does not seek revenge, nor does it seek impunity. In restoring the perpetrator to society, a milieu needs to emerge within which he or she may contribute to the building of democracy, a culture of human rights and political stability.“*[136]

An anderer Stelle heißt es zu der Rolle des Opfers im Versöhnungsprozess:

> *„The process allowed victims to be reintegrated into society. In hearings, victims often approached the Commission almost in a foetal position as they came to take their seats and relate their stories. They told their stories as they saw them, as they experienced them, as they perceived what had happened to them. And as they left their seats, the image was wholly different. They walked tall. They were reintegrated into their community. They could re-assume their roles in society; they could manage themselves and the world around them*

133 *Lang* 2005, S. 247.
134 *Lang* 2005, S. 247.
135 Zum Verständnis der Versöhnung in der heutigen Restorative Justice siehe Kapitel A. II. 1.
136 TRC Report, Bd. 5, 1998, S. 435, Rn. 146, eigene Übersetzung: *„Versöhnung beinhaltet eine Form der wiederherstellenden Gerechtigkeit, die weder Rache noch Straffreiheit anstrebt. Bei der Wiederherstellung des Täters in der Gesellschaft muss ein Milieu entstehen, in dem er oder sie zum Aufbau der Demokratie, einer Kultur der Menschenrechte und der politischen Stabilität beitragen kann“.*

again. They were healthy cells of the national organism. This too is ***restorative justice****. This too is the* ***spirit of ubuntu****."*[137]

Auch die Versöhnung des Täters mit sich selbst und seiner Tat war erklärtes Ziel der TRC:

„Reconciliation meant that perpetrators of gross human rights violations must be given the opportunity to become human again."[138]

In diesem Zusammenhang wurde *Cynthia Ngewu*, deren Sohn 1986 von der Polizei zusammen mit sechs anderen Freiheitskämpfern in einen Hinterhalt gelockt und erschossen wurde, von der Kommission befragt, wie sie dazu stehe, dass viele Menschen harte Vergeltung und lange Haftstrafen für die Täter forderten. Ihre bemerkenswerte Antwort, die sich auch die TRC zu eigen machte, lautete:

„[…] We do not want to see people suffer in the same way that we did suffer, and we did not want our families to have suffered. We do not want to return the suffering that was imposed upon us. So, I do not agree with that view at all. We would like to see peace in this country... I think that all South Africans should be committed to the idea of re-accepting these people back into the community. We do not want to return the evil that perpetrators committed to the nation. We want to demonstrate humaneness towards them, so that they in turn may restore their own humanity."[139]

---

137 TRC Report, Bd. 5, 1998, S. 444, Rn. 37, eigene Übersetzung: *„Der Prozess ermöglichte es den Opfern, wieder in die Gesellschaft integriert zu werden. In den Anhörungen näherten sich die Opfer der Kommission oft fast in einer fötalen Position, als sie ihre Plätze einnahmen und ihre Geschichten erzählten. Sie erzählten ihre Geschichten so, wie sie sie sahen, wie sie sie erlebten, wie sie wahrnahmen, was ihnen widerfahren war. Und als sie ihre Plätze verließen, war das Bild ein völlig anderes. Sie liefen aufrecht. Sie waren in ihre Gemeinschaft reintegriert. Sie konnten ihre Rolle in der Gesellschaft wieder einnehmen; sie konnten wieder mit sich selbst und der Welt um sie herum umgehen. Sie waren gesunde Zellen des nationalen Organismus. Auch das ist Restorative Justice. Auch das ist der Geist von Ubuntu".*

138 TRC Report, Bd. 5, 1998, S. 366 Rn. 33, eigene Übersetzung: *„Versöhnung bedeutet(e), dass den Tätern schwerer Menschenrechtsverletzungen die Möglichkeit gegeben werden muss, wieder Mensch zu werden."*

139 TRC Report, Bd. 5, 1998, S. 366 f, Rn. 33, eigene Übersetzung: *„Wir wollen nicht, dass die Menschen so leiden, wie wir gelitten haben, und wir wollten nicht, dass unsere Familien gelitten haben. Wir wollen das Leid, das uns auferlegt wurde, nicht erwidern. Ich bin also mit dieser Ansicht (*Anm. des Verfassers: *der Forderung nach harter Bestrafung) überhaupt nicht einverstanden. Wir möchten, dass in diesem Land Frieden herrscht... Ich denke, dass sich alle Südafrikaner für die Idee einsetzen sollten, diese Menschen wieder in die Gemeinschaft aufzunehmen. Wir wollen das Böse, das die Täter der Nation angetan*

Zusammenfassend lässt sich sagen, dass die Arbeit der TRC auf den Prinzipien von Restorative Justice aufbaute und diese Philosophie in Südafrika bekannt machte und verbreitete. Die Arbeit der TRC wird in der internationalen Literatur als Musterbeispiel für Restorative Justice genannt.[140]

2.2.2. Amy Biehl – ein drastischer Beispielsfall

Einer der 2341 vor dem Amnestiekomitee der TRC verhandelten Fälle war der Fall Amy Biehl. Die amerikanische Politikstudentin war über ein Fulbright Stipendium nach Südafrika gekommen, um dort zu promovieren.[141] Zusammen mit dem ANC arbeitete sie dort an der neuen Verfassung, setzte sich für die schwarze Bevölkerung ein und ließ sich als Wahlhelferin für die ersten freien Wahlen 1994 registrieren.[142] Im August 1993 wurde sie in ihrem Auto im Gugulethu Township nahe Kapstadt von mehreren jungen Männern angegriffen und mit Steinen beworfen. Die Windschutzscheibe zerbrach dabei und am Kopf verletzt verließ sie ihren Wagen, um zu fliehen. Der Mob holte sie jedoch ein und tötete sie mit Steinwürfen und mehreren Messerstichen durch einen der Täter.[143] *Easy Nofomela*, *Ntobeko Peni* und zwei weitere Mittäter wurden 1993 wegen Mordes zu jeweils 18 Jahren Freiheitsstrafe verurteilt.[144]

Nach vier Jahren Haftverbüßung beantragten 1997 alle vier Täter Amnestie bei der TRC. An dem Tag des Vorfalls habe es eine Wiederbegründung der „Pan African Student Organisation" gegeben, so erklärten sie in ihrer Anhörung. Dort sei die Stimmung durch militante Redner extrem aufgeheizt geworden. Man habe Parolen wie „*One Settler One Bullet*" gesungen und sei durch das Township marschiert. In dieser aufgeheizten Situation sei man in pure Aggression gegenüber den Weißen verfallen und habe jegliche Kontrolle verloren. Amy Biehl sei in dieser Situation als Repräsentantin der weißen Unterdrücker gesehen und daher attackiert worden.[145] Die vier Täter erläuterten im Einzelnen ihre Tatbeiträge und entschuldigten sich bei den Eltern von Amy Biehl, die zu der Anhörung nach Südafrika gereist waren. Allen vier Tätern wurde von der TRC

---

haben, nicht zurückgeben. Wir wollen ihnen gegenüber Menschlichkeit zeigen, damit sie ihrerseits ihre eigene Menschlichkeit wiederherstellen können."

140 *Zehr* 2010, S. 12; *Botha* 2018, Rn. 3; *Skelton* 2015, S. 351; *Hagemann* 2020, S. 157; *Ottendörfer* 2018, S. 71

141 *Ngcobo* 2011, S. 129.

142 *Ngcobo* 2011, S. 129.

143 *Ngcobo* 2011, S. 129; TRC Report, Bd. 3, 1998, S. 510 f, Rn. 422-426.

144 TRC Report, Bd. 3, 1998, S. 510 f, Rn. 424.

145 TRC Report, Bd. 3, 1998, S. 510 f, Rn. 422-426.

Amnestie gewährt, d. h. die Verurteilungen wurden annulliert und die Haftstrafen aufgehoben.[146]

Peter Biehl, der Vater von Amy, führte bei seiner Anhörung aus:

> *„Wir haben höchsten Respekt vor der Wahrheits- und Versöhnungskommission. Wir erkennen an, dass ihre demokratischen und freien Wahlen nicht möglich gewesen wären, hätte es die Vereinbarungen über diese Verfahrensweise nicht gegeben. Deshalb, und weil wir wie Amy an die unbedingte Wichtigkeit dieser demokratischen Wahlen glauben, unterstützen wir einschränkungslos diesen Prozess, den wir für beispiellos in der Geschichte der Menschheit halten.“*[147]

Um ihre Tochter zu würdigen und ihr Engagement für Versöhnung in Südafrika fortzusetzen, gründeten Amys Eltern die „*Amy Biehl Foundation*“ mit Sitz in dem Township, in dem Amy getötet wurde.[148] Die Stiftung setzt sich dort für Kinder und Jugendliche ein und betreibt verschiedene wohltätige Projekte im Bereich Bildung, Kultur, Sport und Prävention. *Nfolema* und *Peni* – zwei der von der TRC begnadigten Mörder von Amy – wurden Mitarbeiter dieser Stiftung.[149]

2.3. *Ausgangspunkt Nr. 2: Die afrikanische Ubuntu-Philosophie*

Neben der Versöhnungspolitik der TRC gibt es noch ein zweites prägendes Fundament von Restorative Justice im südafrikanischen Jugendstrafrecht, welches weitaus weniger bekannt sein dürfte: *Ubuntu*.

2.3.1. *Ubuntu – Erklärungsversuche*

Der Begriff *Ubuntu* stammt aus diversen afrikanischen Bantusprachen, insbesondere dem isiZulu und dem isiXhosa,[150] und lässt sich wohl am ehesten mit „Menschlichkeit“ übersetzen.[151] Es handelt sich dabei um eine im südlichen

---

146 *Ngcobo* 2011; TRC Report, Bd. 3, 1998, S. 510 f, Rn. 424.

147 Zitiert nach *Ngcobo* 2011, S. 133.

148 Siehe dazu den Internetauftritt der Amy Biehl Foundation, abrufbar unter https://amyfoundation.co.za (zuletzt abgerufen am 6.6.2021).

149 *Christian Putsch:* Der Mörder meiner Tochter und ich, in: Welt Online, 17.10.2010, https://www.welt.de/politik/ausland/article13663789/Der-Moerder-meiner-Tochter-und-ich.html (zuletzt abgerufen am 6.6.2021).

150 Sprache des Zulu-Volkes bzw. des Xhosa-Volkes; zu der Sprachvielfalt in Südafrika mit seinen elf offiziellen Amtssprachen, *Cosi et al.* 2014, S. 16 f.; *Ellmer* 2008, S. 35 f.

151 *Küppers* 2017, S. 344.

Afrika traditionell verbreitete Ethik bzw. Philosophie, die sich in westlich geprägtem Kulturverständnis nur recht schwer erschließen und definieren lässt.[152]

Einen deutschsprachigen Definitionsversuch bietet *Steinbrink*, wonach mit *Ubuntu* eine Grundhaltung gemeint sei, die sowohl soziale wie auch religiös-spirituelle Aspekte umfasse. Im Zentrum stehe die Gemeinschaftlichkeit und die Verortung des Individuums in der Gemeinschaft.[153] Die Grundhaltung des *Ubuntu* ist nach dieser Definition vor allem auf Gleichheit, wechselseitigen Respekt und Unterstützung sowie das Streben nach einer harmonischen und friedlichen Gemeinschaft gestützt.[154] *Küppers* fasst *Ubuntu* dahingehend zusammen, dass das Wohl aller für das Wohl des Einzelnen von Bedeutung ist und umgekehrt. Verantwortung zu übernehmen und auch von Armut betroffene Menschen nicht auszuschließen, sei daher zentraler Teil der Philosophie und der gelebten Kultur von Ubuntu.[155]

Ubuntu wird häufig als Kern des menschlichen Lebens beschrieben, so auch von Desmond Tutu.[156] Eine Kernaussage von Ubuntu ist, dass die eigene Menschlichkeit untrennbar mit der Anderer verbunden sei.[157] Verbreitet heißt es daher: *„umuntu ngumuntu ngabantu"* – „Ein Mensch wird durch einen anderen Menschen zum Menschen".[158]

Will man in der Xhosa-Kultur einer anderen Person höchste Anerkennung zusprechen, so sagt man *„yu, u nobuntu"*, also: „Du hast Ubuntu!".[159] Damit

---

152 *Yvonne Mokgoro*, Richterin am südafrikanischen Verfassungsgericht von 1994–2009, geht beispielsweise davon aus, dass eine konkrete Definition und Kategorisierung von Ubuntu der afrikanischen Weltanschauung widerspräche und jeder Definitionsversuch daher nur eine Vereinfachung einer umfassenderen und philosophisch anpassungsfähigeren Idee sei, *Mokgoro* 2012, S. 317 ff.; ähnlich *Tutu* 2008, S. 110.

153 *Steinbrink* 2009, S. 450.

154 *Steinbrink* 2009, S. 450.

155 *Küppers* 2017, S. 344.

156 *„Das erste Gesetz unseres Seins lautet, dass wir in ein empfindliches Netzwerk der gegenseitigen Abhängigkeit von unseren Mitmenschen und der übrigen Schöpfung Gottes eingebunden sind. Das Wissen um diese gegenseitige Abhängigkeit nennt man in Afrika, in der Sprache der Nguni, ubuntu, oder botho auf Sotho – Wörter, die sich kaum übersetzen lassen. Es ist die Essenz des Menschseins. Es bezeichnet die Tatsache, dass mein Menschsein in dem Ihrer aufgeht und unlöslich darin eingebunden ist. Ich bin Mensch, weil ich dazugehöre. Es umfasst Ganzheit, es umfasst Mitgefühl"*, *Tutu* 2008, S. 110.

157 *Tutu* 2008, S. 118; *Ottendörfer* 2018, S. 71 spricht von *„Reziprozität aller menschlichen Lebewesen"*

158 *Tutu* 2001, S. 34.

159 *Tutu* 2001, S. 34 f.

sei zum Ausdruck gebracht, dass diese Person großzügig, menschenfreundlich und fürsorglich sei und alles teile, was sie habe.[160] So nahm der ehemalige US-Präsident Barack Obama dies bei seiner Rede auf der Gedenkfeier für Nelson Mandela zum Anlass für folgende Ehrwürdigung, die zugleich das Wesen von Ubuntu zusammenfasst:

> *„Finally, Mandela understood the ties that bind the human spirit. There is a word in South Africa – **Ubuntu** – a word that captures Mandelas greatest gift: his recognition that we are all bound together in ways that can be invisible to the eye; that there is a oneness to humanity; that we achieve ourselves by sharing ourselves with others, and caring for those around us […].“*[161]

2.3.2. Ubuntu – Grundlage der Konfliktlösung afrikanischer Stämme

Die genaue Entstehung der Ubuntu-Philosophie ist ungeklärt.[162] Gesichert ist jedoch die Erkenntnis, dass traditionelle afrikanische Gesellschaften Regelbrüche auf der Ebene von Ubuntu, also von Gemeinschaftlichkeit, Würde und Harmonie ausgetragen haben – mit dem Ziel, die soziale und harmonische Gemeinschaft aufrechtzuerhalten.[163] Daher waren sowohl Schädiger und Geschädigter – nach heutiger Terminologie Opfer und Täter – als auch die Gemeinschaft in die Konfliktlösung involviert.[164] Die westliche Vorstellung des heute etablierten Strafrechts, wonach Gesetzesbrüche Verletzungen strafrechtlicher Normen sind, für diese der Staat Vergeltung üben muss, war diesem Denken fremd.[165] Wie sich im Folgenden noch zeigen wird, liegt genau hierin auch die Grundannahme von Restorative Justice. Diese im Einklang mit der Ubuntu-Philosophie stehende und im Kern restaurative Konfliktlösung wurde erst durch die Kolonialisierung Südafrikas mit der Übernahme westlichen (insbesondere römisch-holländischen und englischen) Rechts von einer vergeltenden Justiz abgelöst.[166] Der neue Child Justice Act ist ein Versuch, diese indigenen Konfliktlösungsstrategien wiederzubeleben und dem modernen Recht anzupassen.

---

160 *Tutu* 2008, S. 117.

161 Die Rede ist abrufbar auf dem Youtube-Kanal „The Obama White House“ unter https://www.youtube.com/watch?v=SggOsfjsL0c (zuletzt abgerufen am 6.6.2021). Der zitierte Ausschnitt beginnt bei Minute 10:30.

162 Vgl. *Schoeman* 2013, S. 293.

163 Vgl. *Gavrielides* 2018, S. 27 f.

164 *Schoeman* 2013, S. 300.

165 Siehe Kapitel A. II. 2.1.

166 *Günther* 2003, S. 60 ff.; *Kiessl* 2001, S. 155; *Schoeman* 2013, S. 297; zum Einfluss des englischen Rechts im südafrikanischen Strafrecht *Jung* 1973.

2.3.3. Wiederbelebung von Ubuntu im modernen Recht

Eine bemerkenswerte Besonderheit in Bezug auf Ubuntu ist, dass diese alte afrikanische Philosophie trotz der Verdrängung durch die Adaption westlichen Strafrechts Einzug in die neuere Strafgesetzgebung und Rechtsprechung Südafrikas gefunden hat.[167] Beachtlich ist dies insbesondere auch, da Ubuntu in Südafrika landläufig als eine spirituelle Energie wahrgenommen und beschrieben wird, die sich verflüchtige, sobald man versuche, sie festzuhalten.[168]

2.3.3.1. Ubuntu als Teil des Verfassungsrechts

Die Übergangsverfassung von 1993 erwähnte Ubuntu ausdrücklich in ihrem zum Verfassungstext gehörenden Epilog.[169] Die Spaltungen der Vergangenheit, die zu gewalttätigen Konflikten mit groben Verstößen gegen Menschenrechte und humanitäre Prinzipien und zu einem Erbe aus Hass, Angst, Schuld und Rache geführt haben, sollten überwunden werden. Hierbei sei Verständnis, aber keine Rache, *Ubuntu*, aber keine Viktimisierung, erforderlich, so der Verfassungsepilog.[170] Damit wurde das erste Mal in der Geschichte des südafrikanischen Rechts eine typische afrikanische Philosophie in das kodifizierte Recht aufgenommen.[171]

Die endgültige Verfassung der Republik Südafrika von 1996 hat den Begriff Ubuntu zwar nicht wörtlich übernommen, jedoch wird Ubuntu vom Verfassungsgericht bei der Auslegung der Grundrechte herangezogen.[172] Erstmals ausdrücklich erwähnt wird Ubuntu in dem Urteil des neu gegründeten Verfassungsgerichts aus 1995, in dem sich das Gericht mit der Verfassungsmäßigkeit der bis dahin erlaubten Todesstrafe auseinandersetzen musste *(the State vs. T.*

---

167 Zu Ubuntu in der Rechtssprechung verschiedener südafrikanischer Gerichtsbarkeiten siehe die Beiträge in *Cornell und Muvangua* 2012; *Bennett* 2011.

168 Vgl. *Mokgoro* 2012, S. 317ff.

169 Die Übergangsverfassung (Interim Constitution of the Republic of South Africa (Act 200 of 1993)) ist abrufbar unter https://www.gov.za/documents/constitution/constitution-republic-south-africa-act-200-1993 (zuletzt abgerufen am 6.6.2021)

170 Im englischen Original: *„The adoption of this Constitution lays the secure foundation for the people of South Africa to transcend the divisions and strife of the past, which generated gross human rights, the transgression of humanitarian principles in the violent conflicts and a legacy of hatred, fear, guilt and revenge. These can now be addressed on the basis that there is a need for understanding but not for revenge, a need for* ***ubuntu*** *but not for victimization".*

171 *Bennett* 2011, S. 30.

172 *Bennett* 2011, S. 351; ausführlich dazu *Cornell und Muvangua* 2012.

Makwanyane & M. Mchunu).[173] In Bezug auf die Strafzwecke führt das Verfassungsgericht hierzu aus, dass Vergeltung zwar ein legitimes, jedoch nicht das einzige Ziel von Bestrafung sein dürfe. Notwendig sei ein Wandel in der mentalen Einstellung von Rache zu einem Verständnis der Notwendigkeit des Verstehens, von Vergeltung zu Wiedergutmachung und von Viktimisierung zu Ubuntu.[174] Die Achtung der Würde eines jeden Menschen sei integraler Bestandteil des Konzepts von Ubuntu und jede Behandlung, die grausam, unmenschlich oder erniedrigend sei, stelle die Antithese von Ubuntu dar.[175] Die Todesstrafe wurde daher für verfassungswidrig erklärt und abgeschafft.[176]

Seit diesem Urteil ist Ubuntu zu einem integralen Bestandteil der verfassungsmäßigen Werte und Prinzipien geworden.[177] In einem Urteil des Verfassungsgerichts aus 2004 ist ausgeführt, dass Ubuntu als Teil des tiefen kulturellen Erbes der Mehrheit der afrikanischen Bevölkerung die gesamte verfassungsmäßige Ordnung durchdringe und individuelle Rechte mit einer gemeinschaftlichen Philosophie verbinde.[178]

2.3.3.2. Ubuntu im neuen Jugendstrafrecht

Ubuntu hat auch Einzug in den Child Justice Act gefunden, ist also seit 2010 kodifizierter Bestandteil des geltenden Jugendstrafrechts. Das Gesetz nennt

---

173 Constitutional Court Of South Africa, CCT/3/94, Urteil vom 6.6.1995, abrufbar unter http://www.saflii.org/za/cases/ZACC/1995/3.pdf (zuletzt abgerufen am 6.6.2021).

174 *„Generally, ubuntu translates as humaneness. In its most fundamental sense, it translates as personhood and morality. Metaphorically, it expresses itself in umuntu ngumuntu ngabantu, describing the significance of group solidarity on survival issues so central to the survival of communities. While it envelops the key values of group solidarity, compassion, respect, human dignity, conformity to basic norms and collective unity, in its fundamental sense it denotes humanity and morality. Its spirit emphasises respect for human dignity, marking a shift from confrontation to conciliation. In South Africa ubuntu has become a notion with particular resonance in the building of a democracy. It is part of our "rainbow" heritage, though it might have operated and still operates differently in diverse community settings […].“* Constitutional Court Of South Africa, CCT/3/94, Urteil vom 6.6.1995, Rn. 308.

175 Constitutional Court Of South Africa, CCT/3/94, Urteil vom 6.6.1995, Rn. 225.

176 Eine Urteilsrezension findet sich in *Cornell und Muvangua* 2012, S. 65 ff.

177 *Himonga et al.* 2013, S. 369.

178 Constitutional Court Of South Africa, CCT 53/03, Urteil vom 1.10.2004, abrufbar unter http://www.saflii.org/za/cases/ZACC/2004/7.html (zuletzt abgerufen am 6.6.2021); zu dem Urteil und Ubuntu ausführlich *Cornell und Muvangua* 2012, S. 123 ff.

die Förderung des *„spirits of ubuntu“* sogar als eines der Ziele des Jugendstrafrechts.[179] Gefördert werden soll dieser Geist unter anderem durch die Stärkung des Sinnes des Jugendlichen für Würde und Wert; seine Achtung der Menschenrechte und Grundfreiheiten Anderer und die Wahrung der Interessen der Opfer und der Community, das Erreichen von Versöhnung durch Restorative-Justice-Prozesse sowie die Einbeziehung von Eltern, Familien, Opfern und der Community bei der Reintegration von jugendlichen Straftätern.[180]

2.3.4. Ubuntu und Restorative Justice

Aus dem zuvor Dargestellten ergibt sich, dass Ubuntu und Restorative Justice in engem Zusammenhang stehen. Beide Begriffe werden in der neueren Literatur und Rechtsprechung und auch im Child Justice Act stets in Verbindung behandelt.[181] Es drängt sich daher die Frage auf, in welchem Verhältnis die beiden Philosophien zueinanderstehen.

Beide Begriffe werden erst seit der Übergangsphase von der Apartheid zur Demokratie regelmäßig nebeneinander und im Zusammenhang behandelt. So heißt es in einer Kapitelüberschrift der verschriftlichten Zielsetzungen der TRC aus 1998: *„Ubuntu: Promoting Restorative Justice“*[182] und in einem Abschlussreport *„This is part of restorative justice. This is part of the spirit of ubuntu“.*[183] Die während dieser Zeit entstandene Verknüpfung hat sich seitdem stark manifestiert. Es ist kaum nationale Literatur zu finden, die eine Philosophie behandelt, ohne die andere wenigstens zu erwähnen.

Auch in der aktuellen Rechtsprechung des südafrikanischen Verfassungsgerichts ist Restorative Justice mit der Ubuntu-Ethik eng verbunden, wie es das Gericht selbst mehrfach ausgeführt hat.[184] So heißt es in einem Urteil aus 2012:

> *„Restorative justice, in our jurisprudence, is linked to the foundational value or norm of Ubuntu-Botho“.*[185]

---

179 Sec. 2(b) CJA.

180 Sec. 2(b)(i)–(iv) CJA.

181 Exemplarisch *Bennett* 2011; *Cornell und Muvangua* 2012; *Schoeman* 2013; *Skelton* 2015; *Sloth-Nielsen und Gallinetti* 2011.

182 TRC Report, Bd. 1, 1998, S. 125, Rn. 79–80.

183 TRC Report, Bd. 5, 1998, S. 443, Rn. 35.

184 Vgl. dazu die Verweise oben.

185 Constitutional Court Of South Africa, CCT07/10, Urteil vom 30.9.2010, Rn. 51, abrufbar unter http://www.saflii.org/za/cases/ZACC/2010/17.pdf (zuletzt abgerufen am 6.6.2021).

Der Child Justice Act geht ebenfalls von einer engen Verknüpfung aus, wie sich aus der oben dargestellten Zielsetzung des CJA ergibt, wonach der Spirit des Ubuntu unter anderem durch Restorative Justice Prozesse gefördert werden soll.[186]

Tatsächlich sind die Überschneidungen zwischen Ubuntu und Restorative Justice unverkennbar. Dadurch, dass Ubuntu von einer Wechselbezüglichkeit aller menschlichen Lebewesen ausgeht, betrifft eine Straftat nach dieser Philosophie nicht nur das Opfer, sondern auch den Täter.[187] Wie im Denken von Restorative Justice liegt dann ein Konflikt zwischen dem Täter und dem Opfer und auch der Community vor, der geheilt werden muss.[188] Werte und Ziele wie Gemeinschaft, Wiederherstellung, Versöhnung und Heilung sind beiden Philosophien immanent. Ubuntu beinhaltet daher einen restaurativen Ansatz.

Obgleich jedoch nach dem heutigen südafrikanischen Verständnis beide Konzepte bzw. Philosophien untrennbar voneinander sind, können sie nicht gleichgesetzt werden.[189] Dies verbietet sich zunächst schon deshalb, weil Ubuntu ein Teil des kulturellen und historischen Erbes des südlichen Afrikas ist und somit in der Gesellschaft tief verwurzelt ist, während die Philosophie des Restorative Justice – zumindest unter diesem Terminus – eine relativ neue und moderne Erscheinung ist.[190]

Ausschlaggebend für die Unterschiedlichkeit ist jedoch, dass Ubuntu eine viel weitergehende, im Prinzip allumgreifende und auch spirituelle Weltanschauung ist. Sie betrifft das Menschsein und die Menschheit im Allgemeinen und ist nicht wie Restorative Justice auf Konflikte zwischen Menschen beschränkt.[191] Im Ergebnis entspricht Ubuntu zwar einem restaurativen Ansatz, geht aber weit darüber hinaus.

Zusammenfassend ist das moderne Verständnis von Restorative Justice in den Konfliktlösungsstrategien indigener Völker tief verwurzelt. Das betrifft nicht nur Südafrika, sondern beispielsweise auch Neuseeland („*Circles*" der Maori),[192] Australien und Kanada.[193] Gerade in diesen Ländern wird Restorative Justice

---

186 Vgl. Sec. 2(b)(iii) CJA.
187 *Ottendörfer* 2018, S. 71.
188 Vgl. *Gade* 2013, S. 24 ff.
189 *Himonga et al.* 2013, S. 410; ausführlich *Gade* 2013.
190 Zustimmend *Gade* 2013, S. 11.
191 *Himonga et al.* 2013, S. 409 f.
192 Zur Vorbildfunktion Neuseelands bei der Entwicklung des CJA siehe Kapitel D. VII. 3.1.
193 Etwa *Drenkhahn* 2017, S. 44; *Zehr* 2015, S. 31; *Müller* 2017, S. 23.

auch heute wieder ein hoher Stellenwert in der jugendstrafrechtlichen Diskussion und Praxis beigemessen.[194] Im Hinblick auf Südafrika liegt diese Wurzel in der Ubuntu-Philosophie.[195]

II. Restorative Justice – abstrakte Annäherung

1. Definitionen und Schlüsselbegriffe

Beispiele für Restorative Justice Prozesse wie den Fall Amy Biehl zu finden, fällt leichter, als sich dem Begriff abstrakt und definitorisch zu nähern. Das liegt insbesondere an dem divergenten und multidimensionalen Verständnis des Begriffs, der in einer Vielzahl unterschiedlicher Kontexte verwendet wird.[196] So wird Restorative Justice im weitesten Sinne nicht nur im strafrechtlichen, sondern auch in zivilen, unternehmerischen und politischen Bereichen als Konfliktlösungsstrategie verstanden.[197] In Schulen und sonstigen Bildungseinrichtungen, in Scheidungsprozessen, in Unternehmen, bei Nachbarschaftsstreitigkeiten und jüngst sogar im Zusammenhang mit Umweltstraftaten[198] wird versucht, Konflikte mittels Restorative Justice zu lösen oder präventiv zu vermeiden.[199] Die Prinzipien von Restorative Justice sollen gar auf kommunale Strukturen übertragen werden, um aus Städten „*restorative cities*" zu machen.[200]

Gegenstand der hiesigen Arbeit ist freilich nur die strafrechtliche Dimension des Begriffs, also Restorative Justice im engeren Sinne.[201] Weiter einschränkend bezieht sich Restorative Justice vornehmlich auf die *Mikroebene*, also auf strafrechtliche Konflikte zwischen Einzelpersonen.[202] Aber auch auf der *Makroebene*, d. h. im Umgang mit gesamtgesellschaftlichen und internationalen Konflikten, kann Restorative Justice Anwendung finden. Die Arbeit der TRC zur Überwindung der Apartheid ist hierfür das prominenteste Beispiel.[203]

194 *Müller* 2017, S. 23.

195 Zehr nennt Ubuntu inhaltich ähnelnde Begriffe anderer Kulturen wie der Maori (*whakapapa*), der Navajo (*hozho*) und tibetanischer Buddhisten (*tendrel*), *Zehr* 2015, S. 31.

196 *Horrer* 2014, S. 27; *Hagemann* 2020, S. 152 ff.

197 *Hagemann* 2020, S. 152.

198 *Hamilton* 2021.

199 *Hagemann* 2020, S. 156 ff.

200 Ausführlich dazu *Mannozzi* 2019.

201 *Hagemann* 2020, S. 153.

202 *Hagemann* 2020, S. 156 f.

203 *Hagemann* 2020, S. 157.

Auf Mikroebene dient Restorative Justice seit den 1990er-Jahren als Oberbegriff für Maßnahmen und Verfahren, die sich als Alternativen zum strafrechtlichen Umgang mit Kriminalität verstehen.[204] Hierin dürfte insoweit Minimalkonsens bestehen, denn bei all den unterschiedlichen Ausprägungen und Verfahren, die als Restorative Justice beschrieben werden, steht grundsätzlich die Idee im Mittelpunkt, den Beteiligten zu ermöglichen, selbst oder mithilfe eines Vermittlers eine Regelung des Konflikts zu finden.[205] In der internationalen Literatur und Gesetzgebung lässt sich zwar eine Vielzahl präziserer Definitionen finden, jedoch kann keine dieser Definitionen allgemeine Akzeptanz für sich beanspruchen.[206]

Eine Definition bietet der Child Justice Act selbst an, durch den, wie oben erläutert, das Paradigma von Restorative Justice im südafrikanischen Diversions- und Jugendstrafverfahren umfassend gesetzlich verankert wurde:

> *„[…] '**restorative justice**' means an approach to justice that aims to involve the child offender, the victim, the families concerned and community members to collectively identify and address harms, needs and obligations through accepting responsibility, making restitution, taking measures to prevent a recurrence of the incident and promoting reconciliation […].*"[207]

Restorative Justice bezeichnet nach dieser Definition also einen Ansatz für Gerechtigkeit,[208] der darauf abzielt, den jugendlichen Straftäter, das Opfer, die betroffenen Familien und die Mitglieder der Gemeinschaft einzubinden, um gemeinsam Schädigungen, Bedürfnisse und Verpflichtungen zu identifizieren und anzugehen – durch Übernahme von Verantwortung, Leisten von Wiedergutmachung, Ergreifen von Maßnahmen zur Vermeidung des Wiederauftretens des Vorfalls und Förderung von Versöhnung. Im weiteren Verlauf der Arbeit kann auf dieses Verständnis von Restorative Justice zurückgegriffen werden, da die Definition den Anwendungsbereich auf den hier relevanten Umgang mit Jugendkriminalität beschränkt und die wesentlichen Grundelemente des Konzepts enthält.

---

204 So die Definition von *Lutz* 2018, S. 603.

205 *Früchtel und Halibrand* 2016, S. 30.

206 Übereinstimmend *Zehr* 2015, S. 49; *Kawalek et al.* 2019, S. 89; *Horrer* 2014, S. 23; *Früchtel und Halibrand* 2016, S. 28 f.; *Drenkhahn* 2017, S. 45; *Skelton und Batley* 2006, S. 12.

207 Sec. 1 CJA.

208 Zur Doppeldeutigkeikt des Begriffs „Justice" (= Gerechtigkeit sowie Justiz), siehe schon Fn. 21.

Howard Zehr, der als einer der Gründungsväter des modernen Restorative-Justice-Ansatzes gilt, definiert Restorative Justice ähnlich:

> *„Restorative Justice is an approach to achieving justice that involves, to the extent possible, those who have a stake in a specific offense or harm to collectively identify and address harms, needs, and obligations in order to heal and put things right as possible."*[209]

Die Konfliktbearbeitung durch Täter, Opfer und Community beinhaltet auch die Definition der Vereinten Nationen (erarbeitet durch das United Nations Office on Drugs and Crime – UNODC) in ihren „Basisprinzipien von Restorative Justice" und gibt gleichzeitig Beispiele für Restorative-Justice-Prozesse:

> *„'Restorative process' means any process in which the victim, the offender and/or any other individuals or community members affected by a crime actively participate together in the resolution of matters arising from the crime, often with the help of a fair and impartial third party. Examples of restorative process include mediation, conferencing and sentencing circles."*[210]

In der Definition der Richtlinie des Europäischen Parlaments und des Rates der Europäischen Union „über Mindeststandards für die Rechte, die Unterstützung und den Schutz von Opfern von Straftaten" aus 2012 heißt es in der deutschen Fassung:

> *„'Wiedergutmachung' (ist) ein Verfahren, das Opfer und Täter, falls sie sich aus freien Stücken dafür entscheiden, in die Lage versetzt, sich mit Hilfe eines unparteiischen Dritten aktiv an einer Regelung der Folgen einer Straftat zu beteiligen."*[211]

Anders als die vorgenannten Definitionen umfasst diese nur Täter und Opfer, nicht auch weitere, indirekt betroffene Personen oder Mitglieder der Gemeinschaft. Zudem ist der Begriff „Restorative Justice" in der amtlichen deutschen

---

209 *Zehr* 2015, S. 49 f., eigene Übersetzung: *„Restorative Justice ist ein Ansatz zur Erreichung von Gerechtigkeit, der, soweit möglich, diejenigen einbezieht, die an einer bestimmten Straftat oder einem bestimmten Schaden beteiligt sind, um gemeinsam Schäden, Bedürfnisse und Verpflichtungen zu identifizieren und anzugehen, um die Dinge zu heilen und so gut wie möglich in Ordnung zu bringen."*

210 „Basic principles on the use of restorative justice programmes in criminal matters (ECOSOC Res. 2000/14, U.N. Doc. E/2000/INF/2/Add.2 at 35 (2000)), abrufbar unter https://www.un.org/ruleoflaw/blog/document/basic-principles-on-the-use-of-restorative-justice-programmes-in-criminal-matters (zuletzt abgerufen am 6.6.2021)

211 Richtlinie 2012/29/EU des Europäischen Parlaments und des Rates der EU vom 25.10.2012 über Mindeststandards für die Rechte, die Unterstützung und den Schutz von Opfern von Straftaten sowie zur Ersetzung des Rahmenbeschlusses 2001/220/JI, Art. 2 Nr. 1d).

Fassung mit „Wiedergutmachung" übersetzt. Dieser Begriff beinhaltet nach dem allgemeinen Verständnis insbesondere Schadenswiedergutmachung.[212] Weitere Elemente von Restorative Justice wie Versöhnung und Heilung von Verletzungen sind nicht vom Wortlaut umfasst. Aufgrund dieses eingeschränkteren Anwendungsbereichs erscheint diese Definition für die vorliegende Arbeit als Ausgangslage nicht geeignet. Sie zeigt auch – wie an späterer Stelle dargestellt wird –, dass das hiesige Verständnis von Restorative Justice im Jugendstrafrecht enger gefasst ist als das in Südafrika.

Die Empfehlung des Ministerkomitees des Europarates vom 3.10.2018 zu Restorative Justice in Strafverfahren will die Mitgliedstaaten ermutigen, Restorative Justice fortzuentwickeln und verstärkt anzuwenden.[213] Die dortige Definition ähnelt insoweit derjenigen der Richtlinie 2012/29/EU, ist jedoch nicht auf Täter und Opfer beschränkt:[214]

> *„'Restorative justice' refers to any process which enables those harmed by crime, and those responsible for that harm, if they freely consent, to participate actively in the resolution of matters arising from the offence, through the help of a trained and impartial third party (hereinafter the 'facilitator')."*[215]

In dieser Arbeit kann zwar auf die Beschreibung des CJA zurückgegriffen werden, das Konzept von Restorative Justice erschließt sich jedoch nicht über Definitionen, sondern nur über die dahinterstehenden Prinzipien und Grundelemente. Dies gilt insbesondere auch vor dem Hintergrund, dass *Zehr* zu Recht davor warnt, dass es eine wachsende Zahl von Verfahren gibt, die unter dem Etikett „Restorative Justice" geführt werden – den dahinterstehenden Prinzipien aber nicht gerecht werden.[216] Das betrifft vor allem Ansätze, die alleine auf zivilrechtliche Entschädigung und Kompensation des Opfers setzen, zwischenmenschliche Aspekte und die (nicht materiellen) Bedürfnisse von Opfern, Tätern und der Gemeinschaft aber unbeachtet lassen.

---

212 Siehe Kapitel D. VI. 3.

213 Recommendation CM/Rec(2018)8 of the Committee of Ministers to member States concerning restorative justice in criminal matters, abrufbar unter https://search.coe.int/cm/Pages/result_details.aspx?ObjectId=09000016808e35f3 (zuletzt abgerufen am 6.6.2021). Im Folgenden: CM/Rec(2018)8.

214 Die Einbeziehung sozialer Bezugspersonen wird ausdrücklich erwünscht, siehe dazu ausführlich Kapitel D. VII, eine zusammenfassende Darstellung der Empfehlung findet sich in *Staiger* 2019.

215 CM/Rec(2018)8, II. 3.

216 *Zehr* 2010, S. 12.

Zum Verständnis dieser Prinzipien bedarf es zunächst noch der Erläuterung der klarstellungsbedürftigen Schlüsselbegriffe „Versöhnung“ und „Gemeinschaft“.

So gilt Versöhnung als Zentrum des christlichen Glaubens[217] und der „Tag der Versöhnung“ (Jom Kippur) ist der höchste jüdische Feiertag.[218] Im sozialen Nahraum wird Versöhnung als Wiederherstellung der sozialen Beziehung im Sinne eines „wieder Vertragens“ nach einem Streit verstanden.[219] Der philosophische Kontext des Begriffs setzt darüber hinausgehend nicht nur Streit, sondern vorangegangenes moralisches Unrecht voraus.[220] Neben der Theologie und der Philosophie beschäftigen sich auch die Psychologie und die Soziologie mit dem Begriff.[221] Gerade auch im politischen Kontext wird von Versöhnung als Mittel der Vergangenheitsbewältigung oder der Lösung aktueller Konflikte gesprochen.[222] Im deutschen Recht hat der Begriff keine ausdrückliche Erwähnung gefunden, spielt auf „*Meta-Ebene*“[223] aber nicht nur im Strafrecht ebenfalls eine gewichtige Rolle. So schreibt etwa das Zivilprozessrecht im Sinne eines anhaltenden Rechtsfriedens in bestimmten nachbarrechtlichen Auseinandersetzungen ein vorgeschaltetes außergerichtliches Schlichtungsverfahren vor[224] und Zivilgerichte sind angehalten, in jeder Lage des Verfahrens auf eine gütliche Beilegung des Rechtsstreits bedacht zu sein, vgl. § 278 Abs. 1 ZPO.[225]

Auch innerhalb des Kontextes von Restorative Justice unterliegt der Begriff der Versöhnung einer mehrdimensionalen Bedeutung. Versöhnung als Mittel der Vergangenheitsbewältigung soll ganze Gesellschaften oder Teile davon befrieden, etwa durch die Einsetzung von Wahrheits- und Versöhnungskommissionen.[226] Für die weitere Darstellung in dieser Arbeit ist das Verständnis von Restorative Justice im engeren Sinne gegenständlich. Versöhnung bezieht sich demnach auf die jugendstrafrechtliche Dimension des Begriffs, wohingegen

---

217 Vgl. *Mühling* 2005, S. 10 ff.

218 *Montenbruck* 2016, S. 40.

219 Vgl. *Boshammer* 2020, S. 26.

220 Vgl. *Boshammer* 2020, S. 26.

221 *Klocke* 2016, S. 191; zu den soziologischen Perspektiven vgl. die Beiträge in *Morikawa* 2018.

222 *Montenbruck* 2016, S. 40.

223 *Montenbruck* 2016, S. 42.

224 Vgl. etwa § 1 LschG (Landesschlichtungsgesetz Rheinland Pfalz)

225 Freilich führen hier in der Praxis überwiegend prozessökonomische Überlegungen zu Vergleichsabschlüssen.

226 Siehe Kapitel A. I. 2.2.

gesamtgesellschaftliche Konflikte auf Makroebene nur zum Vorverständnis von Bedeutung sind.

Innerhalb dieses Kontextes gelingt eine weitere Abgrenzung über die Wiedergutmachung, die in beiden Rechtsordnungen eine gewichtige Rolle spielt. Wiedergutmachung ist zwanglos auch ohne Versöhnung möglich: Leistet der Täter dem Opfer nach einer Straftat Naturalrestitution oder Schadensersatz und Schmerzensgeld, so hat er den materiellen und immateriellen Schaden ausgeglichen und wiedergutgemacht. Eine Versöhnung geht damit jedoch nicht notwendig einher, Täter und Opfer können weiterhin tief verfeindet sein. Verantwortungsübernahme und (das Bemühen um) Wiedergutmachung sind jedoch das Fundament für Versöhnung im hiesigen Sinne.[227] Untermauert wird dieses Verständnis von der oben dargestellten Definition des CJA, wonach Versöhnung unter anderem durch das Leisten von Wiedergutmachung *gefördert* werden soll.

Weitere Annäherung ermöglichen die nahestehenden Begriffe der Verzeihung und der Vergebung. Ebenso wie der Täter einseitig Wiedergutmachung leisten kann, so kann ihm das Opfer einseitig verzeihen bzw. ihm vergeben. Daraus folgt der Rückschluss, dass Versöhnung eine autonome Entscheidung der Betroffenen ist. Das Opfer kann Versöhnung verweigern, auch wenn der Täter sich darum redlich bemüht.[228] Versöhnung bezieht sich also auf innere Einstellungen und auf die freiwillige Wiederherstellung sozialer Beziehungen.[229] Das Recht kann lediglich *Anreize* für Versöhnungsprozesse schaffen und Rahmenbedingungen dafür bieten, etwa in dem es das ernsthafte Bemühen, einen Ausgleich mit dem Verletzten zu erreichen, in Form der Möglichkeit des Absehens von Strafe (Diversion) oder der Milderung der Strafe honoriert.[230] Versöhnungsprozesse können durch Justizsysteme gefördert oder angestoßen werden, bleiben aber unabhängig von strafgerichtlichen Entscheidungen.[231]

Versöhnungsprozesse beziehen sich in primär auf Täter und Opfer, sind jedoch auch innerhalb des engeren Verständnisses von Restorative Justice nicht

227 Vgl. auch die verschiedenen Definitionsangebote in Transitional-Justice-Prozessen in *Ottendörfer* 2018, S. 67.

228 Vgl. *Boshammer* 2020, S. 87 ff.

229 Vgl. *Ottendörfer* 2018, S. 67.

230 Siehe die Ausführungen in Kapitel B. II. 2.6.

231 *„Ich habe dem Mann verziehen – trotzdem muss er den gesellschaftlichen Preis zahlen, wie ihn das Gesetz vorsieht. Er sitzt im Gefängnis. Ich bin frei"*, Tutu van Furth, Mpho Andrea 2019, S. 12

darauf beschränkt.[232] Der CJA spricht bei den Zielen von Diversion auch von Versöhnung zwischen dem Jugendlichen und der Gemeinschaft (*community*), die von der Straftat betroffen ist.[233] Das leitet über zu dem ebenfalls klarstellungsbedürftigen Schlüsselbegriff der Gemeinschaft. Obwohl es sich bei dem Gemeinschaftsbezug um eines der kritischsten Unterscheidungsmerkmale zwischen dem konventionellen Strafrecht und Restorative Justice handelt,[234] bleiben Abhandlungen regelmäßig sehr vage bei der Beschreibung, wer oder was genau damit gemeint ist.[235]

Eine erste Präzisierung gelingt über die Abgrenzung zum soziologischen Begriff der Gesellschaft, die ursprünglich auf *Ferdinand Tönnies* (1887) zurückgeht und auf die auch *Zehr* sich bezieht.[236] Die Gemeinschaft (beispielsweise bestehend aus Familien, Nachbarschaften, Freundeskreisen, Ehegemeinschaften)[237] betont dabei eine größere Nähe und Verbundenheit der Mitglieder zueinander. Die Gesellschaft als Gesamtheit der Bürger[238] hingegen ist anonymer und abstrakter, das Zusammenleben ist zweckgerichtet und fußt nicht auf gegenseitigem Verantwortungsempfinden, sondern auf Gesetzen, Normen und Verträgen.[239] Die Abgrenzung hilft jedoch nur bedingt, da Gesellschaft und Gemeinschaft nur idealtypisch trennbar sind, in der Lebenswirklichkeit aber gleichzeitig und nebeneinander vorliegen.[240] Zudem ist auch der Begriff der Gemeinschaft unklar und weitläufig und kann kaum als Ganzes von Restorative

---

232 Zu dem weiten Verständnis der TRC, die auch von Versöhnung mit der Gesellschaft und gar dem Täter mit sich selbst spricht, siehe schon Kapitel A. I. 2.2.2.

233 Sec. 51(g) CJA.

234 Dazu ausführlich Kapitel D. VII.

235 *Lutz* 2002, S. 36; *Früchtel und Halibrand* 2016, S. 29.

236 *Früchtel und Halibrand* 2016, S. 44 ff.; *Zehr* 2015, S. 40.

237 *Früchtel und Halibrand* 2016, S. 45.

238 *Roxin und Greco* 2020, S. 128.

239 *Früchtel und Halibrand* 2016, S. 45. In der Strafzweckdiskussion ist die Gesellschaft elementar bedacht, eine funktionierende Rechtspflege soll dem friedlichen Zusammenleben dienen, *Roxin und Greco* 2020, S. 27. Relative Straftheorien bezwecken den Schutz der Gesellschaft durch Abschreckung (negative Generalprävention) und die „Erhaltung und Stärkung in die Bestands- und Durchsetzungskraft der Rechtsordnung" (positive Generalprävention), *Roxin und Greco* 2020, S. 141. Auch wird vertreten, dass sich ein Täter wieder mit der Gesellschaft, deren Regeln er gebrochen hat, nach der Ableistung von mit Strafurteil auferlegter Sühne wieder versöhnt, vgl. *Montenbruck* 2016, S. 59; *Roxin und Greco* 2020, S. 134. Restorative Justice steht damit nicht zwangsläufig in Konkurrenz, bezieht sich aber auf die soziale Bezugsgemeinschaft.

240 *Früchtel und Halibrand*, S. 46.

Justice angesprochen sein. Bis zu welchem Verwandtschaftsgrad die Familie umfasst ist, wer alles zum Freundeskreis gehört und wo Nachbarschaft geografisch endet, bleibt zunächst ungewiss.

Auch wenn Restorative-Justice-Theoretiker regelmäßig auf eine trennscharfe Definition verzichten, wird stets die *nähere Bezugsgemeinschaft* angesprochen. *McCold und Wachtel* sowie *Zehr* sprechen insoweit von Fürsorgegemeinschaften (communities of care) oder Mikrogemeinschaften.[241] Auch der CJA geht trotz seiner Regelungstiefe nicht darauf ein, wer mit „community" angesprochen ist. Die Gesetzesauslegung bestätigt allerdings, dass auch hier auf soziale Bezugspersonen abgestellt wird. In den Diversionsprozess oder bei Familien-Gruppen-Konferenzen soll beispielsweise eine Person aus der örtlichen Gemeinschaft eingebunden werden (suitable person), die Vertrauensperson innerhalb dieser Gemeinschaft ist und eine besondere Beziehung zu dem Jugendlichen hat.[242] Es kommt also auf signifikante emotionale Beziehungen mit dem Opfer oder dem Täter an.[243] Diese lassen sich aber weder allgemein nach Wohnort, Verwandtschaftsgrad oder sonstigen pauschalisierten Parametern bestimmen. Anders als es beispielsweise in indigenen afrikanischen Stämmen der Fall war, kann die Zusammensetzung der (sozialen Bezugs-)Gemeinschaft nicht mehr pauschal, sondern nur im Einzelfall bestimmt werden; so dürfte der allgemeine Konsens sein.[244]

2. Grundprinzipien und Grundannahmen

2.1. Restorative Justice vs. Retributive Justice

Anders als bei der Frage, wie Restorative Justice und seine Schlüsselbegriffe genau zu definieren sind, besteht hinsichtlich der Grundprinzipien von Restorative Justice weitestgehend Übereinstimmung.[245] Ausgangspunkt für die Entstehung und das Verständnis der Kernprinzipien von Restorative Justice ist dabei

---

241 *McCold und Wachtel* 2003, S. 2; *Zehr* 2015, S. 39.

242 Sec. 1 CJA, dazu näher Kapitel B. III. 2.8.

243 *McCold und Wachtel* 2003, S. 2; *Trenczek und Hartmann* 2018, S. 862; zustimmend auch *Hagemann*, der Gemeinschaft wie folgt definiert: *„[…] eine Gruppe von Menschen, die vielfältig informell verbunden sind: PartnerIn, Eltern und Kinder, FreundInnen, Verwandte und andere Nahestehende, die wir in der Regel unterstützen und von denen wir Unterstützung und Zuwendung erwarten."*, *Hagemann* 2016, S. 239,

244 Übereinstimmend *McCold und Wachtel* 2003, S. 2; *Zehr* 2015, S. 39; *Trenczek und Hartmann* 2018, S. 862; *Drenkhahn* 2017, S. 50.

245 *Zehr* 2015, S. 49; *Horrer* 2014, S. 27.

der Vergleich mit dem konventionellen Strafrecht. Einleitend bietet es sich hierzu an, erneut auf die Politik der Wahrheits- und Versöhnungskommission als eine der geistigen Wurzeln von Restorative Justice in Südafrika zurückzugreifen.

Wie dargestellt war es eine große Herausforderung für die politischen Akteure, das Prinzip der Versöhnung gegenüber der Forderung nach Vergeltung durch eine konsequente Strafverfolgung als konsensfähige Basis für die Vergangenheitsbewältigung zu etablieren. In den verschriftlichten Grundlagen der TRC heißt es dazu:

> *„[…] many consider only one aspect of justice. Certainly, amnesty cannot be viewed as justice if we think of justice only as retributive and punitive in nature. We believe, however, that there is another kind of justice – a restorative justice which is concerned not so much with punishment as with correcting imbalances, restoring broken relationships – with healing, harmony and reconciliation. Such justice focuses on the experience of victims; hence the importance of reparation."*[246]

Bereits im Hinblick auf die Natur einer Straftat haben beide Systeme eine gänzlich unterschiedliche Grundannahme. Nach dem uns bekannten strafrechtlichen Verständnis ist eine Straftat ein Verstoß gegen den strafrechtlichen Normenkatalog. Kriminalität ist daher in erster Linie eine Angelegenheit zwischen dem Staat und dem Täter.[247] Die Grundannahme von Restorative Justice hingegen ist, dass es sich bei einer Straftat um einen zwischenmenschlichen Konflikt handelt.[248] Durch eine Straftat entstehen daher Verletzungen bei den Opfern, der Gemeinschaft, aber auch bei den Tätern selbst und den jeweiligen Beziehungen zueinander (*„a harm to one is a harm to all"*).[249] Um all diesen Beteiligten Gerechtigkeit zu verschaffen und um weitere Konflikte und Eskalationen zu

---

246 TRC Report, Bd. 1, 1998, S. 9, Rn. 36, eigene Übersetzung: *„[…] viele betrachten nur einen Aspekt der Gerechtigkeit. Sicherlich kann Amnestie nicht als Gerechtigkeit angesehen werden, wenn wir Gerechtigkeit nur als vergeltenden und strafenden Charakter betrachten. Wir glauben jedoch, dass es eine andere Art von Gerechtigkeit gibt – eine wiederherstellende Gerechtigkeit, die sich weniger mit Strafe als mit der Korrektur von Ungleichgewichten, der Wiederherstellung zerbrochener Beziehungen befasst – mit Heilung, Harmonie und Versöhnung. Diese Gerechtigkeit konzentriert sich auf die Erfahrung der Opfer; daher ist die Bedeutung der Wiedergutmachung wichtig."*

247 „Eine Straftat ist ein Verhalten, das nicht nur den Tatbestand eines Strafgesetzes verwirklicht, sondern auch rechtswidrig und schuldhaft ist", so die gängige Definition, vgl. etwa *Wessels et al.* 2020, § 1 I 5.

248 *Karels et al.* 2015, S. 19; *Zehr* 2015, S. 30; *Trenczek und Hartmann* 2018, S. 861; *Christie* 1977.

249 Vgl. dazu die Darstellung zur Ubuntu-Philosophie in Kapitel A. I. 2.3.2.

vermeiden, müssen die entstandenen Verletzungen nach dem Verständnis von Restorative Justice *geheilt* werden.[250]

Gerechtigkeit und sozialen Frieden zu schaffen, ist selbstredend auch Ziel des konventionellen Strafrechts.[251] Erreicht werden soll dies hier jedoch auf einem ganz anderen Wege, namentlich durch die Verwirklichung des staatlichen Strafanspruchs, also durch die Verhängung einer gerechten Strafe.[252]

Gut verständlich wird dieser gedankliche Paradigmenwechsel an drei von *Zehr* entwickelten Fragen, die in dem jeweiligen Denken zu stellen sind. Im traditionellen Strafrecht ist zu fragen:

- Welche Gesetze wurden gebrochen?
- Wer hat das getan?
- Wie ist das zu bestrafen?

Aus der Sicht von Restorative Justice ist hingegen zu fragen:

- Wer wurde verletzt?
- Welche Bedürfnisse haben sie?
- Welche Verpflichtung ist das?[253]

In der konventionellen Strafrechtsdogmatik ist durch einen Gesetzesbruch primär der Staat betroffen – denn gegen seine Gesetze wurde verstoßen, er muss daher für einen gerechten Ausgleich sorgen.[254]

Konträr hierzu erweitert und verschiebt Restorative Justice den Kreis der Anspruchsberechtigten, denn nicht der Staat ist primär betroffen, sondern das Opfer, der Täter und die Mitglieder der Gemeinschaft. Im Mittelpunkt von Restorative Justice stehen also zwischenmenschliche Konflikte und die Bedürfnisse der Betroffenen.[255]

---

250 *Zehr* 2015, S. 31 f.

251 Die Aufgabe des Strafrecht liegt darin, *„den Bürgern ein freies und friedliches Zusammenleben unter Gewährleistung aller verfassungsrechtlich garantierten Grundrechte zu sichern"*, *Roxin und Greco* 2020, S. 26.

252 Wie genau die Strafe dem Ziel des Strafrechts (vgl. Fn. 251) dienen soll, ist Gegenstand der Strafzweckdiskussion, vgl. *Roxin und Greco* 2020, S. 128 ff.

253 Zitiert nach *Zehr* 2010, S. 32, die englischsprachige Originalfassung findet sich in *Zehr* 2015, S. 33.

254 *Zehr* 2015, S. 31 f.

255 *Zehr* 2015, S. 22 ff.; *Früchtel und Halibrand* 2016, S. 35 ff.

2.2. *Die Bedürfnisorientierung von Restorative Justice*

Die Orientierung an den Bedürfnissen der Betroffenen ist demnach der wesentliche Ansatzpunkt der Restorative-Justice-Philosophie und die Vernachlässigung dieser Bedürfnisse ist zugleich die Hauptkritik an der etablierten Strafjustiz. Im Folgenden werden diese Bedürfnisse kurz skizziert.

2.2.1. *Bedürfnisse der Opfer*

Zumindest was die deutsche Situation betrifft, so wurde die Stellung des Opfers im Strafprozess durch mehrere Reformen in den letzten Legislaturperioden zwar deutlich gestärkt, dennoch hat das Opfer im konventionellen Strafprozess in erster Linie die Stellung eines neutralen Beweismittels (sog. Zeugenbeweis).[256] Restorative Justice hingegen stellt das Opfer und dessen Bedürfnisse in den Mittelpunkt, es ist opferzentriert, nicht täterzentriert. Das Opfer soll von der „Nebenrolle" des Strafverfahrens in die „Hauptrolle" des Restorative-Justice-Verfahrens versetzt werden.[257]

Zu diesen von der Strafjustiz vernachlässigten Bedürfnissen des Opfers zähle Information.[258] Opfer bräuchten Antworten auf ihre Fragen, insbesondere warum („*warum gerade ich?*") und wie die Tat geschah. Opfer brauchen hierbei nach Ansicht der Restorative-Justice-Verfechter wirkliche Informationen und keine Spekulationen oder juristisch verklauselte Phrasen von Staatsanwälten oder Verteidigern in ihren Plädoyers.[259] Solche echten Informationen erforderten den Zugang zum Täter, da nur er diese besitze.[260]

Ein weiteres von der Strafjustiz vernachlässigtes Bedürfnis sei die Gelegenheit, über die Tat und deren Folgen zu sprechen – „*Truth-Telling*".[261] Oft sei es Opfern zur Heilung und Bewältigung von Verbrechen wichtig, ihre Geschichte in einer entsprechenden, respektvollen Umgebung schildern zu können. Einer Umgebung, in der das Opfer ernst genommen wird und hierbei Anteilnahme aus dem näheren und weiteren Umfeld erfährt sowie dabei erzählen kann, welche Emotionen die Tat bei ihm oder ihr ausgelöst hat.[262]

---

256 *Bock* 2019, S. 349; *Meier* 2021, S. 233.

257 So *Horrer* 2014, S. 26.

258 *Zehr* 2015, S. 24.

259 *Christie* sieht Konflikte als Eigentum, die durch professionelle Berufsträger wie Anwälte gestohlen würden *(professional thieves), Christie* 1977; *Zehr* 2015, S. 24.

260 *Zehr* 2015, S. 24.

261 *Zehr* 2015, S. 24.

262 *Zehr* 2015, S. 24; siehe auch *Kesselring* 2017, S. 88 f.; *Strang und Sherman* 2007, S. 147 ff.

Auch Ermächtigung sei ein Bedürfnis von Opfern. Opfer empfänden oft einen Kontrollverlust hinsichtlich ihres Besitzes, ihres Körpers, ihrer Gefühle oder ihrer Träume. Die Beteiligung an ihrem eigenen Fall könne ein wichtiger Weg sein, um ihnen ein Gefühl der Ermächtigung zurückzugeben. Die Möglichkeit und Ermutigung zur Selbstfindung der eigenen Bedürfnisse sei hierbei wichtig – und nicht die Festlegung dieser durch Staatsanwälte oder Opfervertreter.[263]

Schließlich sei Wiedergutmachung und Entschädigung das wichtigste Opferbedürfnis, entweder wegen eines tatsächlichen Verlustes durch die Straftat im Sinne einer materiellen Entschädigung, oder aber auch durch eine darin liegende symbolische Anerkennung.[264] Das Angebot einer Entschädigung beinhalte oft das Statement: *„Ich übernehme die Verantwortung, Du hast keine Schuld"*.[265] Eine staatliche Strafe könne unabhängig von der Härte bestenfalls Genugtuung verschaffen, aber eben keine Wiedergutmachung.[266] Zudem soll durch die Wiedergutmachung auch das mögliche Bedürfnis des Opfers nach Vergeltung und Rache beseitigt werden, um (weitere) Gewalt zu verhindern.[267]

Diese von *Zehr* und anderen Restorative-Justice-Verfechtern formulierten Opferbedürfnisse sind dabei keinesfalls aus der Luft gegriffen, sondern stehen im Einklang mit dem aktuellen Kenntnisstand der Viktimologie.[268] Materielle und immaterielle Wiedergutmachung ist in der Tat ein vordringliches Bedürfnis von Opfern, welches von diesen gewichtiger gewertet wird als eine „harte" Bestrafung des Täters.[269] Gerade bei kleineren und mittelschweren Delikten (also dem typischen Anwendungsbereich von Diversion) legen Opfer häufig keinen Wert auf eine zusätzliche Bestrafung, wenn schon eine Wiedergutmachung durch den Täter stattgefunden hat.[270] Auch zeigt der aus Opferbefragungen resultierende Forschungsstand, dass es zur Überwindung der Folgen der Straftat

---

263 *Zehr* 2015, S. 25.

264 *Zehr* 2015, S. 25.

265 *Zehr* 2015, S. 25.

266 *Breitkopf* 2017, S. 13.

267 *Van der Merwe* 2013, S. 1032 f.

268 Vgl. schon *Schneider* 1975, S. 145 ff.; *Hartmann* 2019b, S. 132 ff., 2019a; *Neubacher* 2020, S. 133 ff.; *Meier* 2021, S. 239 ff.; *Kilchling* 1995; *Roxin und Greco* 2020, S. 169 f.; *Breitkopf* 2017, S. 11 ff.

269 *Breitkopf* 2017, S. 11 ff.; *Roxin und Greco* 2020, S. 169 m. w. N.

270 *Roxin und Greco* 2020, S. 169.

grundsätzlich deutlich entscheidender ist, wie mit ihnen umgegangen wird, als dass ein bestimmtes Strafmaß erreicht wird.[271]

2.2.2. Bedürfnisse der Täter

Restorative Justice steht jedoch nicht für eine einseitige Verlagerung des Interesses auf die Bedürfnisse des Opfers, sondern erhebt den Anspruch, gleichzeitig die Bedürfnisse von Tätern tendenziell besser bedienen zu können als die konventionelle Strafjustiz.

Im Hinblick auf den Täter geschehe im Strafprozess kaum etwas, diesen zu ermutigen, *Verantwortung* zu übernehmen und sich mit den Folgen seines Handelns und der Wirkung auf das Opfer auseinanderzusetzen.[272] Im Gegenteil werde Verantwortung und Mitgefühl gerade unterdrückt. Tätern werde – und das kann aus Sicht eines Strafverteidigers bestätigt werden – oft davon abgeraten, Verantwortung anzuerkennen.[273] Strafverfahren seien so ausgestaltet, dass ein Täter sich nur um sich selbst kümmern müsse. Übliche Entlastungs- und Neutralisierungsstrategien,[274] die dazu verwendet würden, sich von verletzten Personen zu distanzieren, würden nicht hinterfragt. Es sei schlicht nicht vorgesehen, dass der Täter sich mit der Frage auseinandersetzen muss, wie er Verantwortung übernehmen kann. Sich mittels Neutralisierungstechniken gegen den Staat zu verantworten ist deutlich einfacher als gegenüber der Person des Opfers und dem sozialen Umfeld.[275] Das Strafverfahren bestärke daher noch das Gefühl des Täters, nicht mehr zur Gesellschaft dazuzugehören und sich als Opfer des Systems zu fühlen.[276] Der Täter, gerade auch durch Gefängnisstrafen, würde daher noch weiter von der Gesellschaft entfremdet werden.[277] Nur durch die Beachtung der Bedürfnisse des Täters könne erreicht werden, dass dieser sich seiner Verantwortung stellt, sein Verhalten ändert und (wieder) nützliches Mitglied der Gemeinschaft wird.[278]

Zudem bräuchten Täter auch Ermutigung bei der Heilung der eigenen Verletzungen, die zu ihrem kriminellen Verhalten beigetragen haben. Dazu gehöre

---

271 *Neubacher* 2020, S. 136; *Meier* 2021, S. 239; *Hartmann* 2019a, S. 98 f.; *Trenczek und Hartmann* 2018, S. 874.

272 *Zehr* 2015, S. 26.

273 *Zehr* 2015, S. 26.

274 Vgl. dazu *Bock* 2019, S. 72 ff.

275 *Zehr* 2015, S. 26.

276 *Zehr* 2015, S. 26.

277 *Zehr* 2015, S. 26.

278 *Zehr* 2015, S. 26 f.

die Hilfe bei der Behandlung von (Sucht-)Problemen und der Förderung persönlicher Kompetenzen.[279] Letztlich bräuchten sie auch Ermutigung und Unterstützung bei der Integration in die Gemeinschaft.[280]

2.2.3. *Bedürfnisse der Gemeinschaft*

Eines der kritischsten Unterscheidungsmerkmale zwischen konventionellem Strafrecht und Restorative Justice ist der Gemeinwesenansatz.[281] Nach dem Verständnis von Restorative Justice geht es nicht alleine um einen Ausgleich zwischen Täter und Opfer, also den unmittelbar beteiligten Personen, sondern durch eine Straftat wird auch das soziale Zusammenleben gestört und das Gefühl der Zusammengehörigkeit beschädigt.[282] Da also die Gemeinschaft (im oben beschriebenen Sinne) bei Straftaten ebenfalls geschädigt werde, müsse sie konsequenterweise auch in die Bearbeitung des Konflikts mit einbezogen werden.[283] Hieran wird erneut deutlich, dass Restorative Justice zwar eine neu interpretierte Erscheinung ist, letztlich aber aus jahrtausendalten indigenen Praktiken stammt.[284] Früher konnte ein Stamm nur überleben, wenn alle Stammesmitglieder bereit waren, sich für diesen einzusetzen. Aber auch heutige Gemeinschaften haben ein Interesse daran, dass jedes Mitglied integriert ist und Störungen des Zusammenlebens überwunden werden.[285] Während die Ubuntu-Philosophie den Gemeinschaftsbezug mit einer philosophisch-spirituellen Wechselbezüglichkeit allen menschlichen Lebens begründet, führt Restorative Justice hier eher pragmatische Gründe an.

2.3. *Zusammenfassung*

Die Unterschiede zwischen dem konventionellen Strafrecht und Restorative Justice lassen sich nach *Zehr* zusammenfassend durch vier wesentliche Grundannahmen veranschaulichen.

---

279 *Zehr* 2015, S. 24 f.

280 *Zehr* 2015, S. 25; zur Bedeutung von positiver Selbstverstärkung beim Abbruch krimineller Karrieren (Desistance) siehe Kapitel C. IV.

281 Zum Begriff der Gemeinschaft siehe die begriffsbezogenen Anmerkungen in Kapitel A. II. 1.

282 *Früchtel und Halibrand* 2016, S. 38.

283 Wie versucht wird, dies konkret umzusetzen, ist Gegenstand des nachfolgenden Kapitels.

284 Vgl. *Trenczek und Hartmann* 2018, S. 862.

285 *Zehr* 2015, S. 28 f.; *Früchtel und Halibrand* 2016, S. 39.

Für das traditionelle Strafrecht lauten diese Grundannahmen:

- Straftaten sind eine Verletzung des Gesetzes und des Staates.
- Verletzungen erzeugen Schuld.
- Gerechtigkeit erfordert, dass der Staat Schuld feststellt und Strafe verhängt.
- Im Mittelpunkt steht: *„Täter bekommen, was sie verdienen“*.

Für Restorative Justice hingegen stellen sich diese Grundannahmen wie folgt dar:

- Straftaten sind Verletzungen von Menschen und Beziehungen.
- Verletzungen erzeugen Verpflichtungen.
- Gerechtigkeit bezieht Opfer, Täter und Mitglieder der Gemeinschaft in die Bemühungen ein, die Dinge *„in Ordnung zu bringen“*.
- Im Mittelpunkt stehen *„Bedürfnisse der Opfer und Verantwortung der Täter, um Schaden wiedergutzumachen“*.[286]

Aus diesen Grundannahmen lassen sich wiederum zentrale Leitfragen („Restorative-Justice-Fragen“) formulieren, die zugleich auch das Grundwesen von Restorative Justice darstellen:

- Wer wurde verletzt?
- Was sind ihre Bedürfnisse?
- Wessen Verpflichtung ist das?
- Wer ist in dieser Situation betroffen?
- Was sind die Ursachen?
- Was ist ein angemessener Prozess, um die Betroffenen in die Bemühungen einzubeziehen, die Dinge in Ordnung zu bringen und die zugrunde liegenden Ursachen anzugehen?[287]

3. Klassifizierung von Restorative-Justice-Maßnahmen

Die theoretischen Grundannahmen von Restorative Justice sollen auf verschiedene Art und Weise in die Rechtsanwendungspraxis übertragen werden. In welcher Form und durch welche Instrumentarien dies in den hier gegenständlichen Bezugsländern Deutschland und Südafrika versucht wird, ist Teil der Darstellung des nächsten Kapitels.

Um die Maßnahmen im Einzelnen bewerten und einordnen zu können, haben sich verschiedene Klassifizierungssysteme entwickelt. Die beiden gängigsten

---

286 *Zehr* 2010, S. 31, 2015, S. 32 f.
287 *Zehr* 2015, S. 51, 2010, S. 51.

sind von *Howard Zehr*[288] sowie von *Paul McCold und Ted Wachtel*[289], die sich weitgehend überschneiden.

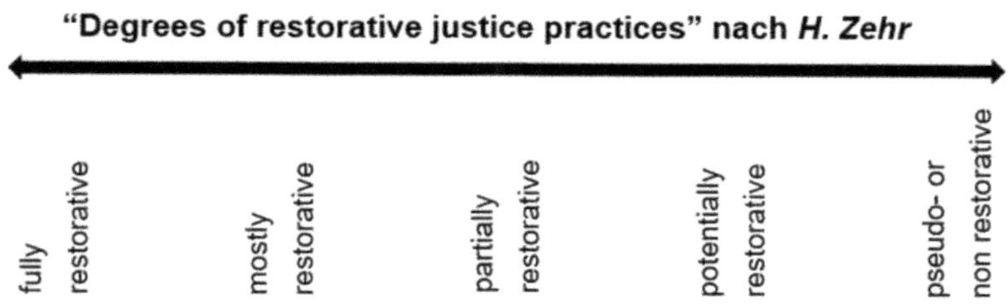

Abbildung 1: Klassifizierung von Restorative-JusticePraktiken nach H. Zehr.[290]

Zehr unterteilt die Restorative-Justice-Praktiken in fünf Kategorien, von *fully* über *mostly*, *partially* und *potentially* zu *pseudo- or non restorative*.

Dabei betont er, dass gleichlautende Praktiken und Maßnahmen unterschiedlich bewertet werden können, es komme immer auf die Art und Weise der Durchführung an.[291] *Community Service* (in Deutschland am ehesten entsprechend gemeinnütziger Arbeit) etwa falle unter die Kategorie *potentially restorative*. Als Teil eines Wiedergutmachungsplans einer Familien-Gruppen-Konferenz sei dieser *restorative*, nicht jedoch als gerichtliche Strafmaßnahme.[292] Ferner bemerkt *Zehr*, dass Praktiken auch dann zumindest *partially restorative* sein können, wenn sich Opfer und Täter nicht begegnen, etwa bestimmte Programme für den Täter (beispielsweise Opfer-Empathie-Trainings[293]) oder Hilfsangebote für Opfer.[294]

Die Restorative-Justice-Typologie von *McCold und Wachtel* begnügt sich hingegen mit drei Kategorien von *fully* über *mostly* zu *partly restorative*, die auch von *Zehr* genannt werden.

---

288 *Zehr* 2015, S. 72.
289 *McCold und Wachtel* 2003.
290 Grafik nach *Zehr* 2015, S. 72.
291 *Zehr* 2015, S. 73 ff.
292 *Zehr* 2015, S. 75.
293 *Kilchling* 2019, S. 7.
294 *Zehr* 2015, S. 75.

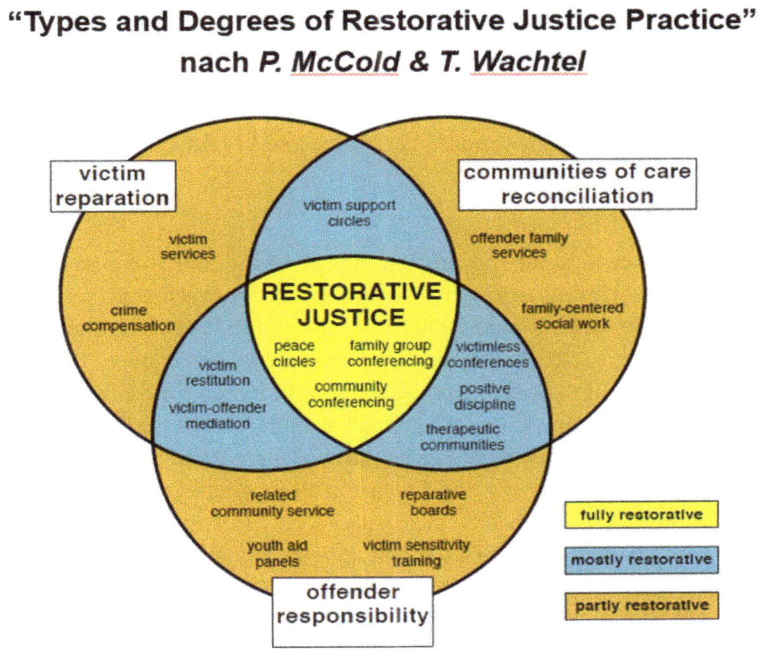

Abbildung 2: Klassifizierung von Restorative-Justice-Praktiken nach McCold und Wachtel.[295]

Die grafische Darstellung *McColds* und *Wachtels* ist besonders gelungen, denn die drei Kreise verdeutlichen sehr gut die Beteiligten: Täter, Opfer und Community. Sobald sich zwei der Kreise überschneiden, also zwei der Beteiligten irgendwie zusammenkommen, handelt es sich (grafisch blau dargestellt) um *mostly-restorative*-Praktiken. Nur dann jedoch, wenn alle drei Beteiligten involviert werden, wenn sich symbolisch also alle drei Kreise überschneiden (grafisch gelb dargestellt), handelt es sich um *fully-restorative*-Praktiken. Die Klassifizierung eignet sich auch deshalb gut für die weitere Verwendung, da sie die Beteiligten – insbesondere auch die „communities of care" – beinhaltet, die auch in der Definition des CJA von Restorative Justice benannt sind.

295 Grafik aus *McCold und Wachtel* 2003, S. 3.

Die Mediation zwischen Täter und Opfer (hierzulande Täter-Opfer-Ausgleich) involviert nur zwei der Beteiligten, nicht die Community. Sie ist sowohl nach *Zehr* als auch nach *McCold und Wachtel* daher nur *partly restorative*. Als Beispiele für *fully-restorative*-Praktiken dienen beispielsweise Familien-Gruppen-Konferenzen oder andere Verfahren sowie Friedenszirkel.

III. Fazit

Restorative Justice ist keine südafrikanische Erfindung, sondern eine der meistbeachteten Erscheinungen in der internationalen Strafrechtsentwicklung und Kriminologie der letzten Jahrzehnte.[296] Verstärkt durch überstaatliche Gesetzgebungsinitiativen und Richtlinien haben zahlreiche Länder Restorative-Justice-Ansätze in ihre Strafrechtssysteme übernommen. Die Erkenntnis, dass Wiedergutmachung eine kaum zu unterschätzende Bedeutung hat, findet auch hierzulande zunehmenden Anklang. So wird Wiedergutmachung neben Strafen und Maßregeln der Besserung und Sicherung als mögliche *„dritte Spur des Strafrechts“* diskutiert.[297]

Südafrika hat durch seine Geschichte eine besondere Beziehung zum Versöhnungsgedanken. Dem Land ist es gelungen, den Forderungen nach Rache und Vergeltung zu widerstehen, und es konnte blutige Bürgerkriege mittels Aussprache und Versöhnung vermeiden. Diese Ideale sollen auf den Umgang mit Jugendkriminalität übertragen werden. Das Land hat sein Jugendstrafrecht daher nicht nur um einzelne Restorative-Justice-Praktiken ergänzt, sondern es gänzlich daran ausgerichtet und den Ansatz als übergeordnetes Leitprinzip eingeführt.

Komprimiert und zusammengefasst liegt der Kerninhalt von Restorative Justice darin, die Aufgabe, Schäden wiedergutzumachen, Konflikte zu heilen, den Täter zu einem straffreien Leben zu bewegen und dauerhaften Frieden zu erreichen, in die Hände derjenigen zu geben, die von der Straftat betroffen sind: Täter, Opfer und deren sozialem Umfeld.[298]

---

296 *Maruna* 2016, S. 289.

297 Dazu ausführlich *Roxin und Greco* 2020, S. 167 ff.

298 *Früchtel und Halibrand* 2016, S. 37

B. Die rechtlichen Rahmenbedingungen im Ländervergleich

I. Einleitung

Nachdem im vorherigen Kapitel die theoretischen Grundlagen von Restorative Justice skizziert wurden, gilt es nunmehr zu analysieren, inwieweit die geltenden rechtlichen Rahmenbedingungen beider Länder eine praktische Umsetzung vorsehen oder zulassen.

Beide Rechtsordnungen ermöglichen es, bestimmte jugendstrafrechtliche Verfahren außerhalb der konventionellen Strafjustiz zu behandeln, diese also im Rahmen der Diversion umzuleiten. Trotz gewisser Gemeinsamkeiten bestehen zwischen den beiden Diversionssystemen gewichtige Unterschiede, wie die folgenden Darstellungen zeigen werden. Besondere Berücksichtigung sollen bei der rechtsvergleichenden Darstellung Ausprägungen finden, die sich einer Restorative Justice zuordnen lassen. Entsprechend der Fokussierung dieser Arbeit beschränkt sich die Darstellung hierbei auf Restorative Justice als Alternative zum förmlichen Jugendstrafprozess, untersucht werden also nur die Diversionssysteme. Gleichwohl ist zu bedenken, dass sich beide Systeme – also förmlicher Jugendstrafprozess und Restorative Justice – nicht gegenseitig ausschließen, denn gerade auch im Hauptverfahren[299] sowie noch im Strafvollzug[300] finden Restorative-Justice-Prozesse Anwendung.[301] Auch hierzu beinhaltet das neue südafrikanische Strafrecht ausführliche Regelungen, die aufgrund der Fokussierung dieser Arbeit auf Diversion nur randständige Erwähnung finden.

---

299 So stellt der Täter-Opfer-Ausgleich (§ 46a StGB) einen vertypten Strafmilderungsgrund dar.

300 Zur Opferorientierung im Justizvollzug mit praktischen Vorschlägen zur Förderung von Restorative Justice siehe *Jesse et al.* 2018.

301 Auch *Zehr* hat die anfängliche scharfe Trennung aufgegeben und betont, dass sich beide Systeme ergänzen, vgl. *Zehr* 2015, S. 75 ff.

II. Diversion im deutschen Jugendstrafrecht

1. Die Entwicklung des deutschen Diversionssystems

1.1. Die Ursprünge der Diversionsidee

Die Grundidee von Diversion – wonach formelle Strafverfahren negative Auswirkungen auf junge, sich noch in der Entwicklung befindliche Delinquenten haben können, lässt sich im deutschen Strafrecht deutlich weiter zurückverfolgen als in Südafrika.[302] Prominentester Vertreter der frühen Diversionsbewegung im damaligen deutschen Kaiserreich war Franz von Liszt (1851–1919),[303] von dem auch der prägende Satz aus dem Jahr 1900 stammt:

> *„[…] wenn ein Jugendlicher […] ein Verbrechen begeht und wir lassen ihn laufen, so ist die Wahrscheinlichkeit, daß er wieder ein Verbrechen begeht, geringer, als wenn wir ihn bestrafen."*[304]

Die frühesten verschriftlichten Diversionsansätze in der Gesetzgebung finden sich in dem „Entwurf einer Strafprozessordnung" aus dem Jahr 1909, der im damaligen Reichstag erarbeitet wurde.[305] Dort heißt es in § 365 des Abschnitts zu dem Verfahren gegen Jugendliche als besondere Art des Strafverfahrens:

> *„Die Staatsanwaltschaft soll gegen einen Jugendlichen keine öffentliche Klage erheben, wenn Erziehungs- und Besserungsmaßregeln einer Bestrafung vorzuziehen sind; dabei sind namentlich die Beschaffenheit der Tat sowie der Charakter und die bisherige Führung des Jugendlichen zu berücksichtigen."*[306]

In den Begründungen zu diesem Entwurf heißt es zwar:

> *„Die Anklagepflicht der Staatsanwaltschaft ist gegenüber Personen in jugendlichem Alter nicht beschränkt / jede Person, die im Alter zwischen zwölf und achtzehn Jahren mit den Strafgesetzen in Konflikt gerät, muß daher zur Verantwortung gezogen und zu Strafe verurteilt werden, sofern sie bei Begehung der strafbaren Handlung die zur Erkenntnis ihrer Strafbarkeit erforderliche Einsicht besessen hat […]."*[307]

---

302 Zur Entstehung des Erziehungsgedankens ausführlich *Cornel* 2018, S. 543 ff.

303 Vgl. *Stolp* 2015, S. 26 ff.

304 Zitiert nach *Gräf* 2015, S. 6.

305 *Gräf* 2015, S. 6 f.

306 Verhandlungen des Reichstages, XII. Legislaturperiode 1909, I. Session, Band 254, Anlagen zu den Stenographischen Berichten, Nr. 1310, S. 98, abrufbar unter www.reichstagsprotokolle.de/Sach_bsb00003418_001070 (zuletzt abgerufen am 6.6.2021).

307 Verhandlungen des Reichstages, XII. Legislaturperiode 1909, I. Session, Band 254, Anlagen zu den Stenographischen Berichten, zu Nr. 1310 A., S. 32.

Jedoch führt die Begründung weiter aus:

„Soweit die Tat eines Jugendlichen auf mangelhafte Erziehung zurückzuführen ist und der Täter noch in erziehungsfähigem Alter steht, wird durch staatliche Einwirkung auf die Erziehung den Interessen der Allgemeinheit wie auch dem Jugendlichen selbst weit besser gedient, als durch Bestrafung. Soweit Verfehlungen harmloser Art in Frage stehen, die in Wege der häuslichen Zucht oder der Schulzucht ausreichend geahndet werden können, erscheint es als grundlose Härte, den Jugendlichen einer gerichtlichen Bestrafung zu unterwerfen, die ihn für sein späteres Leben mit einem Makel behaftet, sein Fortkommen erschwert und sein Ehrgefühl abstumpft. Auch wird durch die Vollziehung der Strafen ein günstiger Einfluß auf das Gemüt Jugendlicher in vielen Fällen nicht erzielt. Kurzfristige und mit Milde vollzogene Freiheitsstrafen können eine Besserung des Jugendlichen nicht zur Folge haben, wenn die Straftat auf eine tiefergehende sittliche Verwahrlosung zurückzuführen ist, – sie wirken überdies schädlich, indem sie dem Jugendlichen die Furcht vor der Strafe nehmen. Dagegen führen langfristige und mit Strenge vollstreckte Freiheitsstrafen unter Umständen dazu, den Jugendlichen zu verhärten und ihn auch für sein späteres Leben mit Feindseligkeit gegen die Rechtsordnung zu erfüllen.“[308]

1.2. Das erste Jugendgerichtsgesetz von 1923

Der Entwurf ist zwar nicht in ein Gesetz erwachsen, seine erstaunlich fortschrittlichen und differenzierenden Ansätze haben jedoch unterstützt durch die Jugendgerichtsbewegung[309] teilweise Einzug in das erste deutsche Jugendgerichtsgesetz von 1923 gefunden.[310] Das am 16.2.1923 in Kraft getretene Reichsjugendgerichtsgesetz reformierte das Jugendstrafverfahren als Sonderstrafrecht für Jugendliche umfassend.[311] Es wurde unter anderem eine gesonderte Zuständigkeit von Jugendgerichten begründet und die Beteiligung der Jugendgerichtshilfe im Jugendstrafverfahren wurde eingeführt.[312] Das Alter der Strafmündigkeit wurde auf das vollendete 14. Lebensjahr erhöht.[313] Das Vorliegen von Einsichtsfähigkeit und der Fähigkeit, „seinen Willen dieser Einsicht

308 Verhandlungen des Reichstages, XII. Legislaturperiode 1909, I. Session, Band 254, Anlagen zu den Stenographischen Berichten, Nr. 1310 A., S. 32 f.

309 Vgl. *Stolp* 2015, S. 28 ff.; *Streng* 2020, S. 19 f.

310 *Laubenthal et al.* 2015, S. 15; siehe auch *Vormbaum* 2019, S. 162.

311 *Streng* 2020, S. 20.

312 *Streng* 2020, S. 20.

313 § 2 JGG von 1923, es lag zuvor bei zwölf Jahren, vgl. § 55 RStGB von 1871. In Südafrika lag das Alter der Strafmündigkeit bis zur Einführung des CJA im Jahre 2010 bei sieben Jahren. Der CJA führte zunächst ein Strafmündigkeitsalter von zehn Jahren ein. Erst durch eine Anpassung im Juni 2020 wurde das Alter von zehn auf zwölf Jahre angehoben, siehe dazu Kapitel B. III. 2.

gemäß zu bestimmen", wurden als Bedingung der Strafbarkeit eingeführt.[314] Auch das Rechtsfolgensystem wurde reformiert, dies insbesondere durch die Einführung von Erziehungsmaßregeln, die gegenüber der Freiheitsstrafe Vorrang hatten.[315] Auch wurde erstmals ermöglicht, die Vollstreckung von Freiheitsstrafen zur Bewährung auszusetzen.[316]

Die in Bezug auf Diversion bedeutendste Neuerung befand sich in § 32 Abs. 2 der damaligen Fassung des JGG, die den Anklagezwang des allgemeinen Strafrechts durchbrach.[317] Danach konnte die Staatsanwaltschaft mit Zustimmung des Jugendrichters von der Anklageerhebung absehen, wenn bereits Erziehungsmaßregeln angeordnet wurden und weitere Maßnahmen nicht erforderlich waren oder wenn anzunehmen war, dass das Gericht von Strafe absehen würde. War die Klage bereits erhoben, konnte das Gericht mit Zustimmung der Staatsanwaltschaft die Einstellung des Verfahrens beschließen. Bei besonders leichten Fällen von Vergehen oder „Übertretungen" konnte seitens des Gerichts von Strafe abgesehen werden, § 9 Abs. 4 JGG von 1923.

1.3. Die Zeit des Nationalsozialismus und das Reichsjugendgerichtsgesetz 1943

Während der Zeit des Nationalsozialismus wurden viele der revolutionären Änderungen des 1. JGG von 1923 durch nationalsozialistische Ideologien revidiert.[318] Die strafrechtliche Verantwortlichkeit wurde durch das Reichsjugendgerichtsgesetz von 1943 wieder auf 12 Jahre gesenkt, „wenn der Schutz des Volkes wegen der Schwere der Verfehlung eine strafrechtliche Ahndung fordert".[319] Erwachsenenstrafrecht mitsamt der Anwendung der Todesstrafe konnte nach Maßgabe der „Verordnung zum Schutz von jugendlichen Schwerverbrechern" vom 4.10.1939 auch auf Jugendliche angewendet werden, wenn diese als „charakterlich abartige Schwerverbrecher" eingestuft wurden.[320]

---

314 § 3 JGG von 1923.

315 § 6 JGG von 1923, zulässige Erziehungsmaßregeln waren: Verwarnung, Überweisung in die Zucht der Erziehungsberechtigten oder der Schule, Auferlegung besonderer Verpflichtungen, Unterbringung, Schutzaufsicht und Fürsorgeerziehung, vgl. § 7 Abs. 1 JGG von 1923.

316 *Stolp* 2015, S. 41 f.

317 Vgl. *Streng* 2020, S. 20.

318 Vgl. *Streng* 2020, S. 21; ausführlich *Stolp* 2015, S. 49 ff.

319 § 3 Abs. 2 RJGG von 1943.

320 *Streng* 2020, S. 21; *Stolp* 2015, S. 53.

Neben diesen und weiteren menschenverachtenden Ausartungen, etwa durch Errichtung von „polizeilichen Jugendschutzlagern“,[321] wurde das Jugendstrafrecht während der NS-Zeit aber auch weiterentwickelt.[322] So wurde etwa zur Vermeidung von kurzen Freiheitsstrafen, die schon damals als schädlich erachtet wurden, die Dreigliedrigkeit des Rechtsfolgensystems eingeführt, d. h. neben den schon bestehenden Erziehungsmaßregeln und der Jugendstrafe wurden Zuchtmittel, insbesondere der Jugendarrest, aufgenommen.[323]

Ferner wurden die Diversionsmöglichkeiten durch § 31 des RJGG von 1943 ergänzt, wonach der Richter das Verfahren nach eingereichter Anklage einstellen konnte, wenn eine erzieherische Maßnahme (Arbeitsauflage oder Disziplinarmittel) bereits angeordnet war und eine Ahndung durch den Richter entbehrlich machte.[324]

1.4. Das JGG von 1953 – die Grundlage des heutigen Jugendstrafrechts

Zum 1.10.1953 trat dann ein von der NS-Ideologie befreites Gesetz in Kraft,[325] welches noch heute Grundlage für das JGG in der aktuellen Fassung ist.[326] Das Alter der Strafmündigkeit wurde wieder auf das vollendete 14. Lebensjahr angehoben und die Aussetzung der Jugendstrafe zur Bewährung wurde erneut eingeführt.[327]

Wichtige Neuerungen durch das Jugendgerichtsgesetz von 1953 waren unter anderem die Einführung der bedingten Verurteilung durch die Möglichkeit der Aussetzung der Verhängung der Jugendstrafe,[328] sowie die Ausdehnung der Zuständigkeit der Jugendgerichte auf Heranwachsende zwischen 18 und 21 Jahren.[329] Beruhend auf der Annahme, dass Straftaten auch in diesem Alter häufig auf Erziehungsmängel oder jugendlichen Leichtsinn zurückzuführen seien,

---

321 *Streng* 2020, S. 21.
322 Vgl. *Laubenthal et al.* 2015, S. 16 f.
323 Vgl. *Stolp* 2015, S. 74 ff.
324 *Gräf* 2015, S. 7.
325 *Ostendorf und Drenkhahn* 2020, S. 35; zu den Reformarbeiten in der Nachkriegszeit ausführlich *Stolp* 2015, S. 93 ff.
326 *Laubenthal et al.* 2015, S. 18.
327 Vgl. *Laubenthal et al.* 2015, S. 18.
328 § 27 JGG von 1953.
329 Vgl. *Laubenthal et al.* 2015, S. 18.

eröffnete dies die Möglichkeit, die jugendstrafrechtlichen Rechtsfolgen (inklusive der Diversionsvorschriften) auch auf diese Altersgruppe anzuwenden.[330]

Zumindest mittelbar für das Thema Diversion von Bedeutung ist auch die Neuregelung des Jugendgerichtsgesetzes von 1953 hinsichtlich des Umfangs der vorzunehmenden Ermittlungen: Die Persönlichkeitserforschung des Delinquenten – also die Lebens- und Familienverhältnisse, der Werdegang, das bisherige Verhalten und alle Umstände, „die zur Beurteilung seiner seelischen, geistigen und charakterlichen Eigenart dienen können" – sollte schnellstmöglich nach Einleitung des Verfahrens vorgenommen werden.[331]

1.5. Diversionsentwicklung durch Wissenschaft und Praxis

Impulse für die Fortentwicklung der Diversionsbestimmungen erfolgten in den folgenden Jahrzehnten nach dem Inkrafttreten des JGG von 1953 insbesondere durch die Praxis, die den ihr neu eröffneten Handlungsspielraum durch den Ausbau sogenannter „Modellprojekte" ausnutzte.[332] Stationäre Sanktionen wurden durch die Praxis zunehmend durch ambulante Maßnahmen ersetzt und erzieherische Sanktionsalternativen wurden durch die Jugendrichter und Jugendstaatsanwälte erprobt und wissenschaftlich begleitet.[333] Parallel bestätigten internationale empirische Studien die Annahme Franz von Liszts, wonach die Rückfallquote bei förmlichen Verurteilungen grundsätzlich deutlich höher ausfällt als bei vorzeitigen informellen Einstellungen.[334]

In den 1980er-Jahren wurde das bis dahin vorherrschende Leitbild eines „entwicklungsgestörten und deshalb erziehungsbedürftigen jugendlichen Straftäters, der durch rehabilitative, stützende und Chancen verbessernde Hilfen auf den straffreien Weg zu bringen war"[335] durch die kriminologische Forschung abgelöst.[336] Die inzwischen wohl einhellig anerkannte Annahme von Ubiquität und Normalität als Regelfall jugendstrafrechtlicher Auffälligkeit löste dieses Leitbild ab und beherrschte in der Folgezeit die kriminalpolitische Strafrechtsfortbildung.[337] Auch die Rezeption nordamerikanischer Etikettie-

330 Vgl. *Stolp* 2015, S. 153 f.
331 § 43 JGG von 1953; *Laubenthal et al.* 2015, S. 18
332 Vgl. *Laubenthal et al.* 2015, S. 19; ausführlich *Stolp* 2015, S. 161 ff.
333 Vgl. *Sonnen* 2018, S. 501 f.; *Laubenthal et al.* 2015, S. 19.
334 *Laubenthal et al.* 2015, S. 19. m. w. N.
335 Zitiert nach *Stolp* 2015, S. 168.
336 *Stolp* 2015, S. 169 m. w. N.
337 Vgl. *Laubenthal et al.* 2015, S. 20 f.

rungstheorien verschaffte der Diversionsbewegung in Deutschland weiteren Aufschwung.[338]

Die justizielle Erledigungspraxis war gekennzeichnet durch einen zunehmenden Anstieg informellen Vorgehens im Rahmen der damaligen Diversionsvorschriften.[339] Der bundesweite Anteil der Verfahrenseinstellungen nach §§ 45, 47 JGG (Diversionsquote)[340] hat sich bis zum Jahr 2000 kontinuierlich gesteigert und liegt seitdem weitestgehend stabil bei etwa 70 %.[341] Das Gros aller jugendstrafrechtlichen Ermittlungsverfahren wird demnach informell erledigt.

Sowohl in Deutschland als auch in Südafrika beeinflussten die „Mindestgrundsätze der Vereinten Nationen für die Jugendgerichtsbarkeit" aus 1985 (sog. *Beijing-Rules*) die Gesetzgebung der jeweiligen Bezugsländer.[342] Auf europäischer Ebene erwuchs hieraus 1987 eine Empfehlung des Ministerkomitees des Europarates, wonach die Mitgliedstaaten die Entwicklung von Diversions- und Vermittlungsverfahren auf staatsanwaltlicher Ebene fördern sollten, um zu verhindern, dass Minderjährige mit der Strafgerichtsbarkeit und den sich daraus ergeben Folgen konfrontiert werden.[343] Weitere internationale Vereinbarungen, wie die UN-Richtlinien für die Prävention von Jugendkriminalität von 1990 (*Riyadh Guidelines*) und die UN-Kinderrechtskonvention von 1992, stärkten zwar die Diversionsbewegung durch die Aufforderung an die Staatengemeinschaft, informelle Verfahren und Diversionsmöglichkeiten zu schaffen und zu nutzen.[344] Anders als für das Bezugsland Südafrika hatten diese internationalen Regelwerke jedoch nur einen untergeordneten Einfluss auf die deutsche Rechtsentwicklung, da die festgelegten Mindeststandards bereits gesichert oder auch übertroffen waren.[345]

1.6. Das 1. JGGÄndG von 1990

Unter dem Einfluss dieser internationalen wissenschaftlichen Erkenntnisse und der bewährten Umsetzung informeller Verfahrenserledigungen durch die Praxis

---

338 Vgl. *Laubenthal et al.* 2015, S. 19; *Gräf* 2015, S. 9.

339 Vgl. *Laubenthal et al.* 2015, S. 19; *Kleinbrahm* 2015, S. 38 ff.

340 *Kleinbrahm* 2015, S. 39.

341 Siehe Kapitel B. II. 3.

342 Siehe Kapitel B. III. 1.

343 Recommendation No. R(87)20 of the Committee of Ministers to Member States in Social Reactions to Juvenile Delinquency, II. 2, dt. Übersetzung nach *Gräf* 2015, S. 8.

344 Vgl. *Gräf* 2015, S. 8 f.

345 Vgl. *Streng* 2020, S. 23.

hat die Legislative dann schließlich eine Reform des Jugendgerichtsgesetzes durchgeführt, die in dem 1. Jugendgerichtsänderungsgesetz (JGGÄndG) vom 30.8.1990 mündete. Die Literatur spricht insoweit von einer „Jugendstrafrechtsreform durch die Praxis“[346], einer „Reform von unten“[347] oder einer „inneren Reform“.[348]

Der Gesetzentwurf der Bundesregierung zum 1. JGGÄndG[349] fasst die Erkenntnisse aus der Wissenschaft und Praxis wie folgt zusammen und formuliert folgende Zielsetzung für die neue Gesetzgebung:

> *„Neuere kriminologische Forschungen haben erwiesen, daß Kriminalität im Jugendalter meist nicht Indiz für ein erzieherisches Defizit ist, sondern überwiegend als entwicklungsbedingte Auffälligkeit mit dem Eintritt in das Erwachsenenalter abklingt und sich nicht wiederholt. Eine förmliche Verurteilung Jugendlicher ist daher in weitaus weniger Fällen geboten, als es der Gesetzgeber von 1953 noch für erforderlich erachtete.*
> *Untersuchungen zu der Frage, inwieweit der Verzicht auf eine formelle Sanktion zugunsten einer informellen Erledigung kriminalpolitisch von Bedeutung ist, haben – jedenfalls für den Bereich der leichten und mittleren Jugenddelinquenz – zu der Erkenntnis geführt, daß informellen Erledigungen als kostengünstigeren, schnelleren und humaneren Möglichkeiten der Bewältigung von Jugenddelinquenz auch kriminalpolitisch im Hinblick auf Prävention und Rückfallvermeidung höhere Effizienz zukommt.*
> *Es hat sich weiterhin gezeigt, daß die in der Praxis vielfältig erprobten neuen ambulanten Maßnahmen (Betreuungsweisung, sozialer Trainingskurs, Täter-Opfer-Ausgleich) die traditionellen Sanktionen (Geldbuße, Jugendarrest, Jugendstrafe) weitgehend ersetzen können, ohne daß sich damit die Rückfallgefahr erhöht.*
> *Schließlich ist seit langem bekannt, daß die stationären Sanktionen des Jugendstrafrechts (Jugendarrest und Jugendstrafe) sowie die Untersuchungshaft schädliche Nebenwirkungen für die jugendliche Entwicklung haben können.“*[350]

Die für die Diversion maßgebenden Vorschriften der §§ 45, 47 JGG wurden im Rahmen dieser Gesetzesänderung neu gefasst und in ein Stufenverhältnis gebracht, das sich am Subsidiaritätsprinzip orientiert.[351]

Auf erster Stufe vorangestellt ist seit dieser Gesetzesnovelle die folgenlose, „nicht-intervenierende“ Einstellung des Verfahrens durch den Staatsanwalt

---

346 *Brunner/Dölling* 2017, § 45 Rn. 7.
347 *Dollinger und Schabdach* 2013, S. 33.
348 *Laubenthal et al.* 2015, S. 19.
349 Gesetzentwurf der Bundesregierung, Entwurf eines Ersten Gesetzes zur Änderung des Jugengerichtsgesetzes (1. JGGÄndG), BT-Drucks. 11/5829 vom 27.11.1989.
350 BT-Drucks. 11/5829, S. 1.
351 BT-Drucks. 11/5829, S. 23, *Laubenthal et al.* 2015, S. 22.

nach § 45 Abs. 1 JGG.[352] Auf zweiter Stufe folgt sodann die Einstellung durch den Staatsanwalt bei bereits durchgeführten oder eingeleiteten erzieherischen Maßnahmen nach § 45 Abs. 2 JGG.[353] Erst bei Verneinen der entsprechenden Voraussetzungen kommt als dritte Stufe die Einstellung unter Beteiligung des Jugendrichters nach Maßgabe des § 45 Abs. 3 JGG in Betracht (sog. Informelles richterliches Erziehungsverfahren).[354]

Ist bereits Anklage erhoben worden, so kann auch der Jugendrichter in jeder Lage des Verfahrens (also im Zwischen-, Haupt- oder Revisionsverfahren) gemäß § 47 JGG das Verfahren entsprechend den gestuften Voraussetzungen in § 45 JGG – ggf. vorläufig – einstellen.[355]

Weitere bedeutende Neuerungen durch das 1. JGGÄndG von 1990 stellen die Erweiterungen der ambulanten Maßnahmen dar, etwa durch die Aufnahme von sozialen Trainingskursen und dem Täter-Opfer-Ausgleich in den Katalog der Weisungen des § 10 JGG.[356]

1.7. Die Entwicklung seit 1990 und internationale Impulse

Die Diversionsbestimmungen des JGG haben sich seit 1990 nicht verändert. Weiterer Reformbedarf bestand seitens des Bundestags zwar schon zur Zeit der Verabschiedung des 1. JGGÄndG. Der Deutsche Bundestag forderte die Bundesregierung auf, zum 1.10.1992 den Entwurf eines zweiten JGGÄndG vorzulegen, der Lösungsvorschläge zu mehreren Problembereichen enthalten sollte, so u. a. zur strafrechtlichen Behandlung Heranwachsender, zu dem Verhältnis zwischen Erziehungsmaßregeln und Zuchtmitteln, den Voraussetzungen zur Verhängung von Jugendstrafe, die Aus- und Fortbildung von Richtern, Staatsanwälten und

---

352 Zu den Einzelheiten siehe Kapitel B. II. 2.3.1.

353 Zu den Einzelheiten siehe Kapitel B. II. 2.3.2.

354 Zu den Einzelheiten siehe Kapitel B. II. 2.3.4. In diesem Zusammenhang war dem Gesetzgeber von 1990 schon die „nicht unbedenkliche" uneinheitliche Anwendung von Diversion in den verschiedenen Bundesländern, aber auch innerhalb verschiedener Landgerichtbezirke und gar innerhalb einzelner Staatsanwaltschaften bekannt und man versuchte durch das Stufenverhältnis der Neufassung, Anstöße in Richtung auf eine einheitliche Handhabung zu geben, vgl. BT-Drucks. 11/5829, S. 23. Wie unter Kapitel B. II. 3. dargestellt, ist eine Vereinheitlich der Diversionspraxis bis heute nicht gelungen.

355 Siehe Kapitel B. II. 2.4.

356 *Stolp* 2015, S. 175 ff.

Rechtsanwälten in Bezug auf jugendstrafrechtliche Besonderheiten und die Aufwertung des Täter-Opfer-Ausgleichs.[357]

Das kriminalpolitische Klima verschlechterte sich jedoch seit der Wiedervereinigung wegen des (vermeintlichen) Anstiegs der Jugendkriminalität.[358] Durch dieses politische Klima mit Wahlkampfkampagnen zur Verschärfung des Jugendstrafrechts wurden Reformbestrebungen ausgebremst und die längst widerlegte Annahme, Jugendkriminalität nur mit voller Härte der Justiz eindämmen zu können, bestimmte wieder die öffentliche Meinung.[359]

Spätere Änderungen des JGG, etwa durch das 2. Justizmodernisierungsgesetz vom 22.6.2006, das 2. JGGÄndG vom 13.12.2007 und das Gesetz zur Erweiterung der jugendgerichtlichen Handlungsmöglichkeiten vom 4.9.2012 – mit dem der Gesetzgeber populistischen Forderungen nach härterer Bestrafung gefolgt ist,[360] so u. a. mit der Einführung des „Warnschussarrestes"[361] – hatten keinen Einfluss auf die hier gegenständlichen Diversionsbestimmungen. Entsprechendes gilt für die Änderung des JGG durch das „Gesetz zur Stärkung des Verfahrens von Beschuldigten im Jugendstrafverfahren" nach Verabschiedung durch den Bundestag am 14.11.2019.

Hoffnung auf neue Impulse liegt in der Empfehlung des Ministerkomitees des Europarates vom 3.10.2018 zu Restorative Justice in Strafverfahren, ausweislich derer die Mitgliedstaaten angehalten werden, Restorative Justice fortzuentwickeln und verstärkt anzuwenden.[362]

2. Geltende rechtliche Rahmenbedingungen

2.1. Einführung, allgemeine Voraussetzungen

Grundsätzlich herrscht auch im Jugendstrafverfahren das *Legalitätsprinzip*, welches die Staatsanwaltschaften verpflichtet, wegen aller verfolgbaren Straftaten einzuschreiten, sofern tatsächliche Anhaltspunkte für strafbare Handlungen vorliegen.[363] Im allgemeinen Strafverfahren wird dieses Legalitätsprinzip durch das sog. *Opportunitätsprinzip* aufgelockert, demzufolge das Strafverfahren bei geringer Schuld mit oder ohne Auflagen eingestellt werden kann

357 BT-Drucks. 11/7421, S. 3.
358 Vgl. *Stolp* 2015, S. 190.
359 *Stolp* 2015, S. 191; zustimmend *Ostendorf und Drenkhahn* 2020, S. 37 m. w. N.
360 So *Ostendorf* 2017, S. 58.
361 Vgl. *Ostendorf* 2017, S. 58.
362 Siehe dazu schon oben Fn. 213, sowie im Ganzen *Staiger* 2019.
363 *Gräf* 2015, S. 81.

(vgl. §§ 153 ff. StPO).[364] Zusätzlich zu diesem Opportunitätsprinzip tritt im Jugendstrafverfahren das bereits erwähnte *Subsidiaritätsprinzip* hinzu, welches das Legalitätsprinzip zusätzlich einschränkt oder hintanstellt.[365] Die Staatsanwaltschaft darf nach diesem Prinzip nur dann anklagen, wenn ein informelles Vorgehen im Rahmen von § 45 JGG nicht ausreichend ist.[366] Entsprechend soll auch im gerichtlichen Verfahren nur mit formellen Sanktionen reagiert werden, wenn dies nicht abdingbar ist.[367] Das Subsidiaritätsprinzip gilt aufgrund des durch das 1. JGGÄndG eingeführten Stufenverhältnisses auch innerhalb der Diversionsmöglichkeiten.

Darüber hinaus müssen stets auch die allgemeinen Verfahrensvoraussetzungen vorliegen, allen voran das Vorliegen der Strafmündigkeit des Beschuldigten.[368] Beschuldigte vor Erreichen des 14. Lebensjahres sind absolut strafunmündig, vgl. § 19 StGB. Jugendliche Beschuldigte, die zur Tat 14 aber nicht 18 Jahre alt sind, gelten gemäß § 3 JGG als „bedingt strafmündig".[369] Ein Jugendlicher ist demnach nur dann strafrechtlich verantwortlich, „wenn er zur Zeit der Tat nach seiner sittlichen und geistigen Entwicklung reif genug ist, das Unrecht der Tat einzusehen und nach dieser Einsicht zu handeln".

Von den Diversionsbestimmungen unberührt bleibt der Vorrang des § 170 Abs. 2 StPO. Eine Einstellung im Rahmen der Diversion kommt daher nur in Betracht, wenn ein hinreichender Tatverdacht vorliegt, die Staatsanwaltschaft also von einem beweisbaren Sachverhalt ausgeht, der grundsätzlich anklagefähig ist.[370] Zwar ist es für den Jugendlichen auf den ersten Blick unerheblich, ob die Einstellung auf der Grundlage von § 45 Abs. 1 JGG oder von § 170 Abs. 2 StPO erfolgt, denn beide Alternativen sind für ihn sanktionslos. Die Erfahrung aus der Praxis der Jugendstrafverteidigung zeigt, dass vielen Beschuldigten der Unterschied ohnehin nicht bewusst ist, von Interesse ist hier oft nur die Einstellung als solche. Die Frage des Vorliegens eines hinreichenden Tatverdachts ist jedoch deshalb bedeutend, weil eine Anwendung von § 45 JGG die Eintragung in das Erziehungsregister nach sich zieht[371] und somit Einfluss auf gegebenenfalls folgende Ermittlungsverfahren haben kann.

---

364 *Eisenberg/Kölbel* 2021, § 45 Rn. 9.
365 *Ostendorf und Drenkhahn* 2020, S. 95.
366 *Streng* 2020, S. 93 f.
367 *Streng* 2020, S. 93 f.
368 *Eisenberg/Kölbel* 2021, § 45 Rn. 8.
369 *Streng* 2020, S. 28.
370 *Brunner/Dölling* 2017, § 45 Rn. 23.
371 Vgl. § 60 Abs. 1 Nr. 7 BZRG.

Die §§ 45, 47 JGG sind auch bei Strafverfahren gegen Heranwachsende anwendbar, sofern die Staatsanwaltschaft oder das Gericht die Anwendung von Jugendstrafrecht für geboten hält, § 105 Abs. 1 i. V. m. § 109 Abs. 2 S. 1 JGG.[372]

2.2. Zielsetzungen von Diversion im JGG

Das deutsche Jugendstrafrecht ist positiv-spezialpräventiv ausgerichtet.[373] Es soll vor allem erneuten Straftaten eines Jugendlichen oder Heranwachsenden entgegenwirken. Um dieses Ziel zu erreichen, sind die Rechtsfolgen und unter Beachtung des elterlichen Erziehungsrechts auch das Verfahren vorrangig am Erziehungsgedanken auszurichten, so bestimmt es § 2 Abs. 1 JGG. Der Erziehungsgedanke als *„Basis aller Regelungen des Jugendstrafrechts"*[374] gilt dementsprechend auch für die Diversionsregelungen. Darüber hinausgehende, speziell auf Diversion bezogene Zielvorstellungen – so wie sie im CJA zu finden sind[375] – hat der deutsche Gesetzgeber nicht in den Gesetzestext aufgenommen. Es kann aber auf die Gesetzesbegründungen und die wissenschaftliche Literatur zurückgegriffen werden.

Die oben bereits dargestellte Zielsetzung des Gesetzesentwurfs der Bundesregierung zum 1. JGGÄndG von 1990 bezieht sich hierzu primär auf die (zum damaligen Zeitpunkt) neuere kriminologische Forschung, wonach Kriminalität im Jugendalter als entwicklungsbedingte Auffälligkeit mit dem Eintritt in das Erwachsenenalter meist abklingt und sich nicht wiederholt und eine förmliche Verurteilung daher noch in viel weniger Fällen geboten sei, als es der Gesetzgeber von 1953 für erforderlich erachtete. Informellen Erledigungen komme nach der Gesetzesbegründung als kostengünstigere, schnellere und humanere Möglichkeit der Jugenddelinquenzbewältigung auch im Hinblick auf Prävention und Rückfallvermeidung eine höhere Effizienz zu. Zudem seien die in der Praxis vielfältig erprobten ambulanten Maßnahmen geeignet, die traditionellen Sanktionen weitgehend zu ersetzen, ohne dass dabei die Rückfallgefahr erhöht werde. Zu diesen Maßnahmen gehört neben der Betreuungsweisung und dem sozialen Trainingskurs ausdrücklich auch der Täter-Opfer-Ausgleich. Schließlich sei seit Langem bekannt, dass stationäre Sanktionen schädliche Nebenwirkungen für die jugendliche Entwicklung haben können.[376]

---

372 *Eisenberg/Kölbel* 2021, § 45 Rn. 2.

373 *Eisenberg/Kölbel* 2021, § 2 Rn. 3.

374 So der BGH in seiner ständigen Rechtsprechung, vgl. exemplarisch BGH, Urteil vom 6.12.1988, 1 StR 620/88.

375 Siehe Kapitel B. III. 2.2.

376 BT-Drucks. 11/5829, S. 1.

Daran wird deutlich, dass nach dem deutschen Verständnis die Vermeidung von schädlichen Wirkungen durch das förmliche Strafjustizsystem und die Verhinderung von erneuter Straffälligkeit die primären Ziele von Diversion sind.[377] Damit zusammenhängend ist auch die Wahrung des Beschleunigungsgrundsatzes, dem im Jugendstrafrecht gegenüber dem allgemeinen Strafrecht eine besondere Bedeutung zukommt, ein Diversionsziel.[378] Zu den schädlichen Gefahren des förmlichen Strafverfahrens, die durch Diversion vermieden werden sollen, gehört insbesondere auch die Vermeidung von Stigmatisierung und Etikettierung im Sinne des Labeling-Approach.[379] Diese und weitere, in der Literatur genannte Ziele, wie etwa die Vermeidung des Erlernens von Neutralisierungstechniken von jugendlichen Beschuldigten[380] und das Herausleiten aus einer drohenden Sanktionseskalation durch sachlich und erzieherisch nicht gebotene Steigerung von Sanktionen bei Rückfälligkeit[381] lassen sich klar spezialpräventiven Intentionen zuordnen.

Neben diesen spezialpräventiven Erwägungen wird die Entlastung der als chronisch überlastet geltenden[382] Justiz als weiterer wesentlicher Diversionszweck angeführt.[383]

Der Konflikt zwischen Opfer und Täter und deren jeweiligen sozialen Bezugspersonen spielt im deutschen Diversionssystem, welches von spezialpräventiven und ökonomischen Zwecken dominiert ist, nur eine untergeordnete Rolle. Zwar nimmt der Täter-Opfer-Ausgleich in der diversionellen Ausgestaltung eine gewichtige Stellung ein. Auch lassen sich, wie sich zeigen wird, weitere Diversionsoptionen finden, die sich als *partly* oder *potentially restorative* klassifizieren lassen.[384] Bei den allgemeinen Zielsetzungen von Diversion wird hinsichtlich

---

377 So auch *Kleinbrahm* 2015, S. 7 ff.; *Gräf* 2015, S. 29 ff.; *Ostendorf und Drenkhahn* 2020, S. 95 f.; *Sonnen* 2018, S. 501 ff.

378 *Pitz* 2020, S. 51.

379 Siehe dazu unten Kapitel D. VII. 2.

380 *Gräf* 2015, S. 31.

381 *Eisenberg/Kölbel* 2021, § 45 Rn. 17a; *Gräf* 2015, S. 33 f.

382 Exemplarisch die Artikel der deutschen Presseagentur, Rechtsstaat in Not – Deutsche Justiz an der Belastungsgrenze, in: Zeit, 2.1.2019, https://www.zeit.de/news/2019-01/02/deutsche-justiz-an-der-belastungsgrenze-190102-99-405394 und *Miriam Hoffmeyer* Ladendiebstahl? Ach was!, in: Süddeutsche Zeitung, 13.11.2020, https://www.sueddeutsche.de/karriere/justizwesen-ladendiebstahl-ach-was-1.5111414 (beide zuletzt abgerufen am 6.6.2021).

383 Vgl. etwa *Ostendorf und Drenkhahn* 2020, S. 95; *Kleinbrahm* 2015, S. 9; *Gräf* 2015, S. 38; *Streng* 2020, S. 93 f.; *Pitz* 2020, S. 52 f.

384 Zur Klassifizierung von Restorative-Justice-Maßnahmen siehe oben Kapitel A. II. 3.

der Einbeziehung des Opfers aber allenfalls von einem „positiven Nebeneffekt" gesprochen.[385] Im Vordergrund steht indes stets die beabsichtigte erzieherische Einwirkung auf den Täter.[386]

2.3. Diversion nach § 45 JGG

2.3.1. § 45 Abs. 1 JGG – Nicht-intervenierende Einstellung durch den Staatsanwalt

Gemäß § 45 Abs. 1 JGG kann der Staatsanwalt ohne Zustimmung des Richters von der Verfolgung absehen, wenn die Voraussetzungen des § 153 StPO vorliegen. Danach muss die Tat ein Vergehen sein,[387] die Schuld des Täters muss als gering anzusehen sein und es darf kein besonderes öffentliches Interesse an der Verfolgung bestehen. Bei direkter Anwendung des § 153 Abs. 1 S. 1 StPO ist im Gegensatz zu § 45 Abs. 1 JGG die Zustimmung des Richters erforderlich.[388]

Nach der Begründung des Regierungsentwurfs zum 1. JGGÄndG ist die Anwendung von § 45 Abs. 1 JGG sachgerecht, „wenn es sich um eine jugendtypische Verfehlung mit geringerem Schuldgehalt und geringen Auswirkungen der Straftat handelt, die über die bereits von der Tatentdeckung und dem Ermittlungsverfahren ausgehenden Wirkungen hinaus keine weiteren erzieherischen Maßnahmen erfordert."[389]

Der Gesetzgeber erkennt, dass – auch wenn eine Einstellung nach § 45 Abs. 1 JGG grundsätzlich sanktionslos ist – das Ermittlungsverfahren als solches durchaus sanktionierend empfunden werden kann. Der Regierungsentwurf führt daher aus, dass schon die Wirkung der Tataufdeckung und des Ermittlungsverfahrens mitsamt der Konfrontation mit Polizei und Staatsanwalt und den dadurch ausgelösten Reaktionen von Eltern, Lehrern, Ausbildern oder anderen Bezugspersonen eine weitere erzieherische Intervention entbehrlich machen kann.[390]

Als „jugendtypische Verfehlungen mit geringem Schuldgehalt" kommen nach dem Regierungsentwurf insbesondere in Betracht: Diebstähle geringwertiger Sachen und vergleichbare Taten, soweit § 248a StGB entsprechend anzuwenden ist; der unbefugte Gebrauch von Fahrzeugen;[391] leichte Fälle der

385 So *Gräf* 2015, S. 36.
386 Dazu im Einzelnen Kapitel B II. 2.6.
387 Vgl. § 12 Abs. 2 StGB.
388 So der eindeutige Wortlaut, vgl. *Ostendorf und Drenkhahn* 2020, S. 96.
389 BT-Drucks. 11/5829, S. 23.
390 BT-Drucks. 11/5829, S. 23, *Brunner/Dölling* 2017, § 45 Rn. 23.
391 § 248b StGB.

Sachbeschädigung;[392] (fahrlässige) Körperverletzung bei leichtem Angriff und leichten Folgen;[393] Beleidigung;[394] Beförderungserschleichung[395] und Fälle der „sog. Ritzelkriminalität".[396] Der Regierungsentwurf stellt aber ausdrücklich klar, dass es sich hierbei nicht um eine abschließende Aufzählung handelt, sondern stets die Umstände des Einzelfalls maßgebend sind.[397]

Nach der bundesweiten Richtlinie zum JGG (RiJGG) soll § 45 Abs. 1 JGG insbesondere bei erstmals straffällig gewordenen Jugendlichen in Betracht kommen.[398] Die Anwendung ist jedoch nicht auf Ersttäter beschränkt, wie der Regierungsentwurf klarstellt. Auch bei mehrfacher Auffälligkeit kommt ein (weiteres) nicht intervenierendes Diversionsvorgehen in Betracht, wenn zwischen den einzelnen Taten ein erheblicher Abstand besteht oder wenn der Jugendliche wegen einer Straftat auffällig wird, die mit der vorangegangenen Verfehlung im Hinblick auf das geschützte Rechtsgut und die Art der Tatbegehung nicht vergleichbar ist.[399]

Die unbestimmten Rechtsbegriffe „geringe Schuld" und „fehlendes öffentliches Interesse" sind jugendstrafrechtskonform am Erziehungsgedanken dahingehend auszulegen, dass es dem Staatsanwalt ermöglicht wird, eine individuelle Entscheidung zu treffen, die den Anforderungen des Einzelfalls gerecht wird und den aktuellen kriminologischen Erkenntnissen entspricht.[400] Der Wortlaut von § 45 Abs. 1 JGG, wonach der Staatsanwalt von der Verfolgung absehen „kann", eröffnet auf Rechtsfolgenseite Ermessen.[401] Bei jugendtypischer Bagatellkriminalität, die der Gesetzgeber bei der Schaffung des ersten Absatzes im Sinn hatte, dürfte sich dieses Ermessen jedoch dahingehend reduzieren, dass eine Einwirkung nur bei Vorliegen atypischer Umstände geboten ist.[402]

Umstritten ist die Frage des Verhältnisses zwischen der jugendstrafrechtlichen Diversionsvorschrift des § 45 Abs. 1 JGG und der Opportunitätsvorschrift des

---

392 § 303 StGB.
393 §§ 223, 229 StGB.
394 § 185 StGB.
395 § 265a StGB.
396 BT-Drucks. 11/5829, S. 23; unter Ritzelkriminalität wird unerlaubtes technisches Verändern (illegales Tuning) von Kleinkrafträdern verstanden.
397 BT-Drucks. 11/5829, S. 23.
398 RiJGG, Richtlinien zu § 45, Nr. 2.
399 BT-Drucks. 11/5829, S. 23 f.
400 *Brunner/Dölling* 2017, § 45 Rn. 23.
401 *Gräf* 2015, S. 85.
402 So *Eisenberg/Kölbel* 2021, § 45 Rn. 18; *Gräf* 2015, S. 85.

§ 153 StPO im allgemeinen Strafrecht.[403] Praktische Relevanz hat die Streitfrage deshalb, weil eine Einstellung nach § 45 Abs. 1 JGG einen Eintrag in das Erziehungsregister nach sich zieht (§ 60 Abs. 1 Nr. 7 BZRG), wohingegen eine Einstellung nach § 153 StPO nicht in das Bundeszentralregister aufgenommen wird.

Gegen die ausschließliche Anwendbarkeit des § 45 JGG als *lex specialis* gegenüber den allgemeinen Vorschriften (vgl. § 2 JGG) wird das Verbot der Schlechterstellung vorgebracht, wonach der Jugendliche nicht schlechter gestellt werden darf als ein erwachsener Straftäter. Eine direkte Einstellung nach § 153 StPO habe daher dann zu erfolgen, wenn es für den Jugendlichen die günstigere Alternative ist, namentlich dann, wenn ein Stigmatisierungseffekt durch die unnötige, weil erzieherisch nicht notwendige, Eintragung in das Erziehungsregister vermieden werden könne.[404]

Die Regelungen der §§ 45, 47 JGG sind jedoch in sich schlüssig und auf alle Akteure im Jugendstrafprozess zugeschnitten, sodass es sich um abschließende Spezialregelungen handelt, die eine direkte Anwendung des § 153 StPO ausschließen sollten.[405] Die registerrechtlichen Konsequenzen einer Diversion nach § 45 JGG stehen dem nicht entgegen. Zum einen hat nur der enge Kreis der in § 61 BZRG genannten Stellen Zugang zu dem Erziehungsregister, eine darüber hinausgehende Offenbarungspflicht gegenüber anderen Stellen besteht nicht.[406] Zum anderen erfolgt auch keine Aufnahme in das polizeiliche Führungszeugnis, welches bei Bewerbungen etc. vorzulegen ist.[407] Das Potenzial einer schädlichen Stigmatisierung durch einen Eintrag in das Erziehungsregister ist dementsprechend als gering anzusehen. Schließlich wird auch das von dem Gesetzentwurf zum 1. JGGÄndG erklärte Ziel, einer bundeseinheitlich gleichmäßigen Diversionsanwendung näher zu kommen, konterkariert, wenn man die Opportunitätsvorschriften des allgemeinen Strafrechts neben den Diversionsvorschriften des Jugendstrafrechts anwendbar ließe.[408] Die Anwendbarkeit von § 153 StPO neben § 45 Abs. 1 JGG ist daher abzulehnen.[409]

---

403 Eine ausführliche Darstellung des Streitstandes findet sich in *Gräf* 2015, S. 85 ff.

404 So etwa *Ostendorf und Drenkhahn* 2020, S. 101; *Streng* 2020, S. 103.

405 Zustimmend *Gräf* 2015, S. 93; *Brunner/Dölling* 2017, § 45 Rn. 3f; *Diemer/Schatz/Sonnen* 2020, § 45 Rn. 9.

406 Vgl. § 64 Abs. 1 BZRG.

407 *Gräf* 2015, S. 92.

408 *Brunner/Dölling* 2017, § 45 Rn. 4.

409 Entsprechendes gilt für die anderen Diversionsalternativen der §§ 45, 47 JGG und § 153a StPO; *Brunner/Dölling* 2017, § 45 Rn. 3f; a. A. *Streng* 2020, S. 103; *Laubenthal et al.* 2015, S. 136 f.

2.3.2. § 45 Abs. 2 JGG – Einstellung aufgrund erzieherischer Maßnahmen

Nach § 45 Abs. 2 JGG sieht der Staatsanwalt von der Verfolgung ab, wenn eine erzieherische Maßnahme bereits durchgeführt oder eingeleitet ist und er weder eine Beteiligung des Richters nach Abs. 3 noch die Erhebung der Anklage für erforderlich hält. Einer erzieherischen Maßnahme steht das Bemühen des Jugendlichen gleich, einen Ausgleich mit dem Verletzten zu erreichen, § 45 Abs. 2 S. 2 JGG.

Der Gesetzentwurf zum 1. JGGÄndG führt hierzu aus:

> *„Kommt eine Entscheidung gemäß § 45 Abs. 1 JGG i. d. F. d. E. nicht in Frage, so ist eine informelle Erledigung nach § 45 Abs. 2 JGG i. d. F. d. E. dann geboten, wenn der Jugendliche durch eine anderweitige erzieherische Reaktion so gefördert werden kann, daß eine Entscheidung durch den Jugendrichter verzichtbar erscheint. Dabei ist zu beachten, daß erzieherische Maßnahmen aus dem sozialen Umfeld des Jugendlichen nachdrücklicher empfunden werden und – folgen sie der Tat auf dem Fuße – besonders geeignet sind, Schuldeinsicht zu fördern und das künftige Verhalten des Jugendlichen zu beeinflussen. Können daher die Reaktionen von Eltern, von Verwandten und Freunden, seitens der Schule oder anderer Träger informeller Sozialkontrolle Äquivalente zu Reaktionen der Strafjustiz darstellen, so ist deren Berücksichtigung unter dem Aspekt auch der ‚Reaktionsbegrenzung' geboten."*[410]

Die erzieherischen Maßnahmen können grundsätzlich sehr vielfältiger Natur sein, umfasst sind alle „Vorgehensweisen von privater oder öffentlicher Seite im Rahmen bestehender Erziehungsaufgaben, die geeignet sein können, die Schuldeinsicht zu fördern und eine Verhaltensänderung zu bewirken."[411] Unter dem Gesichtspunkt des grundrechtlich garantierten Erziehungsrechts aus Art. 6 Abs. 2 GG ist hierbei in erster Linie an Erziehungsmaßnahmen der Eltern zu denken, zum Beispiel der Entzug von Taschengeld oder das Verbot bestimmter Freizeitaktivitäten.[412] Aber auch solche Maßnahmen der Schule, des Ausbildungsbetriebs, des Bewährungshelfers, des Jugendgerichtshelfers, des Erziehungsbeistandes, des Familiengerichts oder sonstigen anderen Bezugspersonen kommen in Betracht.[413]

---

410 BT-Drucks. 11/5829, S. 24.

411 So die Definition von *Laubenthal et al.* 2015, S. 127, ähnlich *Eisenberg/Kölbel* 2021, § 45 Rn. 19.

412 *Laubenthal et al.* 2015, S. 128.

413 *Laubenthal et al.* 2015, S. 131; *Ostendorf und Drenkhahn* 2020, S. 97.

Anders als ein Vorgehen nach § 45 Abs. 1 JGG ist § 45 Abs. 2 JGG mangels entgegenstehendem Wortlaut nicht auf Vergehen beschränkt, sondern kann auch jenseits des Bagatellbereichs bei Verbrechen anwendbar sein.[414] Ein Beispiel aus der Verteidigungspraxis für einen Verbrechenstatbestand, der sich offensichtlich für eine Einstellung nach § 45 Abs. 2 JGG geeignet hat, liegt im „Käsekuchenfall", der im Kapitel D. als Diskussionsgrundlage vorgestellt wird.[415]

Nach der zutreffenden herrschenden Meinung besitzt die Staatsanwaltschaft wegen Art. 92 GG keine Anordnungs- sondern nur eine Anregungskompetenz.[416] Da es sich nur um eine Anregungskompetenz handelt, setzt ein Vorgehen im Wege der staatsanwaltlich initiierten Diversion nach § 45 Abs. 2 JGG ein Einverständnis des Beschuldigten voraus, von dem ausgegangen werden kann, wenn der Beschuldigte der Maßnahme nicht widerspricht.[417] Aus der mangelnden Sanktionskompetenz des Staatsanwalts folgt ferner auch, dass unter Beachtung des vorrangigen elterlichen Erziehungsrechtes das Einverständnis der Erziehungsberechtigten notwendig ist.[418]

2.3.3. § 45 Abs. 3 JGG – Einstellung unter Beteiligung des Jugendrichters

Der dritte Absatz des § 45 JGG regelt das sog. „formlose richterliche Erziehungsverfahren".[419] Entsprechend der Stufenfolge der Diversionsbestimmungen kann der Staatsanwalt nach dieser Norm verfahren, wenn er zwar die Erhebung einer Anklage (und damit die Ahndung durch Urteil) nicht für erforderlich, die Mitwirkung eines Jugendrichters aus erzieherischen Gründen jedoch für geboten hält. Innerhalb des § 45 JGG hat diese Einstellungsalternative also die höchste Eingriffsintensität.[420]

Da es sich auch hierbei um ein informelles Verfahren handelt, sind die Maßnahmen, die von dem Jugendrichter getroffen werden können, beschränkt. Es kommen entsprechend dem abschließenden Katalog von Maßnahmen nur die

---

414 *Eisenberg/Kölbel* 2021, § 45 Rn. 19b, dies wird stellenweise jedoch missachtet, so u. a. von der rheinland-pfälzischen Diversionsrichtlinie, siehe dazu Kapitel B. II. 2.5.

415 Siehe Kapitel D. III. 1.

416 *Eisenberg/Kölbel* 2021, § 45 Rn. 21; *Laubenthal et al.* 2015, S. 131; zur Vereinbarkeit der Anregungskompetenz mit rechtsstaatlichen Grundsätzen ausführlich *Gräf* 2015, S. 97 ff.

417 *Laubenthal et al.* 2015, S. 132.

418 *Ostendorf und Drenkhahn* 2020, S. 98.

419 Vgl. *Eisenberg/Kölbel* 2021, § 45 Rn. 23; *Streng* 2020, S. 101; kritisch zu dem Begriff *Ostendorf und Drenkhahn* 2020, S. 98 f.

420 Vgl. *Ostendorf und Drenkhahn* 2020, S. 99.

Erteilung einer formlosen Ermahnung[421] sowie die Weisungen zur Erbringung von Arbeitsleistungen,[422] zum Bemühen um Ausgleich mit dem Verletzten im Rahmen eines Täter-Opfer-Ausgleichs,[423] zur Teilnahme an einem Verkehrsunterricht[424] und die Auflagen des JGG (also Schadenswiedergutmachung,[425] persönliche Entschuldigung,[426] Erbringung von Arbeitsleistungen[427] und Bezahlung eines Geldbetrages an eine gemeinnützige Einrichtung) in Betracht.[428] Der Gesetzgeber hat den sonst offenen Weisungskatalog für die Diversion beschränkt und sich bewusst gegen die Aufnahme weiterer Weisungen entschieden. In der Begründung hierzu wird ausgeführt, dass Weisungen wie die Unterstellung unter einen Bewährungshelfer oder zur Durchführung eines sozialen Trainingskurses von der Eingriffsintensität und der notwendigen Einwirkungszeit nur schwer mit dem eigentlichen Zwecken der informellen Erledigung (schnell und so wenig belastend wie möglich) vereinbart werden können.[429]

Aus der informellen Natur dieser Erledigungsalternative – anders als förmliche Inquisitionsprozesse sind informelle Verfahren nicht geeignet, unklare Sachverhalte aufzuklären – gepaart mit der Eingriffsintensität der möglichen Maßnahmen ergibt sich auch die Tatsache, dass das Gesetz im Gegensatz zu den bisher dargestellten Diversionsalternativen ein Geständnis des Jugendlichen voraussetzt.[430]

---

421 Diese ist in Abgrenzung zur formellen Verwarnung im Sinne des § 14 JGG zu verstehen.

422 § 45 Abs. 3 S. 1 i. V. m. § 10 Abs. 1 S. 3 Nr. 4 JGG.

423 § 45 Abs. 3 S. 1 i. V. m. § 10 Abs. 1 S. 3 Nr. 7 JGG.

424 § 45 Abs. 3 S. 1 i. V. m. § 10 Abs. 1 S. 3 Nr. 9 JGG.

425 § 45 Abs. 3 S. 1 i. V. m. § 15 Abs. 1 Nr. 1 JGG.

426 § 45 Abs. 3 S. 1 i. V. m. § 15 Abs. 1 Nr. 2 JGG.

427 § 45 Abs. 3 S. 1 i. V. m. § 15 Abs. 1 Nr. 3 JGG.

428 § 45 Abs. 3 S. 1 i. V. m. § 15 Abs. 1 Nr. 4 JGG.

429 BT-Drucks. 11/5829, S. 25.

430 Vgl. *Zieger und Nöding* 2018, § 45 Rn. 162. Gegen dieses Geständniserfordernis werden vereinzelt rechtsstaatliche Bedenken geltend gemacht, die sich insbesondere auf die Gefahr der Verletzung der Selbstbelastungsfreiheit stützen, vgl. *Kölbel/Eisenberg* 2021, § 45 Rn. 24; *Gräf* 2015, S. 104 m. w. N. Beschuldigte Jugendliche würden möglicherweise in eine unzulässige Drucksituation gedrängt, in der sie sich selbst belasten könnten, um eine Verfahrensbeendigung zu erreichen. Dadurch sei eine Schlechterstellung gegenüber solchen Jugendlichen gegeben, die sich durch zulässiges Schweigen verteidigen. Dies werde insbesondere dadurch verschärft, dass Jugendliche besonders häufig entgegen der Sachlage geständig seien, um der Drucksituation eines drohenden förmlichen Strafverfahrens zu entgehen. Zu Recht wird daher gefordert, dass der Jugendrichter sich nicht nur formal auf das Geständnis beruft, sondern dieses auch

Der Richter ist nicht an die Anregung des Staatsanwaltes gebunden, d. h. er kann dem Vorschlag des Staatsanwalts folgen oder ihn ablehnen.[431] Sofern der Richter der Anregung folgt, ist der Staatsanwalt hieran gebunden und muss von der weiteren Verfolgung absehen.[432] Der Verweis auf die entsprechende Anwendung des § 47 Abs. 3 S. 4 JGG stellt klar, dass in diesem Fall ein (beschränkter) Strafklageverbrauch eintritt.[433] Dieser greift jedoch erst dann, wenn der Jugendliche den richterlich erteilten Auflagen bzw. Weisungen nachgekommen ist.[434] Folgt der Richter der Anregung indes nicht, indem er keine oder eine abweichende Maßnahme erteilt, so ist der Staatsanwalt hinsichtlich der weiteren Verfahrensbetreibung frei, d. h. er kann den Jugendlichen anklagen oder das Verfahren aus einem anderen Grunde einstellen.[435]

Eine zwangsweise Durchsetzung ist wie bei allen informellen Diversionsalternativen nicht möglich, insbesondere ist auch die Verhängung von Ungehorsamsarrest bei Nichterfüllung der erteilten Auflagen oder Weisungen ausgeschlossen.[436]

2.4. Richterliche Diversion nach § 47 JGG

Nach Einreichung der Klage durch die Staatsanwaltschaft überträgt § 47 JGG die Diversionsmöglichkeiten des § 45 JGG auf den Jugendrichter, der dann die Verfahrensherrschaft innehat. Dieser kann in jeder Lage des Verfahrens – auch in der Revisionsinstanz – das Verfahren einstellen, wenn die entsprechenden Voraussetzungen vorliegen.[437] Die Reihenfolge der Einstellungsalternativen folgt der des § 45 JGG: § 47 Abs. 1 Nr. 1 JGG entspricht § 45 Abs. 1 JGG; § 47 Abs. 1 Nr. 2 JGG entspricht § 45 Abs. 2 und § 47 Abs. 1 Nr. 3 JGG entspricht § 45 Abs. 3 JGG. Die Einstellungsalternative des § 47 Abs. 1 Nr. 4 JGG bezieht sich

---

auf seine Glaubhaftigkeit hin überprüft. Mit diesem Erfordernis einer Prüfung durch den Jugendrichter werden rechtsstaatliche Bedenken nach zutreffender herrschender Meinung ausreichend entkräftet, so u. a. *Streng* 2020, S. 101; *Laubenthal et al.* 2015, S. 133; *Ostendorf und Drenkhahn* 2020, S. 99; a. A. *Diemer/Schatz/Sonnen* 2020, § 45 Rn. 21.

431 Vgl. *Brunner/Dölling* 2017, § 45 Rn. 43.

432 § 45 Abs. 3 S. 2 JGG

433 Vgl. *Brunner/Dölling* 2017, § 45 Rn. 43; vgl. zu den Rechtsfolgen bei durchgeführter Diversion Kapitel B. II. 2.7.

434 § 45 Abs. 3 S. 2 JGG.

435 Vgl. *Brunner/Dölling* 2017, § 45 Rn. 47.

436 Vgl. § 45 Abs. 3 S. 3 i. V. m. § 11 Abs. 3 und § 15 Abs. 3 S. 2 JGG.

437 Vgl. *Streng* 2020, S. 102.

auf die mangelnde bzw. nicht feststellbare strafrechtliche Verantwortlichkeit im Sinne des § 3 JGG, betrifft also keine Diversion im eigentlichen Sinn.[438]

Eine Einstellung nach § 47 JGG liegt im Ermessen des Gerichts und setzt gemäß § 47 Abs. 2 JGG die Zustimmung der Staatsanwaltschaft voraus. Der Jugendrichter hat die Optionen, das Verfahren entweder vorläufig oder endgültig einzustellen.[439] Eine vorläufige Einstellung in den Fällen des § 47 Abs. 1 S. 1 Nr. 2 und 3 JGG unter Fristsetzung von maximal sechs Monaten ermöglicht es dem Jugendgericht entsprechenden Druck auf den Jugendlichen dahingehend auszuüben, die ihm auferlegten Verpflichtungen auch zu erfüllen, um nicht die Fortführung des Strafverfahrens zu riskieren.[440] Darüber hinausgehende Druckmittel stehen dem Jugendgericht hingegen nicht zur Verfügung. Sämtliche der hier eingeleiteten oder angeordneten erzieherischen Maßnahmen sind nicht erzwingbar, die Verhängung von Ungehorsamsarrest ist ausdrücklich ausgeschlossen.[441]

Wenn der Beschuldigte seinen Verpflichtungen dann fristgerecht nachkommt, stellt der Jugendrichter das Verfahren endgültig ein.[442] Sowohl die vorläufige als auch die endgültige Einstellung des Verfahrens erfolgen durch Beschluss.[443] Kommt der Beschuldigte den Auflagen, Weisungen oder erzieherischen Maßnahmen hingegen nicht nach, so wird das förmliche Strafverfahren wieder aufgenommen.[444]

2.5. Regelungsebenen und Diversionsrichtlinien

Die Regelungen zur Diversion lassen sich in drei Ebenen einteilen.[445] Neben den zuvor dargestellten Vorschriften der ersten Regelungsebene, also den §§ 45, 47 JGG, bestehen auf zweiter Regelungsebene bundeseinheitliche Richtlinien zum Jugendgerichtsgesetz (RiJGG vom 18.7.1994). Zudem verfügen gegenwärtig mit Ausnahme von Hessen und Bayern alle Bundesländer über eigene

---

438 Vgl. *Streng* 2020, S. 102.
439 Vgl. *Laubenthal et al.* 2015, S. 135.
440 *Streng* 2020, S. 102.
441 § 47 Abs. 1 S. 6 i. V. m. § 11 Abs. 3 und § 15 Abs. 3 S. 2 JGG.
442 § 47 Abs. 1 S. 5 JGG.
443 § 47 Abs. 1 S. 3 JGG bzw. § 47 Abs. 2 S. 2 JGG.
444 Vgl. *Brunner/Dölling* 2017, § 47 Rn. 13.
445 *Kleinbrahm* 2015, S. 32 ff.

Diversionsrichtlinien bzw. Vollzugsanweisungen, die der dritten Regelungsebene zuzuordnen sind.[446]

Die bundeseinheitlichen Richtlinien zum Jugendgerichtsgesetz präzisieren die Diversionsvorschriften der ersten Regelungsebene nur unwesentlich und ebenfalls unter Verwendung unbestimmter Rechtsbegriffe.[447] Gemäß dieser Richtlinien ist bei *„kleineren bis mittelschweren Verfehlungen stets zu prüfen, ob auf eine jugendstrafrechtliche Sanktion durch Urteil verzichtet werden kann"*. Eine Anwendung des § 45 Abs. 1 JGG soll insbesondere bei erstmals auffälligen Jugendlichen geprüft werden, *„wenn es sich um jugendtypisches Fehlverhalten mit geringem Schuldgehalt und geringen Auswirkungen handelt, das über die bereits von der Entdeckung der Tat und dem Ermittlungsverfahren ausgehenden Wirkungen hinaus keine erzieherischen Maßnahmen erfordert"*.[448]

Zu § 45 Abs. 2 JGG wird ausgeführt, dass die dort genannten erzieherischen Maßnahmen geeignet sein sollen, die Einsicht des Jugendlichen in das Unrecht der Tat und deren Folgen zu fördern. Ist noch keine *„angemessene erzieherische Reaktion"* seitens z. B. der Erziehungsberechtigen, der Schule oder des Ausbilders erfolgt, so soll die Staatsanwaltschaft prüfen, ob sie selbst die Voraussetzungen für eine Einstellung schaffen kann, z. B. *„indem sie ein erzieherisches Gespräch mit dem Jugendlichen führt oder ihn ermahnt oder eine Schadenswiedergutmachung im Rahmen eines Täter-Opfer-Ausgleichs anregt"*.[449] Eine Anregungskompetenz wird der Staatsanwaltschaft also ausdrücklich zugestanden. Einschränkend verlangt die Richtlinie, dass der Beschuldigte den Tatvorwurf *„nicht ernstlich bestreitet, das Anerbieten der Staatsanwaltschaft annimmt und die Erziehungsberechtigten und die gesetzlichen Vertreter nicht widersprechen"*.[450]

Im Übrigen schreiben die Richtlinien nur vor, dass, sofern die Staatsanwaltschaft eine Anregung nach § 45 Abs. 3 JGG erwägt, die Jugendgerichtshilfe unter Mitteilung des Tatvorwurfs zu unterrichten ist, sofern diese nicht schon zur Vorbereitung der Entscheidung gehört wurde.[451]

Die Länderdiversionsrichtlinien der dritten Regelungsebene weichen hinsichtlich ihrer Regelungsdichte, ihres Inhaltes und ihrer Reichweite erheblich

446 Ein grafisch aufbereiteter Überblick über die gegenwärtigen Länderdiversionsrichtlinien findet sich in *Pitz* 2020, S. 89 ff.

447 Vgl. *Kleinbrahm* 2015, S. 32.

448 RiJGG, Richtlinien zu § 45 Nr. 2.

449 RiJGG, Richtlinien zu § 45 Nr. 3.

450 RiJGG, Richtlinien zu § 45 Nr. 3; vgl. dazu *Kleinbrahm* 2015, S. 33.

451 RiJGG, Richtlinien zu § 45 Nr. 4.

voneinander ab.[452] Nach einem von *Linke* entwickelten Schema lassen sich die einzelnen Diversionsrichtlinien der Länder in vier Gruppen einteilen, aufsteigend orientiert an der jeweiligen Regelungsdichte.[453] Schon an dieser Kategorisierung wird die große Heterogenität der Länderdiversionsrichtlinien deutlich.[454] Erhebliche Unterschiede bestehen jedoch nicht nur hinsichtlich der Regelungsdichte, sondern in verfassungsrechtlich bedenklicher Weise auch hinsichtlich der Regelungsinhalte.[455] Deliktsgruppenspezifisch bestehen eklatante Unterschiede beispielsweise bei den schweren Vermögensdelikten. So wird Diversion in Rheinland-Pfalz bei Verbrechen im Sinne des § 12 Abs. 1 StGB kategorisch ausgeschlossen,[456] während in den Berliner Richtlinien Verbrechen (etwa räuberische Erpressung) bei geringen Tatfolgen ausdrücklich als mögliche Delikte im Rahmen des § 45 Abs. 2 JGG genannt sind.[457]

Ähnliches gilt im Bereich der Körperverletzungsdelikte. So sind vorsätzliche Körperverletzungsdelikte teilweise aus dem Katalog diversionsgeeigneter Delikte ausgenommen (so in Baden-Württemberg, Hamburg, Thüringen), während beispielsweise in Schleswig-Holstein ausdrücklich selbst Fälle der gefährlichen Körperverletzung nach § 224 StGB unter bestimmten Bedingungen als diversionsgeeignet genannt sind.[458] Neben diesen und weiteren deliktspezifischen Unterschieden besteht große Divergenz auch hinsichtlich der Anwendungsvoraussetzungen der einzelnen Modalitäten,[459] des Konkurrenzverhältnisses

---

452 Dazu im Ganzen *Kleinbrahm* 2015; *Verrel* 2015; *Heinemann* 2010; *Pitz* 2020, S. 88 ff.

453 RL der *1. Gruppe* mit der geringsten Regelungsdichte regeln den Anwendungsbereich von Diversion nur rudimentär, es erfolgt insbesondere keine Abgrenzung zwischen den einzelnen Diversionsalternativen. Die Regelungen der *2. Gruppe* sind demgegenüber etwas detaillierter, so enthalten sie beispielsweise Angaben zur Vorbelastung des Beschuldigten oder einen beispielhaften Katalog von Delikten, die als diversionsgeeignet erachtet werden. Ab der *3. Gruppe* wird der Anwendungsbereich der Diversion an den verschiedenen Alternativen des § 45 orientiert. Die RL der *4. Gruppe* verfügen über die höchste Regelungsdichte, insbesondere beinhalten sie separate Deliktskataloge für § 45 Abs. 1 und Abs. 2 JGG, die nach verschiedenen Kriterien differenzieren. Ferner enthalten sie Wertobergrenzen bei Delikten mit bezifferbaren Schäden, bei deren Überschreitung Diversion in der Regel nicht mehr in Betracht kommen soll, dazu *Linke* 2010, S. 611 f.

454 Vgl. *Linke* 2010, S. 612.

455 Vgl. dazu ausführlich *Kleinbrahm* 2015, S. 156 ff.

456 Vgl. *Kleinbrahm* 2015, S. 160.

457 Vgl. *Kleinbrahm* 2015, S. 161.

458 Vgl. *Kleinbrahm* 2015, S. 167.

459 Vgl. *Kleinbrahm* 2015, S. 174 f.

zwischen den Einstellungsvarianten des JGG und denen des allgemeinen Strafrechts,[460] der Intensität begleitender erzieherischer Intervention,[461] der Beteiligung von Polizei und Jugendgerichtshilfe[462] und insbesondere auch dem Umgang mit Wiederholungstätern.[463]

Erschwerend kommt hinzu, dass einzelne Richtlinien zu einer regelrechten Aushöhlung der gesetzlichen Regelungen führen.[464] In den rheinland-pfälzischen Richtlinien heißt es beispielsweise: „*Für die Diversion […] kommen grundsätzlich alle Ermittlungsverfahren in Betracht, die wegen Vergehen gegen geständige Jugendliche und Heranwachsende, auf die Jugendstrafrecht anzuwenden ist, geführt werden.*“[465] Hierdurch wird zum einen *contra legem* ein Geständniserfordernis konstruiert, zum anderen wird Diversion über den Wortlaut der primärgesetzlichen Bestimmung hinaus auf Vergehen beschränkt.[466] Die Umsetzung der Richtlinie trifft daher auf verfassungsrechtliche Bedenken.[467]

Die naheliegende Vermutung, dass diese Divergenz der Richtlinien hinsichtlich Regelungsdichte und Regelungsinhalt zu teilweise erheblichen Ungleichheiten in der diversionellen Praxis führt, hat sich durch die Studie von *Kleinbrahm* bestätigt.[468]

2.6. Diversionsoptionen

2.6.1. Diversionsoptionen im Überblick

Aus den verschiedenen Diversionsalternativen der §§ 45, 47 JGG ergeben sich verschiedene Diversionsoptionen, die der Übersichtlichkeit halber im Folgenden nochmals zusammenfassend dargestellt werden:

---

460 Vgl. *Kleinbrahm* 2015, S. 183 ff.

461 Vgl. *Kleinbrahm* 2015, S. 186 ff.

462 Vgl. *Kleinbrahm* 2015, S. 189 ff.

463 Vgl. *Kleinbrahm* 2015, S. 195 ff.; *Heinemann* 2010, S. 26.

464 *Verrel* 2015, S. 615.

465 Diversionsstrategie für die Praxis des Jugendstaatsanwalts nach § 45 JGG, Gemeinsames Rundschreiben des Ministeriums der Justiz (4210-4-18/87) des Ministeriums des Innern und für Sport (349/441-O1/41O) und des Ministeriums für Soziales und Familie (637-75 766-1) vom 31.7.1987 (MinBl. S.343) 1.3, abrufbar unter https://lsjv.rlp.de/fileadmin/lsjv/Dateien/Aufgaben/Kinder_Jugend_Familie/Landesjugendamt/Jugendgerichtshilfe/Jugendgerichtshilfe_Empf_Mitwirkung_Jugendstrafverfahren.pdf (zuletzt abgerufen am 6.6.2021).

466 Vgl. *Kleinbrahm* 2015, S. 174.

467 So auch *Kleinbrahm* 2015, S. 445.

468 Zur Rechtsanwendungspraxis Kapitel B. II. 3.

- **Nicht-Intervention** im Rahmen des § 45 Abs. 1 JGG.
- (Bereits durchgeführte oder eingeleitete) **erzieherische Maßnahmen** im Sinne des § 45 Abs. 2 JGG.
- Das den erzieherischen Maßnahmen gleichstehende **Bemühen um Erreichen eines Ausgleichs mit dem Verletzten**.
- Die Maßnahmen aus dem abschließenden Katalog des § 45 Abs. 3 S. 1 JGG (ggf. i. V. m § 47 Abs. 1 S. 1 Nr. 3 JGG): d. h.
  - o die Erteilung einer formlosen **Ermahnung,**[469]
  - o bestimmte Weisungen:
    - zur **Erbringung von Arbeitsleistungen**,[470]
    - zum Bemühen um Ausgleich mit dem Verletzten im Rahmen eines **Täter-Opfer-Ausgleichs**[471] oder
    - zur **Teilnahme an einem Verkehrsunterricht.**[472]
  - o sämtliche Auflagen des JGG, also:
    - **Schadenswiedergutmachung**,[473]
    - **persönliche Entschuldigung** beim Verletzten,[474]
    - **Erbringung von Arbeitsleistungen**[475] oder
    - **Zahlung eines Geldbetrages an eine gemeinnützige Einrichtung**.[476]

2.6.2. Der Täter-Opfer-Ausgleich (TOA) im Rahmen der Diversion

Ansätze im Sinne einer Restorative Justice (nach der Definition des CJA) im hiesigen Diversionssystem sind insbesondere durch den Täter-Opfer-Ausgleich enthalten.[477] Das Bemühen des Jugendlichen, „einen Ausgleich mit dem Verletzten zu erreichen", steht nach § 45 Abs. 2 S. 2 JGG einer erzieherischen Maßnahme im Sinne der Diversionsalternative dieses Absatzes gleich. Auch im formlosen richterlichen Erziehungsverfahren (§ 45 Abs. 3 JGG i. V. m. § 46a StGB und § 153a Abs. 1 Nr. 5 StPO) kann die staatsanwaltlich angeregte und richterlich

469 Die Ermahnung ist in Abgrenzung zur formellen Verwarnung nach § 14 JGG eine formlose Zurechtweisung, *Eisenberg/Kölbel* 2021, § 45 Rn. 26.
470 § 45 Abs. 3 S. 1 i. V. m. § 10 Abs. 1 S. 3 Nr. 4 JGG.
471 § 45 Abs. 3 S. 1 i. V. m. § 10 Abs. 1 S. 3 Nr. 7 JGG.
472 § 45 Abs. 3 S. 1 i. V. m. § 10 Abs. 1 S. 3 Nr. 9 JGG.
473 § 45 Abs. 3 S. 1 i. V. m. § 15 Abs. 1 Nr. 1 JGG.
474 § 45 Abs. 3 S. 1 i. V. m. § 15 Abs. 1 Nr. 2 JGG.
475 § 45 Abs. 3 S. 1 i. V. m. § 15 Abs. 1 Nr. 3 JGG; zur Abgrenzung mit der wortgleichen Erziehungsmaßregel, siehe *Brunner/Dölling* 2017, § 15 Rn. 13.
476 § 45 Abs. 3 S. 1 i. V. m. § 15 Abs. 1 Nr. 4 JGG.
477 Im Ganzen *Lutz* 2018.

angeordnete Durchführung eines Täter-Opfer-Ausgleichs zur Einstellung des Verfahrens führen. Entsprechendes gilt für die richterliche Diversion im Rahmen des § 47 JGG, sodass das Instrument des „Täter-Opfer-Ausgleichs" in der diversionellen Ausgestaltung des JGG eine bedeutende Rolle spielt.

Beim TOA sind ausweislich der Definition des § 46a StGB lediglich Täter und Opfer involviert. Nach der Klassifizierung von *McCold und Wachtel* sowie *Zehr* ist der TOA aufgrund der fehlenden Einbeziehung der Gemeinschaft daher auch nur *partly* und nicht *fully restorative*.[478]

Einzug in das JGG hat der Täter-Opfer-Ausgleich durch das 1. JGGÄndG von 1990 erfahren.[479] Der dazugehörige Gesetzentwurf führt aus, dass das Opfer einer Straftat im Strafprozess keine Wiederherstellung des Status quo ante erwarten könne. Die Verhängung von freiheitsentziehenden Sanktionen vereitele vielmehr oft noch die Erfüllung von möglichen Schadensersatzansprüchen, was den Rechtsfrieden erheblich belasten könne.[480] Nach der Einschätzung des Gesetzgebers könne der Täter-Opfer-Ausgleich in Bereichen jugendlicher Auffälligkeit der besonderen Situation des Opfers Rechnung tragen und den durch eine Straftat entstandenen Konflikt zwischen Täter und Opfer angemessener und erfolgreicher bereinigen, als dies die traditionellen Sanktionen der Vergangenheit vermocht hätten. Der Gesetzesentwurf bezieht sich weiterhin auf die Erfahrung der Erprobung von erfolgreichen Praxismodellen und auf die Literatur, wonach der Täter-Opfer-Ausgleich gelegentlich sogar als *„hoffnungsvollste Alternative zum übelzufügenden Sanktionenkatalog des Strafrechts"* bezeichnet werde.[481]

Auf Opferseite biete er nicht nur die Möglichkeit, die Regulierung des materiellen Schadens zu erleichtern, sondern auch die Chance, Ängste und seelische Belastungen abzubauen und dessen Vertrauen in die Funktionsfähigkeit der Rechtsordnung wiederherzustellen oder zu stärken.[482]

Für den Beschuldigten hingegen sei der Täter-Opfer-Ausgleich von nicht unerheblicher erzieherischer Bedeutung, da er ihn mit den Folgen seiner Straftat konfrontiere und die Bedeutung der Rechtsordnung für ein einvernehmliches Zusammenleben verdeutliche. Die Verantwortlichkeit für die Straftat und die Einsicht und das Verständnis für die Situation des Opfers könne im Rahmen

---

478 Zur Klassifizierung von Restorative-Justice-Maßnahmen siehe Kapitel A. II. 3.

479 Im allgemeinen Strafrecht wurde der Täter-Opfer-Ausgleich (§ 46a StGB) erst vier Jahre später durch das Verbrechensbekämpfungsgesetz vom 26.10.1994 aufgenommen.

480 BT-Drucks. 11/5829, S. 17.

481 BT-Drucks. 11/5829, S. 17 m. w. N.

482 BT-Drucks. 11/5829, S. 17.

eines Täter-Opfer-Ausgleichs eher gefunden werden, als dies mit repressiven Sanktionen möglich sei, die sich nur an potenziellen Opfern orientieren.[483]

Auf gesellschaftlicher Ebene sei dies eine erfolgversprechendere Alternative, um den Rechtsfrieden nach strafrechtlichen Verfehlungen Jugendlicher wiederherzustellen und der Jugendkriminalität wirksamer zu begegnen, insbesondere durch die Verminderung des Rückfallrisikos.[484]

Der BGH setzt grundsätzlich ein Bemühen des Täters um einen *„kommunikativen Prozess“* zwischen Täter und Opfer voraus, der auf einen *„umfassenden, friedensstiftenden Ausgleich der durch die Straftat verursachten Folgen angelegt sein muss“*.[485] Eine bloße materielle Schadenswiedergutmachung (etwa die Übersendung eines Geldbetrages) ohne das Bemühen der Einbeziehung des Opfers ist daher nicht ausreichend.[486]

Trotz dieser immensen Erwartungshaltung hat sich der Täter-Opfer-Ausgleich in Deutschland nicht flächendeckend etabliert.[487] Die Entwicklung des Täter-Opfer-Ausgleichs wird im Auftrag des Bundesministeriums für Justiz und Verbraucherschutz seit 1993 erforscht und es wird regelmäßig der Bericht „Täter-Opfer-Ausgleich in Deutschland, Auswertung der bundesweiten Täter-Opfer-Ausgleich-Statistik“ für die jeweiligen Jahrgänge veröffentlicht.[488] Den dortigen Daten liegt jedoch keine Erhebung aller Täter-Opfer-Ausgleiche zugrunde, sondern nur 16 % aller Stellen, die nach eigenen Angaben Täter-Opfer-Ausgleiche anbieten, beteiligten sich an dieser Erhebung. Diese Stellen bearbeiten jedoch mehr als 70 % aller Ausgleichsfälle, sodass durchaus von einer gewissen Aussagekraft ausgegangen werden kann.[489]

Die Statistik lässt zwar insgesamt steigende Fallzahlen erkennen, diese bewegen sich jedoch auf einem insgesamt niedrigen Niveau.[490] Dies gilt insbesondere im Vergleich zum häufig musterexemplarisch genannten Nachbarland Österreich, wo der Tatausgleich im (Jugend-)Strafrecht einen merklichen Anteil aller

483 BT-Drucks. 11/5829, S. 17.

484 BT-Drucks. 11/5829, S. 17.

485 BGH 1 StR 287/05.

486 Zur höchstrichterlichen Rechtsprechung zum TOA siehe *Richter* 2019.

487 *Hartmann et al.* 2020, Vorwort vi.

488 Die Jahrgangsberichte sind abrufbar auf der Seite des Bundesministeriums der Justiz und für Verbraucherschutz unter https://www.bmjv.de/DE/Themen/OpferschutzUndGewaltpraevention/TaeterOpferAusgleich/TaeterOpferAusgleich_node.html (zuletzt abgerufen am 6.6.2021).

489 *Hartmann et al.* 2020, Vorwort vi.

490 *Hartmann et al.* 2020, Vorwort vii–viii.

gerichtlichen und staatsanwaltlichen Entscheidungen ausmacht und die Anwendungspraxis der deutschen *„weit voraus“* ist.[491]

Zudem bereitet die Altersverteilung der Beschuldigten von Täter-Opfer-Ausgleichen Sorgen. Die Auswertung der TOA-Statistik zeigt, dass der Anteil Jugendlicher und Heranwachsender deutlich gesunken ist.[492] Während diese in 1993 mit 90 % noch den weit überwiegenden Anteil der Beschuldigten ausmachten, liegt der Anteil seit 2003 unter dem Anteil erwachsener Beschuldigter und ist seitdem tendenziell weiter gesunken. Im Bezugsjahr 2016 lag der Anteil Jugendlicher und Heranwachsender mit einem Tiefstwert bei 31,7 %.[493] In den Jahren 2017 (32,2 %) und 2018 (35,1 %) ist diesbezüglich wieder eine leicht ansteigende Tendenz erkennbar.[494]

Die überwiegenden Stimmen in Forschung und Praxis gehen daher zu Recht davon aus, dass das Potenzial des Täter-Opfer-Ausgleichs in Deutschland bei Weitem nicht ausgeschöpft werde; [495] dass seit Jahren zumindest Stillstand, eher Rückgang herrsche, die Finanzierung ungewisser denn je sei und mit immer mehr bürokratischem Aufwand der Status quo gehalten werde und berufspolitische Diskussionen den Kurs bestimmten.[496] Ausgebremst wird die Entwicklung des Täter-Opfer-Ausgleichs durch anhaltende Vorbehalte von Teilen der Bevölkerung, Justiz und Politik.[497]

Der Schwerpunkt der Täter-Opfer-Ausgleichsverfahren liegt über die Erfassungsjahre hin stabil im Bereich der Straftaten gegen die körperliche Unversehrtheit (2017: 51 %, 2018: 50,2 %).[498]

2.6.3. Sonstige Restorative-Justice-Elemente in den Diversionsoptionen

Die Erbringung von Arbeitsleistungen ist wortgleich sowohl in § 10 Abs. 1 S. 3 Nr. 4 als Weisung (Erziehungsmaßregel) als auch in § 15 Abs. 1 S. 1 Nr. 3 als Auflage (Zuchtmittel) enthalten und jeweils über § 45 Abs. 3 S. 1 JGG, ggf. i. V. m § 47 Abs. 1 S. 1 Nr. 3 JGG als Diversionsoption anwendbar. Entsprechend der Rechtsfolgensystematik des JGG ist die Erbringung einer Arbeitsleistung als

491 *Hartmann et al.* 2020, S. 4; *Hagemann* 2011, S. 166; *Horrer* 2014, S. 95 f.
492 Vgl. *Hartmann et al.* 2020, S. 13 ff.
493 *Hartmann et al.* 2020, S. 14.
494 *Hartmann et al.* 2020, S. 14.
495 *Kilchling* 2019, S. 4.
496 *Fahl* 2017, S. 4 f.
497 *Hartmann et al.* 2020, S. 7 f.; ausführlich dazu auch *Sack* 2017.
498 *Hartmann et al.* 2020, S. 43.

Weisung dogmatisch dann angezeigt, wenn delinquenzfördernde Schwächen im Arbeitsbereich angegangen werden sollen[499] beziehungsweise die Tat ein Symptom für ein problematisches Arbeitsverhalten ist.[500] Die Arbeitsauflage hingegen hat entsprechend der Natur von Zuchtmitteln einen eher ahndenden Charakter, d. h. dem Jugendlichen soll eindringlich zum Bewusstsein gebracht werden, dass *„er für das von ihm begangene Unrecht einzustehen hat"*, vgl. § 13 Abs. 1 JGG.[501]

Die dahinterstehende gesetzgeberische Intention ist Spezialprävention durch Erziehung,[502] Elemente einer Restorative Justice lassen sich hingegen nur schwer erkennen. Dies gilt auch für den Fall, dass die Erbringung von Arbeitsleistung der Schadenswiedergutmachung oder gemeinnützigen Zwecken dienen soll, denn gerade hier wird der erzieherische Wert betont.[503] Die Bewältigung eines zwischenmenschlichen Konflikts durch Restorative Justice spielt systematisch hingegen keine Rolle. Für die Qualifizierung als Restorative-Justice-Maßnahme wäre vor allem notwendig, dass die Gemeinschaft in den Entscheidungs- und Überwachungsprozess eingebunden würde. Gemeinnützige Arbeit wäre daher nur dann *restorative* im Sinne *McCold und Wachtels* oder *Zehrs*, wenn sie Teil eines gemeinsam ausgearbeiteten Wiedergutmachungsplanes wäre – und nicht durch eine staatliche Autorität aufoktroyiert wird. Der faktisch mit Arbeitsleistungen vergleichbare *community service* in Südafrika ist entsprechend den dortigen Zielsetzungen eher im Sinne einer Restorative Justice konzipiert, da hier entsprechend der Zielsetzung eine Reintegration in die Gemeinschaft und Wiederversöhnung erreicht werden soll.[504]

Restorative-Justice-Elemente lassen sich in der Auflage der Schadenswiedergutmachung erkennen (§ 45 Abs. 3 S. 1 i. V. m. § 15 Abs. 1 Nr. 1 JGG). Hierbei geht es primär um zivilrechtliche Ansprüche des Geschädigten, für die der Jugendliche ohnehin zivilrechtlich ausgleichspflichtig ist.[505] Daher ist es auch zwingende Voraussetzung, dass dem Grunde nach ein zivilrechtlicher Anspruch besteht und die Wiedergutmachung der Höhe nach nicht den durch die Tat

---

499 *Brunner/Dölling* 2017, § 10 Rn. 14.

500 *Eisenberg/Kölbel* 2021, § 10 Rn. 16; *Streng* 2020, Rn. 354.

501 *Brunner/Dölling* 2017, § 15 Rn. 13; *Streng* 2020, Rn. 404.

502 Dies gilt unabhängig von der dogmatischen Trennung zwischen Erziehungsmaßregeln und Zuchtmitteln, vgl. *Brunner/Dölling* 2017, § 10 Rn. 14, § 15 Rn. 13.; *Ostendorf und Drenkhahn* 2020, S. 161 f.; *Streng* 2020, Rn. 354.

503 Vgl. *Streng* 2020, Rn. 354; *Brunner /Dölling* 2017, § 10 Rn. 15.

504 Siehe auch *Dünkel und Păroşanu* 2015, S. 75.

505 *Eisenberg/Kölbel* 2021, § 15 Rn. 5; *Streng* 2020, Rn. 402.

verursachten Schaden überschreitet.[506] Die Wiedergutmachung darf auch in Arbeitsleistungen für den Geschädigten bestehen.[507] Bei der Schadenswiedergutmachung geht es nach der Intention des Gesetzgebers gerade nicht nur um Entschädigung und Kompensation, sondern auch hier soll dem jugendstrafrechtlichen Erziehungsgedanken Rechnung getragen werden.[508] An dieser Stelle zeigen sich Überschneidungen zwischen dem Erziehungs- und dem Versöhnungsgedanken, denn für Versöhnung im Sinne des hiesigen Verständnisses ist Verantwortungsübernahme und Wiedergutmachung durch den Täter regelmäßig das Fundament.[509] Er wird durch die Auflage der Schadenswiedergutmachung gezwungen, sich mit den Folgen seiner Tat für das Opfer auseinanderzusetzen. Dieses Potenzial wird sowohl vom erzieherisch geprägten JGG als auch vom nach Versöhnung strebenden CJA anerkannt. Damit ist auch die Prävention gemeinsames oberstes Ziel sowohl des Erziehungs- als auch des Versöhnungsgedankens: Wird die soziale Störung von allen Beteiligten als beseitigt angesehen, so wird das Streben nach Rache und das erneute Aufflammen von Konflikten mit entsprechenden Folgestraftaten vermieden.[510]

Auch die Entschuldigung beim Verletzen (§ 45 Abs. 3 i. V. m. § 15 Abs. 1 Nr. 2 JGG) ist als *partly restorative* zu bewerten. Als Auflage im Rahmen der jugendstrafrechtlichen Hauptverhandlung hat die Entschuldigung anders als im Diversionsverfahren (§ 45 Abs. 2 JGG) quantitativ eine nur ausgesprochen geringe Bedeutung.[511] Eine persönliche Entschuldigung und die damit zum Ausdruck gebrachte Verantwortungsübernahme ist ein wichtiger Ansatz für die Versöhnung zwischen Täter und Opfer und ihr wird auch eine hohe erzieherische Wirkung zugesprochen.

Wiederum deutlich entfernter von einer Restorative Justice ist die Diversionsoption der Geldauflage (§ 45 Abs. 3 i. V. m. § 15 Abs. 1 Nr. 4 JGG). Zwar muss diese nach dem Wortlaut der Vorschrift an eine gemeinnützige Einrichtung geleistet werden, dies wird jedoch erzieherisch begründet, namentlich um die Akzeptanz bei dem Jugendlichen zu erhöhen.[512] Wegen des Fehlens einer

506 *Ostendorf und Drenkhahn* 2020, S. 159 m. w. N.
507 Vgl. *Streng* 2020, Rn. 402. Zur Abgrenzung von Wiedergutmachung und Versöhnung siehe Kapitel A. II. 1.
508 Vgl. *Streng* 2020, Rn. 402; *Ostendorf und Drenkhahn* 2020, S. 159 f.
509 Vgl. die begriffsbezogenen Anmerkungen in Kapitel A. II. 1.
510 So auch *Roxin und Greco* 2020, S. 170.
511 Vgl. *Streng* 2020, Rn. 403.
512 Vgl. *Streng* 2020, Rn. 405; *Brunner/Dölling* 2017, § 15 Rn. 15.

Einbeziehung der Beteiligten und dem ahndenden Charakter der Geldauflage als Zuchtmittel[513] ist die Geldauflage nicht als *restorative* zu klassifizieren.

Zusammenfassend lässt sich feststellen, dass das deutsche Diversionssystem insbesondere mit der Möglichkeit des TOAs die Durchführung von Restorative Justice und die Förderung von Versöhnung ermöglicht. Elemente, die im Sinne der dargestellten Klassifizierung *fully restorative* sind, lassen sich in den Diversionsvorschriften hingegen nicht finden. Dies ist vorrangig darauf zurückzuführen, dass das JGG keinen Gemeinwesensansatz kennt wie der südafrikanische CJA. Das heißt im Umkehrschluss jedoch nicht, dass solche Maßnahmen nicht zulässig wären, da § 45 Abs. 2 JGG Raum für mögliche Restorative-Justice-Projekte als erzieherische Maßnahmen lässt. Zudem ist der TOA nicht auf Opfer und Täter beschränkt, sondern lässt grundsätzlich auch die Einbeziehung sozialer Bezugspersonen zu.[514]

2.7. Rechtliche Folgen bei durchgeführter Diversion

Die Durchführung der Diversion führt – sofern der Jugendliche die ihm auferlegten Maßnahmen erfüllt – in den Fällen des formlosen richterlichen Erziehungsverfahrens und der Einstellung durch den Jugendrichter zu einer beschränkten Rechtskraft, vgl. §§ 45 Abs. 3 S. 4, 47 Abs. 3 JGG.[515] Wegen derselben Tat kann demnach nur aufgrund neuer Tatsachen oder Beweismittel von Neuem Anklage erhoben werden, § 47 Abs. 3 JGG. Der Begriff „Tat" ist dabei als einheitlicher geschichtlicher Vorgang zu verstehen, der sich von anderen ähnlichen oder gleichartigen unterscheidet.[516] Zur Tat gehört das gesamte Verhalten des Täters, soweit es nach natürlicher Auffassung einen einheitlichen Lebensvorgang bildet (sog. prozessualer Tatbegriff).[517] Die neuen Tatsachen und Beweismittel müssen gegenüber den vorherigen erheblich sein.[518] Delinquentes Verhalten nach der Tat ist keine solche Tatsache, denn dadurch wird das Bild der Tat selbst nicht verändert.[519]

Im Falle der staatsanwaltlichen Diversion nach Maßgabe des § 45 Abs. 1 oder Abs. 2 JGG entsteht hingegen kein Strafklageverbrauch und somit steht einer

---

513 Vgl. auch *Ostendorf und Drenkhahn* 2020, S. 162.

514 Dazu noch ausführlich in Kapitel D. VIII.

515 *Eisenberg/Kölbel* 2021, § 47 Rn. 24.

516 Dazu ausführlich *Beulke und Swoboda* 2020, Rn. 786–798.

517 *Meyer-Goßner*, 2021, § 264 Rn. 2 m. w. N.

518 *Eisenberg/Kölbel* 2021, § 47 Rn. 24a; *Brunner/Dölling* 2017, § 47 Rn. 20.

519 *Eisenberg/Kölbel* 2021, § 47 Rn. 24b; *Brunner/Dölling* 2017, § 47 Rn. 20.

Anklage grundsätzlich auch kein Verfahrenshindernis entgegen.[520] Vor dem Hintergrund des erzieherisch gebotenen Grundsatzes der Verlässlichkeit und der Konsequenz sowie dem allgemeinen Grundsatz der Rechtssicherheit wird verbreitet jedoch das Bekanntwerden neuer, erheblicher Tatsachen verlangt.[521]

Allen Diversionsalternativen gemein ist, dass diese eine Eintragung in das Erziehungsregister nach sich ziehen, §§ 60 Abs. 1 Nr. 7, 61 BZRG. Dieses Erziehungsregister wird getrennt vom Strafregister geführt, um Nachteile durch Stigmatisierung für junge Straftäter zu vermeiden, dabei den Entscheidungsträgern aber dennoch einen Einblick in den bisherigen Delinquenzverlauf und die Persönlichkeit des Beschuldigten zu ermöglichen.[522] Zugang in das Erziehungsregister haben demzufolge nur die in § 61 BZRG genannten Stellen, also insbesondere Strafgerichte, Staatsanwaltschaften und Jugendämter.

Mit Erreichen des 24. Lebensjahres werden Eintragungen im Erziehungsregister grundsätzlich gelöscht[523] und Eintragungen aus dem Erziehungsregister werden nicht in das Führungszeugnis aufgenommen, die betroffene Person muss diese Einträge auch nicht offenbaren.[524] Die betroffene Person darf sich daher etwa in einem Bewerbungsgespräch als nicht vorbestraft bezeichnen.[525]

3. Anwendungspraxis und quantitative Befunde

Verlässliche Daten zur Diversionsanwendungspraxis in Deutschland existieren ab dem Jahr 1981.[526] Hier lag die Gesamtdiversionsrate bei 44 % und ist bis 1998 stark angestiegen.[527] Nach diesem starken Anstieg stagnierte sie zwischen 1998 und 2012 relativ stabil zwischen 68 % und 70 %. Für die Jahre 2014 und 2015 ist erneut ein Anstieg festzustellen, zuletzt auf 76 %.[528] Die Durchführung von Diversion als Abschluss jugendstrafrechtlicher Ermittlungsverfahren ist demnach

520 *Eisenberg/Kölbel* 2021, § 45 Rn. 31.

521 *Eisenberg/Kölbel* 2021, § 45 Rn. 31; *Diemer in Diemer/Schatz/Sonnen* 2020, § 45 Rn. 29.

522 *Zieger und Nöding* 2018, Rn. 264–265.

523 Vgl. § 63 BZRG.

524 Vgl. § 64 BZRG.

525 Vgl. auch BAG, Urteil vom 20.3.2014, 2 AZR 1071/12.

526 *Heinz* 2019, S. 749.

527 *Heinz* 2019, S. 749.

528 Dies wird auf die Migrationsströme 2014/15 und die damit zusammenhängenden ausländerrechtlichen Verstöße zurückgeführt, die regelmäßig gem. § 45 Abs. 1 JGG bzw. § 153 Abs. 1 StPO eingestellt werden, *Heinz* 2019, S. 902.

die Regel, wohingegen die Verurteilung im förmlichen Strafprozess die Ausnahme darstellt.[529]

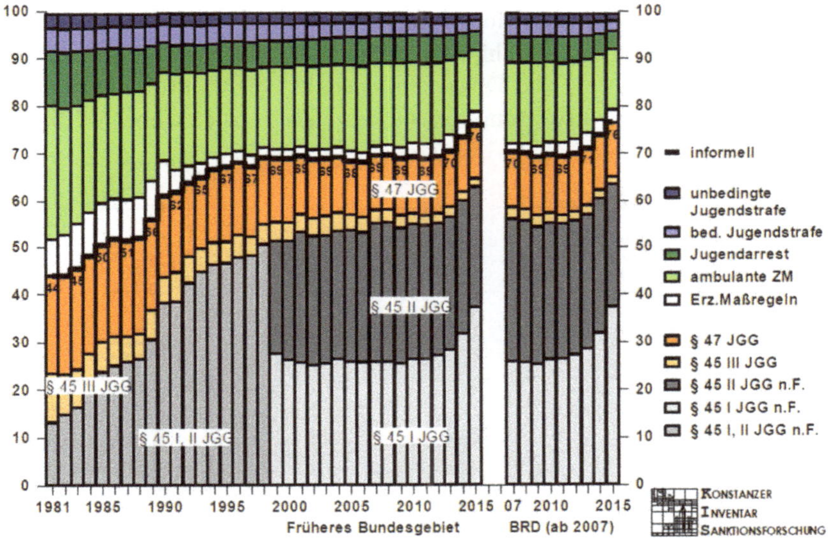

Abbildung 3: Entwicklung der informellen und formellen Sanktionierungspraxis nach dem JGG (1981–2015).[530]

Hinsichtlich der konkreten Ausgestaltung der Diversion differenzieren die offiziellen Daten erst seit 1999 zwischen § 45 Abs. 1 und Abs. 2 JGG. Deutlich wird jedoch, dass die staatsanwaltliche Diversion gegenüber der unter Beteiligung des Jugendgerichts nach Anklageerhebung (§ 47 JGG) deutlich an Bedeutung gewonnen hat. § 45 Abs. 3 JGG nimmt demgegenüber in der diversionellen Praxis nur eine randständige Rolle ein.

Eine Auswertung der Rückfallstatistik für die Bezugsjahre 1994 und 2004 zeigte bei erstmals registrierten deutschen Jugendlichen bei leichter Eigentumskriminalität (§§ 242, 248a StGB) eine bundesweite Diversionsrate von 94 %, ein Vorgehen im Rahmen der Diversion ist hierbei also der absolute Standard.[531] In

529 *Heinz* 2019, S. 749.

530 Schaubild 190 aus *Heinz* 2019, S. 535.

531 Vgl. *Heinz* 2019, S. 784.

diesem Täter- und Deliktbereich wird auch bei zweiter Auffälligkeit im Bundesdurchschnitt noch in gut ¾ der Fälle Diversion durchgeführt, jedoch regional sehr unterschiedlich.[532]

Der Schwerpunkt der Diversionsentscheidungen liegt im Bereich der leichten Kriminalität (einfacher Diebstahl, Fahren ohne Fahrerlaubnis). Mit zunehmender Deliktsschwere sinkt die Diversionsgeneigtheit der Entscheidungsträger, wie die nachfolgende Auswertung von Bundeszentralregisterdaten aus dem Jahr 2010 zeigt.

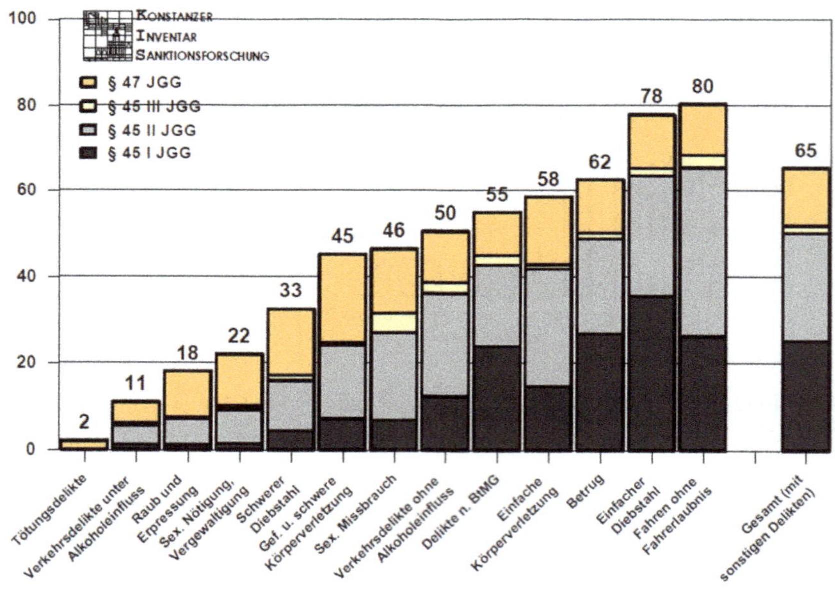

Abbildung 4: Diversionsentscheidungen nach Deliktart und Diversionsvarianten (Bezugsjahr 2010).[533]

532 Heinz 2019, S. 785. Hierbei sind deutliche Unterschiede in der Handhabungspraxis zwischen den Bundesländern feststellbar. So lag die Rate im „diversionsfreudigen" Hamburg noch bei 100 % (1994) bzw. 94 % (2004), wohingegen in Bayern nur zu 53 % (1994) bzw. 56 % (2004) erneut eine Diversion durchgeführt wurde.

533 Schaubild 293 aus *Heinz* 2019, S. 807. Zu beachten ist hier, dass die Anzahl der Vorbelastungen nicht berücksichtigt ist.

Bei einfacher Körperverletzung betrug die Diversionsrate 58 %, bei gefährlicher und schwerer Körperverletzung 45 %. Bei Raub und Erpressung war hier eine Diversionsrate von 18 % zu verzeichnen, bei sexueller Nötigung und Vergewaltigung 22 %, bei schwerem Diebstahl 33 %. Grundsätzlich ist die Tendenz feststellbar, dass mit steigender Deliktsschwere der Anteil der Diversionen nach Anklageerhebung (§ 47 JGG) zunimmt.

Schlüsselt man die Darstellung noch weiter auf, so zeigt sich, dass mit zunehmendem Alter deutlich weniger von Diversion Gebrauch gemacht wird und der Anteil der Diversionen nach Anklageerhebung (§ 47 JGG) gegenüber dem Anteil der Diversionen nach § 45 Abs. 2 JGG zunimmt.[534]

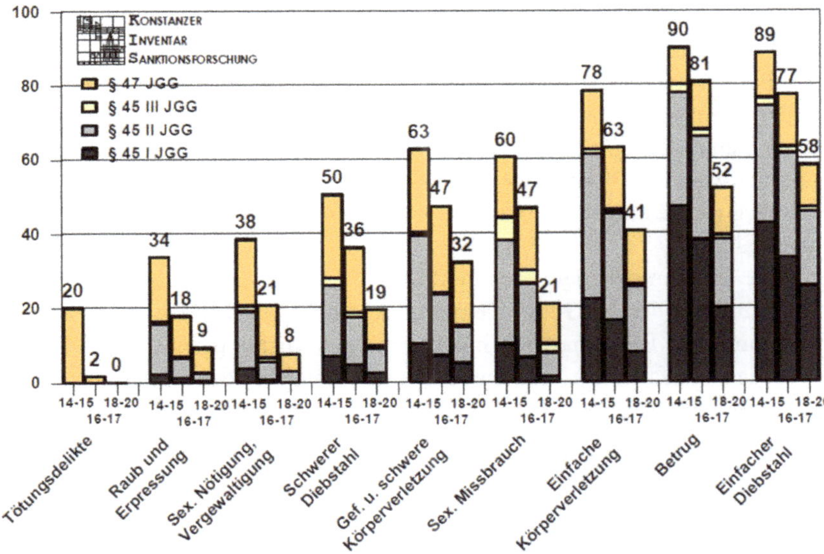

Abbildung 5: Diversionsentscheidungen nach JGG nach Deliktart, Altersgruppen und Diversionsvarianten (Bezugsjahr 2010).[535]

534 Dies kann jedoch auch durch die Zunahme von Vorbelastungen bedingt sein, dazu *Heinz* 2019, S. 798.

535 Schaubild 294 aus *Heinz* 2019, S. 808.

Über die Art der durchgeführten Diversionsoptionen enthalten die amtlichen Statistiken keine Angaben.[536] Es ist daher auch nicht bekannt, welche konkreten erzieherischen Maßnahmen im Sinne des § 45 Abs. 2 JGG durchgeführt werden. Daher geht daraus auch nicht hervor, in welchem Umfang beispielsweise Täter-Opfer-Ausgleiche oder andere Praktiken im Sinne einer Restorative Justice stattfinden.[537]

Der zweite Hauptbefund zur diversionellen Anwendungspraxis liegt in der Tatsache, dass es keine bundeseinheitliche Anwendung von Diversion gibt, sondern erhebliche regionale Unterschiede.[538] Einen Eindruck hiervon vermittelt die nachfolgende Grafik, die die Spannweite der Handhabungspraxis zwischen den Bundesländern bei deutschen Jugendlichen wegen einfachen Diebstahls hinsichtlich des Gebrauchs von § 45 Abs. 1 JGG in Abhängigkeit zur Häufigkeit der Auffälligkeit in 2004 zeigt.

In Bayern etwa lag der Anwendungsbereich nicht-intervenierender Diversion bei Ersttätern in diesem Deliktbereich bei nur 11 %, in Hamburg bei 85 %. Bei der zweiten Auffälligkeit mit einem solchen Delikt konnte in Bayern nicht mehr mit einer weiteren Diversion nach § 45 Abs. 1 JGG gerechnet werden (3 %), in Hamburg wurde hingegen noch jedes zweite Verfahren (51 %) interventionslos eingestellt.

Diese Problematik der uneinheitlichen Diversionsanwendung war bereits zum Zeitpunkt des 1. JGGÄndG 1990 bekannt.[540] Trotz anhaltender Kritik in Forschung und Lehre hat sich hieran bis heute nichts geändert.[541] Entgegen berechtigter verfassungsrechtlicher Bedenken bestehen noch immer gravierende Unterschiede hinsichtlich des Anklage- und Verurteilungsrisikos,[542] die alleine durch den Wohnort des Beschuldigten determiniert sind und nicht durch die Merkmale des jeweiligen Falles.[543]

Während die Diversionsrate zwischen 70 % in Bayern und 87 % in den „diversionsfreudigen" Ländern Bremen und Hamburg schwankt, unterscheidet sich insbesondere die Anwendungshäufigkeit der Diversionsalternativen sehr deutlich, wie sich nachfolgender Grafik entnehmen lässt (Stand 2015).

536 *Heinz* 2019, S. 901.

537 *Heinz* 2019, S. 901. Siehe zur TOA-Statistik – und ihrem begrenzten Aussagewert – jedoch oben Kapitel B. II. 2.6.2.

538 *Kleinbrahm* 2015; *Verrel* 2015; *Eisenberg/Kölbel* 2021, § 45 Rn. 17d.

539 Schaubild 279 aus *Heinz* 2019, S. 787.

540 BT-Drucks. 11/5829, S. 13.

541 *Kleinbrahm* 2015; *Verrel* 2015; *Eisenberg/Kölbel* 2021, § 45 Rn. 17d.

542 *Kleinbrahm* 2015, S. 441.

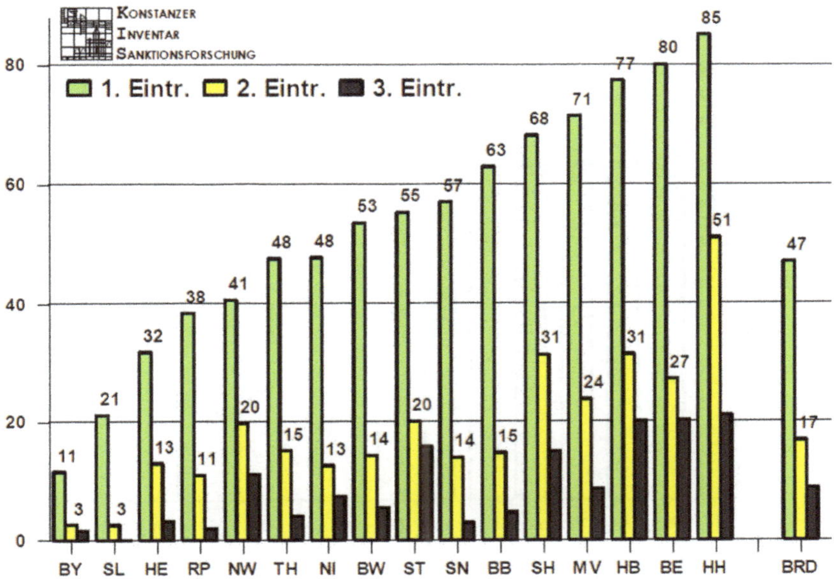

Abbildung 6: Diversionsraten nach § 45 Abs. 1 JGG bei deutschen Jugendlichen wegen einfachen Diebstahls in Abhängigkeit von der Vorbelastung im Ländervergleich (Bezugsjahr 2004).[539]

Der prozentuale Anteil der Einstellungen nach § 45 Abs. 1 JGG schwankt etwa zwischen 58 % in Bremen und 27 % in Bayern. Dafür wird in Bremen mit 3 % nur auffällig selten von § 45 Abs. 2 JGG Gebrauch gemacht, in Hamburg macht diese Einstellungsvariante bei identischer Gesamtdiversionsrate hingegen 39 % aus. Auch der Anteil der Diversionen durch das Jugendgericht gem. § 47 JGG variiert deutlich, wie etwa der Vergleich Hessens mit Bremen zeigt. Die Diversionsalternative des § 45 Abs. 3 JGG fristet mit leichter Ausnahme von Schleswig-Holstein und Bayern ein Schattendasein.

Wie oben bereits dargelegt, wird diese divergente Anwendungspraxis unter anderem auf ebenfalls sehr divergente Länderdiversionsrichtlinien zurückgeführt.[545]

543 Dazu im Ganzen *Kleinbrahm* 2015.

544 Schaubild 302 aus *Heinz* 2019, S. 875.

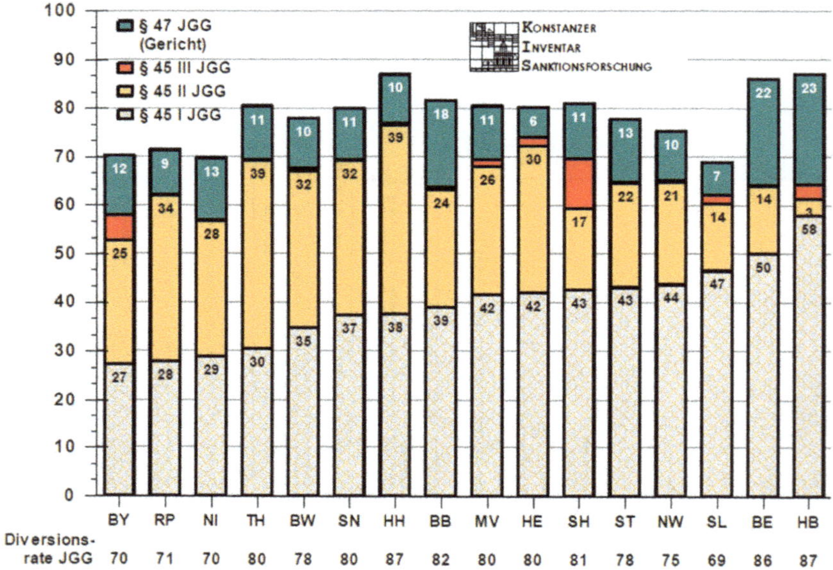

Abbildung 7: Ausmaß und Gebrauch von Diversion im Ländervergleich (Bezugsjahr 2015).[544]

III. Diversion „the South African Way“

1. Die Entwicklung des südafrikanischen Diversionssystems

Durch den Child Justice Act 75 of 2008 sind zum April 2010 umfassende Regelungen zur Diversion im Jugendstrafrecht in Kraft getreten. Diversion war der südafrikanischen Strafrechtspraxis jedoch auch schon vor dem Inkrafttreten des neuen Gesetzes nicht unbekannt.[546] Es bestand hierfür jedoch keinerlei gesetzliche Kodifikation, was zu einer fragmentären und uneinheitlichen Anwendung innerhalb Südafrikas führte.[547] Noch vor dem Ende der Apartheid und der Umwälzung des Landes in eine Demokratie rückten die Rechte von Kindern und Jugendlichen zunehmend vermehrt in das öffentliche Interesse.[548] Prominente

545 Siehe Kapitel B. II. 2.5.

546 *Badenhorst* 2013, S. 302 f.; *Wood* 2003, S. 1 ff.

547 *Steyn und Sadiki* 2018, 11.2.0.

548 *Skelton* 2015, S. 343 ff.

Fälle wie der des einleitend geschilderten *Neville Snyman* stießen dabei die öffentliche Diskussion auch hinsichtlich der Ausgestaltung des Jugendstrafrechts an.[549] In den frühen 1990er-Jahren entstanden dann zunehmend Initiativen und Kampagnen, die sich für die Rechte von Minderjährigen im Justizsystem einsetzten.[550] Entscheidend zur Entwicklung eines gesetzlich normierten Diversionssystems haben auch internationale Regelungen und Bestimmungen beigetragen, insbesondere die UN-Kinderrechtscharta und die Rahmenbestimmungen der Vereinten Nationen für die Jugendgerichtsbarkeit (Beijing-Regeln).[551]

1.1. Das NICRO und die Ursprünge der Diversionsbewegung

Die bedeutendste Institution für die Entwicklung der Diversion in Südafrika ist das *National Institute for Crime Prevention and Reintegration of Offenders* (kurz: NICRO).[552] Die Nichtregierungsorganisation wurde als *South African Prisoners‘ Aid Association* (SPAA) 1910 durch den Richter J. De Villiers Roos gegründet.[553] Als landesweit erste Organisation bot sie zunächst Hilfestellung für entlassene Häftlinge und deren Familien an.[554] Im Laufe der Jahre baute die Organisation ihr Angebot immer weiter aus und versuchte sich auf verschiedenen Ebenen und durch verschiedene Kampagnen für die Belange von straffällig gewordenen Personen einzusetzen und deren Reintegration zu fördern. Ab 1918 wurden beispielsweise Bewährungshilfeeinrichtungen in den diversen südafrikanischen Großstädten eingerichtet. 1935 folgten Besuchs- und Freundschaftsprogramme *(Prisoners Friend Service)*, die es Bürgern erlaubten, Kontakt zu Strafgefangenen aufzunehmen, um Gefangenen schon während der Haft zu ermöglichen, gesellschaftlichen Anschluss zu finden und so die anschließende Reintegration zu fördern. Ferner bildete die SPAA auch Sozialarbeiter aus, die dann ab 1935 zunächst in Kapstadt eingesetzt wurden. Auch über kirchliche und andere religiöse Träger versuchte die SPAA ihre Ziele zu fördern; 1952 wurde erstmals der sogenannte *Prison Sunday* durch die Organisation etabliert. An dessen erstem Termin nahmen 4000 Kirchen und Glaubensgruppen teil, um für

549 *Skelton* 2015, S. 344.
550 *Steyn und Sadiki* 2018, 11.2.0; *Skelton* 2015, S. 344.
551 *Mujuzi* 2015, S. 40 ff.; *Wood* 2003, S. 3.
552 *Skelton und Batley* 2019, S. 37.
553 *Skelton und Batley* 2019, S. 37; *Steyn* 2005, S. 54.
554 Siehe dazu den Internetauftritt des NICRO (insbesondere die dort veröffentlichten Jahresberichte), abrufbar unter https://www.nicro.org.za (zuletzt abgerufen am 6.6.2021).

Gefangene zu beten und so das Bewusstsein der Bevölkerung für deren Belange zu stärken. Neben diesen und weiteren Initiativen verstärkte die SPAA ab 1960 auch die kriminologische Forschung.[555] Zu ihrem 60-jährigen Jubiläum im Jahr 1970 gab sich die Organisation dann ihren heutigen Namen ***N**ational **I**nstitute for **C**rime **P**revention and **R**eintegration of **O**ffenders.*

Ein wichtiger Schritt hin zur Diversion war die Etablierung der Verpflichtung zu gemeinnütziger Arbeit (*community service*) als alternative Sanktionsform. Diese Sanktionsalternative wurde auf Bestreben des NICRO 1979 erstmals in Kapstadt angewendet und hatte große Auswirkung auf die spätere Diversionsbewegung.[556]

1992 startete das NICRO zusammen mit Menschenrechtsanwälten und dem *Community Law Centre* der Universität Kapstadt die Kampagne *„Justice for the Children: No Child Should be Caged“*.[557] Zu dieser Zeit wurde wohl auch erstmals die Begrifflichkeit „Restorative Justice“ im Zusammenhang mit dem Jugendstrafrecht verwendet.[558] Zeitgleich mit dieser Kampagne etablierte das NICRO zusammen mit einigen Staatsanwälten und Menschenrechtsanwälten die ersten formalisierten Diversionsinitiativen in Kapstadt und Pietermaritzburg. Die staatlichen Diversionszuweisungen an das NICRO stiegen von 224 Fällen im Gründungsjahr 1992 rasant an und erreichten 2004/05 ihren Höhepunkt mit 20 528 Zuweisungen.[559]

Die ersten beiden durch das NICRO entwickelten Diversionsprogramme waren das sogenannte *Youth Empowerment Scheme (YES)* und der vorgerichtliche Sozialdienst *Pre-Trial Community Service (PTCS)*.[560] Beide Programme werden auch heute noch in modifizierter Form angeboten. Das *Youth Empowerment Scheme* in der damaligen Ausgestaltung war ein Kurs für bis zu 25 Probanden, bestehend aus sechs Einheiten mit Themen wie „crime awareness“, „self concept“, „norms and laws“ und „parent-child relationship“.[561] Das Programm sollte also die Themen abdecken, die Jugendliche im Zusammenhang mit delinquentem

---

555 Vgl. NICRO, Circle of Achievements, abrufbar unter http://corporate.nicro.org.za/images/NICRO-circle-of-achievements.pdf (zuletzt abgerufen am 6.6.2021).

556 NICRO, ebd.

557 *Skelton* 2015, S. 343; *Steyn und Sadiki* 2018, 11.2.0.

558 *Skelton* 2015, S. 343 f.

559 Zur Rechtsanwendungspraxis siehe ausführlich unten Kapitel B. III. 3.

560 *Wood* 2003, S. 2; *Luft genannt Plaisier* 2003, S. 137 f.

561 *Wood* 2003, S. 2; *Luft genannt Plaisier* 2003, S. 137 f.; *Muntingh und Shapiro* 1997, S. 19 ff.

Verhalten primär beschäftigen. Vorgesehen war auch, dass bei der ersten und bei der letzten Sitzung die Eltern der Delinquenten anwesend sein sollten.[562]

Der *Pre-Trial Community Service (PTCS)* ermöglichte es geständigen jugendlichen Beschuldigten, eine bestimmte Anzahl an Stunden auf Weisung der Staatsanwaltschaft für gemeinnützige Organisationen zu arbeiten. Das Strafverfahren wurde im Gegenzug vorläufig und bei Erfüllung der Arbeitsstunden dann endgültig eingestellt. Unterstützt und angewiesen wurden die minderjährigen Delinquenten dabei von Mitarbeitern des NICRO, die eng mit den Staatsanwaltschaften zusammenarbeiteten. [563] Bei Sachbeschädigung wurden hier regelmäßig 60–75 Stunden festgelegt, beim Besitz von Marihuana (*dagga*) [564] etwa 30–50 Stunden. Für Betrug waren bis zu 120 Stunden gemeinnützige Arbeit möglich.[565] Als Arbeitsstellen sah das Programm Heime für Menschen mit Behinderung, Bibliotheken, Kinder- und Altenheime, aber auch Polizeistationen vor.[566]

Völlig neu für das „moderne“ Strafrecht der Republik Südafrika, das bis dato völlig auf Abschreckung und Vergeltung setzte, war auch die Einführung der Täter-Opfer-Mediation (*Victim-Offender-Mediation,* kurz: *VOM*).[567] Inspiriert von internationalen Tendenzen startete das NICRO eigene Forschungen zu Mediationsverfahren.[568] Im September 1992 wurde „VOM“ als Pilot-Projekt in Kapstadt gestartet.[569]

In der konkreten Gestaltung lief eine VOM derart ab, dass ein speziell ausgebildeter NICRO-Mediator ein oder mehrere Treffen zwischen dem minderjährigen Delinquenten und dem Geschädigten arrangierte, bei dem gemeinsam eine Vereinbarung entwickelt werden sollte, wie die Folgen der Straftat ausgeglichen werden sollten. Das Konzept sah dann vor, dass diese Vereinbarung in einen zu

---

562 *Wood* 2003, S. 2; *Luft genannt Plaisier* 2003, S. 137 f.; *Muntingh und Shapiro* 1997, S. 19 ff.

563 *Wood* 2003, S. 2; *Luft genannt Plaisier* 2003, S. 140 f.; *Muntingh und Shapiro* 1997, S. 29 ff.

564 Der **Besitz und Anbau von Marihuana zum Eigenbedarf** wurde im September 2018 durch das Verfassungsgericht **legalisiert**. Zur Begründung wurde ausgeführt, dass die Sanktionierung gegen das Recht auf Privatsphäre verstoße, siehe Constitutional Court South Africa, CCT 108/17, Urteil vom 18.9.2018, abrufbar unter http://www.saflii.org/za/cases/ZACC/2018/30.html (zuletzt abgerufen am 6.6.2021).

565 *Muntingh und Shapiro* 1997, S. 32.

566 *Muntingh und Shapiro* 1997, S. 32.

567 Vgl. *Muntingh und Shapiro* 1997, S. 33.

568 *Muntingh und Shapiro* 1997, S. 33.

569 *Muntingh und Shapiro* 1997, S. 33.

erfüllenden Vertrag formuliert werden sollte, der dem Staatsanwalt vorzulegen war und durch den NICRO-Mitarbeiter überwacht werden sollte.[570] Nach den von der NICRO entwickelten Guidelines zur Victim-Offender-Mediation war die Anwendung auf Gewalt- und Sexualdelikte ausdrücklich ausgeschlossen.[571] Die Victim-Offender-Mediation wurde durch den neuen Child Justice Act aufgegriffen und gesetzlich geregelt und ist nunmehr Bestandteil der jugendstrafrechtlichen Sanktionsfolgen.[572]

Ebenfalls durch das NICRO neu etabliert wurden sogenannte Familien-Gruppen-Konferenzen (*family group conferences*, kurz: *FGC)*. Als Vorbild orientierte man sich hierbei an neueren Entwicklungen im neuseeländischen Jugendstrafrecht, wo Familien-Gruppen-Konferenzen 1989 umfangreich gesetzlich eingeführt wurden.[573] Konzeptionell ähnlich ausgestaltet wie die VOM waren hier noch weitere Personen involviert, insbesondere Familienangehörige der Delinquenten und der Geschädigten sowie Lehrer und weitere Personen aus dem Lebenskreis der Beteiligten.[574] Dadurch, dass hierbei nicht nur Opfer und Täter involviert sind, sondern darüber hinausgehend auch die Gemeinschaft, stellen Familien-Gruppen-Konferenzen Musterbeispiele für Konfliktlösungsstrategien im Sinne einer Restorative Justice dar. Damit wurden erstmals *fully restorative* Praktiken im modernen südafrikanischen Jugendstrafrecht angewendet.[575] Heute sind sie fester Bestandteil des Jugendstrafrechts und sind samt umfangreicher Bestimmungen durch den Child Justice Act gesetzlich kodifiziert.[576]

Unter den damaligen Diversionsmaßnahmen, die in abgewandelter Form auch noch heute durch das NICRO angeboten werden, war das sogenannte „*Journey*"-Programm das eingriffsintensivste. Vorgesehen war es für männliche delinquente Minderjährige ab 15, die bereits mehrfach auffällig wurden und deren Rückfallwahrscheinlichkeit als hoch eingeschätzt wurde.[577] Da ein Teil der Maßnahme stationär durchgeführt wurde, war es insbesondere für Schulabbrecher vorgesehen.[578] Erklärtes Ziel des ab 1995 durchgeführten Programms

570 *Muntingh und Shapiro* 1997, S. 35 ff.

571 *Muntingh und Shapiro* 1997, S. 34.

572 Vgl. Sec. 62 CJA, siehe dazu Kapitel III. 2.5.4.

573 Zum Einfluss Neuseelands auf die südafrikanische Gesetzgebung siehe Kapitel D. VII. 3.1.

574 Vgl. *Muntingh und Shapiro* 1997, S. 41 ff.

575 Zur Klassifizierung von Restorative-Justice-Maßnahmen siehe Kapitel A. II. 3.

576 Vgl. Sec. 62 CJA, siehe dazu Kapitel III. 2.5.3.

577 *Wood* 2003, S. 2; *Muntingh und Shapiro* 1997, S. 49 ff.

578 *Wood* 2003, S. 2; *Muntingh und Shapiro* 1997, S. 49 ff.

war es, den Probanden durch ein abenteuerbasiertes, erfahrungsbezogenes Programm zu ermöglichen, Kontrolle über das eigene Leben zurückzugewinnen.[579] Einer der Bestandteile des Programms war die völlige Trennung vom gewohnten Umfeld der Teilnehmer durch den Bezug eines Outdoorcamps in der Wildnis von Hogsback bei den Outeniqua Bergen in der Provinz Western Cape.[580]

1.2. Umbruch und Wandel

Durch die Bestrebungen des NICRO und auch durch die vereinzelte Einführung von staatlichen Diversionsprogrammen wurde Diversion mancherorts zwar in stark zunehmendem Maße angewendet, es gab aber keinerlei gesetzliche Kodifikation.[581] Die Frage, ob und in welcher Form Diversion angewendet wurde, war daher im Prinzip willkürlich und auch extremen regionalen Schwankungen unterworfen.[582] Federführend war hier insbesondere die Region um Kapstadt (Provinz Western Cape). Dies lag neben einer vergleichsweise gut ausgestalteten Infrastruktur insbesondere daran, dass dort die im Bereich Kinderrechte und Kriminologie prägenden Institute ihren Sitz haben und entsprechend Einfluss auf die örtliche Strafrechtspraxis ausüben konnten. Diese sind neben dem NICRO das *Community Law Center* der Universität Western Cape sowie das kriminologische Institut der Universität Kapstadt.[583] In vielen anderen Regionen waren Diversionsprogramme hingegen schlicht nicht verfügbar.[584] Zudem beschränkte sich Diversion auf die freiwillige Einstellung des Verfahrens durch die Staatsanwaltschaft. Diversion in anderen Verfahrensabschnitten, insbesondere richterliche Diversion, entbehrte ebenfalls einer gesetzlichen Grundlage und wurde in der Praxis nicht angewendet.[585]

Südafrika erlebte in den 1990er-Jahren dann den oben näher skizzierten Umbruch von der Apartheid zur Demokratie. [586] Die neue, zunächst vorläufige Verfassung trat am 27.4.1994 in Kraft und beendete offiziell die Apartheid. In der

579 *Muntingh und Shapiro* 1997, S. 50.

580 *Muntingh und Shapiro* 1997, S. 50 f.

581 *Steyn und Sadiki* 2018, 11.2.

582 *Steyn und Sadiki* 2018, 11.2.

583 *Luft genannt Plaisier* 2003, S. 142.

584 *Steyn und Sadiki* 2018, 11.2. Eine, dem § 45 Abs. 1 JGG entsprechende, nichtintervenierende Diversion ist in Südafrika schlicht nicht vorgesehen, siehe dazu Kapitel B. III. 2.5.

585 *Kiessl* 2001, S. 149.

586 Siehe Kapitel A. I. 2.1.5.

ersten freien Wahl Südafrikas setzte sich die Partei Nelson Mandelas, der *African National Congress* (kurz: ANC), durch und wurde mit absoluter Mehrheit neue Regierungspartei. Die so eingeleitete Transformierung in einen demokratischen Rechtsstaat war auch mit einer erheblichen Stärkung der Rechte von (schwarzen) Kindern verbunden.[587] Kurz nach der Wahl erklärte Mandela die Stärkung von Kinderrechten im Jugendstrafverfahren und die Lösung der tragischen und komplexen Situation von Kindern und Jugendlichen in den Gefängnissen als vordringliche Aufgaben der neuen Regierung.[588]

Der später in Kraft getretene Child Justice Act fasst die Situation der Kinder vor 1994 in seiner Präambel wie folgt zusammen:

> *„RECOGNISING – that before 1994, South Africa, as a country, had not given many of its children, particularly black children, the opportunity to live and act like children, and also that some children, as a result of circumstances in which they find themselves, have come into conflict with the law; […].“*[589]

Ein weiterer wichtiger Meilenstein auf dem Weg zu einem neuen Jugendstrafrecht war die Ratifizierung der UN-Kinderrechtskonvention durch Südafrika im Jahr 1995, die Südafrika als Vertragsstaat dazu verpflichtete, Gesetze für den Umgang mit Minderjährigen im Strafprozess zu schaffen.[590] Dies beinhaltet unter anderem auch die Schaffung von Möglichkeiten der alternativen Verfahrensbeendigung ohne gerichtliches Verfahren (Diversion), *„soweit dies angemessen und wünschenswert ist“*.[591]

Die vom Justizministerium mit der Implementierung der UN-Kinderrechtskonvention in geltendes Recht beauftragte *South African Law Commission (SALRC)* begann sodann, ein neues Gesetz zu entwickeln.[592] Zu diesem Zweck wurde 1996 das *„Project 106 – Juvenile Justice“* gegründet, wodurch

---

587 Vgl. *Skelton* 2015, S. 344 ff.

588 *Nelson Mandela*, Rede zur Lage der Nation am 24.5.1994, veröffentlicht auf South African History Online unter https://www.sahistory.org.za/archive/1994-president-mandela-state-nation-address-24-may-1994-after-national-elections (zuletzt abgerufen am 6.6.2021).

589 CJA, Preamble, eigene Übersetzung: *„IN DER ERKENNTNIS, dass Südafrika als Land vor 1994 vielen seiner Kinder, insbesondere schwarzen Kindern, nicht die Möglichkeit gegeben hat, wie Kinder zu leben und zu handeln, und dass einige Kinder aufgrund der Umstände, in denen sie sich befinden, in Konflikt mit dem Gesetz geraten sind; […].“*

590 *Wood* 2003, S. 3.

591 So heißt es in Art. 40 Abs. 3b) der deutschsprachigen Fassung der UN-Konvention über die Rechte des Kindes.

592 Vgl. *Skelton* 2015, S. 345.

erstmals auch durch staatliche Träger in größerem Umfang Forschung in Bezug auf Diversion und Restorative Justice betrieben wurde.[593] In einem 1997 veröffentlichten Arbeitspapier führte die Kommission zur Rechtsanwendungspraxis aus, dass es im Jahr 1994/95 insgesamt 3565 Fälle gegeben habe, die die Staatsanwaltschaft dem NICRO zur Durchführung von Diversion übergeben habe.[594] Von diesen Fällen habe das NICRO 3355 (94,11 %) angenommen und 2725 (76,44 %) seien erfolgreich abgeschlossen worden.[595] Dieser Umfang war nach Ansicht der Kommission deutlich zu gering und sie kritisierte die fragmentarische und uneinheitliche Ausgestaltung der damaligen Diversionspraxis; nur ein kleiner Anteil der geeigneten Fälle sei zum damaligen Zeitpunkt überhaupt auf die Eignung zur Diversion geprüft worden.[596] Die Kommission kam zu dem Schluss, dass die Abwesenheit formalisierter Verfahren sowie administrative Hindernisse die Verbreitung von Diversion trotz der Bemühungen des NICRO und anderer Nichtregierungsorganisationen erheblich ausbremste.[597]

1.3. Die Entstehung des ersten kodifizierten Jugendstrafrechts

Das Arbeitspapier der *South African Law Commission* wurde 1997 dann zur öffentlichen Diskussion freigegeben. Stellungnahmen und Gutachten verschiedener Akteure rund um das Strafverfahren aus Wissenschaft und Praxis wurden eingeholt und eingearbeitet.[598] Bei der Ausgestaltung von Empfehlungen für Diversionsbestimmungen berief sich die Kommission neben der UN-Kinderrechtskonvention auch auf die Rahmenbestimmungen der Vereinten Nationen für die Jugendgerichtsbarkeit von 1985 (sog. Beijing-Regeln),[599] die ebenfalls ausdrücklich die Einführung von Alternativen zu Gerichtsverfahren in geeigneten Jugendstrafverfahren vorschreiben.[600] Daneben orientierte man sich auch an „*best practices*“ aus anderen Ländern wie Neuseeland.[601]

---

593 Vgl. *Mujuzi* 2015, S. 41 f.
594 *SALC* 1997, S. 37.
595 *SALC* 1997, S. 37.
596 *SALC* 1997, S. 37.
597 *SALC* 1997, S. 38; *Mujuzi* 2015, S. 41.
598 Vgl. *Wood* 2003, S. 3.
599 *SALC* 1997, S. 39.
600 Vgl. dort in deutscher Fassung Teil II „*Alternativen zu einem Gerichtsverfahren*“, Regel 11. Dazu auch *Heinz* 2019, S. 901.
601 Vgl. *Mujuzi* 2015, S. 41 f.

Auf dieser Grundlage wurde dann 1999 ein durch die *South African Law Commission* ausgearbeiteter Entwurf eines neuen Jugendstrafgesetzes veröffentlicht.[602] Hierbei entschied man sich für die Ausgestaltung eines eigenen Gesetzes, welches neben dem geltenden Strafprozessrecht (*Criminal Procedure Act 51 of 1977*) stehen und an verschiedenen Stellen auf dieses verweisen sollte.[603] Der Entwurf wurde mehrfach überarbeitet und dann im August 2002 als *Child Justice Bill 49 of 2002* in das südafrikanische Parlament eingebracht.[604] Das weitere Gesetzgebungsverfahren zog sich mehrere Jahre in die Länge und wurde erst 2008 unter dem heutigen Namen *Child Justice Act 75 of 2008* (CJA) beschlossen.[605] Da mit dieser neuen Gesetzgebung das komplette südafrikanische Jugendstrafrecht von Grund auf reformiert wurde und damit auch ein hoher Aufwand hinsichtlich der Ausstattung und Ausbildung der im Jugendstrafverfahren involvierten Personen und Institutionen verbunden war, wurde eine zweijährige Vorbereitungsperiode bestimmt.[606]

Endgültig in Kraft getreten ist der CJA mitsamt den umfangreichen Regelungen zur Diversion dann zum 1.4.2010. Ergänzt werden die ohnehin schon sehr umfangreichen Diversionsbestimmungen des CJA durch diverse Richtlinien und Ausführungsverordnungen. Damit war erstmals in der Geschichte der Republik Südafrika ein kodifiziertes Jugendstrafrecht geschaffen, welches mit der Einführung umfangreicher Diversionsbestimmungen seine Art, auf Delinquenz zu reagieren, grundlegend auf den Kopf stellte. Restorative Justice ist hierbei ausweislich des Child Justice Acts Grundlage der Diversion. Die Versöhnung zwischen Täter, Opfer und der Gemeinschaft ist eines der erklärten Hauptziele von Diversion. Jede Diversionsmaßnahme soll ein „Restorative-Justice-Element" beinhalten und es wurden „Restorative-Justice-Strafen" eingeführt.[607]

Der High Court fasst die Änderungen im Strafrechtssystem der Republik Südafrika 2013 wie folgt zusammen:

> *„[The CJA] introduced a comprehensive system of dealing with child offenders and children coming into conflict with the law that represents a decisive break with the traditional criminal justice system. The traditional pillars of punishment, retribution and deterrence are replaced with continued emphasis on the need to gain understanding of a child caught up*

602 *Steyn und Sadiki* 2018, 11.2.
603 *Luft genannt Plaisier* 2003, S. 153.
604 Vgl. *Steyn und Sadiki* 2018, 11.2.
605 Dazu ausführlich *Maguire* 2012, S. 92 ff.
606 *Steyn und Sadiki* 2018, 11.2.
607 Im Einzelnen Kapitel B. III. 2.

> *in behaviour transgressing the law by assessing her or his personality, determining whether the child is in need of care and correcting errant actions as far as possible by diversion, community based programs, the application of restorative justice processes and reintegration of the child into the community.*"[608]

2. Die Diversionsbestimmungen des CJA

2.1. Einführung und Definition

Schon in der Einleitung des Child Justice Acts wird die herausragende Bedeutung von Diversion im neuen südafrikanischen Jugendstrafrecht betont. Die Schaffung von Diversion, also der Möglichkeit, geeignete Fälle außerhalb der formellen Strafjustiz behandeln zu können, wird als zentrales Merkmal des neuen Jugendstrafsystems bezeichnet.[609] Die auf die Einleitung folgende Präambel wiederholt und ergänzt dies:

> „*THIS ACT THEREFORE AIMS TO – establish a criminal justice system for children, who are in conflict with the law, in accordance with the values underpinning our Constitution and our international obligations, by, among others, creating, as a central feature of this new criminal justice system for children, the possibility of diverting matters involving children who have committed offences away from the criminal justice system, in appropriate circumstances, while children whose matters are not diverted, are to be dealt with in the criminal justice system in child justice courts; […].*"[610]

Das erste Kapitel des Child Justice Acts enthält allgemeine Definitionen und legt Zielsetzungen und Leitprinzipien des Gesetzes fest. Diversion wird hierbei wie folgt definiert:

---

608 High Court Of South Africa (Eastern Cape Division), CA&R426/2012, Urteil vom 24.4.2013, abrufbar unter http://www.saflii.org/za/cases/ZAECGHC/2013/62.pdf, (zuletzt abgerufen am 6.6.2021), eigene Übersetzung: „*[Der CJA] führte ein umfassendes System des Umgangs mit jugendlichen Straftätern ein, das einen entscheidenden Bruch mit dem traditionellen Strafrechtssystem darstellt. Die traditionellen Säulen der Bestrafung, Vergeltung und Abschreckung werden ersetzt durch die fortgesetzte Betonung der Notwendigkeit, Verständnis für ein Kind zu entwickeln, das in ein gesetzeswidriges Verhalten verwickelt ist, indem man seine Persönlichkeit beurteilt, feststellt, ob das Kind betreuungsbedürftig ist, und Fehlverhalten so weit wie möglich durch Diversion, gemeinschaftsbasierte Programme, die Anwendung von Restorative Justice und die Wiedereingliederung des Kindes in die Gemeinschaft korrigiert.*“

609 CJA, Introduction.

610 CJA, Preamble.

„'Diversion' means diversion of a matter involving a child away from the formal court procedures in a criminal matter by means of the procedures established by Chapter 6 and Chapter 8."[611]

2.2. Zielsetzungen von Diversion im CJA

Während die Bedeutung von Diversion als Umleitung eines Verfahrens um ein formelles Jugendstrafverfahren in beiden Bezugsländern gleich verstanden wird, ist die dahinterstehende Zielsetzung durchaus unterschiedlich motiviert, wie sich im Folgenden zeigen wird. Anders als das deutsche JGG definiert der CJA diese ausführlich selbst.[612]

Die Zielsetzungen sind nach den Vorgaben des CJA breit gefächert. Zunächst soll ein formeller Strafprozess in geeigneten Fällen vermieden werden, wobei stets auf die individuelle Situation des Minderjährigen und dessen Bedürfnisse geachtet werden soll,[613] insbesondere um eine Stigmatisierung des Minderjährigen und andere schädliche Konsequenzen durch die Aussetzung an das Strafjustizsystem zu vermeiden.[614] Hierzu zählt auch die Vermeidung von strafrechtlichen Vorbelastungen.[615] Auch die Reduzierung der Rückfallwahrscheinlichkeit ist eines der erklärten Ziele von Diversion.[616]

Die vorgenannten Ziele lassen sich einer spezialpräventiven Ausrichtung zuordnen, wie sie auch für das deutsche Diversionssystem prägend ist. Darüber hinaus kommt aber auch dem Verhältnis zwischen Täter und Opfer und deren sozialem Umfeld (der CJA spricht insoweit von *Community*)[617] eine besondere Bedeutung zu. Die Reintegration des Minderjährigen in seine Familie und in sein soziales Umfeld soll ausweislich der kodifizierten Zielsetzungen gefördert werden.[618] Diversion soll denjenigen, die von der Straftat betroffen sind, eine Plattform bieten, mittels der sie die Auswirkungen der Straftat auf sie ausdrücken können.[619] Der minderjährige Delinquent soll dabei ermutigt und unterstützt

---

611 Sec. 1 CJA; *Child* wird ebd. als jede Person unter 18 Jahren definiert.

612 Vgl. Sec. 51 CJA.

613 Sec. 51(a), (c) CJA.

614 Sec. 51(h) CJA.

615 Sec. 51(j) CJA.

616 Sec. 51(i) CJA.

617 Der Begriff „Community" wird hier aus dem CJA entnommen, da eine Übersetzung ins Deutsche problematisch ist. Am ehesten zu verstehen ist Community als Gemeinschaft oder soziales Umfeld, weniger jedoch als (Gesamt-)Gesellschaft.

618 Sec. 51(d) CJA.

619 Sec. 51(e) CJA.

werden, dem Geschädigten Wiedergutmachung zu leisten[620] und Diversion soll so ausgestaltet werden, dass Versöhnung zwischen dem Geschädigten und der Community gefördert wird.[621] Auch an diesen Zielsetzungen wird deutlich, dass Restorative Justice als Leitprinzip Grundlage der Diversion sein soll.

Anders als in Deutschland lassen sich ökonomische Motive (Entlastung der Justiz) in der südafrikanischen Gesetzgebung oder Literatur nicht finden. Dies erscheint vor dem Hintergrund der durch das neue Diversionssystem geschaffenen Anforderungen an die Rechtsanwendungspraxis mit der Schaffung umfangreicher neuer Ressourcen folgelogisch. Wie sich im Folgenden zeigen wird, ist die Durchführung eines gesetzeskonformen Diversionsverfahrens im Sinne des CJA durchaus mit einem erhöhten Aufwand verbunden.

2.3. Die informelle Voruntersuchung (preliminary inquiry)

Im Mittelpunkt der neuen Diversionsbestimmungen steht das neu geschaffene Instrument der *preliminary inquiry* (dt. Voruntersuchung).[622] Dabei handelt es sich um ein obligatorisches vorgerichtliches und informelles Verfahren, welches dem vorherigen südafrikanischen Jugendstrafrecht unbekannt war. Diese Voruntersuchung gilt als Herzstück des neuen Gesetzes.[623] Zu den umfangreichen neu geschaffenen formellen Regelungen gehört, dass eine *preliminary inquiry* grundsätzlich vor jedem formellen Jugendstrafverfahren durchgeführt werden muss.[624] Sie stellt gewissermaßen eine Hürde dar, bevor einem Jugendlichen ein formeller Strafprozess gemacht werden kann und soll unter anderem dafür sorgen, dass der Zugang zu Diversion erleichtert und vereinheitlicht wird, insbesondere dadurch, dass Entscheidungsträger gezwungen werden, sich mit möglichen Diversionsoptionen auseinanderzusetzen.[625] Zu den vom CJA erklärten Aufgaben einer *preliminary inquiry* gehört daher unter anderem die Prüfung, ob eine Diversion in Betracht kommt und welche Diversionsoptionen passend erscheinen.[626] Um dies klären zu können, sollen in der *preliminary inquiry* alle relevanten Informationen zu dem Beschuldigten, seinen persönlichen Umständen und der Anlasstat gesammelt werden.[627] Hierfür ist insbesondere der *probation*

620 Sec. 51(f) CJA.
621 Sec. 51(g) CJA.
622 Die Regelungen dazu finden sich in Sec. 43–50 CJA.
623 Vgl. *Sloth-Nielsen* 2018, S. 708 ff.
624 Sec. 43(3)(a) CJA, ausführlich *Karels und Swanepoel* 2015, S. 124 f.
625 Vgl. *Sloth-Nielsen* 2018, S. 708.
626 Sec. 43(2)(b), (c) CJA.
627 Sec. 43(2)(e) CJA.

officer (dt. Bewährungshelfer) zuständig, der anders als im deutschen Recht auch im Ermittlungsverfahren tätig ist und über die Lebensumstände des Beschuldigten Bericht erstattet.[628]

Der informelle Charakter der *preliminary inquiry* wird dadurch unterstrichen, dass eine solche grundsätzlich nicht nur in einem Gerichtssaal, sondern an jedem geeigneten Ort abgehalten werden kann, was auch zu einer niedrigschwelligen Durchführbarkeit beitragen soll.[629] Neben dem Beschuldigten, dessen Erscheinen verpflichtend ist und durch verschiedene Regelungen zu Ladung, Vorführung und Arrest gesichert werden soll,[630] ist die Anwesenheit verschiedener Akteure vorgeschrieben. Dazu gehört unter anderem ein Untersuchungsrichter (*inquiry magistrate*), ein Staatsanwalt (*prosecutor*), die Eltern oder Erziehungsberechtigten[631] sowie ein Bewährungshelfer *(probation officer)*.[632] Auch Diversionsanbieter sollen anwesend sein, sofern Diversion in Betracht kommt.[633] Daneben können sämtliche Personen von dem Untersuchungsrichter zugelassen werden, die ein berechtigtes Interesse an dem Verfahren haben oder sonst etwas hierzu beitragen können.[634]

Der vom CJA vorgesehene Ablauf einer *preliminary inquiry* sieht im Einzelnen vor, dass der Beschuldigte zunächst entsprechend belehrt und informiert wird.[635] Sämtliche verfügbaren und relevanten Informationen werden beschafft und gesichtet, dazu gehört ggf. auch die Anhörung des Opfers hinsichtlich möglicher Diversionsoptionen.[636] Die Übernahme von Verantwortung durch den Beschuldigten ist Voraussetzung für die Durchführung von Diversion[637] und

---

628 Die Übersetzung „Bewährungshelfer" ist hier etwas irreführend, da der *Probation Servies Act 1991* die Aufgaben deutlich weiter fasst, als sie hierzulande von einem Bewährungshelfer wahrgenommen werden. Nach Sec. 4(a) *Probation Services Act* gehört zu seinen Aufgaben auch schon die Untersuchung der Lebensumstände eines Beschuldigten im Hinblick auf die Berichterstattung an das Gericht während des Verfahrens.

629 Es wird insoweit von einem „informellen runden Tisch" gesprochen, *Sloth-Nielsen* 2018, S. 709.

630 Vgl. Sec. 45 i. V. m. Sec. 17, 18, 19 CJA, dazu *Gallinetti* 2009, S. 23 ff.

631 Es sei denn, dies entspricht nicht dem „*best-interest*" des Beschuldigten, vgl. Sec. 44(4)(a) CJA.

632 Sec. 44(1) CJA.

633 Sec. 44(2) CJA.

634 Sec. 44(5) CJA.

635 Sec. 47(1), (2)(a)(i)–(iv) CJA, dazu ausführlich *Karels und Swanepoel* 2015, S. 124 ff.

636 Sec. 48(1)(b)(iii) CJA.

637 Sec. 52(1)(a) CJA, siehe zum Geständniserfordernis Kapitel B. III. 2.4.2.

wird daher im Rahmen der *preliminary inquiry* in Erfahrung gebracht.[638] Wird diese nicht anerkannt, so schreibt der CJA vor, dass dem Beschuldigten dann keinerlei Fragen mehr zu den Tatvorwürfen gestellt werden dürfen und der Fall an ein Jugendstrafgericht abgegeben wird.[639] Keine der Informationen, die an diesem „informellen runden Tisch“ gesammelt werden, dürfen in diesem Fall in einem späteren Verfahren gegen den Beschuldigten verwendet werden[640] und ein Untersuchungsrichter, der einer *preliminary inquiry* vorgesessen hat, darf in einem späteren Verfahren gegen den Beschuldigten nicht mitwirken.[641]

2.4. Anwendungsbereich von Diversion

Die Regelungsinhalte der Diversionsbestimmungen im CJA sind im Gegensatz zu den hier geltenden Bestimmungen ausgesprochen umfangreich und von einer Regelungsdichte geprägt, die sich auch aufgrund vieler Querverweise nicht beim ersten Lesen erschließen lässt. Der Anwendungsbereich und die Voraussetzungen von Diversion sollen daher zunächst systematisch dargestellt werden. Ausgangspunkt für die Systematik der Diversionsbestimmungen ist dabei die zuvor beschriebene *preliminary inquiry*.

2.4.1. Verfahrensstadien, in denen divergiert werden kann

Das Strafverfahren kann grundsätzlich in drei verschiedenen Verfahrensabschnitten diversionell behandelt werden.[642] Als früheste Möglichkeit kann die Staatsanwaltschaft bei Bagatelldelikten unter den nachfolgend beschriebenen Voraussetzungen bereits vor der Durchführung einer *preliminary inquiry* Diversion anordnen.[643] Die zweite, wohl auch am häufigste angewendete Möglichkeit[644] ist die Durchführung im Rahmen der *preliminary inquiry*.[645] Schließlich kann auch noch nach Anklageerhebung, also von Beginn des Hauptverfahrens bis hin zu dessen Abschluss (engl. *conclusion of the case*), Diversion angeordnet werden.[646]

---

638 Sec. 47(2)(b) CJA.
639 Sec. 47(2)(b)(i) i. V. m. Chapter 9 CJA.
640 Sec. 47(2)(b)(i) CJA.
641 Sec S.47(10) CJA.
642 Vgl. *Badenhorst* 2013, S. 304 ff.
643 Vgl. Sec. 41 CJA.
644 *Mujuzi* 2015, S. 44.
645 Vgl. Chapter 6 CJA (*„Diversion by prosecutor in respect of minor offences“*).
646 Sec. 67(1)(a) CJA.

In den drei vorgenannten Verfahrensabschnitten hängen die Voraussetzungen von Diversion dann davon ab, in welche Deliktsklasse die vorgeworfene Straftat einzuordnen ist. Der Child Justice Act unterteilt hierzu sämtliche Straftaten des südafrikanischen Strafrechts in drei Klassen nach (vermeintlich) aufsteigender Schwere.[647] In die Kategorie 1 fallen beispielsweise Diebstahlsdelikte mit einer Beute unter R2500,[648] Betrugsdelikte oder Sachbeschädigungen mit einem Schaden unter R1500, Körperverletzungen ohne erhebliche Folge, Hausfriedensbruch, Beleidigung etc.[649] Die Kategorie 2 nennt dann unter anderem die Delikte der vorherigen Kategorie bei Überschreiten der dort genannten Wertgrenzen, aber auch Brandstiftung, fahrlässige Tötung, Raub ohne erschwerende Umstände und leichtere Sexualdelikte. Die nach dieser Einordnung schwersten Delikte befinden sich dann in Kategorie 3. Dazu gehören unter anderem Mord, Raub mit erschwerenden Umständen, Entführung, schwere Sexualdelikte und sogar Verbrechen nach dem Römischen Statut des Internationalen Strafgerichtshofs.[650] Der CJA ermöglicht es also grundsätzlich, jedes Strafverfahren im Rahmen der Diversion zu erledigen, auch solche, die vorsätzliche Tötungsdelikte zum Gegenstand haben.

2.4.2. Allgemeine deliktsunabhängige Voraussetzungen

Unabhängig von der Einordnung des konkreten Delikts in eine dieser Klassen schreibt der CJA zunächst allgemeine Voraussetzungen und Bedingungen vor, die für die Anwendung von Diversion deliktsunabhängig stets vorliegen müssen.[651]

Zunächst müssen alle relevanten Informationen erhoben werden, unter anderem auch, ob bereits vorherige Strafverfahren gegen den Minderjährigen diversionell erledigt worden sind.[652] Zu diesem Zweck hat der CJA die Einführung eines zentralen Diversionsregisters vorgeschrieben.[653] Der CJA selbst

---

647 CJA, Appendix, siehe abgedruckt im Anhang.

648 Die Landeswährung ist der Südafrikanische Rand (ZAR). Der Randkurs unterliegt starken Schwankungen. Im arithmetischen Mittel der letzten Monate (bis Mai 2021) lag der Wechselkurs von Euro zu Rand bei rund 17, so dass R2500 etwa 147 € entsprechen.

649 CJA, Appendix.

650 Diese sind Völkermord, Verbrechen gegen die Menschlichkeit, Kriegsverbrechen und das Verbrechen der Aggression, vgl. Art. 5 Abs. 1 IStGH-Statut.

651 Sec. 52(1) CJA.

652 Sec. 52(1) CJA.

653 Vgl. Sec. 60 CJA, dieses konnte bis heute nicht funktionstüchtig in Betrieb genommen werden, siehe Kapitel B. III. 3.

schreibt nicht vor, ob eine bereits durchgeführte Diversion weitere Diversionen sperrt. Die Ausführungsverordnung des CJA führen hierzu jedoch aus, dass eine erneute Diversion in Erwägung gezogen werden kann, wenn bei Berücksichtigung aller Umstände davon ausgegangen werden kann, dass der Beschuldigte von den im Raum stehenden Diversionsmaßnahmen profitieren wird und die Rechtspflege nicht in Verruf gerät.[654]

Nachdem diese Informationen vorliegen, schreibt der CJA dann Voraussetzungen und Ausschließungsgründe vor, die kumulativ vorliegen müssen beziehungsweise nicht vorliegen dürfen, um den Anwendungsbereich von Diversion grundsätzlich und deliktsunabhängig zu eröffnen.

Die erstgenannte dieser allgemeinen Voraussetzungen ist, dass der Minderjährige Verantwortung für die Tat übernimmt, d. h. geständig ist *(„acknowledges responsibility for the offence“)*.[655] Bei dieser Verantwortungsübernahme, so schreibt es der CJA als weitere zwingende Voraussetzung vor, darf der Beschuldigte nicht übermäßig oder unangemessen beeinflusst worden sein.[656] Zudem muss stets eine Beweisbarkeit gegen den beschuldigten Minderjährigen vorliegen (*prima-facie evidence that the child committed the offence*).[657] „*Prima-facie evidence*“ ist hier nicht als reiner Anscheinsbeweis (Prima-facie-Beweis) zu verstehen, sondern dahingehend, dass ausreichende Beweise vorliegen müssen, um den Beschuldigten anklagen zu können,[658] also eher vergleichbar mit der Anforderung des hinreichenden Tatverdachts im deutschen Strafprozess. Weiterhin schreibt der CJA vor, dass der Minderjährige der Durchführung von Diversion zustimmen muss. Sofern verfügbar, müssen auch die Eltern des Beschuldigten,

---

654 *„All efforts must be made to establish whether the child has previously been diverted. A diversion may still be considered despite a previous diversion or the existence of a previous conviction if the child will benefit from the proposed programs and if the child, all circumstances taken into account, should be afforded another such opportunity. Diversion is not suitable if it brings the administration of justice into disrepute. If unsure whether a certain decision will bring the administration of justice in disrepute or not, prosecutors should require the guidance of the DPP“*, CJA - Directives in Terms of Section 97(4), F(8); *Hargovan* 2013, S. 26.

655 Sec. 52(1)(a) CJA. Hierin liegt ein gewichtiger Unterschied zur deutschen Rechtslage, vgl. Kapitel B. II. 2.3, 2.4.

656 Sec. 52(1)(b) CJA.

657 Sec. 52(1)(c) CJA, angepasst durch den Child Justice Amendment Act 28 of 2019. In der urspünglichen Gesetzesformulierung wurde ein *„prima facie case“* gefordert.

658 Vgl. *Steyn und Sadiki* 2018, 11.2.4.

ein gesetzlicher Betreuer oder eine „*appropriate person*“ zustimmen.[659] Schließlich bedarf es jeweils der Anweisung beziehungsweise Zustimmung der Staatsanwaltschaft, um ein Verfahren im Rahmen der Diversion behandeln zu können.[660]

2.4.3. *Spezielle Voraussetzungen nach Deliktsklassen*

Sofern die vorbezeichneten allgemeinen und deliktsunabhängigen Voraussetzungen erfüllt sind, hängt das weitere Vorgehen innerhalb des Diversionsprozesses davon ab, in welche der drei Klassen das konkrete Delikt einzuordnen ist.

2.4.3.1. *Voraussetzungen bei Straftaten der Kategorie 1 und 2*

Im Fall von Vergehen der Kategorie 1 (der Child Justice Act spricht hier von „*minor offences*“) kann die Staatsanwaltschaft ein Vorgehen mittels Diversion schon vor der *preliminary inquiry* anordnen. Die Voraussetzungen hierfür ergeben sich aus Kapitel 6 des Child Justice Acts. Neben den oben geschilderten allgemeinen Diversionsvoraussetzungen muss bei Beschuldigten, die 12 Jahre[661] oder älter, aber noch nicht 14 Jahre alt sind, geprüft werden, ob diese von Diversion profitieren würden. Falls die Staatsanwaltschaft dies verneint oder Diversion aus anderen Gründen nicht für angebracht erachtet, soll verfahren werden, als sei der Beschuldigte noch nicht strafmündig.[662] Die strafrechtliche Verantwortlichkeit, die nach der entsprechenden Regelung vorliegt, wenn das Kind die Fähigkeit hat, den Unterschied zwischen „richtig“ und „falsch“ zu erkennen und gemäß dieser Erkenntnis zu handeln, muss in diesem Fall also nicht mehr geprüft werden.[663]

---

659 „*Appropriate person*“ wird in Sec. 1 CJA definiert als jedes Familienmitglied – darunter auch Geschwister ab 16 Jahren – sowie Betreuungspersonen (*care-giver*) im Sinne des Children's Act 38 of 2005. Solche Personen können u. a. Pflegeeltern sein; Personen, die mit Einwilligung der Eltern die Aufsicht übernommen haben; Aufsichtspersonen in Jugendschutzeinrichtungen oder Jugendsozialarbeiter bei familiärer Betreuung, vgl. Sec. 1(a)–(f) Children's Act 38 of 2005. In der ursprünglichen Fassung des CJA hieß es „*appropriate adult*“. Da entsprechend der vorgenannten Definition aber auch Geschwister ab 16 Jahren darunter fallen können, wurde „adult“ (dt. Erwachsener) durch „person“ ersetzt.

660 Sec. 52(e) CJA.

661 Das Alter der Strafmündigkeit wurde durch den Child Justice Amendment Act 28 of 2019 mit Wirksamkeit zum Juni 2020 von 10 auf 12 Jahre angehoben, siehe schon Fn. 313.

662 Sec. 41(1)(b) CJA, angepasst durch den Child Justice Amendment Act 28 of 2019.

663 Sec. 11(1) CJA.

Sofern der Staatsanwalt von der Fürsorge- oder Schutzbedürftigkeit des Beschuldigten ausgeht, soll zunächst von Diversion abgesehen und der Minderjährige zur Voruntersuchung (*preliminary inquiry*) verwiesen werden.[664] Hierzu verweist der Child Justice Act auf den Children's Act 38 of 2005, der Kriterien vorgibt, bei denen von einer Fürsorge- und Schutzbedürftigkeit des Minderjährigen ausgegangen werden muss.[665] Sollte eine solche Fürsorge- oder Schutzbedürftigkeit nicht vorliegen, so kann das Verfahren bei Straftaten der Kategorie 1 nach Maßgabe der vorstehenden Vorschriften noch vor der Durchführung einer *preliminary inquiry* divergiert werden.[666]

Bei Straftaten der Kategorie 2, oder wenn bei einer Straftat der Kategorie 1 nicht bereits vor einer *preliminary inquiry* divergiert worden sein sollte, müssen zusätzliche Voraussetzungen vorliegen.[667] Zunächst muss die Staatsanwaltschaft die Ansicht des Opfers dahingehend einholen, ob das Verfahren divergiert werden sollte oder nicht.[668] Zudem muss die Staatsanwaltschaft den für die Ermittlungen zuständigen Polizeibeamten konsultieren.[669] Erst wenn diese Konsultierung erfolgt ist und die Ansichten des Opfers und des entsprechenden Polizisten bei der Entscheidungsfindung berücksichtigt wurden, kann die Staatsanwaltschaft ein Vorgehen im Wege der Diversion freigeben.[670] Die Ansichten der vorgenannten Personen sind für die Staatsanwaltschaft jedoch nicht bindend, wie es die staatsanwaltlichen Richtlinien zum Child Justice Act ausdrücklich klarstellen.[671]

---

664 Sec. 41(4) CJA.

665 Im Einzelnen: wenn der Minderjährige verlassen oder verwaist ist und keine Hilfe erhält; Verhaltensweisen zeigt, die von den Eltern oder Betreuern nicht kontrolliert werden können; auf der Straße lebt oder arbeitet und bettelt; abhängig von Betäubungsmitteln ist; missbraucht oder ausgenutzt wurde oder sich in Lebensumständen befindet, bei denen Kinder dem Missbrauch ausgesetzt sind; Umständen ausgesetzt ist, die das physische, mentale oder soziale Wohl ernsthaft gefährden; sich in einem Zustand physischer oder mentaler Verwahrlosung befindet; von einem Elternteil, einem Familienmitglied oder sonstigem Betreuer, unter dessen Aufsicht der Minderjährige steht, misshandelt, missbraucht, absichtlich vernachlässigt oder entwürdigt wird, vgl. Sec. 41(4) CJA i. V. m. Sec. 150(1) Children's Act 38 of 2005.

666 Vgl. *Mujuzi* 2015, S. 49 f.

667 Vgl. Sec. 52(2) CJA.

668 Eine Ausnahme besteht gem. Sec. 52(2)(a) CJA nur dann, wenn dies unangemessen ist (*„unless it is not reasonably to do so“*).

669 Vgl. Sec. 52(2)(b) CJA.

670 Sec. 52(2) CJA.

671 CJA – Directives in Terms of Section 97(4), F(9).

2.4.3.2. Voraussetzungen bei Straftaten der Kategorie 3

Ist der Beschuldigte einer Straftat der Kategorie 3 verdächtig, so sind die Hürden für die Durchführung von Diversion am höchsten. Diversion ist hier nicht mehr über die lokale Staatsanwaltschaft möglich, sondern nur noch über den zuständigen Generalstaatsanwalt (*Director of Public Prosecution, kurz: DPP*).[672] Dieser kann schriftlich genehmigen, dass die Angelegenheit divergiert werden darf, sofern außergewöhnliche Umstände vorliegen.[673] Eine solche schriftliche Autorisierung des DPP ist zwingende Voraussetzung für die Durchführung von Diversion bei einer Straftat dieser Kategorie, d. h. ohne die Freigabe kann auch das Jugendgericht keine Diversion anordnen.[674] Beispiele für außergewöhnliche Umstände, die die Durchführung von Diversion auch bei Straftaten der Kategorie 3 rechtfertigen sollen, sind in den staatsanwaltlichen Ausführungsverordnungen festgelegt.[675] Hierzu gehört unter anderem:

- besondere Jugendlichkeit (*particular youthfulness*)[676] oder ein besonders niedriger Entwicklungsstand des Minderjährigen;[677]
- das Vorliegen eines besonderen Härtefalls (z. B. wenn der Minderjährige einen Haushalt leitet), einer besonderen Verletzlichkeit oder Behinderung;[678]
- wenn das Opfer wünscht, im Wege der Diversion zu verfahren, da es nicht vor Gericht aussagen kann oder will;[679]
- das Vorliegen besonderer mildernder Umstände, wie beispielsweise eingeschränkte Schuldfähigkeit;[680]
- eine unangemessene Beeinflussung des Minderjährigen zur Begehung der Tat, insbesondere dann, wenn er von Erwachsenen zur Begehung der Tat (aus-)genutzt wurde. Das südafrikanische Strafrecht kennt hierfür eine eigene Bezeichnung: „*Child used by adult to commit crime – CUBAC*";[681]

---

672 Vgl. Sec. 52(1)(e) CJA.
673 Vgl. Sec. 53(3) CJA.
674 Vgl. *Karels et al.* 2015, S. 110.
675 Sec. 52(3)(a) i. V. m. Sec. 97(4)(a)(iii).
676 CJA – Directives in Terms of Section 97(4), J(2)(a).
677 CJA – Directives in Terms of Section 97(4), J(2)(b).
678 CJA – Directives in Terms of Section 97(4), J(2)(c).
679 CJA – Directives in Terms of Section 97(4), J(2)(d).
680 CJA – Directives in Terms of Section 97(4), J(2)(e).
681 CJA – Directives in Terms of Section 97(4), J(2)(f), siehe dazu Children's Right Project et al. 2006.

- wenn die weitere Strafverfolgung einem minderjährigen Opfer oder Zeugen (weiteren) unangemessenen Schaden zufügen würde.[682]

Der DPP darf weiterhin nur anordnen, dass ein Fall einer Kategorie-3-Straftat divergiert werden darf, wenn er dem Opfer und jeder Person, die ein direktes Interesse an den Angelegenheiten des Opfers hat, die Gelegenheit gegeben hat, dazu Stellung zu nehmen, ob die Angelegenheit divergiert werden soll, inwiefern Wiedergutmachung durch den Täter in Betracht kommt und welche konkreten Diversionsmaßnahmen für angemessen erachtet werden.[683] Neben dem Opfer und den vorbezeichneten Personen muss der DPP auch den für die Ermittlungen verantwortlichen Polizeibeamten konsultieren.[684] Die Stellungnahmen des Opfers, dessen Familie und die des leitenden Polizeibeamten haben nach dem Wortlaut des Gesetztes keine bindende Wirkung auf die Entscheidung des DPP. Auch die staatsanwaltlichen Richtlinien zum Child Justice Act stellen klar, dass die Ansichten des Opfers und sonstiger Personen für die Staatsanwaltschaft nicht bindend sind.[685]

Wenn die vorgenannten Bedingungen vorliegen und der DPP daraufhin die Durchführung von Diversion befürwortet, erteilt er eine schriftliche Autorisierung.[686] Der zuständige Staatsanwalt beantragt auf dieser Grundlage dann beim zuständigen Gericht die Erteilung einer entsprechenden Diversionsorder.[687] Sollte diesem Antrag nicht entsprochen werden, so wird das Verfahren dann zur weiteren Verhandlung an das Jugendgericht abgegeben.[688] Das dortige Verfahren wird in Kapitel 9 des CJA geregelt.[689]

2.5. Diversionsoptionen

Bei Erfüllung der allgemeinen und deliktspezifischen Voraussetzungen für Diversion stehen verschiedene Diversionsoptionen zur Verfügung, die in zwei

682 CJA – Directives in Terms of Section 97(4), J(2)(h).

683 Sec. 52(3)(b)(i) CJA.

684 Sec. 52(3)(b)(ii) CJA.

685 Die Ausführungsverordnung weist darauf hin, dass dem Opfer die Privatklage nicht mehr offen steht, sobald Diversion angeordnet wird, da diese dann gem. Sec. 59(2) CJA gesperrt ist. Dies soll bei der Entscheidung bedacht werden, vgl. CJA – Directives in Terms of Section 97(4), F(9).

686 Sec. 52(4) CJA.

687 Sec. 52(5) CJA.

688 Sec. 52(6) CJA.

689 Vgl. Chapter 9 CJA (*„Trial in Child Justice Court“*).

Kategorien unterteilt werden: Level-1- und Level-2-Diversionsoptionen.[690] Diese wiederum sind mit der durch den Child Justice Act vorgenommenen Kategorisierung von Straftaten verknüpft. Während Level-1-Diversionsoptionen in Fällen von Straftaten der Kategorie 1 anwendbar sind, können Straftaten der Kategorie 2 oder 3 mit Level-2-Diversionsoptionen geahndet werden.[691]

Bedingt durch die unterschiedlichen Zielsetzungen[692] von Diversion in beiden Rechtsordnungen zeigt sich auch hinsichtlich der Diversionsoptionen ein grundlegender Unterschied: Eine folgenlose, also nicht-intervenierende Diversion, wie sie hierzulande nach § 45 Abs. 1 JGG möglich ist und quantitativ am häufigsten angewendet wird, sieht das südafrikanische System grundsätzlich nicht vor. Wenn die Staatsanwaltschaft von einer Fürsorge- oder Schutzbedürftigkeit des Beschuldigten ausgeht, soll zwar zunächst von Diversion abgesehen werden und der Beschuldigte an eine *preliminary inquiry* verwiesen werden.[693] Dies ist jedoch nicht mit einem durch die Erkenntnisse von Ubiquität und Normalität der Jugendkriminalität begründeten „Nichtstun" im Sinne des § 45 Abs. 1 JGG gleichzusetzen. Von den Diversionsoptionen des CJA entspricht die formelle Verwarnung ohne Auflagen[694] am ehesten einer nicht-intervenierenden Diversion, jedoch geht auch diese über eine Einstellung nach § 45 Abs. 1 JGG hinaus, über die der Beschuldigte regelmäßig lediglich mit einem kurzen Anschreiben („Das Ermittlungsverfahren gegen Sie wurde gem. § 45 Abs. 1 JGG eingestellt.") informiert wird.[695]

2.5.1. Level-1-Diversionsoptionen

Als Level-1-Diversionsoptionen schreibt der Child Justice Act die folgenden Maßnahmen vor, die teilweise legaldefiniert werden:

- die **schriftliche oder mündliche Entschuldigung** gegenüber bestimmten Personen oder Institutionen;[696]
- die **formelle Verwarnung** mit oder ohne Auflagen;[697]

690 Vgl. Sec. 53(2) CJA.

691 Vgl. Sec. 53(2) CJA.

692 Siehe dazu Kapitel B. II. 2.2. zur deutschen und Kapitel B. III. 2.2. zur südafrikanischen Rechtslage.

693 Vgl. Sec. 41(4) CJA i. V. m. Sec. 150(1) Children's Act 38 of 2005, dazu Kapitel B. III. 2.4.1.

694 Sec. 53(3)(b) CJA.

695 Zu Vorschlägen für personalisierte Einstellungsschreiben siehe *Pitz* 2020, S. 307 ff.

696 Sec. 53(3)(a) CJA.

697 Sec. 53(3)(b) CJA.

- die Unterstellung unter eine **Aufsichts- und Führungsperson** (*supervision and guidance order*);[698]
- die **Anordnung von Meldeauflagen** (*reporting order*);[699]
- die Verpflichtung zur **Teilnahme am Schulunterricht** (*compulsory school attendance order*);[700]
- die Verpflichtung, eine bestimmte Anzahl an **Stunden mit der Familie** zu verbringen *(family time order)*;[701]
- die Verpflichtung, den **Umgang mit bestimmten Personen oder Personengruppen** auszuüben oder zu vermeiden (*peer association order*);[702]
- die Anweisung zum **Befolgen von bestimmten Verhaltensregeln** (*good behaviour order*);[703]
- das Verbot, **bestimmte Orte aufzusuchen**;[704]
- die Anordnung, eine bestimmte **Beratungsstelle oder Therapie** aufzusuchen;[705]
- die Anordnung zur verpflichtenden Teilnahme an einem bestimmten **Berufs-, Erziehungs- oder Therapiekurs** ohne stationären Aufenthalt;[706]
- die Anordnung, **symbolische Restitution***(symbolic restitution)* zugunsten bestimmter Personen(-gruppen), Communitys oder einer Wohltätigkeitsorganisation zu leisten;[707]
- **materielle Schadenswiedergutmachung** durch Rückgabe oder Wiederherstellung eines bestimmten Gegenstandes zugunsten des oder der Geschädigten, sofern möglich;[708]

---

698 Sec. 53(3)(c) CJA i. V. m. Sec. 53(1)(f) CJA.

699 Sec. 53(3)(d) CJA i. V. m. Sec. 53(1)(e) CJA.

700 Sec. 53(3)(e) CJA i. V. m. Sec. 53(1)(a) CJA.

701 Sec. 53(3)(f) CJA i. V. m. Sec. 53(1)(b) CJA.

702 Sec. 53(3)(g) CJA i. V. m. Sec. 53(1)(d) CJA. Das (als Diversionsoption nicht zulässige) Pendant im JGG (§ 10 Abs. 1 Nr. 8 JGG) ist ausschließlich negativ formuliert: *„den Verkehr mit bestimmten Personen […] zu unterlassen“*.

703 Die dazugehörige Legaldefinition spezifiziert diese Anweisung dahingehend, dass eine Vereinbarung zwischen dem Jugendlichen und seiner Familie in Bezug auf bestimmte Verhaltensregeln geschlossen und eingehalten werden muss, vgl. Sec. 53(3)(h) CJA i. V. m. Sec 53(1)(c) CJA.

704 Sec. 53(3)(i) CJA.

705 Sec. 53(3)(j) CJA.

706 Sec. 53(3)(k) CJA.

707 Sec. 53(3)(l) CJA.

708 Sec. 53(3)(m) CJA.

- die Anweisung, **gemeinnützige Arbeit** (*community service*) zu erbringen;[709]
- die Anweisung, einen **Ausgleich zugunsten des oder der Geschädigten** zu erbringen;[710]
- die Anordnung, eine **Geldauflage** zugunsten einer bestimmten Personengruppe, einer Community oder einer Wohltätigkeitsorganisation zu zahlen, sofern der Beschuldigte oder seine Familie finanziell hierzu in der Lage ist;[711]
- die Erbringung einer **Dienstleistung oder Leistung oder Zahlung einer Entschädigung** an eine Gemeinschaft, Wohltätigkeits- oder Wohlfahrtsorganisation oder -institution, wenn es keine (durch die Straftat geschädigte) identifizierbare Person oder Personengruppe gibt, an die Restitution oder Entschädigung geleistet werden kann.[712]

In zeitlicher Hinsicht sind Level-1-Diversionsoptionen im Falle von unter 14-jährigen Beschuldigten auf 12 Monate beschränkt, bei älteren auf 24 Monate.[713]

2.5.2. Level-2-Diversionsoptionen

Als Level-2-Diversionsoptionen schreibt der Child Justice Act die folgenden Maßnahmen vor:

- alle Level-1-Diversionsoptionen der Sec. 53(3)(j)–(q) CJA;[714]
- die Anordnung zur verpflichtenden Teilnahme an einem bestimmten **Berufs-, Erziehungs- oder Therapiekurs mit stationärem Aufenthalt** (konträr zur

709 Sec. 53(3)(n) CJA.

710 Sec. 53(3)(o) CJA.

711 Sec. 53(3)(p) CJA; bemerkenswert ist, dass die Familie des Beschuldigten ausdrücklich eingeschlossen ist. Vom deutschen Gesetzgeber ist es aus erzieherischen Gründen hingegen gewollt, dass Geldauflagen aus eigenen Mitteln bezahlt werden, über die der Jugendliche selbstständig verfügen darf (vgl. § 15 Abs. 2 Nr. 1).

712 Sec. 53(3)(q) CJA; an dieser Regelung wird deutlich, dass der Gesetzgeber bestrebt ist, primär Wiedergutmachung zu erreichen und nur wenn dies, etwa mangels identifizierbarem Geschädigten, nicht möglich ist, allgemeine Wohltätigkeitszwecke zu bedienen. Die Orientierung an Restorative Justice gegenüber dem deutschen Erziehungsparadigma wird hier deutlich, dazu ausführlich unten Kapitel D. II.

713 Sec. 53(5) CJA.

714 Sec. 53(4)(a) CJA, bei Straftaten der Kategorie 2 und 3 sind also die niedrigschwelligeren Level-1-Diversionsoptionen wie Entschuldigung, Verwarnung, school attendance order, family time order, good behaviour order etc. als alleinige Diversionsoption ausgeschlossen.

Level-1-Diversionsoption Ziffer (k), die entsprechende Kurse ohne stationären Aufenthalt vorsieht);[715]

- die Anordnung, eine **intensive Therapie** zur Bekämpfung der Ursache, die als kriminalitätsauslösend identifiziert worden ist, wahrzunehmen. Diese kann – anders als die Level-1-Diversionsoption (j) – auch mit einem stationären Aufenthalt verbunden sein;[716]
- die Unterstellung unter einen **Bewährungshelfer bei bestimmten Auflagen**, die auch das Verbot beinhalten können, den Wohnbezirk ohne schriftliche Erlaubnis des Bewährungshelfers zu verlassen.[717]

Bei der Verhängung von Level-2-Diversionsoptionen beträgt die maximale reguläre Dauer 24 Monate bei Beschuldigten unter 14 Jahren und 48 Monate bei älteren Beschuldigten.[718] In begründeten Ausnahmefällen sind die vorgenannten Zeiträume auch verlängerbar. Dies bedarf jedoch einer schriftlichen Begründung und Protokollierung.[719]

2.5.3. Family Group Conferences

Neben den vorgenannten Level-1- und Level-2-Diversionsoptionen kann dem Jugendlichen bei Vorliegen der Diversionsvoraussetzungen auch die Durchführung einer *victim-offender-mediation* (VOM), einer *family group conference (FGC)* oder jede andere Restorative-Justice-Maßnahme auferlegt werden.[720] Beide Maßnahmen können anstelle oder in Kombination mit den sonstigen Level-1- und Level-2-Diversionsoptionen verhängt werden.[721]

Die in unserem Rechtssystem weitgehend unbekannten Familien-Gruppen-Konferenzen gelten als Musterbeispiele für Restorative-Justice-Maßnahmen, denn sie beruhen unter anderem auf der Idee, dass eine Straftat nicht nur die unmittelbar beteiligten Personen betrifft, also Täter und Opfer, sondern auch

715 Sec. 53(4)(b) CJA.

716 Sec. 53(4)(c) CJA.

717 Sec. 53(4)(d) CJA.

718 Sec. 53(6)(a) CJA.

719 Sec. 53(5)(b) CJA, Sec. 53(6)(b) CJA. Die maximale Laufzeit von Weisungen nach dem JGG beträgt zwei Jahre, § 11 Abs. 1 S. 1 JGG. Sie sind auf längstens drei Jahre verlängerbar, wenn das Jugendgericht dies aus Gründen der Erziehung für geboten hält, § 11 Abs. 2 JGG.

720 Vgl. Sec. 53(7) i. V. m. Sec. 73 CJA.

721 Sec 53(7) CJA.

deren Familien und das soziale Umfeld.[722] Entsprechend dem Paradigma von Restorative Justice könne effektive Bekämpfung von Kriminalität daher nur durch die aktive Einbeziehung sämtlicher Interessengruppen geschehen. Eine kritische Auseinandersetzung des Täters mit der Straftat und das Potenzial der dauerhaften Verantwortungsübernahme könne am ehesten ausgeschöpft werden, wenn Wiedergutmachung direkt zugunsten des Opfers oder der betroffenen Community geleistet wird, so die dahinterstehende Ansicht. Sie basieren zudem auf der Idee, dass traditionelle Familien und Communitys schon immer mit abweichendem Verhalten ihrer Mitglieder beschäftigt waren – und daher folgerichtig auch diejenigen sind, die am besten einschätzen können, wie mit diesem Verhalten umzugehen ist.[723] Der südafrikanische Gesetzgeber hat sich hierbei an der neuseeländischen Strafrechtspraxis orientiert, die international dadurch bekannt geworden ist, dass die ursprünglichen Konfliktlösungsstrategien der Maori neu interpretiert und *Family group conferencing* als grundsätzlichen Standard für den Umgang mit Jugendkriminalität eingeführt hat.[724]

Definiert wird die FGC vom CJA als informelles Verfahren, welches den Beschuldigten und das Opfer zusammenbringen soll, beide dabei unterstützt von deren Familien und anderen relevanten Bezugspersonen.[725] Bei diesem Verfahren, so führt die Definition weiter aus, soll eine Vereinbarung entwickelt werden, nach der die Folgen der Straftat wiedergutgemacht werden sollen. Unabdingbare Voraussetzung für eine solche Konferenz ist zunächst das Einverständnis des Beschuldigten und des Opfers.[726] Dem Beschleunigungsgrundsatz soll dadurch Rechnung getragen werden, dass die Konferenz spätestens 21 Tage nach der Verhängung der entsprechenden Diversionsorder einberufen werden muss.[727]

In formeller Hinsicht schreibt der Child Justice Act weiter vor, dass ein offizieller Vermittler (*family group conference facilitator*) in Form eines *probation officer*[728] oder eines akkreditierten Diversionsanbieters die Konferenz leiten muss.[729] Vorgeschrieben ist die Anwesenheit diverser Personen – neben dem

---

722 Sowohl *Zehr* als auch *McCold und Wachtel* nennen Familien-Gruppen-Konferenzen in ihren Klassifizierungssystemen als Beispiele für *fully-restorative*-Maßnahmen, siehe Kapitel A. II. 3.

723 Dazu ausführlich unten Kapitel D. VII. 3.

724 Siehe Kapitel D. VII. 3.1.

725 Vgl. Sec. 61(1)(a) CJA.

726 Sec. 61(1)(b) CJA.

727 Sec. 61(2) CJA.

728 Zur Bedeutung und Funktion des *probation officer* siehe schon Fn. 628.

729 Vgl. Sec. 61(3)(a) CJA. Zum Akkreditierungswesen siehe Kapitel B. III. 2.10.

Beschuldigten und dem Opfer (jeweils mit den Eltern bzw. Betreuern) dürfen auch Personen teilnehmen, die von den beiden Parteien als Unterstützung gewählt werden. Weiterhin soll ein Vertreter der Polizei und der Staatsanwaltschaft teilnehmen, sowie ein Vertreter der Community des Beschuldigten, den der Vermittler bestimmen kann.[730]

Unter Leitung des Vermittlers können alle Beteiligten dann ihre Sichtweisen auf die Straftat bzw. den Konflikt darlegen.[731] Im Anschluss daran ist ein schriftlicher Plan zu entwickeln, der den Beschuldigten verpflichtet, eine der Diversionsmaßnahmen des CJA durchzuführen oder eine andere Tätigkeit zu leisten, die den Schaden ausgleichen soll.[732] Dieser Plan muss unter anderem auch enthalten, welche Ziele der Plan verfolgt, in welchem Zeitraum und auf welche Art und Weise Wiedergutmachung zu leisten ist, welche Unterstützung dem Beschuldigten dabei zu gewähren ist und wie die Einhaltung des Plans überwacht werden soll.[733]

Kann eine solche Vereinbarung nicht getroffen werden, wird der Fall an die je nach Verfahrensabschnitt zuständige Stelle zurückverwiesen.[734] Sämtliche Informationen, die ein Beschuldigter bei einer FGC preisgibt, dürfen in einem späteren Strafverfahren nicht gegen ihn verwendet werden.[735]

2.5.4. Victim-offender mediation

Zu den weiteren Restorative-Justice-Maßnahmen, die neben den Level-1- und Level-2-Diversionsoptionen verhängt werden können, gehört auch die Täter-Opfer-Mediation (*victim-offender mediation,* kurz: *VOM*). Eine solche wird analog zu den Familien- und Gruppenkonferenzen definiert als informelles Verfahren, welches Täter und Opfer versöhnen und zusammenbringen soll und bei dem ein Plan entwickelt werden soll, wie die Folgen der Straftat ausgeglichen werden sollen.[736] Entsprechend der oben dargestellten Klassifizierung von *McCold und Wachtel* sowie *Zehr* handelt es sich hierbei um eine *partly-restorative*-Praktik.

---

730 Sec. 61(3)(b)(i)–(viii) CJA.

731 Zum Ablauf einer FGC nach dem CJA ausführlich *Steyn und Sadiki* 2018, 11.3.3.

732 Sec. 61(6)(a) CJA.

733 Sec. 61(6)(b) CJA.

734 Sec. 61(8) CJA.

735 Sec. 61(9) CJA, eine ähnliche Regelung enthielt der TRC-Act, siehe Fn. 124.

736 Vgl. Sec. 62(1)(a).

In formeller Hinsicht entsprechen die Regelungen im Wesentlichen denen der FGC, jedoch unter Maßgabe der Änderungen, die sich durch die entsprechende Beschränkung des teilnehmenden Personenkreises ergeben.[737] Auch hier ist das Einverständnis von Täter und Opfer zwingende Voraussetzung.[738] Ein Bemühen um einen Ausgleich wie im deutschen Recht ist also nicht ausreichend. Ohne Zustimmung des Opfers kann eine VOM im Sinne des CJA nicht stattfinden. Leitideen und Abläufe dieses Instruments entsprechen überwiegend den Vorläufern vor der gesetzlichen Kodifizierung durch den Child Justice Act. Eine wichtige Änderung gegenüber dem 1992 durch das NICRO gestartete Pilot-Projekt ist, dass die Anwendung heute nicht mehr bei Gewalt- und Sexualdelikten ausgeschlossen ist, so wie es die damals entwickelten Guidelines zur Victim-Offender-Mediation des NICRO vorsahen.[739]

2.6. *Ermessensvorschriften bei der Wahl von Diversionsoptionen*

Bei der Ausgestaltung von Diversion ermöglicht der CJA den Entscheidungsträgern große Flexibilität, wie sich schon aus der Auflistung der umfangreichen Diversionsoptionen ergibt. Sämtliche Diversionsoptionen des jeweiligen Levels können miteinander kombiniert werden.[740] Auch können Diversionsoptionen des Levels 2 zusätzlich mit denen des Levels 1 ergänzt werden.[741] Ferner können alle Diversionsoptionen bei entsprechender Entscheidungskompetenz mit den Restorative-Justice-Maßnahmen des Gesetzes verbunden werden.[742] Darüber hinaus ist es im Rahmen der Zielsetzungen und unter Einhaltung bestimmter Ermessens- und Mindestbestimmungen auch möglich, eine individuelle Diversionsoption für den Betroffenen zu entwickeln.[743] Die schon sehr umfangreiche Aufzählung verschiedener Diversionsoptionen ist also nicht abschließend.[744]

Entscheidungsgrundlagen bei der Auswahl der im konkreten Einzelfall geeigneten und zweckmäßig erscheinenden Diversionsmaßnahmen lassen sich schon den allgemeinen Bestimmungen der Präambel und der Zielsetzungen von

---

737 Sec. 62(2) CJA.
738 Sec. 62(1)(b) CJA.
739 Vgl. Kapitel B. III. 1.1. sowie *Schoeman* 2014, S. 171.
740 Sec. 54(2) CJA.
741 Sec. 54(2)(b) CJA.
742 Sec. 53(7) CJA.
743 Sec. 54(3) CJA i. V. m. Sec. 51, 55 CJA.
744 Zur Problematik des sog. Net-Widening-Effekts siehe Kapitel D. V. 2.

Diversion entnehmen. Darüber hinaus beinhaltet der CJA noch Ermessensvorschriften, die bei der Auswahl zu berücksichtigen sind.[745]

Zunächst wird noch einmal klargestellt, dass die jeweilige Maßnahme nicht von denen des entsprechenden Levels hinsichtlich der Eingriffsintensität nach oben hin abweichen darf.[746] Weiterhin ist der kulturelle, religiöse und sprachliche[747] Hintergrund des Beschuldigten stets zu beachten.[748] Dasselbe gilt für dessen Bildungsstand, die kognitiven Fähigkeiten sowie die häuslichen und milieubedingten Begebenheiten.[749] Die vorgenannten Parameter haben angesichts der extrem vielfältigen kulturellen, wirtschaftlichen und sozialen Lebenswirklichkeiten, die für südafrikanische Jugendliche geradezu prägend sind, besondere Bedeutung.[750]

Ebenfalls zu beachten ist das Alter des Jugendlichen und dessen Förderungsbedarf *(developmental needs)*.[751] Neben diesen, auf den individuellen Jugendlichen bezogenen Ermessensparametern ist ausdrücklich auch der allgemeine Verhältnismäßigkeitsgrundsatz zu wahren.[752] Die Diversionsoption ist stets nach Abwägung der Gesamtumstände von Tat und Täter auszuwählen. Dabei ist ausdrücklich auch das Interesse der Gesellschaft zu berücksichtigen.[753]

2.7. Mindeststandards von Diversionsoptionen

Wie bereits dargelegt, sind die Diversionsoptionen des CJA trotz umfangreicher Regelungen nicht abschließend. Wollen die Entscheidungsträger weitere, nicht normierte Diversionsmaßnahmen verhängen, so gibt der CJA Mindeststandards vor, die stets zu beachten sind.[754] Diese Standards gelten sowohl für normierte als auch für nicht normierte Diversionsmaßnahmen. Um die erklärten Zielsetzungen von Diversion zu erfüllen, muss der bereits an anderer Stelle erwähnte Verhältnismäßigkeitsgrundsatz beachtet werden. Es ist eine Balance zwischen

---

745 Sec. 54(1) CJA.
746 Vgl. Sec. 54(1)(a) CJA.
747 Zu der Sprachvielfalt in Südafrika mit seinen elf offiziellen Amtssprachen, *Cosi et al.* 2014, S. 16 f.; *Ellmer* 2008, S. 35 f.
748 Sec. 54(1)(b) CJA.
749 Sec. 54(1)(c) CJA.
750 Dazu ausführlich Kapitel C. III.
751 Sec. 54(1)(e) CJA.
752 Sec. 54(1)(d) CJA.
753 Sec. 54(1)(d) CJA.
754 Vgl. Sec. 55 CJA.

den Lebensumständen des Jugendlichen, der Natur der Straftat und den Interessen der Gesellschaft zu finden.[755] Um diese Balance zu erreichen, darf die Diversionsmaßnahme nicht ausbeuterisch oder schädlich für die physische und psychische Gesundheit des Jugendlichen sein.[756] Die entsprechende Maßnahme muss in Bezug auf Alter und Reife des Jugendlichen angemessen sein.[757] Sie darf auch keinen unangemessenen Konflikt mit schulischen Belangen des Jugendlichen verursachen.[758]

Zwingend zu beachten ist weiterhin, dass bestimmte Jugendliche nicht durch einen Mangel an finanziellen oder sonstigen Ressourcen von Diversionsmaßnahmen ausgeschlossen werden dürfen.[759] Hierunter sind nicht die Möglichkeiten des Jugendlichen zu verstehen, sondern die des Staates beim Bereitstellen von Diversionsangeboten. Auch hieran zeigt sich, dass Diversion gerade flächendeckend und für alle jugendlichen Delinquenten erreichbar sein soll und nicht wie in der Anfangszeit der Diversionsbewegung ausschließlich in Ballungsgebieten mit entsprechender Infrastruktur. Wie dargestellt will man dies unter anderem durch eine hohe Flexibilität hinsichtlich der Ausgestaltung von einzelnen Diversionsoptionen erreichen. Die letzte der zwingend einzuhaltenden Voraussetzungen ist der sensible Umgang mit den Belangen des Opfers.[760] Die überragende Wichtigkeit der Stellung des Opfers im südafrikanischen System wird hier erneut deutlich.

Neben den zwingenden Vorschriften beinhalten die Regelungen auch einige Vorschriften, die im Fall der Realisierbarkeit beachtet werden sollen. Zu diesen Soll-Vorschriften gehört die Vermittlung von sinnvollen Kompetenzen.[761] Weiter sollen Diversionsmaßnahmen Restorative-Justice-Elemente beinhalten, die darauf abzielen, zwischenmenschliche Beziehungen, insbesondere zu dem Opfer, zu heilen.[762] Die enge Verzahnung zwischen Diversion und Restorative Justice wird auch daran deutlich, dass Diversionsmaßnahmen geeignet sein sollen, dem Beschuldigten die Auswirkungen seiner Tat auf die Opfer und andere Beteiligte vor Augen zu führen. Daher soll die Diversionsmaßnahme – sofern möglich – auch Kompensation und Restitution beinhalten.[763] Eltern, *appropriate*

755 Vgl. Sec. 55(1) CJA.
756 Sec. 55(1)(a) CJA.
757 Sec. 55(1)(b) CJA.
758 Sec. 55(1)(c) CJA.
759 Sec. 55(1)(d) CJA.
760 Sec. 55(1)(e) CJA.
761 Sec. 55(2)(a) CJA.
762 Sec. 55(2)(b) CJA.
763 Sec. 55(2)(c) CJA.

persons[764] und Betreuer sollen in die Diversionsmaßnahme involviert werden, sofern dies sinnvoll erscheint.[765]

Bei der Ausführung ist auch zu beachten, dass die Diversionsmaßnahmen an einem Ort stattfinden sollen, der für den Jugendlichen angemessen erreichbar ist.[766] Zudem sollen sie derart gestaltet werden, dass sie bei einer Vielzahl von Umständen und bei verschiedenen Delikten anwendbar sind.[767] Während die zwingend einzuhaltenden Standards eine Gestaltung von Diversionsmaßnahmen untersagen, die Jugendliche aufgrund mangelnder Ressourcen komplett von Diversionsmaßnahmen ausschließen,[768] wird diese Thematik auch bei den Soll-Vorschriften aufgegriffen. Danach ist bei der Ausgestaltung von Diversionsmaßnahmen die gleichmäßige Anwendung innerhalb des ganzen Landes zu entwickeln und zu fördern. Die speziellen Bedürfnisse verwundbarer Gruppen und von Jugendlichen in ländlichen Gegenden sind hierbei ausdrücklich zu berücksichtigen.[769]

2.8. Vollstreckung und Überwachung von Diversionsordern

Wenn eine Diversion unter Beachtung der vorgenannten Vorschriften durchgeführt werden soll, sieht der Child Justice Act hinsichtlich des Prozederes vor, dass diese in eine gerichtliche Verfügung umgewandelt wird. [770] In den vom Justizministerium herausgegebenen Ausführungsverordnungen zum Child Justice Act sind Musterformulare enthalten, wie bestimmte Diversionsorder schriftlich zu gestalten sind.[771] Im nachfolgend abgebildeten ersten Teil der Diversionsorder werden die relevanten Verfahrensdaten (Aktenzeichen, Datum, Anlassdelikt etc.) und die Daten des Beschuldigten fixiert:

---

764 Zur Bedeutung siehe schon Fn. 659.
765 Sec. 55(2)(h) CJA.
766 Sec. 55(2)(d) CJA.
767 Sec. 55(2)(e) CJA.
768 Sec. 55(1)(d) CJA.
769 Sec. 55(2)(g) CJA.
770 *Gallinetti* 2009, S. 46.
771 CJA, Regulations Relating to Child Justice (No. R251, 31.3.2010), abrufbar unter http://www.saflii.org/za/legis/consol_reg/rrtcj352 (zuletzt abgerufen am 6.6.2021).

DIVERSION ORDER
SECTION 53 (1) OF THE CHILD JUSTICE ACT, 2008 (ACT NO. 75 OF 2008)
REGULATIONS RELATING TO CHILD JUSTICE
[Regulation 29]

At the preliminary inquiry /
In the Child Justice Court held at: ______________________
Case no (if applicable): ______________________

TO:

Particulars of the child
Full names and Surname: ______________________
Age : ____________ Date of birth: ____________ Sex: ____________
Physical Address:

Alleged offence:

COPY TO:
*(Any other person/institution affected by the order)
Name and surname: ______________________
Physical address: ______________________

Contact details:

Particulars of the Order

Abbildung 8: Musterformular für eine Diversionsorder, hier: allgemeiner Teil.[772]

Im zweiten Teil der Diversionsorder werden dann die Bestimmungen der getroffenen Diversionsmaßnahme spezifiziert. In einer „*School Attendance Order*“ (nachfolgend abgedruckt) ist beispielsweise festgeschrieben, dass der Betroffene jeden Schultag wahrnehmen muss, während der Schulzeit die Aufgaben samt Hausaufgaben erledigen und sich an die Schulregeln halten muss. Die Person, die die Einhaltung der Diversionsorder überwachen soll, wird ebenso angegeben wie die Warnung, dass die Nichtbefolgung die Verhaftung und Vorführung des Betroffenen zur Folge haben kann.

772 CJA, Regulations Relating to Child Justice (No. R251, 31.3.2010), Annexure, Form 6.

Particulars of the Order

PART A

Compulsory School Attendance Order in terms section 53(1)(a)of the Act

(i) You are ordered to attend _____school, in _____(place) every school day, from the date of this order until _____, unless excused by the school principal/headmaster or the educator appointed by the headmaster for this purpose, for reasons acceptable to the school and the Department of Education.

(ii) Under this order you are required to –
· remain at the school during school hours;
· report to the responsible educator;
· perform school work, including homework, diligently;
· co-operate with the educators; abide by the school rules; and
· participate in the following extra curriculum activities (specify): _____

(iii) Mr/Ms _____, in his/her capacity as _____will monitor your compliance with the order and report back.

(iv) Your failure to comply with this order may result in a warrant being issued for your arrest.

Signature: Presiding officer **Date**

Abbildung 9: Musterformular für eine Diversionsorder, hier: Compulsory School Attendance Order.[773]

Entsprechende Formulare bestehen für weitere standardisierte Diversionsoptionen. Im Rahmen der *„Family Time Order"* wird unter anderem genau festgelegt, wie viele Stunden der Betroffene wöchentlich oder monatlich bei seiner Familie verbringen muss. Während dieser Zeit verpflichtet die Order den Jugendlichen, mit seinen Familienmitgliedern zu interagieren und zu kooperieren, sich im Haushalt einzubringen und seine Hausaufgaben zu machen. Auch weitere Verhaltensregeln während der „Familienzeit" können festgelegt werden.[774] Ähnliches gilt für den *„Good Behaviour Order"*.[775] In der *„Peer Association Order"* wird beispielsweise festgelegt, mit welcher Person oder mit welchen Personen der Jugendliche Kontakt pflegen soll und mit welchen nicht.[776]

773 CJA, Regulations Relating to Child Justice (No. R251, 31.3.2010), Annexure, Form 6, Part A.

774 CJA, Regulations Relating to Child Justice (No. R251, 31.3.2010), Annexure, Form 6, Part B.

775 CJA, Regulations Relating to Child Justice (No. R251, 31.3.2010), Annexure, Form 6, Part C.

776 CJA, Regulations Relating to Child Justice (No. R251, 31.3.2010), Annexure, Form 6, Part D.

Diese Formulare sind auszufüllen und mit Stempel und Signatur versehen an den Jugendlichen herauszugeben. Die durchzuführende Diversionsoption erwächst so in eine gerichtliche Order.[777] Der zuständige Entscheidungsträger bestimmt einen Bewährungshelfer oder eine sonstige geeignete Person, die die Erfüllung der Diversionsorder überwachen soll.[778] Für den Begriff der geeigneten Person (*suitable person*) hält der Child Justice Act eine Legaldefinition bereit, wonach es sich um eine Vertrauensperson innerhalb der Community handelt, die eine besondere Beziehung zu dem Jugendlichen hat und in dessen bestem Interesse (*best-interest*) handeln soll.[779] Die Involvierung privater Bezugspersonen in den Überwachungsprozess ist Ausdruck des in Restorative Justice innewohnenden Bestrebens, die Gemeinschaft mit in die Reaktion auf Jugenddelinquenz einzubeziehen.

Diese Person erstattet der zuständigen Staatsanwaltschaft dann schriftlichen Bericht, ob der Jugendliche die ihm auferlegte Diversionsmaßnahme erfüllt oder nicht.[780] Auch hierfür beinhaltet die Ausführungsverordnung zum Child Justice Act ein Musterformular.[781]

Teilt die Überwachungsperson dem Gericht mit, dass die Diversionsauflage erfüllt wurde, so wird das Strafverfahren eingestellt und die rechtlichen Konsequenzen durchgeführter Diversion treten ein.[782] Erhält das Gericht hingegen die Mitteilung, dass der Jugendliche den Diversionsauflagen nicht nachkommt, so ist gemäß Sec. 58 CJA zu verfahren. Das Gericht lädt den Beschuldigten zunächst vor oder stellt einen Haftbefehl aus.[783] Vor Gericht wird dann erörtert, ob der Jugendliche der Diversionsauflage schuldhaft nicht nachgekommen ist und was die Gründe dafür waren.[784]

Kommt das Gericht zu dem Schluss, dass die Nichtbefolgung der Auflage dem Jugendlichen nicht schuldhaft vorzuwerfen ist, kann es die Diversionsoption derart abändern oder anpassen, dass die Erfüllung erleichtert wird.[785] Ist der Jugendliche seiner Diversionsauflage hingegen schuldhaft nicht nachgekommen, kann

---

777 Vgl. *Badenhorst* 2013, S. 311.

778 Sec. 57(1) CJA.

779 Sec.1 CJA.

780 Sec. 57(4) CJA.

781 CJA, Regulations Relating to Child Justice (No. R251, 31.3.2010), Annexure, Form 9.

782 Sec. 59 CJA; zu den rechtlichen Konsequenzen durchgeführter Diversion siehe Kapitel B. III. 2.9.

783 Sec. 58(1) CJA i. V. m. Sec.19 CJA bzw. 20 CJA.

784 Sec. 58(2) CJA.

785 Sec. 58(3) CJA.

nach Maßgabe der entsprechenden Vorschriften in das förmliche Strafverfahren übergegangen werden.[786] Wurde die Durchführung von Diversion von einem Jugendstrafgericht beschlossen, so kann die dortige Zustimmung des Jugendlichen als Geständnis im Strafverfahren verwertet werden.[787] Der Beschuldigte ist hierüber zu belehren und ausdrücklich zu warnen.[788] Alternativ hierzu kann das Gericht von dem Übergang in das förmliche Strafverfahren absehen und andere, eingriffsintensivere Diversionsoptionen festlegen.[789]

2.9. Rechtliche Konsequenzen bei durchgeführter Diversion

Allen voran bewirkt die durchgeführte Diversion einen Strafklageverbrauch.[790] Dies gilt – anders als im deutschen JGG – unabhängig davon, in welchem Verfahrensstadium die Diversion angeordnet wurde.[791] Nach dem Wortlaut der Bestimmung („*a prosecution on the same facts may not be instituted*“)[792] geht die Reichweite des Strafklageverbrauches etwas weiter als bei dem deutschen Pendant. Danach kann wegen derselben Tat nur aufgrund neuer Tatsachen oder Beweismittel von Neuem Anklage erhoben werden, vgl. §§ 45 Abs. 3 S. 4, 47 Abs. 3 JGG. Die Frage des Strafklageverbrauchs nach durchgeführter Diversion führte mangels gesetzlicher Bestimmung vor dem Inkrafttreten des Child Justice Acts immer wieder zu rechtlichen Unklarheiten.[793]

---

786 Sec. 58(4)(a), (b) CJA.

787 Sec. 58(4)(b) i. V. m. Sec. 67(1)(b) CJA.

788 Sec. 67(1)(b) CJA.

789 Sec. 58(4)(c) CJA.

790 Vgl. Sec. 59(1)(a) CJA.

791 Bei einer Einstellung nach § 45 Abs. 1 und Abs. 2 JGG entsteht kein Strafklageverbrauch, vgl. dazu Kapitel B. II. 2.7.

792 Sec. 59(1)(a) CJA.

793 Vgl. etwa Northern Cape High Court Kimberley, CA & R 22/2013, Urteil vom 28.6.2013, abrufbar unter http://www.saflii.org/za/cases/ZANCHC/2013/19.pdf (zuletzt abgerufen am 6.6.2021). Der zum Tatzeitpunkt 17 Jahre alte Elroy Ralph April wurde hier am 31.5.2012 vom örtlichen Gericht in drei Fällen von tätlichen Angriffen im Februar 2009 für schuldig befunden. Nach dem Schuldspruch, aber vor Verhängung einer Strafe, wurde bekannt, dass die Fälle 1 und 3 divergiert worden waren. Nachdem April die ihm auferlegte Diversionsmaßnahme erfüllt hatte, wurde das Verfahren zunächst am 26.5.2009 eingestellt. Hiergegen richtete sich einer der Geschädigten mit der Rechtsbeschwerde zur Oberstaatsanwaltschaft *(senior public prosecutor)*, woraufhin die beiden ursprünglich divergierten Fälle sowie ein weiterer Fall vor dem Magistrate's Court verhandelt und April schuldig gesprochen wurde. Zwar war zu diesem Zeitpunkt der Child Justice Act schon in Kraft getreten, jedoch

Die Rechtsprechung hat ferner klargestellt, dass sich der Schutz des (vorläufigen) beschränkten Strafklageverbrauchs auch auf die Situation erstreckt, in der die laufende Diversionsorder zwar noch nicht abgeschlossen ist, der Betroffene seinen Verpflichtungen jedoch nachkommt.[794]

Als weitere bedeutende rechtliche Konsequenz von Diversion legt der CJA fest, dass keine strafrechtliche Vorverurteilung im Sinne des Strafprozessrechts erfolgt; ein im Rahmen der Diversion behandeltes Strafverfahren führt also nicht zu einem Eintrag in das polizeiliche Führungszeugnis.[795]

Zeitgleich hat der Child Justice Act die staatlichen Behörden jedoch verpflichtet, ein Diversionsregister einzurichten und zu unterhalten, in dem sämtliche Diversionsvorgänge dokumentiert werden.[796] Einzutragen sind hier neben den persönlichen Daten des Beschuldigten[797] Details zu dem Delikt, aufgrund dessen ein Diversionsverfahren durchgeführt wurde,[798] sowie Art und Umfang der Diversionsoptionen[799] und ob der Beschuldigte diesen nachgekommen ist.[800] Zugriff auf dieses Diversionsregister ist nur bestimmten Entscheidungsträgern innerhalb des Jugendstrafverfahrens und für wissenschaftliche Zwecke gestattet.[801] Es entspricht in Bezug auf Diversion daher in etwa dem Erziehungsregister im deutschen Jugendstrafverfahren.[802] Leider ist es Südafrika bisher nicht gelungen, den gesetzlichen Anforderungen nachzukommen und das Diversionsregister funktionsfähig einzurichten. Im aktuellen Jahresbericht der

---

bestimmt dieser, dass alle laufenden Strafverfahren vor dem Inkrafttreten des neuen Gesetzes nach alter Rechtslage abzuschließen sind. Dementsprechend gab es für den Fall April keinen gesetzlich normierten Hinderungsgrund, die beiden ursprünglich divergierten Fälle erneut anzuklagen und strafrechtlich zu ahnden. Das Gericht entschied, dass es auch nach alter Rechtslage ein Verstoß gegen den Grundsatz des fairen Verfahrens darstellen würde, die divergierten Vergehen erneut zu ahnden und untersagte daher eine erneute Verurteilung hinsichtlich der Fälle 1 und 3. Nunmehr ist der (beschränkte) Strafklageverbrauch aber gesetzlich verankert und diesbezügliche Ungewissheiten sind beseitigt, siehe dazu *Badenhorst* 2013, S. 312 f.

794 Vgl. *Mujuzi* 2015, S. 51 m. w. N.

795 Sec. 59(1)(b) CJA.

796 Sec. 60(1) CJA.

797 Sec. 60(1)(a) CJA.

798 Sec. 60(1)(b) CJA.

799 Sec. 60(1)(c) CJA.

800 Sec. 60(1)(d) CJA.

801 Sec. 60(2) CJA.

802 Vgl. §§ 60 Abs. 1 Nr. 7, 61 BZRG.

südafrikanischen Polizei von 2019/2020 wird bemängelt, dass die Behörden bis heute keinen Zugriff auf das Diversionsregister haben.[803]

Letztlich sperrt eine durchgeführte Diversion auch den Privatklageweg *(private prosecution),* der ansonsten nach Maßgabe des Strafprozessrechts im südafrikanischen Strafrecht möglich ist.[804]

2.10. Akkreditierung und Überwachung von Diversionsanbietern

Eine weitere Besonderheit des CJA ist, dass das Gesetz Vorschriften zur Zulassung und Überwachung von Diversionsanbietern und deren Diversionsangeboten enthält. Der CJA schreibt vor, dass nur offiziell akkreditierte Anbieter Diversionsmaßnahmen durchführen dürfen.[805] Er beinhaltet hierzu zum Teil selbst ausführliche Regelungen,[806] wobei weitere Details hinsichtlich des Akkreditierungsprozesses den zuständigen Ministerien übertragen wurden.[807] In Erfüllung dieser Verpflichtung hat das *Department of Social Development* (kurz: *DSD*) in Zusammenarbeit mit weiteren Stellen Akkreditierungsbedingungen erarbeitet (*Policy Framework for the Accreditation of Diversion Services in South Africa).*[808] Diese Rahmenbedingungen beinhalten Regelungen für Diversionsanbieter aus dem staatlichen und nicht-staatlichen Bereich sowohl hinsichtlich deren erstmaliger Akkreditierung als auch in Bezug auf Überwachung und Qualitätssicherung.[809]

Durch die Bestimmungen des Child Justice Acts mit den zugehörigen Rahmenbedingungen soll die Einhaltung der gesetzlichen Diversionsvorschriften mit den dargelegten Zielen und Standards sowie die dauerhafte Qualitätssicherung

---

803 Es hat sich gezeigt, dass die gesetzlichen Anforderungen des CJA und die Rechtsanwendungspraxis erheblich auseinanderklaffen. Bedauerlicherweise kann daher bisher auch nicht von der Möglichkeit des Sec. 60(2)(b) CJA Gebrauch gemacht werden, wonach die Effektivität von Diversion anhand des Diversionsregisters wissenschaftlich untersucht werden können sollte, dazu ausführlich Kapitel III. 3.

804 Sec. 59(2) CJA. Die Voraussetzungen der Privatklage *(private prosecution)* im südafrikanischen Strafrecht sind in Sec. 7–16 Criminal Procedure Act 51 of 1977 geregelt.

805 Sec. 56(1) CJA.

806 Vgl. Sec. 56 CJA.

807 Vgl. Sec. 56(2)(a) CJA.

808 Department of Social Development, Policy Framework for the Accreditation of Diversion Services in South Africa, 2010, abrufbar unter https://www.gov.za/sites/default/files/gcis_document/201409/policy-framework-adssa-10.pdf (zuletzt abgerufen am 6.6.2021). Nachfolgend: *DSD* 2010.

809 Vgl. *Badenhorst* 2013, S. 313 f.

und eine effektive Ausgestaltung des Diversionsprozesses gewährleistet werden.[810] Als erste Stelle nennen die Zielsetzungen der Rahmenbedingungen den Schutz der Rechte von Kindern und Jugendlichen, die in Konflikt mit dem Gesetz geraten sind.[811] Die Akkreditierungsbestimmungen sollen die Einhaltung der Mindeststandards von Diversion sicherstellen und auch wirksame Mechanismen bereitstellen, wenn dagegen verstoßen wird.[812] Auch die Fortentwicklung wirksamer und evidenzbasierter Diversionsstrategien soll unterstützt werden, unter anderem durch empirische Erhebungen und Informationsaustausch.[813] Entsprechend der dem CJA inhärenten Prinzipien bestimmen die Akkreditierungsrichtlinien Leitprinzipien, die bei der Akkreditierung und Überwachung zugrunde gelegt werden sollen.[814] Zu diesen gehört unter anderem Transparenz, die Wahrung des Verhältnismäßigkeitsgrundsatzes, die Orientierung an Restorative Justice durch Opferbezogenheit und die Einbeziehung der Familien und Communitys sowie eine breite Zugänglichkeit.[815]

Der Akkreditierungsprozess selbst ist in drei Phasen untergliedert.[816] In der ersten Phase (*application*) können sich interessierte Dienstleister unter Vorstellung ihres Konzepts und unter Einreichung bestimmter Formulare und Nachweise beim Akkreditierungsausschuss des DSD bewerben.[817] In der zweiten Phase (*desk assessment*) wird die Erfüllung der Anforderungen durch den Antragsteller überprüft und bewertet, unter anderem im Rahmen von Vor-Ort-Besichtigungen durch lokale Abordnungen.[818] Nachdem alle Unterlagen und Bewertungen zusammengetragen wurden, entscheidet der Akkreditierungsausschuss in der dritten Phase (*decision*) über die Zulassung des Antragstellers bzw. sein Programm oder gibt Gelegenheit zur Anpassung.[819]

Bescheidet der Ausschuss den Antrag positiv, wird der Anbieter mit seinem Diversionsprogramm für die Dauer von maximal vier Jahren akkreditiert.[820] Nach Ablauf der Befristung muss die Zulassung erneut beantragen werden.

---

810 Vgl. Sec. 56(2)(a) CJA i. V. m. *DSD* 2010, S. 25.
811 *DSD* 2010, S. 25.
812 *DSD* 2010, S. 25.
813 *DSD* 2010, S. 25.
814 *DSD* 2010, S. 29 ff.
815 *DSD* 2010, S 30 f.
816 *DSD* 2010, S. 57 ff; eine Zusammenfassung findet sich in *Badenhorst* 2013, S. 313 f.
817 *DSD* 2010, S. 57.
818 *DSD* 2010, S. 58.
819 *DSD* 2010, S. 67.
820 Sec. 56(2)(f) CJA.

Davon unabhängig unterliegt er während der Zulassung einer Qualitätskontrolle *(quality assurance)*, die ihn unter anderem verpflichtet, Jahresberichte vorzulegen und bestimmte Qualitäts- und Beschwerdemechanismen einzurichten und zu unterhalten.[821]

Die Ausführungsverordnung zum CJA beinhaltet ein nachfolgend abgebildetes Musterformular, auf dessen Grundlage Zertifikate für akkreditierte Diversionsanbieter ausgestellt werden.

Form 7

CERTIFICATE OF ACCREDITATION OF DIVERSION SERVICE PROVIDER
SECTION 56 OF THE CHILD JUSTICE ACT, 2008 (ACT NO. 75 OF 2008)
REGULATIONS RELATING TO CHILD JUSTICE
[Regulation 31]

This is to certify that:

____
____
____
____

(Name and physical address)

Reg No:_____

Accreditation Certificate No:_____

is an accredited diversion service provider to provide diversion programmes, provided that the service provider continues to comply with the minimum standards referred to in section 55 of the Act.

This certificate of accreditation is valid for a period of four years, commencing on _____and expiring on _____

_____
Minister: Social Development

Date:

Official Stamp

Abbildung 10: Musterformular für die Akkreditierung von Diversionsanbietern.[822]

Akkreditierte Diversionsanbieter und deren Diversionsprogramme werden amtlich bekannt gegeben.[823] Eine aktuelle Auflistung aller Anbieter und Programme kann auf der Internetseite der Regierung eingesehen werden.[824]

821 Vgl. *DSD* 2010, S. 68 ff.

822 CJA, Regulations Relating to Child Justice (No. R251, 31.3.2010), Annexure, Form 7. Ein entsprechendes Formular besteht für einzelne Diversionsprogramme (Form 8).

823 Die Veröffentlichungen erfolgen im öffentlichen Amtsblatt *(Government Gazette)*, vgl. Sec 56(3)(a) CJA.

824 Abrufbar unter https://www.gov.za/sites/default/files/gcis_document/202012/44003gon1356.pdf (zuletzt abgerufen am 6.6.2021).

Anhand dieser umfangreichen Reglementierungen – die dem deutschen System völlig fremd sind – wird erkennbar, dass es dem südafrikanischen Gesetzgeber bewusst zu sein scheint, dass er das informelle jugendstrafrechtliche Reaktionsspektrum mit der Einführung des CJA erheblich ausgeweitet und zum großen Teil privatisiert hat. Die Regelungen sind auch vor dem Hintergrund zu bewerten, dass die hiesigen zur Verfügung stehenden Diversionsoptionen deutlich eingeschränkter und niedrigschwelliger sind als in Südafrika.[825]

3. Anwendungspraxis und quantitative Befunde

Bei den verfügbaren Befunden zur Rechtsanwendungspraxis in Südafrika zeigen sich erhebliche Divergenzen zwischen den Anforderungen des CJA und deren praktischer Umsetzung. Die wichtigsten Informationsquellen sind die Jahresberichte der im Strafverfahren involvierten Ministerien und Behörden, die in übergreifenden Jahresberichten zur Umsetzung des CJA veröffentlicht werden.[826]

Die involvierten Stellen sind im Einzelnen das Justizministerium *(Department of Justice and Constitutional Development – DOJ & CD)*, die nationale Staatsanwaltschaft *(National Prosecuting Authority – NPA)*, die Rechtshilfe Südafrikas *(Legal Aid South Africa)*, das Ministerium für soziale Entwicklung *(Department of Social Development – DSD)*, das Ministerium für Strafvollzugsangelegenheiten *(Department of Correctional Services – DCS)*, die südafrikanische Polizei *(South African Police Service – SAPS)*, das Gesundheitsministerium *(Department of Health – DoH)* und das Bildungsministerium *(Department of Basic Education – DBE)*.[827]

Ein Diversionsprozess erstreckt sich auf verschiedene dieser Zuständigkeiten und betrifft daneben noch verschiedene Stellen aus dem nicht-staatlichen

825 Zur kritischen Bewertung siehe Kapitel D. V.

826 „*Inter-Departmental Annual Reports on the Implementation of The Child Justice Act (75 of 2008)*". Der CJA hat hierzu eigens die Schaffung eines übergreifenden Ausschusses festgeschrieben, dem „*Intersectoral Committee for Child Justice*", vgl. Sec. 94 CJA. Zu dessen Aufgaben gehört gem. Sec. 96 CJA die Überwachung und Förderung der Umsetzung des CJA. Die Verpflichtung zur Veröffentlichung der Jahresberichte ergibt sich aus Sec. 96(3)(a)(b) CJA. Die Jahresberichte sind online abrufbar auf der Seite des Departments of Justice and Constitutional Development unter https://www.justice.gov.za/vg/childjustice.html (zuletzt abgerufen am 6.6.2021).

827 Vgl. Inter-Departmental Annual Report on the Implementation of the Child Justice Act 2019/20, abrufbar unter https://www.justice.gov.za/vg/cj/IND-ANR-2019-20-ChildJusticeAct.pdf (zuletzt abgerufen am 6.6.2021), im Folgenden: Inter-Departmental Report 2019/2020.

Bereich, insbesondere akkreditierte Diversionsanbieter.[828] So kommt der erste Kontakt mit dem Beschuldigten durch die Ermittlungen des SAPS zustande. Das DSD ist über seine *probation officers* dann zuständig für die Durchführung der *preliminary inquiry* und die Akkreditierung von Diversionsanbietern. Die Abschlussentscheidungen werden durch die NPA getroffen, die konkrete Diversionsorder vom Gericht ausgestellt und wiederum von einer anderen Stelle überwacht. Diese Überwachung kann wie oben dargestellt auch privaten Dritten übertragen werden. Zwar schreibt der CJA vor, dass ein übergreifendes Datenmanagementsystem eingeführt werden muss,[829] dieses konnte bisher aber nicht wirksam implementiert werden.[830] Dies führt dazu, dass die relevanten Datenströme nicht zentral zusammenlaufen und jeder Sektor nur über seine eigene Tätigkeit berichtet. Die Jahresberichte sind daher unzusammenhängend und bieten kein umfassendes Bild über den Stand der Umsetzung des CJA, es bestehen erhebliche Datenlücken und Abweichungen.[831]

Die Umsetzung des CJA wird von unterschiedlichen Seiten bemängelt. Kritisiert wird insbesondere der Mangel an zuverlässigen Daten, der Rückgang der offiziell registrierten Diversionsraten, unzureichende Schulung von Polizei und Staatsanwaltschaften, mangelnde personelle und technische Ressourcen sowie ein unzureichendes Angebot an verfügbaren Diversionsangeboten.[832] Aussagekräftige und belastbare Studien zu den tatsächlichen Auswirkungen des neuen CJA stehen daher noch aus.

Als sicherer Befund lässt sich trotz der problematischen Datenlage festhalten, dass die Anzahl von (registrierten) Ermittlungsverfahren gegen minderjährige Beschuldigte erheblich gesunken ist. Das SAPS wurde mit der Einführung des CJA verpflichtet, das Alter der ermittelten Beschuldigten zu registrieren, sodass Daten hierzu seit 2010 vorliegen. Nach diesen ist die Anzahl der

---

828 Vgl. Centre for Child Law et al. 2019, S. 9.

829 Sec. 96(1)(e) CJA.

830 Inter-Departmental Report 2019/2020, S. 26 ff. *Pitz* hat völlig Recht, wenn sie schreibt, dass *„zur Realisierung des primären Diversionszieles, zeitnah, individuell, ursachenorientiert auf die Delinquenz junger Menschen zu reagieren, eine intensive und vertrauensvolle Zusammenarbeit und ein optimaler Informationsfluss zwischen den in das Jugendstrafverfahren involvierten Behörden unerlässlich“* ist, *Pitz* 2020, S. 330. Hieran scheint es in Südafrika bisher zu mangeln.

831 Centre for Child Law et al. 2019, S. 17 ff.; *Wakefield* 2015,S. 19 f.; *Courtenay und Hansungule* 2014, S. 163.

832 *Steyn und Sadiki* 2018, 11.2.7.; *Courtenay und Hansungule* 2014, S. 159 ff.; *Wakefield* 2015, S. 19 ff.; Inter-Departmental Report 2019/2020, S. 73.

Ermittlungsverfahren gegen jugendliche Tatverdächtige zwischen 2010/11 und 2019/20 um 54,3 % gesunken (75 435 zu 34 498 Ermittlungserfahren).

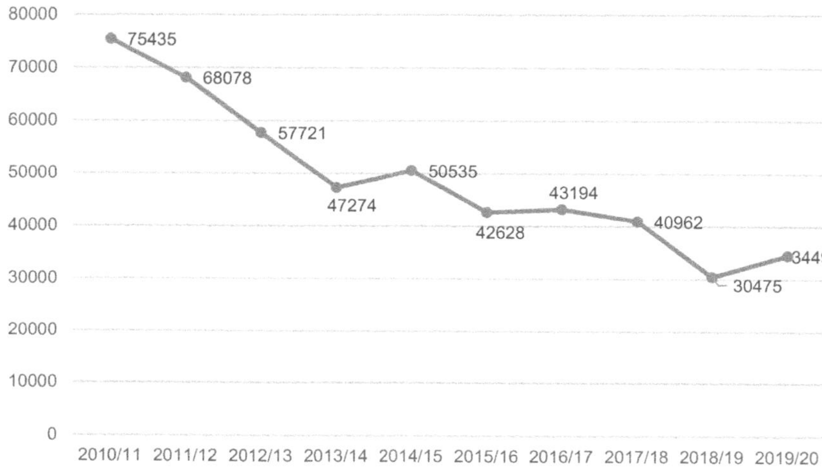

Abbildung 11: Anzahl der registrierten Ermittlungsverfahren gegen minderjährige Tatverdächtige (2010/11–2019/20).[833]

Die jeweiligen Zahlen weichen dabei zwar voneinander ab und es bestehen nicht plausibel zu erklärende Schwankungen, der auffallende Einbruch der offiziellen Ermittlungsverfahren gegen minderjährige Beschuldigte seit der Einführung des CJA ist innerhalb der involvierten Stellen aber unbestritten.[834]

Die Gründe für diesen massiven Einbruch werden kontrovers diskutiert.[835] Als ein erster Erklärungsversuch wurde zunächst angeführt, dass es während der Fußballweltmeisterschaft in Südafrika – die gleichzeitig mit der Einführung des CJA im Jahr 2010 stattfand – insgesamt einen deutlichen Rückgang der Kriminalität durch die massiven Sicherheitsvorkehrungen im ganzen Land gegeben habe.[836]

---

833 Eigene Grafik erstellt mit den Angaben des SAPS aus den Inter-Departmental Reports der jeweiligen Jahrgänge.

834 Centre for Child Law et al. 2019, S. 32.

835 *Badenhorst* 2012, S. 5 f.; Centre for Child Law et al. 2019, S. 80.

836 Vgl. *Badenhorst* 2012, S. 5.

Neben der Vermutung, dass die Jugendkriminalität tatsächlich rückläufig ist, hat sich mittlerweile die Überzeugung manifestiert, dass der dramatische Rückgang zumindest auch auf die Unsicherheit der Rechtsanwender zurückzuführen ist.[837] Insbesondere die Bediensteten des SAPS seien nicht hinreichend ausgebildet und geschult und scheuten die komplexen Regelungen des CJA.[838] Die Intention des CJA wird wohl mehrheitlich befürwortet, die Anforderungen an die Ermittlungsbehörden seien aber derart aufwendig und undurchsichtig, das gerade bei leichteren Straftaten häufig von der Einleitung eines offiziellen Ermittlungsverfahrens abgesehen werde.[839] Es hat sich daher, so die übereinstimmende Meinung der dazu verfügbaren Literatur, ein großes Maß an unzulässiger Polizeidiversion an den offiziellen Bestimmungen des CJA vorbei gebildet. Verschärft wird die Situation durch mangelnde finanzielle und personelle Ressourcen und unverändert unzureichende Schulung der Polizeibediensteten zu dem neuen Gesetz.[840] Daneben bemängelt der SAPS im aktuellen Jahresbericht von 2019/20, dass von dort noch immer nicht auf das Diversionsregister zugegriffen werden könne, das durch den CJA eingeführt wurde und vom DSD betrieben wird.[841] Das vom CJA vorgesehene ganzheitliche Konzept mit einem funktionierenden Zusammenspiel und Datenfluss zwischen den einzelnen beteiligten Stellen und Behörden funktioniert ganz offensichtlich bislang nicht in dem gewollten Maße.

---

837 Centre for Child Law et al. 2019, S. 80.

838 *Steyn und Sadiki* 2018, 11.2.7.; *Courtenay und Hansungule* 2014, S. 159 f.; *Wakefield* 2015, S. 14 ff.; *Badenhorst* 2012, S. 7.

839 Vgl. Centre for Child Law et al. 2019, S. 36 f, 84; *Louw und van Wyk* 2016, S. 494 ff.; *Thobane und Schoeman* 2015, S. 40 ff.

840 Inter-Departmental Report 2019/2020, S. 156.

841 Inter-Departmental Report 2019/2020, S. 156. Bedauerlicherweise kann daher auch die von Sec. 60(2)(b) CJA vorgesehene Funktion des Diversionsregisters zum Evaluieren der Anwendungspraxis und Effizienz nicht genutzt werden.

Calendar Years	Remand Detainees	Sentenced	Total	RD %	Sentenced %
Average for 2000	2229	1681	**3910**	57.01	42.99
Average for 2001	2042	1711	**3753**	54.41	45.59
Average for 2002	2255	1796	**4051**	55.67	44.33
Average for 2003	2324	1802	**4126**	56.33	43.67
Average for 2004	1912	1698	**3610**	52.96	47.04
Average for 2005	1332	1233	**2564**	51.95	48.09
Average for 2006	1144	1095	**2239**	51.09	48.91
Average for 2007	1196	892	**2087**	57.31	42.74
Average for 2008	928	870	**1799**	51.58	48.36
Average for 2009	696	854	**1550**	44.90	55.10
Child Justice Act (14 to below 18 years)					
Average for 2010	346	658	**1004**	34.46	65.54
Average for 2011	366	552	**918**	39.87	60.13
Average for 2012	367	417	**784**	46.81	53.19
Average for 2013	241	296	**537**	44.88	55.12
Average for 2014	167	235	**402**	41.54	58.46
Average for 2015	108	191	**299**	36.12	63.88
Average for 2016	79	160	**239**	33.05	66.95
Average for 2017	74	129	**203**	36.45	63.55
Average for 2018	91	124	**215**	42.32	57.67
Average for 2019	73	98	**171**	42.69	57.31

Table 2: Long term trend: 2001-2019: Annual average based on calendar years: Source MIS 2001-2014 and Daily unlock calculation: 2015-2019

Abbildung 12: Langzeitentwicklung minderjähriger Inhaftierter (2000–2019) nach dem DCS.[842]

Validere Rückschlüsse hinsichtlich des gewandelten Umgangs Südafrikas mit seiner Jugendkriminalität ermöglichen hingegen die Justizvollzugsstatistiken, vgl. Abbildung oben. Diese verzeichnen einen extremen Rückgang der Anzahl minderjähriger Inhaftierter. Nach den wohl zuverlässigen Angaben des Department of Correctional Services ist die Anzahl Minderjähriger in den 235 aktiven Haftanstalten seit der Einführung des CJA am 10.4.2010 bis zum Ende des Jahres 2019 um 82,9 % gesunken.[843] Hierbei hat sich jedoch ein schon länger andauernder Trend fortgesetzt: Seit dem Jahr 2000 ist ein Rückgang von 95,6 % zu

842 Grafik übernommen aus Inter-Departmental Report 2019/2020 (DCS), S. 114.
843 Vgl. Inter-Departmental Report 2019/2020, S. 114.

verzeichnen.[844] Von den insgesamt 160 620 inhaftierten Südafrikanern (U-Haft und Strafhaft) beträgt die Gefangenenpopulation der 14- bis unter 18-Jährigen aktuell 0,10 % und die der Heranwachsenden 3,74 %.[845] Dies sind historische Tiefstwerte.

Das Umdenken im Umgang mit Jugenddelinquenz der letzten zwei Jahrzehnte findet in diesen Zahlen deutlichen Ausdruck. Wie oben ausgeführt, entwickelte sich bereits seit dem beginnenden Zerfall der Apartheid ein zunehmendes Bewusstsein für die Situation minderjähriger Inhaftierter.[846] Kampagnen wie *„Justice for the Children: No Child Should be Caged“*[847] oder *„Free a Child for Christmas“*[848] Anfang der 1990er-Jahre, die Freilassung politischer Gefangener nach der Apartheid, die Ratifizierung der UN-Kinderrechtskonvention im Jahr 1995 und die Transformation Südafrikas in einen demokratischen Rechtsstaat führten zu einem erheblichen Rückgang der Inhaftierungsrate und zu der Durchsetzung der Überzeugung, dass die Inhaftierung junger Menschen nur das letzte Mittel sein darf. Dieses Ultima-Ratio-Prinzip wurde dann ausdrücklich im CJA verankert *(„imprisonment only as a measure of last resort and only for the shortest appropriate period of time“)*[849] und mündete in der weiteren erheblichen Rückläufigkeit der Inhaftierungsraten seit 2010.

Im Ergebnis lässt sich festhalten, dass sich der Umgang Südafrikas im Hinblick auf straffällig gewordene Jugendliche schon seit der Entwicklungsphase des CJA spürbar verändert hat. Die Anzahl derjenigen Kinder und Jugendlichen, die mit dem offiziellen Strafsystem in Berührung kommen, ist seit der Einführung des CJA um etwas mehr als die Hälfte gesunken, die Inhaftierungsrate sogar um mehr als 80 %.

Diversion wird also in ganz erheblichem Maße durchgeführt, jedoch offensichtlich zu einem erheblichen Teil an den offiziellen Bestimmungen vorbei. Es liegt die Befürchtung nahe, dass der CJA Anforderungen geschaffen hat, die für die Praxis nicht leistbar sind oder zumindest von dieser gescheut werden. Inwieweit das Jugendkriminalitätsniveau seit der Einführung des CJA auch tatsächlich gesunken ist, lässt sich daher nicht feststellen. Da zusätzlich Daten zu den konkreten Diversionsoptionen fehlen und es an funktionierendem

844 Vgl. Inter-Departmental Report 2019/2020, S. 114.
845 Inter-Departmental Report 2019/2020 (DCS), S. 113.
846 Siehe Kapitel B. III. 1.
847 Siehe Fn. 557.
848 *Skelton* 2015, S. 344.
849 Vgl. Präambel sowie Sec. 69(1)(e) CJA

Diversionsregister mangelt, kann auch in Hinsicht insbesondere zu der Complianceqoute nicht evaluiert werden, welche Rolle Restorative-Justice-Maßnahmen hierbei einnehmen.[850] Es bestehen daher auch zum gegenwärtigen Zeitpunkt keine belastbaren Anhaltspunkte für das Wirkpotenzial von Restorative Justice im neuen südafrikanischen Jugendstrafrecht. Ebenfalls unklar bleibt, welchen regionalen Unterschieden die Diversionspraxis unterliegt. Von einer weitgehend einheitlichen Anwendung ist aufgrund des zuvor Dargestellten und der Größe der Republik[851] jedenfalls nicht auszugehen.

IV. Fazit: Wesentliche Unterschiede und Gemeinsamkeiten im Überblick

Nachdem die Diversionssysteme beider Bezugsländer ausführlich vorgestellt wurden, sollen an dieser Stelle wesentliche Gemeinsamkeiten und Unterschiede in einer tabellarischen Kurzübersicht gegenübergestellt werden, um eine einfache Vergleichbarkeit zu ermöglichen.

Deutschland (BRD)	**Südafrika (RSA)**
Historische Entwicklung	
Ursprünge der Diversionsidee lassen sich bereits bis in das Jahr 1900 zurückverfolgen (Franz von Liszt). Schon das erste JGG von 1923 sah die Durchbrechung des Anklagezwanges des allgemeinen Strafrechts vor. Ein weiterer Ausbau der Diversionsvorschriften erfolgte 1943 und 1953. Impulse aus Wissenschaft und Praxis führten zum 1. JGGÄndG von 1990 mit einer am Subsidiaritätsgrundsatz orientierten Neufassung der Diversionsvorschriften. Diese sind seither unverändert.	Die Idee von Abschreckung und Vergeltung dominierte lange den Umgang mit Jugendkriminalität. Ab 1990 wurde in der Region Western Cape zunehmend von Diversion Gebrauch gemacht, jedoch nur lokal und ohne gesetzliche Grundlage. Bis zur Aufhebung durch das neu geschaffene Verfassungsgericht in 1995 war Auspeitschen eine übliche jugendstrafrechtliche Sanktion. Die Inhaftierungsrate von südafrikanischen Minderjährigen war eine der höchsten weltweit. Diversion

850 Centre for Child Law et al. 2019, S. 82 ff.

851 Südafrika entspricht bei rund 70 % der Einwohnerzahl Deutschlands etwa der 3,4-fachen Fläche, dazu näher Fn. 937.

Deutschland (BRD)	**Südafrika (RSA)**
	wurde erstmals durch den 2010 in Kraft getretenen CJA gesetzlich kodifiziert. Der CJA bedeutet eine komplette Kehrtwende im Umgang mit Jugenddelinquenz. Die Inhaftierungsrate ist seitdem dramatisch gesunken.
Zielsetzungen und Motive	
Das JGG beinhaltet neben der allgemeinen Zielbestimmung des § 2 Abs. 1 JGG (Erziehung) keine ausdrücklichen Diversionsziele. Es kann jedoch auf die Gesetzesbegründungen zurückgegriffen werden. Danach soll insbesondere erneuten Straftaten des Beschuldigten entgegengewirkt werden, indem die schädlichen Wirkungen des förmlichen Strafjustizsystems vermieden werden sollen (Spezialprävention). Die Vorstellung von Normalität und Ubiquität von Jugenddelinquenz liegen dem Diversionsgedanken zugrunde. Daneben verfolgt Diversion ausdrücklich auch verfahrensökonomische Ziele (Entlastung der Justiz).	Der CJA selbst nennt 10 Zielsetzungen von Diversion. Dazu gehören spezialpräventive Zwecke, insbesondere die Vermeidung von Stigmatisierung und anderer schädlicher Konsequenzen durch formelle Strafverfahren. Darüber hinaus kommt dem Verhältnis zwischen Täter und Opfer sowie der Community eine besondere Bedeutung zu. Opfern soll eine Plattform zur Verarbeitung der Straftaten geboten werden. Zudem soll Wiedergutmachung gefördert und ermöglicht werden. Die Reintegration des Jugendlichen in die Familie und Community soll erreicht werden. Die Würde und das Wohlergehen des Jugendlichen sowie die Entwicklung seines Selbstwertgefühls und seiner Fähigkeit, einen Beitrag zur Gesellschaft zu leisten, sollen gefördert werden. Ökonomische Ziele werden nicht genannt.
Leitprinzipien der Diversion	
Dem deutschen Diversionssystem liegt der Erziehungsgedanke als Leitmotiv zugrunde.	Das Leitprinzip des südafrikanischen Diversionssystems ist Restorative Justice.
Anwendungsbereich (Alter)	
Der Anwendungsbereich beginnt mit Strafmündigkeit (14). Die Diversionsbestimmungen können auch auf Heranwachsende (18–21) angewendet werden, wenn Jugendstrafrecht zur Anwendung kommt.	Der CJA sah bislang eine Strafmündigkeit (*criminal capacity*) ab 10 Jahren vor. Im Juni 2020 erfolgte eine Anpassung auf 12 Jahre durch den Child Justice Amendment Act.

Deutschland (BRD)	**Südafrika (RSA)**
Anwendungsbereich (Delikte)	
Diversion ist für jugendtypische Delikte mit geringem Schuldgehalt vorgesehen. Nicht--intervenierende Diversion (§ 45 Abs. 1 JGG i. V. m. § 153 StPO) ist auf Vergehen beschränkt. Die übrigen Diversionsvorschriften sind nach dem Gesetzeswortlaut auch bei Verbrechen anwendbar. Diverse Länderdiversionsrichtlinien schließen Verbrechen grundsätzlich aus. Der Anwendungsbereich ist damit deutlich begrenzter als in Südafrika.	Grundsätzlich kann jede Straftat des südafrikanischen Strafrechts divergiert werden, auch vorsätzliche Tötungsdelikte. Die konkreten Voraussetzungen hängen von der Einordnung des Delikts ab. Der CJA beinhaltet eine Einordnung sämtlicher Delikte in ein Klassensystem mit 3 Stufen nach aufsteigender Schwere.
Die Stellung des Opfers im Diversionsprozess	
Das Opfer ist in erster Linie Beweismittel. Das JGG schränkt die Opferbeteiligung an diversen Stellen bewusst ein, um seiner spezialpräventiven und erzieherischen Orientierung gerecht zu werden. Auch der Täter-Opfer-Ausgleich im Rahmen der Diversion wird überwiegend erzieherisch begründet, hinsichtlich der Einbeziehung des Opfers wird allenfalls von einem „positiven Nebeneffekt“ gesprochen.	Dem Opfer kommt eine zentrale Rolle zu. Opferinteressen stehen gleichberechtigt neben denen des Täters. Ihnen soll durch das Diversionssystem eine Plattform geboten werden. Dementsprechend muss das Opfer im Regelfall zu den Folgen der Straftat gehört werden und es muss ausdrücklich dahingehend angehört werden, ob Diversion befürwortet wird oder nicht. Diversion soll den Konflikt zwischen Opfer und Täter befriedigen und Wiedergutmachung fördern. Der CJA versucht, zwei historisch vernachlässigten Bevölkerungsgruppen gerecht zu werden: jugendlichen Straftätern und Kriminalitätsopfern.
Die Stellung der Gemeinschaft im Diversionsprozess	
Ein Gemeinwesenansatz ist dem deutschen Diversionssystem grundsätzlich fremd. Er steht im Spannungsfeld mit dem Grundsatz der Nichtöffentlichkeit,	Die Einbeziehung der Community ist dem südafrikanischen Diversionssystem immanent. Sie ist Teil der Legaldefinition des CJA von Restorative Justice. Ausdruck

Deutschland (BRD)	**Südafrika (RSA)**
der auch außerhalb der Hauptverhandlung gilt. Das Diversionssystem sieht die Einbeziehung von Personen außerhalb von professionellen Berufsträgern grundsätzlich nicht vor. Gewisse Ausnahmen bestehen im Rahmen von erzieherischen Maßnahmen nach § 45 Abs. 2 JGG. *Fully-restorative*-Maßnahmen sind im JGG nicht normiert. Der Gemeinschaftsbezug ist einer der Hauptunterschiede zwischen beiden Diversionssystemen.	findet sie in den Zielsetzungen von Diversion. Folglich wird die Gemeinschaft auch in diversen Diversionsoptionen einbezogen. Diese können auch als *„community-based sentences"* vom Jugendgericht verhängt werden. Die wohl prägnanteste Einbeziehung der Gemeinschaft erfolgt im Rahmen von *family group conferences*, die stets auch im Diversionsverfahren durchgeführt werden können. Mitglieder der Gemeinschaft werden auch bei der Überwachung der Einhaltung der angeordneten Diversionsmaßnahme eingesetzt (*suitable person*).
Diversionsoptionen	
Die Diversionsoptionen des JGG sind eingeschränkt. Sie beinhalten neben der Nicht-Intervention (§ 45 Abs. 1) erzieherische Maßnahmen sowie das gleichstehende Bemühen um Erreichen eines Ausgleichs mit dem Verletzten (§ 45 Abs. 2) im Rahmen der staatsanwaltlichen Diversion. Unter Einschaltung des Jugendrichters kommen entsprechend dem abschließenden Katalog von Maßnahmen nur die Erteilung einer formlosen Ermahnung sowie die Weisungen zur Erbringung von Arbeitsleistungen, zum Bemühen um Ausgleich mit dem Verletzten im Rahmen eines Täter-Opfer-Ausgleichs, zur Teilnahme an einem Verkehrsunterricht und schließlich die Auflagen des JGG	Die Diversionsoptionen des CJA sind sehr weitgehend. Sie sind unterteilt in zwei Level. Diese sind wiederum verknüpft mit dem Straftatenkatalog des CJA. Während Level-1-Diversionsoptionen in Fällen von Straftaten der Kategorie 1 anwendbar sind, können Straftaten der Kategorie 2 oder 3 mit Level-2-Diversionsoptionen belegt werden. Es sind insgesamt 17 breit gefächerte Level-1-Optionen genannt. Darunter fallen verschiedene *partly-restorative*-Maßnahmen wie die Verpflichtung zur Entschuldigung, zur Leistung von Schadenswiedergutmachung oder zur Ableistung von Community-Service. Aber auch Weisungen, die den Aufenthalts- und Kontaktbereich betreffen (u. a. *reporting*

Deutschland (BRD)	**Südafrika (RSA)**
(Schadenswiedergutmachung, persönliche Entschuldigung, Erbringung von Arbeitsleistungen und Bezahlung eines Geldbetrages an eine gemeinnützige Einrichtung) in Betracht. Der Gesetzgeber hat sich bewusst gegen die Aufnahme weiterer Weisungen entschieden, da Weisungen wie die Unterstellung unter einen Bewährungshelfer oder zur Durchführung eines sozialen Trainingskurses von der Eingriffsintensität und der notwendigen Einwirkungszeit nur schwer mit dem eigentlichen Zwecken der informellen Erledigung (schnell und so wenig belastend wie möglich) vereinbar seien.	*order, compulsory school attendance order, family time order, peer association order*) sind anwendbar. Auch kann dem Beschuldigten auferlegt werden, verschiedene Therapie- und Beratungsangebote wahrzunehmen. Die Level-2-Diversionsoptionen sind dahingehend verschärft, dass sie sogar mit einem stationären Aufenthalt verbunden sein können. Der Jugendliche kann auch einer Aufsichtsperson unterstellt werden. VOM, FGC und andere Restorative-Justice-Maßnahmen können deliktsunabhängig immer angewendet werden. Die Diversionsoptionen sind trotz umfangreicher Regelungen nicht abschließend, der CJA enthält Mindeststandards, die stets eingehalten werden müssen. Die Diversionsoptionen Südafrikas sind daher deutlich umfangreicher und eingriffsintensiver als die des JGG.
Nicht-Intervention	
Nicht-intervenierende Diversion (§ 45 Abs. 1 JGG) ist ausdrücklich vorgesehen und stellt den Regelfall staatsanwaltlicher Diversion dar.	Die Idee, dass es sinnvoll sein kann, „nichts weiter zu tun" ist dem südafrikanischen Gesetzgeber fremd. Nicht-intervenierende Diversion ist daher nicht vorgesehen. Die niedrigschwelligste Diversionsoption ist die formelle Verwarnung ohne Auflagen.
Wiederholte Anwendung von Diversion	
Nach der bundesweiten RL zum JGG soll Diversion insbesondere bei erstmals straffällig gewordenen Jugendlichen in Betracht kommen. Die Anwendung ist jedoch nicht auf Ersttäter beschränkt, wie	Nach der Ausführungsverordnung zum CJA kann Diversion im Ausnahmefall wiederholt durchgeführt werden, wenn bei Berücksichtigung aller Umstände davon ausgegangen werden kann, dass der

Deutschland (BRD)	**Südafrika (RSA)**
der Regierungsentwurf klarstellt. Auch bei mehrfacher Auffälligkeit kommt ein (weiteres) Diversionsvorgehen in Betracht, wenn zwischen den einzelnen Taten ein erheblicher Abstand besteht oder wenn der Jugendliche wegen einer Straftat auffällig wird, die mit der vorangegangenen Verfehlung im Hinblick auf das geschützte Rechtsgut und die Art der Tatbegehung nicht vergleichbar ist.	Beschuldige von den im Raum stehenden Diversionsmaßnahmen profitieren wird und ihm daher die Chance gegeben werden sollte. Dabei darf das Justizsystem nicht in Verruf gebracht werden.
Geständniserfordernis	
Staatsanwaltliche Diversion setzt kein Geständnis voraus. Bei Diversion unter Einbeziehung des Jugendgerichts ist ein Geständnis hingegen erforderlich. Mit Ausnahme von nicht-intervenierender Diversion bedarf es ebenfalls einer Zustimmung des Jugendlichen und der Erziehungsberechtigten, es reicht aber aus, wenn nicht widersprochen wird.	Der Beschuldigte muss stets Verantwortung für die Tat übernehmen und darf dabei nicht unangemessen beeinflusst worden sein. Er muss der Durchführung von Diversion ausdrücklich zustimmen, gleiches gilt für die Erziehungsberechtigten.
Sonstige Voraussetzungen für Diversion	
Zusätzlich zu dem hinsichtlich des Anwendungsbereichs Ausgeführten müssen stets die allgemeinen Verfahrensvoraussetzungen vorliegen. Das (auch im JGG herrschende) Legalitätsprinzip wird durch das Subsidiaritätsprinzip eingeschränkt. Von den Diversionsbestimmungen unberührt bleibt der Vorrang des § 170 Abs. 2 StPO, d. h. es muss von einem hinreichend beweisbaren, anklagefähigen Sachverhalt ausgegangen werden.	Neben der Anklagereife und anderen allgemeinen Voraussetzungen, die denen in Deutschland im Wesentlichen ähneln, gibt es spezielle, mit dem Straftaten-Klassifizierungssystem verknüpfte Voraussetzungen. Beispielsweise müssen die Ansichten des Opfers und des zuständigen Polizeibeamten eingeholt werden. Bei Straftaten der Kategorie 3 müssen zusätzlich die schriftliche Autorisierung des DPP sowie besondere Umstände vorliegen.
Rechtsfolgen bei durchgeführter Diversion	
Diversionen werden vergleichbar mit Südafrikas Regelung lediglich in das Erziehungsregister, nicht in das Strafregister eingetragen.	Durch den CJA wurde ein Diversionsregister eingeführt, welches dem deutschen Erziehungsregister ähnelt. Eine strafrechtliche Vorbelastung bleibt aus.

Deutschland (BRD)	**Südafrika (RSA)**
Durchgeführte Diversion führt in Fällen des richterlichen Erziehungsverfahrens und der Einstellung durch den Jugendrichter zu einem beschränkten Strafklageverbrauch. Staatsanwaltliche Diversion führt nicht zu einem Strafklageverbrauch.	Durchgeführte Diversion führt stets zu einem Strafklageverbrauch, unabhängig davon, in welchem Verfahrensstadium divergiert wurde.
Vollstreckung und Überwachung der Diversionsmaßnahmen	
Das Jugendgericht überwacht die Einhaltung. Eine zwangsweise Durchsetzung ist bei allen Diversionsalternativen nicht möglich, insbesondere ist auch die Verhängung von Ungehorsamsarrest bei Nichterfüllung der erteilten Auflagen oder Weisungen ausgeschlossen. Das einzige Druckmittel in beiden Rechtsordnungen ist die Fortsetzung des Strafverfahrens.	Es wird eine Person bestimmt, die die Erfüllung der Diversionsauflage überwachen soll (*suitable person*). Bei dieser kann es sich beispielsweise um eine Vertrauensperson aus der Community handeln. Die Involvierung privater Bezugspersonen in den Überwachungsprozess ist Ausdruck des Restorative Justice innewohnenden Bestrebens, die Gemeinschaft mit in die Reaktion auf Jugenddelinquenz einzubeziehen. Kommt der Jugendliche seinen Diversionsauflagen nicht nach, kann das Gericht die Auflagen abändern und anpassen oder ins förmliche Strafverfahren übergehen.
Akkreditierung und Überwachung von Diversionsangeboten	
Regelungen zur Zulassung und Überwachung von Diversionsangeboten gibt es nicht. Ein TOA kann grundsätzlich auch ohne (offizielle) Vermittlungsperson durchgeführt werden, vielmehr reicht sogar das ernstliche Bemühen des Täters um einen Ausgleich.	Es bestehen ausführliche Regelungen zur Akkreditierung und Qualitätssicherung. Diversionsanbieter und -programme müssen zertifiziert sein. Das bedeutet auch, dass Ausgleichsverfahren (VOM, FGC) nur mit offiziellen Vermittlern (*probation officer* oder akkreditierter *facilitator*) möglich sind.

C. Kriminologische Vergleichsanalyse der Bezugsländer

I. Einleitung

Die im vorherigen Kapitel dargestellten Bestimmungen des Child Justice Acts zu durch Restorative Justice betonter Diversion werden auf eine harte Bewährungsprobe gestellt, denn Südafrika ist berüchtigt für sein hohes Kriminalitätsniveau und genießt den traurigen Ruf der gewalttätigsten Demokratie der Welt.[852] Die extreme Kriminalitätsbelastung wird verbreitet als eines der Hauptprobleme des Landes in der Post-Apartheidära beschrieben.[853] Das Handelsblatt führt beispielsweise aus:

> *„Die Gewalt hat Südafrika fest im Griff – Südafrikas größtes Problem bleibt die Kriminalität. Mord und Überfälle sind an der Tagesordnung. Darunter leidet nicht nur die Bevölkerung, sondern auch die Wirtschaft.“*[854]

Vor diesem Hintergrund erscheint es kaum überraschend, dass der von Südafrika zur Bekämpfung der Jugendkriminalität eingeschlagene Weg nicht auf uneingeschränkte Zustimmung in der Gesellschaft stößt.[855] Denn anstatt verstärkt auf konsequente Strafverfolgung und Null-Toleranz zu setzen, wurden mit dem CJA unter Zugrundelegung der Idee von Restorative Justice und der Philosophie des Ubuntu umfangreiche Diversionsmöglichkeiten kodifiziert – was verbreitet genau als Gegenteil dieser Forderung wahrgenommen wird.

Während qualifizierte Studien über die Auswirkungen des CJA auf die südafrikanische Jugendkriminalität noch ausstehen, soll in den folgenden beiden Kapiteln analysiert werden, welche Chancen und Potenziale die Adaptierung eines Diversionssystems nach südafrikanischem Vorbild hätte. Der isolierte Vergleich von rechtlichen Bestimmungen alleine ist hierbei jedoch nicht zielführend. Es

---

852 Exemplarisch *Ellmer* 2008, S. 75; *Altbeker* 2007, S. 35.

853 *Sprenger-Menzel* 2019, S. 273 ff.; *Altbeker* 2007; *Hesselink* 2014, S. 10 f.; *Snyman* 2014, S. 20 f.

854 *Wolfgang Drechsler*, Die Gewalt hat Südafrika fest im Griff, in: Handelsblatt, 25.9.2018, https://www.handelsblatt.com/politik/international/weltgeschichten/drechsler/weltgeschichte-die-gewalt-hat-suedafrika-fest-im-griff/23111188.html?ticket=ST-45534288-eT5bms0VM2V7LSs4hkj2-ap2 (zuletzt abgerufen am 6.6.2021).

855 Siehe dazu *„Just say sorry? Ubuntu, Africanisation and the Child Justice System in the Child Justice Act“* von *Sloth-Nielsen* und *Gallinetti* 2011.

bedarf, um beide Systeme gewinnbringend miteinander vergleichen zu können, einer kriminologischen Analyse der tatsächlichen, kulturellen und soziologischen Begebenheiten und Hintergründe, denen Jugendliche in beiden Bezugsländern ausgesetzt sind. Gegenstand der nachfolgenden Untersuchung soll dabei insbesondere auch sein, ob die dem CJA zugrunde liegende Vorstellung von Restorative Justice und Ubuntu auch auf die deutsche Lebenswirklichkeit übertragen werden kann oder ob der Ansatz aufgrund der besonderen Geschichte und Kultur Südafrikas eher auf den dortigen Kulturkreis beschränkt ist.

II. Jugendkriminalitätsbelastung im Ländervergleich

1. Südafrika - die gewalttätigste Demokratie der Welt?

Südafrika gilt als Land der Kontraste.[856] Das trifft zunächst auf die Flora und Fauna zu. So prägen verschiedenste Vegetationszonen das Land. Es gibt Hochgebirge, weitläufige Wüsten und Savannen, Urwälder und imposante Küstenabschnitte. Löwen, Wasserbüffel, Leoparden, Elefanten, Nashörner, Blauwale und Weiße Haie sind hier beheimatet.[857] Aber auch die Gesellschaft könnte kontrastreicher kaum sein. Sie besteht aus den unterschiedlichsten Ethnien und Kulturen – von traditionell lebenden Buschmännern (*Khoisan*) bis hin zu Bewohnern modernster Metropolen. Es gibt elf offizielle Amtssprachen.[858]

Genauso konträr ist auch das Bild der südafrikanischen Lebensfreude und Gastfreundschaft mit dem einer extremen Alltagskriminalität – für beides ist Südafrika weltberühmt.

Besonders große mediale Aufmerksamkeit erfuhr die Kriminalitätsproblematik hierzulande rund um die von Südafrika ausgetragene Fußballweltmeisterschaft der Männer im Jahr 2010, in dem auch der neue CJA in Kraft trat. Die internationale Presse äußerte im Vorfeld starke Bedenken hinsichtlich der Vergabe der Weltmeisterschaft an Südafrika. Es wurde gar befürchtet, dass die WM aufgrund der massiven Kriminalitätsbelastung nicht durchführbar sei und man die Sicherheit der zahlreichen Besucher nicht gewährleisten könne.[859]

---

856 Vgl. etwa *Cosi et al.* 2014, S. 14 f.

857 Die fünf genannten Landtiere werden als „*Big Five*" bezeichnet. Zusammen mit den großen Meeresbewohnern Blauwal und Weißem Hai ist die Bezeichnung „*Big Seven*" gebräuchlich. Zum Naturraum und den geografischen Rahmenbedingungen siehe *Porsche-Ludwig* 2016, S. 576 f.

858 Afrikaans, Englisch, Süd-Ndebele, Xhosa, Zulu, Nord-Sotho, Sesotho, Setswana, Swati, Tshivenda, Tsonga, vgl. *Porsche-Ludwig* 2016, S. 575.

859 Dazu ausführlich *Küppers* 2017, S. 52 ff. m. w. N.

Diese Befürchtungen haben sich zwar nicht bestätigt – die Berichterstattung zeigte sich im Anschluss euphorisch überrascht über die warmherzige Gastlichkeit der Südafrikaner und die vorbildliche und friedliche Fankultur.[860] Doch diese Euphorie konnte nicht lange anhalten, die massiven Sicherheitsvorkehrungen rund um die WM zeigten nur kurzfristige Auswirkungen. Schnell zeichnete die nationale und internationale Presse wieder ein düsteres Bild der Kriminalitätssituation. So fasste die Frankfurter Allgemeine Zeitung die aktuelle Situation unter Bezugnahme auf lokale Berichterstattung jüngst wie folgt zusammen:

> *„Der Krieg gegen die Kriminalität entwickelt sich immer schneller zu einem verlorenen Kampf", schreibt resigniert die Zeitung 'Cape Argus', die den neuerlichen Schreckensmeldungen unter der balkendicken Überschrift 'Die Kriminalität gerät außer Kontrolle' die beiden ersten Seiten der Freitagsausgabe widmete […].*
> *So wurden zwischen April 2018 und März 2019 im Land am Kap mehr als 21.000 Menschen ermordet, das sind im Durchschnitt jeden Tag 58 Todesopfer. Damit ist die Mordrate gegenüber dem Vorjahr noch einmal um 3,6 Prozent gestiegen. Zum Vergleich: In Deutschland wurden im vergangenen Jahr 386 Morde begangen, obwohl in der Bundesrepublik rund 24 Millionen mehr Menschen leben als in Südafrika. Täglich wurden im selben Zeitraum in Südafrika 144 Vergewaltigungen oder andere Sexualdelikte begangen. Deren Gesamtzahl stieg auf 52.420 Fälle. Unter den 21.022 Mordopfern befanden sich 1014 Minderjährige – fast 30 Prozent mehr als im Jahr zuvor. Allein im Beobachtungszeitraum wurden in Südafrika mehr als 18.000 Kinder vergewaltigt."*[861]

Südafrikanische Großstädte wie Kapstadt, Durban oder Port Elizabeth gelten als besonders belastet; Johannesburg wird gar als *„crime capital of the world"* bezeichnet.[862] Auch das deutsche Auswärtige Amt warnt Urlauber eindringlich vor der hohen Alltagskriminalität und empfiehlt unter anderem, die Innenstädte von großen Städten nach Geschäftsschluss und insbesondere nach Einbruch der Dunkelheit zu meiden.[863] Jüngst wurde gar das südafrikanische Militär zur Bekämpfung von Gang-Kriminalität eingesetzt.[864]

---

860 Vgl. *Küppers* 2017, S. 178 ff.

861 *Thilo Thielke*, Regierung zeigt sich ratlos – Jeden Tag 58 Mordopfer in Südafrika, in: FAZ, 16.9.2019, https://www.faz.net/aktuell/gesellschaft/kriminalitaet/suedafrika-die-gewalt-im-land-am-kap-eskaliert-16387356.html (zuletzt abgerufen am 6.6.2021).

862 Vgl. *Altbeker* 2007, S. 35 ff.

863 *Auswärtiges Amt*, Südafrika: Reise- und Sicherheitshinweise vom 31.5.2021, abrufbar unter https://www.auswaertiges-amt.de/de/aussenpolitik/laender/suedafrika-node/suedafrikasicherheit/208400#content_0 (zuletzt abgerufen am 6.6.2021)

864 *BBC*, South Africa deploys army to gang-hit Cape Town, in BBC News, 12.7.2019, https://www.bbc.com/news/world-africa-48962265 (zuletzt abgerufen am 6.6.2021).

2. Statistische Befunde

Bekanntlich entspricht das von Medien erzeugte Bild von Kriminalität bedingt durch unterschiedlich motivierte Skandalisierungen und Übertreibungen regelmäßig nicht der Realität.[865] Inwieweit die düstere mediale Berichterstattung mit den tatsächlichen Begebenheiten übereinstimmt und wie sich die Jugendkriminalitätsbelastung Südafrikas im Verhältnis zur Situation in Deutschland darstellt, ist Gegenstand des folgenden Abschnitts.

2.1. Polizeiliche Kriminalitätsstatistiken

2.1.1. Mangelnde Vergleichbarkeit zwischen Hell- und Dunkelfeld

Um sich ein Bild der Jugendkriminalitätsbelastung beider Bezugsländer zu machen, liegt es zunächst nahe, die polizeilichen Kriminalitätsstatistiken heranzuziehen. In Deutschland wird die polizeiliche Kriminalitätsstatistik (PKS) jährlich vom Bundeskriminalamt herausgegeben und in Südafrika von der dortigen Polizei, dem South African Police Service (SAPS).[866]

Vorab ist allerdings festzustellen, dass polizeiliche Kriminalitätsstatistiken einen allenfalls sehr eingeschränkten Aussagegehalt bezüglich der Kriminalitätsbelastung eines Landes haben.[867] Sie dokumentieren ausschließlich die registrierte Kriminalität (Hellfeld).[868] Das Dunkelfeld hingegen, also sämtliche Straftaten, die nicht in den Kenntnisbereich der Polizei gelangen, findet keinen Einzug in diese Statistiken.[869] Sie spiegeln daher naturgemäß nur die Wirklichkeit der Kriminalitätsregistrierung wieder, sie sind *„ein Produkt sozialer Kontrolle“*.[870]

Wie viele Straftaten in den amtlichen Kenntnisbereich gelangen, hängt im Wesentlichen von dem Anzeigeverhalten der Bevölkerung ab.[871] Aber auch die personelle und materielle Ausstattung der Polizeibehörden und angewendete

865 Vgl. *Meier* 2021, S. 126 ff.

866 Die Kriminalitätsstatistiken des SAPS sind abrufbar auf der Internetseite des SAPS unter https://www.saps.gov.za/services/crimestats.php (zuletzt abgerufen am 6.6.2021).

867 Vgl. *Meier* 2021, S. 126; übereinstimmend für Südafrika *Booyens und Bezuidenhout* 2018, 3.4.

868 *Meier* 2021, S. 123 f.

869 *Meier* 2021, S. 124.

870 So *Kunz* 2011, S. 196.

871 *Neubacher* 2020, S. 41 ff.; zur Anzeigebereitschaft bei Gewaltkriminalität *Brettel* 2008, S. 481 ff.; siehe auch *Jünschke* 2003, S. 55 f.

Ermittlungsstrategien und -schwerpunkte haben einen großen Einfluss auf die registrierte Kriminalität.[872] Die amtlich registrierte Kriminalität hat dementsprechend kaum Aussagekraft hinsichtlich der tatsächlichen Kriminalitätswirklichkeit eines Staates.[873] Entsprechendes gilt für den Vergleich der innerstaatlichen Statistiken mehrerer Jahre miteinander. Demografische Veränderungen, Änderungen hinsichtlich des Anzeigeverhaltens, der polizeilichen Ermittlungsstrategien, aber auch Gesetzesänderungen[874] – wie jüngst hinsichtlich der Strafbarkeit des sog. Upskirtings[875] oder der Beteiligung an verbotenen Kraftfahrzeugrennen in Deutschland[876] oder eben die Einführung des CJA in Südafrika – führen zu deutlichen Veränderungen hinsichtlich der registrierten Kriminalität. Was schon isoliert für die Statistiken eines *bestimmten* Staates zutrifft, gilt erst recht für einen Vergleich der Statistiken *mehrerer* Staaten miteinander.

Eklatante Unterschiede zwischen Südafrika und Deutschland hinsichtlich der amtlichen Registrierung von Straftaten ergeben sich zunächst hinsichtlich des Anzeigeverhaltens. In vielen Teilen Südafrikas werden Delikte bis zu einer gewissen Schwere grundsätzlich nicht oder nur selten bei der Polizei angezeigt. Dieser nach einem Jahr Studienaufenthalt gewonnene Eindruck wird durch zahlreiche Opferstudien und -befragungen bestätigt.[877] Die Alltagskriminalität ist in vielen Gebieten so hoch, dass Eigentumsdelikte zu trivial erscheinen, um angezeigt zu werden.[878] Der Diebstahl eines Fahrrades etwa dürfte in städtischen Gebieten Südafrikas noch viel seltener zur Anzeige gebracht werden als in Deutschland.

872 *Meier* 2021, S. 126 ff.

873 Vgl. *Meier* 2021, S. 126; teilweise wird sogar eine Indizwirkung abgesprochen, so etwa *Kunz* 2011, S. 197.

874 *Brettel* 2008, S. 483 f.

875 Vgl. § 184k StGB, eingefügt durch das 59. Gesetz zur Änderung des Strafgesetzbuches – Verbesserung des Persönlichkeitsschutzes bei Bildaufnahmen vom 9.10.2020 (BGBl. I S. 2075), in Kraft getreten am 1.1.2021.

876 Vgl. § 315d StGB, eingefügt durch das 56. Strafrechtsänderungsgesetz – Strafbarkeit nicht genehmigter Kraftfahrzeugrennen im Straßenverkehr vom 30.9.2017 (BGBl. I S. 3532), in Kraft getreten am 13.10.2017.

877 Aussagekräftig sind die regelmäßig von *Statistics South Africa* publizierten Opferbefragungen (seit 2019/20: „*Governance, Public Safety and Justice Survey – GPSJS*", zuvor: „*Victim of Crime Surveys*"), abrufbar unter http://www.statssa.gov.za/?s=crime&sitem=publications (zuletzt abgerufen am 6.6.2021). Im Folgenden: StatsSA, GPSJS 2019/20.

878 *Kriegler und Shaw* 2016, S. 26 ff.; *Breetzke* 2020, S. 161 f.

Diese Feststellung ist jedoch nicht auf Kleinstkriminalität beschränkt. Südafrikanische Viktimisierungsstudien legen nahe, dass selbst Wohnungseinbruchsdiebstähle und Raubdelikte zum großen Teil nicht von den Geschädigten bei der Polizei gemeldet werden[879] und dass ein bedeutender Anteil der Straftaten mangels Vertrauen in die Polizei und deren Kompetenz ausschließlich Nachbarschaftswachen und privaten Sicherheitsdiensten gemeldet werden.[880] Die private Sicherheitsindustrie Südafrikas ist eine der größten weltweit, auf einen Polizeibeamten kommen etwa 2,5 private Sicherheitsbedienstete.[881] Während die deutsche Polizei einen vergleichsweise guten Ruf in der Bevölkerung genießt,[882] ist das Vertrauen in die südafrikanischen Polizisten ausgesprochen schwach ausgeprägt.[883] Dadurch bedingt taucht ein großer Anteil der tatsächlich begangenen Straftaten nicht in der südafrikanischen Kriminalstatistik auf und es muss davon ausgegangen werden, dass das Verhältnis von Dunkelfeld zu Hellfeld in Südafrika noch deutlich weiter auseinanderklafft als hierzulande. Erschwerend hinzu kommt, dass wohl auch ein nicht unerheblicher Teil der Anzeigen, die in den Kenntnisbereich der Polizei gelangen, schlicht nicht ordnungsgemäß protokolliert werden.[884]

Es liegt daher nahe, dass leichte bis mittlere – und damit diversionsgeeignete – Jugendkriminalität in der südafrikanischen Kriminalitätsstatistik im Ländervergleich sehr deutlich unterrepräsentiert ist.

---

879 StatsSA, GPSJS 2019/20, S. 18.

880 Vgl. *Hentschel* 2015, S. 29 f.

881 *Kate Wilkinson*, Does South Africa have the largest security industry in the world?, in: The South African, 22.7.2020, https://www.thesouthafrican.com/news/does-south-africa-have-the-largest-security-industry-in-the-world (zuletzt abgerufen am 6.6.2021).

882 Nach einer Umfrage von infratest dimap haben **82 %** der Wahlberechtigten in Deutschland ein großes oder sehr großes Vertrauen in die Polizei (Stand August 2020), https://www.infratest-dimap.de/umfragen-analysen/bundesweit/umfragen/aktuell/vertrauen-in-die-polizei (zuletzt abgerufen am 6.6.2021). Das Ergebnis deckt sich mit dem Eurobarometer der Europäischen Kommission, wonach **84 %** der Befragten angaben, Vertrauen in die Polizei zu haben (Stand Sommer 2020). Der Durchschnitt in den Staaten der EU liegt mit 71 % deutlich darunter, vgl. Standard-Eurobarometer 93, QA6.4, https://europa.eu/eurobarometer/surveys/detail/2262 (zuletzt abgerufen am 6.6.2021).

883 So *Roberts et al.* 2017, S. 65; *Ellmer* 2008, S. 80; *Breetzke* 2020, S. 161.

884 *Kriegler und Shaw* 2016, S. 26 ff. Das zur problematischen Datenlage unter Kapitel B. III. 3. Ausgeführte gilt entsprechend auch hier.

Stellt man die polizeilichen Kriminalitätsstatistiken der beiden Länder trotz der mangelnden Vergleichbarkeit gegenüber, so weist die südafrikanische Statistik bei materiell-rechtlich vergleichbaren Delikten für das Bezugsjahr 2019[885] eine deutlich höhere Häufigkeitszahl auf.[886] So ist beispielsweise die Häufigkeitszahl bei Raubdelikten in Südafrika um 662 % höher als in Deutschland.[887] Der Diebstahl von Kraftfahrzeugen weist ein Plus von 146 % aus.[888] Wohnungseinbruchsdiebstähle wurden in Südafrika im Verhältnis zu Deutschland 263 % häufiger polizeilich registriert.[889] Auch im Bereich der Sexualdelikte zeigt das Hellfeld in Südafrika deutlich mehr registrierte Fälle auf, es wurden 598 % mehr Fälle von Vergewaltigungen in Südafrika registriert als in Deutschland.[890] Wie dargestellt bieten diese Zahlen jedoch keine Vergleichbarkeit hinsichtlich der wirklichen Kriminalitätsbelastung, es ist von einer erheblichen Unterrepräsentation auszugehen.

Was den Anteil der Jugenddelinquenz unter den Gesamtstraftaten betrifft, kommt erschwerend hinzu, dass die südafrikanische Kriminalstatistik keine Einzelheiten zu den ermittelten Tatverdächtigen bereitstellt,[891] wie die PKS als deutsches Pendant im dritten Teil. Genaue Zahlen zu dem Anteil Minderjähriger unter den Tatverdächtigen lassen sich für Südafrika daher nicht entnehmen. Aus diesem Grunde ist die Datenlage hinsichtlich der Veränderung der registrierten Jugendkriminalität seit der Einführung des CJA auch nicht aussagekräftig.

---

885 Es wurde bewusst darauf verzichtet, die Daten der Länderkriminalitätsstatistiken für das Jahr 2020 heranzuziehen, da die COVID-19-Pandemie das Aufkommen und die Erscheinung von Kriminalität maßgeblich prägt und die ohnehin kaum gegebene Vergleichbarkeit weiter verzerren würde, dazu *Füllgrabe* 2020.

886 Die Häufigkeitszahl (HZ) ist die Zahl der bekannt gewordenen Fälle insgesamt oder innerhalb einzelner Deliktsarten, errechnet auf 100.000 Einwohnerinnen und Einwohner, vgl. PKS 2019, Band 1, S. 51. Die der PKS 2019 zugrunde liegende Einwohnerzahl Deutschlands betrug **83 019 213**. Die Einwohnerzahl Südafrikas 2019 betrug **57 939 226**.

887 SAPS Crime Stats 2018/2019, *Robbery* und *Robbery with aggravating circumstances*: **191 797** (HZ: **331,03**); PKS 2019, *Raubdelikte*: **36 052** (HZ: **43,43**).

888 SAPS Crime Stats 2018/2019, *Theft of motor vehicle and motorcycle*: **48 324** (HZ: **83,40**); PKS 2019, *Diebstahl von Kraftwagen*: **28 132** (HZ: **33,89**).

889 SAPS Crime Stats 2018/2019, *Burglary at residential premises*: **220 865** (HZ: **381,20**); PKS 2019, *Wohnungseinbruchdiebstahl*: **87 145** (HZ: **104,97**).

890 SAPS Crime Stats 2018/2019, *Rape*: **41 583** (HZ: **71,77**); PKS 2019, *Vergewaltigung*: **8 541** (HZ: **10,29**).

891 Vgl. *Booyens und Bezuidenhout* 2018, 3.3.1.

Südafrikanische Studien legen nahe, dass die Altersverteilung von Delinquenz (sog. *Age-Crime-Kurve*)[892] der hiesigen zumindest insoweit ähnelt, als dass der Höhepunkt der Kriminalitätsbelastung bei Jungen bzw. Männern bei etwa 18 Jahren liegt und (vom Quantitätsniveau her signifikant niedriger) bei Mädchen bzw. Frauen mit etwa 15–16 Jahren deutlich früher.[893] Daher können anhand der allgemeinen Kriminalitätsbelastung Rückschlüsse auf den Anteil junger Menschen in beiden Bezugsländern geschlossen werden. Herrscht insgesamt ein höheres Kriminalitätsniveau, so gilt dies auch für die für diese Arbeit relevante Altersgruppe der Personen unter 21 Jahren.

2.1.2. Tötungsdelikte als Indikator der allgemeinen Gewaltkriminalität

Die Ausführungen zu der mangelnden Vergleichbarkeit der einzelnen Statistiken gelten für Tötungsverbrechen eingeschränkt, denn bei diesen Delikten besteht die höchste Wahrscheinlichkeit für polizeiliche Registrierung. Mordraten sind daher allgemein anerkannt als aussagekräftiger Indikator für die Kriminalitätsbelastung und den Sicherheitsstandard eines Landes.[894]

Auch wenn vorsätzliche Tötungsdelikte für Diversionsverfahren grundsätzlich nicht in Betracht kommen (der CJA dies gleichwohl jedoch zulässt), erscheint der Vergleich der offiziell registrierten Fälle in diesem Deliktbereich daher am ehesten geeignet, um einen halbwegs belastbaren Vergleich der Gesamtkriminalität zu erhalten.

Die deutsche PKS weist für das Jahr 2019 insgesamt 508 Fälle von vorsätzlichen vollendeten Tötungsdelikten auf.[895] Bei der Einwohneranzahl Deutschlands (83 019 213) entspricht dies einer Häufigkeitszahl von 0,61. In Südafrika wurden zwischen dem 31.3.2019 und dem 1.4.2020 insgesamt 21 325 vollendete Morde polizeilich registriert.[896] Bei der zugrunde liegenden Einwohnerzahl von

892 *Neubacher* 2020, S. 71, näher dazu Kapitel C. IV. 4.1.

893 In Bezug auf Deutschland *Neubacher* 2020, S. 71 f.; hinsichtlich Südafrika *Maree* 2018, 4.5.1.1.

894 Vgl. etwa *Birkel* 2015, S. 15; übereinstimmend die südafrikanischen Autoren *Kriegler und Shaw* 2016, S. 85.

895 Darunter fallen Mord (218 Fälle) sowie Totschlag und Tötung auf Verlangen (290 Fälle), PKS 2019, Bd. 4, S. 12.

896 SAPS Crime Stats 2018/2019, *Murder*. Das südafrikanische Strafrecht definiert *„murder"* als *„intentional unlawful killing of another human being"*, siehe *Kemp* 2015, S. 297. Eine materiell-rechtliche Vergleichbarkeit mit den genannten vorsätzlichen Tötungsdelikten der PKS ist insoweit gegeben. Auch die Rechtslage rund um die

57 939 226 Personen ergibt dies eine Häufigkeitszahl von 36,81. Damit liegt die Rate registrierter vorsätzlicher vollendeter Tötungsdelikte in Südafrika gegenwärtig um rund 5915 % höher als in Deutschland.[897]

Der nachfolgend abgebildete Langzeitvergleich der Rate vorsätzlicher Tötungen in beiden Bezugsländern ab 1994 bestätigt das durchweg eklatant höhere Niveau in Südafrika.[898] Die Häufigkeitszahl in Deutschland stellt sich seit 1998 als weitgehend stabil um etwa 1 dar. Südafrikas Mordrate hat in den frühen 1990er-Jahren, den letzten Jahren der Apartheid, seinen Höhepunkt erreicht und ist dann von 1994 bis 2012 deutlich gesunken, wenngleich vergleichsweise auf sehr hohem Niveau. Seit 2012 ist erneut eine steigende Tendenz erkennbar. Von diesen Tötungsdelikten sind männliche Südafrikaner im Alter von 15–29 mit Abstand am häufigsten betroffen, sowohl als Täter als auch als Opfer.[899]

(quantitativ ohnehin wenig bedeutende) Tötung auf Verlangen ist in den Grundzügen vergleichbar, vgl. *Kemp* 2015, S. 298 ff.

897 Auffallend ist das Verhältnis zwischen registrierten vollendeten und versuchten Taten. Von den im Bezugsjahr registrierten 2315 Tötungsdelikten in Deutschland führten 508 Fälle (22 %) zur Vollendung und 1807 Fälle (78 %) wurden versucht, vgl. PKS 2019, Bd. 4, S. 12. Mithin verblieb es bei etwas mehr als drei Viertel der Fälle beim Versuch. Das Verhältnis in Südafrika stellt sich hingehen konträr dar: Hier wurden mehr vollendete (21 325, entsprechend 53 %) als versuchte Tötungsdelikte registriert (18 635, entsprechend 47 %), vgl. SAPS Crime Stats 2018/2019. Die genauere Analyse möglicher Ursachen für diesen Befund würde den Rahmen dieser Arbeit sprengen und hat auch keine ersichtliche Relevanz. Nach allgemeiner Lebensauffassung ist jedenfalls nicht davon auszugehen, dass Täter in Südafrika so viel „effizienter" töten als hierzulande. Auch wenn mehr illegale Schusswaffen im Umlauf sind und es mehr günstige Tatgelegenheiten geben mag, so sind die Gründe wohl eher bei der strafrechtlichen Registrierung zu suchen.

898 Zur Darstellung der polizeilich registrierten Morde in Südafrika von 1911 bis 2015 siehe *Kriegler und Shaw* 2016, S. 124 ff.

899 Vgl. *Ward et al.* 2013, S. 5.

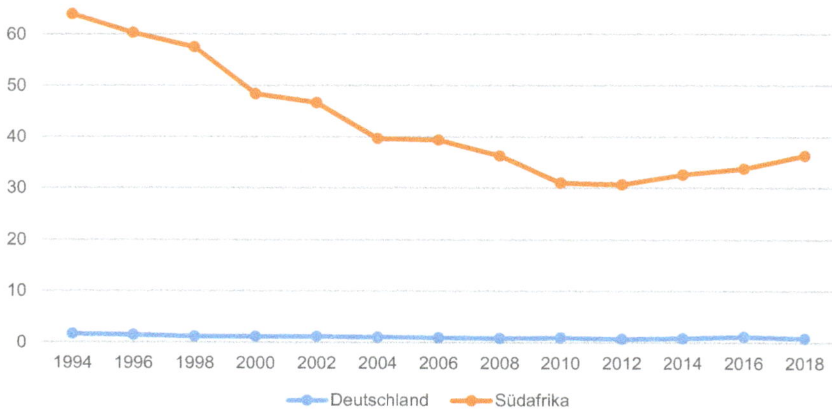

Abbildung 13: Häufigkeitsziffern für vollende Tötungsdelikte im Ländervergleich (1994–2018).[900]

2.2. *Inhaftierungsraten*

Die Inhaftierungsquote, d. h. die Anzahl von inhaftierten Personen pro 100 000 Einwohnern eines Landes, beträgt gegenwärtig (Juni 2020) in Südafrika 248 und in Deutschland 69.[901] Dies entspricht einer um 259 % höheren Inhaftierungsquote in Südafrika. Der Langzeitvergleich der vergangenen zwei Jahrzehnte stellt sich wie folgt dar:

900 Die Grafik wurde anhand der Daten des *United Nations Office on Drugs and Crime (UNODC)* erstellt, die regelmäßig die Global Study on Homicide veröffentlicht. Die Länderdaten sind abrufbar unter: https://dataunodc.un.org/content/data/homicide/homicide-rate (zuletzt abgerufen am 6.6.2021).

901 *Institute for Crime & Justice Policy Research (London)*, World Prison Brief, abrufbar unter https://www.prisonstudies.org/world-prison-brief-data (zuletzt abgerufen am 6.6.2021), nachfolgend: World Prison Brief.

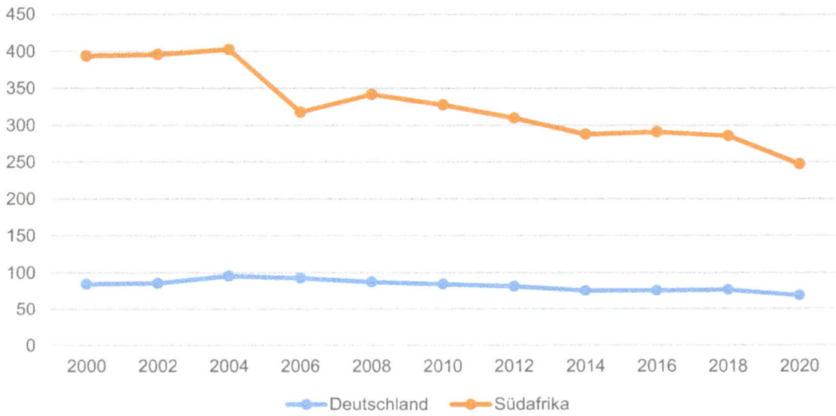

Abbildung 14: Inhaftierungsraten pro 100 000 Einwohner im Ländervergleich (2000–2020).[902]

Auch diese Quote lässt jedoch keinen Rückschluss auf die tatsächliche Kriminalitätsbelastung zu, da die Ausführungen zum Dunkelfeld und zu Aufklärungsquoten hier entsprechend gelten. Zudem sind die Voraussetzungen für die Verhängung und Vollstreckung von Gefängnisstrafen und Untersuchungshaft in den jeweiligen Rechtssystemen nicht ohne Weiteres miteinander vergleichbar. Die Inhaftierungsraten sind daher hinsichtlich des Kriminalitätsaufkommens nicht aussagekräftig, sondern eher in Bezug auf den Umgang eines Staates mit Kriminalität. Wie oben dargestellt, ist die Anzahl Minderjähriger unter den Inhaftierten seit der Einführung des Child Justice Acts in 2010 stark rückläufig. Seit dem Jahr 2000 ist sogar ein Rückgang minderjähriger Inhaftierter von rund 96 % zu verzeichnen.[903]

2.3. *Der Global Peace Index (GPI)*

Das australische *Institute for Economics & Peace* veröffentlicht jährlich den sogenannten *Global Peace Index* (GPI).[904] Dieser Index stellt die weltweit führende

---

902 Erstellt anhand der Daten des World Prison Brief.

903 Siehe Kapitel B. III. 3.

904 *Institute for Economics & Peace*, Global Peace Index 2020: Measuring Peace in a Complex World, Sydney, 2020, https://www.visionofhumanity.org/resources/ (zuletzt abgerufen am 6.6.2021), nachfolgend: Global Peace Index 2020.

Messgröße für den Grad der Friedfertigkeit eines Landes dar.[905] Bewertet werden 163 Länder anhand von 23 qualitativen und quantitativen Indikatoren aus verschiedenen Themenbereichen.[906] Im aktuellen GPI von 2020 erreichte Deutschland den 16. Platz.[907] Südafrika wurde mit einer Platzierung auf dem 123. Platz als deutlich unsicherer bewertet.[908] Insbesondere bei dem Messfaktor der ökonomischen Kosten von Gewalt belegt Südafrika einen Platz im oberen Sechstel des Index – unter anderem zusammen mit Bürgerkriegsländern wie dem Jemen, Irak und Syrien.[909]

3. Zwischenfazit

Es bleibt festzuhalten, dass weder die vorgenannten Statistiken noch andere verfügbare Daten einen empirisch belastbaren Vergleich hinsichtlich der präzisen Jugendkriminalitätsbelastung in beiden Bezugsländern zulassen. Gleichzeitig steht jedoch fest, dass das Kriminalitätsniveau Südafrikas – von dem Minderjährige gleichermaßen als Täter und als Opfer betroffen sind – weit über dem Deutschlands liegt.

Die kriminologische Literatur beschreibt eine Normalisierung von Gewalt in Südafrika, die weitgehend kulturell verbreitet und akzeptiert ist.[910] Tatsächlich ist die von den oben zitierten Medien beschriebene (Gewalt-)Kriminalität eine der größten Herausforderungen des Landes nach der Abschaffung der Apartheid.[911] Die „Bekämpfung" dieses Problems mit Diversion und Restorative Justice ist eine kriminalpolitisch ebenso spannende wie umstrittene Kehrtwende.

III. Die Lebenswirklichkeit Jugendlicher im Ländervergleich

1. Einleitung

In den folgenden Abschnitten sollen Antworten auf die Frage gefunden werden, wie der Befund der so unterschiedlich stark ausgeprägten Kriminalitätsbelastung

905 Vgl. *Schippa* 2011, S. 112.
906 Global Peace Index 2020, S. 2.
907 Global Peace Index 2020, S. 8.
908 Global Peace Index 2020, S. 9.
909 Global Peace Index 2020, S. 99.
910 *Palmary* 2016, S. 31 ff.; *Maree* 2018, 4.4.1.5.
911 Vgl. *Sprenger-Menzel* 2019, S. 273 ff.; *Altbeker* 2007; *Hesselink* 2014, S. 10 f.; *Snyman* 2014, S. 20 f.

erklärt werden kann. Hierzu sollen zunächst kriminologische Hauptbefunde zu der Lebenswirklichkeit von Jugendlichen in Südafrika skizziert und denen deutscher Jugendlicher vergleichend gegenübergestellt werden.

2. Gesundheit und Familienstrukturen

Südafrika gehört zusammen mit dem von südafrikanischem Territorium eingeschlossenen Königreich Lesotho und dem benachbarten Botswana zu den Ländern mit der höchsten AIDS- und HIV-Verbreitung der Welt.[912] Kaum ein anderes Land ist so stark von der Epidemie betroffen wie Südafrika. Im Jahr 2018 waren 20,4 % aller Einwohner Südafrikas im Alter von 15 bis 49 Jahren mit dem HI-Virus infiziert. Die Quote für dasselbe Bezugsjahr lag in Deutschland bei 0,1 %.[913]

Die extreme Verbreitung der Aidskrankheit führt hauptursächlich dazu, dass die Lebenserwartung Südafrikas weit unter dem Durchschnitt anderer OECD-Staaten liegt. Die hohe AIDS-Sterblichkeit hat dramatische Auswirkungen auf die demografische Entwicklung des Landes.[914] Während die Lebenserwartung in Deutschland von 1990 bis 2018 von 75,5 auf 81,2 Jahre kontinuierlich anstieg, liegt das Niveau Südafrikas weit darunter. So lag die Lebenserwartung im Jahr 1990 bei 63,3 Jahren und sank zunächst noch weiter ab. Nach einem Tiefstand von 53,8 Jahren in 2006 steigt die Lebenserwartung langsam wieder an, liegt unter anderem aufgrund der hohen AIDS-Sterblichkeit mit heute 63,9 Jahren jedoch noch immer gut 17 Jahre hinter der in Deutschland.

---

912 *Sprenger-Menzel* 2019, S. 139; *Woznica et al.* 2018.

913 *World Bank*, World Development Indicators database, HIV prevalence, die Länderdaten sind abrufbar unter http://hdr.undp.org/en/indicators/58006 (zuletzt abgerufen am 6.6.2021).

914 Vgl. *Sprenger-Menzel* 2019, S. 139.

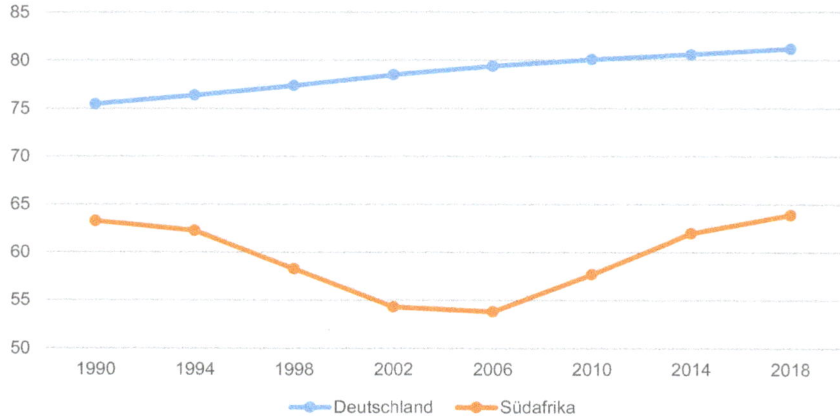

Abbildung 15: Durchschnittliche Lebenserwartung in Jahren im Ländervergleich (1990–2018).[915]

Bedingt oder zumindest verschärft wurde diese dramatische Entwicklung durch eine jahrelange Verleugnungspolitik der südafrikanischen Regierung.[916] Der Nachfolger *Mandelas*, *Thabo Mbeki*, Präsident von 1999 bis 2008, leugnete den wissenschaftlich gesicherten Zusammenhang zwischen dem HI-Virus und der Aidserkrankung[917] und verbreitete krude Verschwörungstheorien.[918] Er vertrat die Auffassung, dass die Ursache für AIDS nicht das HI-Virus sei, sondern Armut und Unterernährung.[919] Teure antiretrovirale Präparate zur AIDS-Bekämpfung aus dem Westen seien reine Geldmache und viel gefährlicher als die Krankheit selbst. Die offizielle Empfehlung Mbekis und seines Gesundheitsministers zur Bekämpfung von AIDS war der ausreichende Konsum von Roter Bete, Knoblauch und afrikanischen Kartoffeln.[920] Einer Studie

915 Grafik erstellt anhand der Daten der *World Bank*, Life expectancy at birth. Die Länderdaten sind abrufbar unter https://data.worldbank.org/indicator/SP.DYN.LE00.IN (zuletzt abgerufen am 6.6.2021).

916 Dazu *Küppers* 2017, S. 29 f.; *Ellmer* 2008, S. 47 ff.

917 Vgl. *Chigwedere et al.* 2008, S. 410.

918 Vgl. *Löwer* 2010, S. 151 ff.

919 *Ellmer* 2008, S. 47 f.

920 *Wolfgang Drechsler*, HIV in Südafrika – Tödliche Ignoranz, in: Handelsblatt, 17.4.2014, https://www.handelsblatt.com/arts_und_style/aus-aller-welt/hiv-in-suedafrika-toedlicheignoranz/9779046-all.html (zuletzt abgerufen am 6.6.2021).

der Universität Harvard zufolge verursachte diese Politik den Tod von mehr als 330 000 Südafrikanern.[921]

Nach der Regierungszeit *Mbekis* wurde die Bekämpfung der AIDS-Epidemie allmählich professionalisiert.[922] Die neue Regierung unter Präsident *Jacob Zuma* (2009–2018) stritt den Kausalzusammenhang zwischen dem HI-Virus und AIDS immerhin nicht mehr ab. *Zuma* forderte seine Landsleute auf, Kondome zu benutzen und initiierte staatliche Präventionskampagnen.[923] Er selbst disqualifizierte sich jedoch im Kampf gegen AIDS. In einem gegen ihn geführten Vergewaltigungsprozess gab er an, in Kenntnis deren HIV-Infektion einvernehmlichen ungeschützten Geschlechtsverkehr mit einer Frau gehabt zu haben – Angst vor einer Infizierung habe er dabei jedoch nicht gehabt, da er danach wie üblich heiß geduscht habe.[924]

Vor diesem Hintergrund verwundert es wenig, dass aktuelle staatliche Aufklärungskampagnen und Hilfsangebote wie die Zugänglichmachung kostenloser Kondome aufgrund des verbreiteten Aberglaubens und der gesellschaftlichen Stigmatisierung von AIDS-Kranken nur sehr langsam Wirkung zeigen.[925]

Von den HIV-Infizierten sind mehrheitlich Frauen betroffen und dadurch bedingt auch in einem großen Umfang Neugeborene.[926] Als einer der Hauptgründe hierfür wird die hohe Anzahl an Vergewaltigungen angeführt, denn auch die Vergewaltigungsquote in Südafrika gilt als eine der höchsten weltweit.[927] Neben der Tatsache, dass Frauen und Mädchen in Südafrika ohnehin einer extrem hohen häuslichen und sexualisierten Gewalt ausgesetzt sind[928], kommt erschwerend hinzu, dass bis heute verbreitet der irrsinnige Aberglaube besteht, AIDS könne durch Geschlechtsverkehr mit einer Jungfrau geheilt werden.[929]

Die Folgen der immensen AIDS-Sterblichkeit sind für Jugendliche und deren Familienstrukturen gravierend. Offiziellen Schätzungen zufolge lebten 2017 in

921 *Chigwedere et al.* 2008.

922 Vgl. *Sprenger-Menzel* 2019, S. 207 f.

923 Vgl. *Küppers* 2017, S. 29.

924 *Löwer* 2010, S. 153; *Thomas Scheen*, Präsident Zuma – Kein Freund von Safer Sex, in: FAZ, 2.2.2010, https://www.faz.net/aktuell/politik/ausland/praesident-zuma-kein-freund-von-safer-sex-1612881.html (zuletzt abgerufen am 6.6.2021).

925 Vgl. zur Qualität des südafrikanischen Gesundheitssystems *Sprenger-Menzel* 2019, S. 237 ff.

926 *Panday et al.* 2013, S. 114 ff.

927 *Panday et al.* 2013, S. 114 ff.; *Küppers* 2017, S. 29 ff.

928 Dazu ausführlich *Küppers* 2017, S. 29 ff.

929 *Löwer* 2010, S. 153; *Hesselink und Dastile* 2016, S. 3 f.

Südafrika 530 000 Voll- und 2 258 000 Halbwaisenkinder, das entspricht 14,1 % aller Kinder Südafrikas.[930] AIDS ist dabei die häufigste Todesursache der Eltern von Schulkindern,[931]

> *„[s]o füllen sich die Friedhöfe in dramatischem Tempo – und zu gleicher Zeit leeren sich die Häuser, in denen es noch intakte Familien gibt.“*[932]

Neben Halb- und Vollwaisenkindern gibt es zahlreiche obdachlose Straßenkinder und Hunderttausende Kinder, die gänzlich ohne erwachsene Personen und Aufsicht in einem Haushalt leben.[933] Eine Konstellation, die so verbreitet ist, dass sich in Südafrika mit *„child-headed household“* hierzu eine eigene Bezeichnung etabliert hat.[934]

Auch die derzeit (2020/2021) alles beherrschende COVID-19-Pandemie hat massive Auswirkungen auf Südafrika. Das Land galt zu Beginn der Pandemie als Epizentrum des afrikanischen Kontinents und reagierte mit einem der härtesten Lockdowns weltweit. Aufgrund der Erfahrungen mit der HIV-Epidemie, dem Zustand des Gesundheitssystems und den Wohnstrukturen in den Townships (viele Menschen auf engem Raum mit strukturellem Mangel an hygienischer Infrastruktur) wurde befürchtet, dass die Corona-Krise noch viel dramatischere Auswirkungen in Südafrika haben wird als in Europa.[935] Gegenwärtig (Juni 2021) scheint die Pandemie nicht die gefürchteten Ausmaße angenommen zu haben, doch die Auswirkungen auf die ohnehin prekäre Wirtschaftslage des Landes sind fatal.

Ein sehr negativer Einfluss auf die Familienstrukturen wird auch der Arbeitsmarktsituation in Südafrika zugeschrieben.[936] Insbesondere in ländlichen Gegenden Südafrikas, die flächenmäßig den absoluten Großteil des Landes ausmachen, sind wohnortnahe Arbeitsplätze selten.[937] Stundenlange Anreisen zum

---

930 *Hall et al.* 2018, S. 133.

931 *Hesselink und Dastile* 2016, S. 5.

932 *Löwer* 2010, S. 155.

933 Vgl. *Hesselink und Dastile* 2016, S. 4 f.

934 Vgl. Sec. 137 Children's Act 38 of 2005 sowie *Hesselink und Dastile* 2016, 4.7.

935 *Fritz Schaap*, Südafrika fürchtet Covid-19-Ausbruch – „Es wird ein Desaster“, in Spiegel, 22.3.2020, https://www.spiegel.de/ausland/suedafrika-fuerchtet-coronavirus-ausbruch-es-wird-ein-desaster-a-00000000-0002-0001-0000-000170114602 (zuletzt abgerufen am 6.6.2021).

936 *Maree* 2018, S. 180.

937 Südafrika hat rund 57,8 Millionen Einwohner auf einer Fläche von 1 220 000 km². Das entspricht etwa der 3,4-fachen Fläche des mit rund 83 Millionen Einwohnern deutlich dichter besiedelten Deutschlands (357 386 km²).

Arbeitsort sind weit verbreitet.[938] Eine mit der deutschen Situation vergleichbare Infrastruktur, die das Pendeln zu entfernteren Arbeitsplätzen ermöglichen würde, besteht in Südafrika nicht. Entsprechendes gilt für die Anschaffung und Unterhaltung eines eigenen Kraftfahrzeugs, welche für die meisten (schwarzen) südafrikanischen Familien aufgrund der Einkommensverhältnisse keine Option darstellen. Das Resultat ist ein hohes Maß an Wanderarbeit.[939] Die einen großen Teil der südafrikanischen Wirtschaftskraft ausmachenden landwirtschaftlichen Betriebe und Bergbauminen stellen ihren Arbeitern oft einfache Wohnbaracken am Arbeitsort zur Verfügung.[940] Arbeiter kommen so dann nur gelegentlich zu ihren Familien nach Hause, nehmen diese Umstände angesichts der immensen Arbeitslosigkeit jedoch in Kauf.[941] Insbesondere Eltern kinderreicher Familien sind auf jede Möglichkeit der Arbeit angewiesen.

Die immense AIDS-Sterblichkeit, Wanderarbeit und Armut führen daher zu einem Niveau der Kinder und Jugendlichen, die ohne oder nur mit beschränkter elterlicher Fürsorge und Erziehung und ohne intakte Familienstrukturen aufwachsen, welches das deutsche Level um ein Vielfaches übersteigen dürfte.[942] Auch die hohe Inhaftierungsrate, insbesondere von männlichen Südafrikanern, trägt zusätzlich zu einer Zerklüftung intakter Familienstrukturen bei.[943]

3. Armut und Massenarbeitslosigkeit

Ein weiteres, das heutige Südafrika prägende Bild stellt die extreme Armut und Arbeitslosigkeit dar.[944]

Der materielle Wohlstand und die wirtschaftliche Leistungsfähigkeit eines Landes lassen sich primär an dem Bruttoinlandsprodukt pro Kopf messen. Hier liegt Südafrika unter den Staaten Afrikas zwar vergleichsweise weit vorne, im Vergleich zu Deutschland ist der Wert jedoch weit abgeschlagen. Im Bezugsjahr

---

938 Vgl. *Maree* 2018, S. 180.
939 *Maree* 2018, S. 180.
940 *Hesselink und Dastile* 2016, S. 4 f.
941 Vgl. *Maree* 2018, 4.4.2.2.
942 Vgl. *Maree* 2018, 4.4.2.2; *Hesselink und Dastile* 2016, S. 4 f.
943 Vgl. *Maree* 2018, 4.4.2.2; siehe Kapitel C. II. 2.2.
944 Bei den nachfolgenden Daten zur Wirtschaftslage und Arbeitsmarktsituation wurde bei der Endredaktion auf die Heranziehung der Daten für 2020 verzichtet, da die derzeit alles beherrschende COVID-19-Pandemie erhebliche Auswirkungen auf die Wirtschaft und den Arbeitsmarkt in beiden Bezugsländern hat und eine Vergleichbarkeit erschwert.

2018 erreichte Deutschland ein Bruttoinlandsprodukt von 47 810 US-Dollar und Südafrika eines von 6374 US-Dollar pro Kopf. Damit liegt das hiesige Bruttoinlandsprodukt um rund 650 % über dem Südafrikas. Wie sich im Folgenden noch zeigen wird, sind diese Daten jedoch nur bedingt aussagekräftig, da die Einkommensverteilung in Südafrika von einer weltweit einzigartigen Ungleichheit geprägt ist.

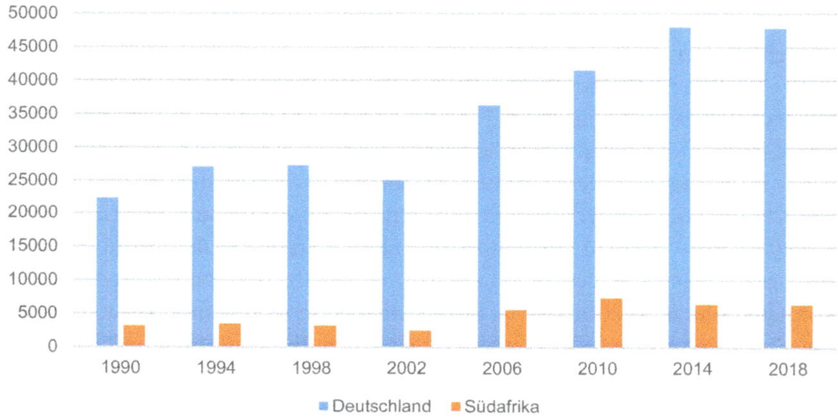

Abbildung 16: Bruttoinlandsprodukt pro Kopf im Ländervergleich in US-Dollar (1990–2018).[945]

Auch ein Blick auf die offiziell registrierte Arbeitslosigkeit zeigt gravierende Unterschiede zwischen beiden Bezugsländern. Während Deutschland eine relativ stabile allgemeine Arbeitslosigkeit von unter 5 % aufweist, stagniert diese in Südafrika seit Jahren bei 25–30 %.[946] Südafrika hat damit eine der höchsten Arbeitslosenquoten weltweit.[947] Die COVID-19-Pandemie hat die Situation

945 Grafik erstellt anhand der Daten der *World Bank*, GDP per capita. Die Länderdaten sind abrufbar unter https://data.worldbank.org/indicator/NY.GDP.PCAP.CD?end=2019&start=1960&view=chart (zuletzt abgerufen am 6.6.2021).

946 *International Labour Organization (ILO*), ILOSTAT, https://ilostat.ilo.org/data/country-profiles/ (zuletzt abgerufen am 6.6.2021).

947 *ILO*, ILOSTAT, Statistics on unemployment and supplementary measures of labour underutilization, Which country has the highest rate of labour underutilization?, https://ilostat.ilo.org/topics/unemployment-and-labour-underutilization (zuletzt abgerufen am 6.6.2021).

jüngst noch weiter verschärft, im vierten Quartal 2020 wurde mit 32,5 % ein neues Rekordhoch vermeldet.[948]

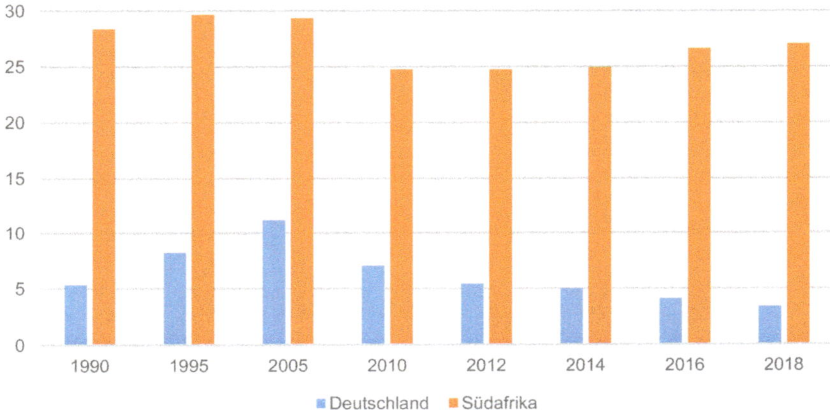

Abbildung 17: Allgemeine Arbeitslosigkeit im Ländervergleich in Prozent (1990–2018).[949]

Auch in diesem Bereich trifft es wieder junge Südafrikaner, die besonders gefährdet und betroffen sind. Die offiziell registrierte Jugendarbeitslosigkeit zeichnet ein noch gravierenderes Bild als das der allgemeinen Arbeitslosigkeit, wie sich nachfolgender Grafik entnehmen lässt:

Die hohe Anzahl der arbeitslosen Jugendlichen wurde von Präsident Cyril Ramaphosa völlig zu Recht als nationale Krise beschrieben.[951] Die Arbeitslosigkeit der Altersgruppe der 15–24-Jährigen beträgt seit Jahren konstant über 50 %. Eine Besserung der Situation ist nicht in Sicht, denn bereits kurz vor Beginn der COVID-19-Pandemie verkündete das Statistische Amt Südafrikas für das erste

948 *Nokwanda Ncwane,* Workers' Day 2021: NUMSA concerned about unemployment and poverty, in: The South African, 1.5.2021, https://www.thesouthafrican.com/news/workers-day-may-day-international-workers-day-numsa (zuletzt abgerufen am 6.6.2021).

949 Grafik erstellt anhand der Daten der *ILO* (ILOSTAT), abrufbar unter https://ilostat.ilo.org/data/country-profiles (zuletzt abgerufen am 6.6.2021).

950 Grafik erstellt anhand der Daten der *ILO* (ILOSTAT), abrufbar unter https://ilostat.ilo.org/data/country-profiles (zuletzt abgerufen am 6.6.2021).

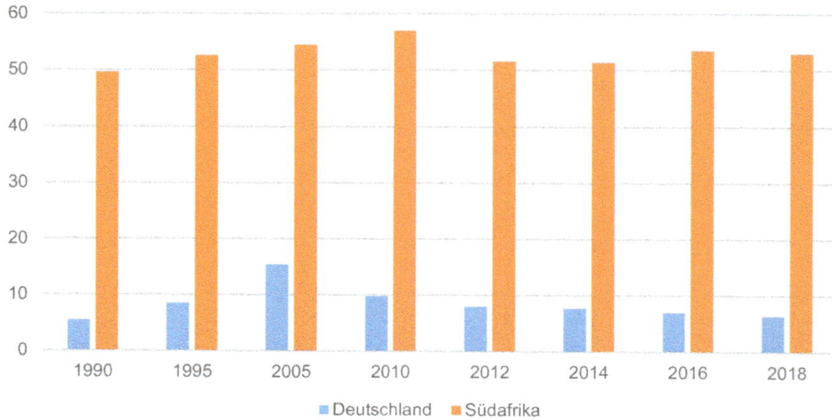

Abbildung 18: Jugendarbeitslosigkeit der 15–24-Jährigen in Prozent (1990–2018).[950]

Quartal 2020 einen neuen Negativrekord von 59,0 %.[952] Während also mehr als die Hälfte aller jungen Südafrikaner von Arbeitslosigkeit betroffen ist, trifft dies in Deutschland auf nur 6–7 % zu. Auch in Deutschland liegt das Niveau der Jugendarbeitslosigkeit über dem der allgemeinen, die Diskrepanz zwischen beiden Ländern ist aber nicht ansatzweise vergleichbar.

Ungeachtet der Tatsache, dass bereits die offiziellen Arbeitslosenzahlen alarmierend wirken, sind auch die von der Statistik nicht als arbeitslos erfasste Personen keinesfalls von extremer Armut geschützt. Es besteht ein großer Niedrig- und Tageslohnsektor sowie zahlreiche prekäre Beschäftigungsfelder, die sich ausschließlich durch Trinkgelder finanzieren.[953] Die beispielsweise auf nahezu jedem Parkplatz zu findenden Wächter (*„car guards"*) gelten – sofern offiziell eingesetzt – nicht als arbeitslos.[954] Sie erhalten jedoch allenfalls in Touristenhochburgen während der Hauptsaison ausreichende Trinkgelder, um ansatzweise

---

951 *Roelf Wendell*, South Africa youth unemployment a 'national crisis': president, in: Reuters, 16.6.2019, https://www.reuters.com/article/us-safrica-unemployment-idUSKCN1TH0EH (zuletzt abgerufen am 6.6.2021).

952 *Statistics South Africa*, Vulnerability of youth in the South African labour market, 24.6.2020, http://www.statssa.gov.za/?p=13379 (zuletzt abgerufen am 6.6.2021).

953 Dazu *Yu* 2012; *Musara und Nieuwenhuizen* 2020.

954 Zur Situation von „car guards" am Beispiel der Stadt Bloemfontein *Blaauw und Bothma* 2003.

davon leben zu können. Ein System, das auch wiederum nur deswegen so stark verbreitet ist, weil sich wegen der hohen Alltagskriminalität kaum jemand traut, sein Fahrzeug unbewacht abzustellen.[955] Weitere Beispiele sind die an jedem größeren Supermarkt zu findenden Einpackhilfen und Tankstellenhelfer. Der Anteil dieser informellen Arbeitsverhältnisse an der Gesamtbeschäftigung wird auf 15–17 % geschätzt.[956]

Um die verbreitete Armut zu bekämpfen, hat Südafrika mit Wirkung zum 1.1.2019 erstmalig einen Mindestlohn eingeführt.[957] Nach einer moderaten Erhöhung im Februar 2021 liegt der allgemeine nationale Mindestlohn bei R21,69 und für Hausangestellte bei R19,09.[958] Bei dem derzeitigen Wechselkurs entsprechen 21,69 südafrikanische Rand einem Betrag von rund 1,27 €.[959] Ob dieser Mindestlohn, der auch kaufkraftbereinigt erheblich unter dem deutschen Mindestlohn von derzeit 9,50 € liegt,[960] geeignet ist, die flächendeckende Armut junger Menschen in Südafrika zu bekämpfen, darf bezweifelt werden.

4. Soziale Ungleichheit – das eigentliche Problem

Charakteristisch für Südafrika ist aber weniger die Armut als solche, sondern eher die Verteilung von Einkommen und Vermögen. Die Situation der Menschen und insbesondere der Jugendlichen betreffend ist die vorherrschende soziale Ungleichheit (nicht nur) kriminologisch gesehen das eigentliche Problem. Andere afrikanische Länder stehen wirtschaftlich gesehen schlechter da, verzeichnen gleichwohl aber keine so erhebliche Kriminalitätsbelastung.[961]

---

955 Vgl. *Blaauw und Bothma* 2003, S. 40.

956 *Musara und Nieuwenhuizen* 2020, S. 194.

957 National Minimum Wage Act 9 of 2018, abrufbar unter https://www.gov.za/sites/default/files/gcis_document/201811/42060gon1303act9of2018.pdf (zuletzt abgerufen am 6.6.2021).

958 National Minimum Wage Act 9 of 2018, Amendment vom 8.2.2021, abrufbar unter https://www.gov.za/sites/default/files/gcis_document/202102/44136gon76.pdf (zuletzt abgerufen am 6.6.2021).

959 Zur Währung Südafrikas und dem Wechselkurs siehe Fn. 648.

960 Stand 13.5.2021, entsprechend Beschluss der Mindestlohnkommission nach § 9 MiLoG vom 30.6.2020.

961 Ruandas Bruttoinlandsprodukt pro Kopf (772,94 US-Dollar) liegt beispielsweise deutlich unter dem Südafrikas (6374 US-Dollar). Gleichwohl gilt das Land als sicher, Gewaltkriminalität in Ruanda wird vom deutschen Auswärtigen Amt als selten vorkommend beschrieben. Die jährliche Mordrate in Ruanda lag 2015 bei rund 2,5 und die in Südafrika bei 33,7 (siehe oben), vgl. *UNODC*, https://dataunodc.un.org/content/data/homicide/homicide-rate (zuletzt abgerufen am 6.6.2021).

Bruttoinlandsprodukt und andere wirtschaftliche Messgrößen sagen nichts über die soziale Gerechtigkeit eines Landes aus – entscheidend ist nicht die Menge der zur Verfügung stehenden wirtschaftlichen Ressourcen, sondern deren Verteilung.

Auch diesbezüglich könnte die Bezeichnung Südafrikas als Land der Kontraste kaum besser zutreffen: In kaum einem Land der Welt trifft solch extreme Armut auf derartigen Luxus und Wohlstand wie hier; Südafrika ist eines der sozioökonomisch „ungleichsten" Länder der Welt.[962]

Dies ist auch dem Gesetzgeber durchaus bewusst. So bringt die Präambel des neuen Mindestlohngesetzes vom 1.1.2019 das Problem auf den Punkt:

> *„the Republic of South Africa is one of the most unequal societies in the world and […] there are huge disparities in income in the national labour market".*[963]

Diese Feststellung wird durch den sogenannten *GINI-Koeffizienten* bestätigt, der sich als Maßstab für die Einkommens- und Vermögensverteilung einzelner Länder etabliert hat und die gängige Messgröße für die soziale Gerechtigkeit eines Landes darstellt.[964] Tatsächlich ist Südafrikas Wert auf diesem Index mit 63,4 der schlechteste weltweit – in keinem anderen Land der Welt klafft die Einkommens- und Vermögensverteilung so weit auseinander wie in Südafrika.[965] Deutschland erreicht hingegen mit einem Wert von 31,9 ein weit unterdurchschnittlicheres Niveau der Ungleichheit.

Die durch rassistische und menschenverachtende Kriterien vorgenommene Zuweisung zu Bevölkerungsgruppen durch die Apartheidregierung prägt bis heute die Verteilung von Wohlstand und Armut.[966] Die auf Erreichung von Chancengleichheit gerichtete Gesetzgebung und alle Bemühungen der Post-Apartheid-Regierungen konnten die *„Kongruenz zwischen Hautfarbe und*

---

962 *Sprenger-Menzel* 2019, S. 243.

963 National Minimum Wage Act 9 of 2018, Preamble, eigene Übersetzung: *„die Republik Südafrika ist eine der 'ungleichsten' Gesellschaften der Welt […] und es gibt enorme Einkommensunterschiede auf dem nationalen Arbeitsmarkt".*

964 Vgl. *Sprenger-Menzel* 2019, S. 250.

965 *World Bank*, Gini Index, https://data.worldbank.org/indicator/SI.POV.GINI (zuletzt abgerufen am 6.6.2021). Auch im Vergleich mit den anderen vier der Top-5 Länder mit den „ungleichsten" Einkommensverteilungen (Equador, Kolumbien, Bolivien und Guatemala) schneidet Südafrika auffallend schlecht ab, dazu *Sprenger-Menzel* 2019, S. 253.

966 *Steinbrink* 2009, S. 157; *Seekings und Nattrass* 2005, S. 304 ff.

Lebenschancen" [967] bis heute nicht auflösen. Im Gegenteil, die Ungleichverteilung hat sich seit dem Fall der Apartheid tendenziell eher weiter verschärft.[968]

5. Townships und Wohnstrukturen

Die vorherrschende extreme soziale Ungleichheit wird nirgends so deutlich sichtbar wie an den Wohnstrukturen. Als Besucher Südafrikas wird man von gepflegten Flughafenhallen und modernen Innenstadtzentren empfangen, die westlichen Metropolen in nichts nachstehen. Verlässt man die Zentren von Kapstadt, Durban oder Johannesburg, führen die gut ausgebauten Nationalstraßen an kilometerlangen informellen Wohnsiedlungen entlang, den sogenannten „*Townships*".[969]

In diesen durch die Rassentrennungspolitik entstandenen Siedlungen hausen – im Prinzip ausschließlich schwarze, farbige und indisch-stämmige[970] – Südafrikaner in einfachsten, notdürftig zusammengeschusterten Wellblechhütten, teilweise ohne Strom- und Wasseranschluss.[971]

Townships befinden sich bei allen größeren Städten Südafrikas und haben teilweise riesige Ausmaße, etwa jeder vierte Südafrikaner lebt in einer solchen Siedlung.[972] Weiße Kinder und Jugendliche sind davon praktisch nicht betroffen, sie leben zu 99,5 % in geordneten Wohnverhältnissen (*formal housing*).[973]

Dutzende der Townships beheimaten mehr als 100 000 Einwohner und entsprechen somit der internationalen Definition einer Großstadt. Zu den größten Townships gehören Soweto bei Johannesburg mit gegenwärtig über 1,2 Millionen Einwohnern sowie Umlazi bei Durban und Khayelitsha bei Kapstadt mit jeweils rund 400 000 Einwohnern.[974]

Wie hier bedrückend deutlich zu sehen, liegen diese Townships regelmäßig nur Straßenzüge entfernt von wohlhabenden Wohngegenden mit großen Einfamilienhäusern samt schicken Gärten und Pools – die von Tageslohnkräften aus den benachbarten Townships gepflegt werden. Solche Privathäuser und ganze

967 *Steinbrink* 2009, S. 160.
968 Vgl. *Sprenger-Menzel* 2019, S. 253 ff.
969 Eine deutschsprachige Definition findet sich in *Küppers* 2017, S. 343.
970 *Binswanger-Mkhize und Im* 2014, S. 67 f.
971 Vgl. *Küppers* 2017, S. 144; *Kornienko* 2016; *Cramer* 2010, S. 42 ff.
972 Vgl. Statistics South Africa 2020, S. 32 f.
973 *Hall et al.* 2018, S. 158.
974 Zum Vergleich mit deutschen Städten: Berlin (3,7 Millionen), München (1,5 Millionen), Frankfurt am Main (763 000), Mainz (219 000).

Abbildung 19: Bauart typischer Wellblechhütten (Shacks) hier in der Township Kayamandi, eigene Aufnahme.

wohlhabende Wohnviertel sind hermetisch abgeschottet, von bewaffnetem Personal bewacht und von hohen Elektrozäunen umgeben. Die Anzahl dieser *„gated communities"* wird gegenwärtig auf 7000 geschätzt und sie erfreuen sich anhaltender Beliebtheit bei der Oberschicht.[976] Ausländischen Studierenden wird aus Sicherheitsgründen empfohlen, ausschließlich Wohnungen in solchen Anlagen anzumieten und allgemein möglichst weite Bögen um Townships zu machen.[977]

Der Ursprung der Armutssiedlungen liegt in den Landgesetzen der Apartheidregierung, insbesondere dem *Group Areas Act* von 1950. Nach dieser Politik sollte jede Stadt eine von der weißen Bevölkerung getrennte Township für die schwarze Bevölkerung haben, was zur Zwangsumsiedlung und Deportierung von vielen Millionen schwarzen Südafrikanern geführt hat.[978] Auch nach der

---

975 Die Aufnahme stammt aus dem Bildband **„Unequal Scenes"** von **Johnny Miller**, mit vielen weiteren Aufnahmen abrufbar unter: https://unequalscenes.com/south-africa (zuletzt abgerufen am 6.6.2021). Verwendung mit freundlicher Genehmigung des Fotografen.

976 *Leonie March*, Südafrikas innere Grenzen – Zäune schützen Reiche vor Kriminalität, in Deutschlandfunk Kultur, 31.1.2019, https://www.deutschlandfunkkultur.de/suedafrikas-innere-grenzen-zaeune-schuetzen-reiche-vor.979.de.html?dram:article

Abbildung 20: Die Orte Primrose (links) und Makause (rechts) bei Johannesburg.[975]

Apartheid haben rasantes urbanes Wachstum und Zuwanderung aus anderen afrikanischen Staaten zu einer Verschärfung der Situation beigetragen.[979] Die entstandene wohnräumliche Segregation hat sich nie aufgelöst, es entbrennen immer wieder Auseinandersetzungen über Enteignung von weißen Landbesitzern und Forderungen nach einer Umverteilung des Landes.[980]

_id=439138 (zuletzt abgerufen am 6.6.2021); ausführlich zu *„gated communities"* in Südafrika auch *Landman* 2020.

977 So die Erfahrung des Verfassers bei der Vorbereitung des Studienaufenthaltes.

978 Siehe Kapitel A. I. 2.1.3.

979 Dazu *Cramer* 2010, S. 17 ff.

980 Dazu *Sprenger-Menzel* 2019, S. 279 ff.

IV. Kriminologische Erklärungsansätze und Restorative Justice

1. Einleitung

Im Laufe der Jahrzehnte hat sich eine Vielzahl von Modellen zur Erklärung von Kriminalität entwickelt, die auf unterschiedlichsten Ansatzpunkten beruhen und aus verschiedenen Bezugswissenschaften stammen.[981] Der Anspruch, praktisch jede Form von Delinquenz erklären zu können, konnte dabei empirisch nicht erfüllt werden.[982] Entweder sind die Modelle nur zur Erklärung bestimmter persönlicher und zeitlich beschränkter Deliktsphänomene geeignet oder sie sind so weit gefasst, dass der Versuch einer allumfassenden Erklärung schnell zu einem Informationsgehalt führt, der *„gegen Null geht"*.[983] Daher ist der Begriff „Kriminalitätstheorie" zwar gebräuchlich, aber auch irreführend, da er die uneinlösbare Vorstellung suggeriert, *„die Kriminalitätsgenese vermittels konsistenter empirisch überprüfbarer Theorieannahmen adäquat und umfassend darstellen und erklären zu können."*[984]

Auch der nachfolgende Abschnitt verfolgt nicht den unerfüllbaren Anspruch, empirisch gültige Erklärungen für die unterschiedlich ausgeprägte Jugenddelinquenzbelastung zu liefern. Die dargestellten Theorien sind vielmehr modellhafte Ansätze,[985] die versuchen, die dargestellten Erkenntnisse über die unterschiedliche Kriminalitätsbelastung in ein widerspruchsfreies System von Aussagen zu bringen.[986] Anders als juristische Lehrmeinungen, die ebenfalls als Theorien bezeichnet werden, stehen Kriminalitätstheorien unter dem Vorbehalt der empirischen Überprüfung.[987] Vor diesem Hintergrund sollen anhand der hier vorgestellten Modelle Hypothesen generiert werden, die mögliche Erklärungsansätze für die so unterschiedliche Kriminalitätsbelastung liefern. Zudem sollen aus verschiedenen Perspektiven Ansatzpunkte für die Frage entwickelt werden, ob Diversion und Restorative Justice als Interventionsform bei bestimmten sozialen,

---

981 Grundlegend *Bock* 2019, S. 51 ff.; *Meier* 2021, S. 32 ff.; *Neubacher* 2020, S. 89 ff.; *Kunz* 2010.

982 *Neubacher* 2020, S. 89.

983 *Kunz* 2010, S. 65; *Neubacher* 2020, S. 89.

984 So *Kunz* 2011, S. 58.

985 Vgl. *Kunz* 2011, S. 60.

986 Definition beruhend auf *Bock* 2019, S. 52 und *Meier* 2021, S. 33.

987 Vgl. *Bock* 2019, S. 52.

kulturellen oder wirtschaftlichen Rahmenbedingungen besonders geeignet erscheint.

Kriminalitätstheorien lassen sich nach unterschiedlichen Gesichtspunkten systematisieren. Für die hiesige Arbeit bietet sich eine grobe Einteilung in personenbezogene (z. B. Bindungs-, Kontroll-, Lern- und Drucktheorien) und in gesellschaftsbezogene (z. B. Kulturkonflikt- und Subkulturtheorien) Ansätze an.[988] Personenbezogene Ansätze sind deshalb von Relevanz für diese Arbeit, da es um mögliche Entstehungsursachen, vor allem aber um den Umgang mit Jugendkriminalität geht, der letztlich nur einzelfallbezogen bewertet werden kann. Gleichzeitig stehen aber auch gesellschaftliche Ursachen und Bedingungen im Interesse, da Herangehensweisen im Umgang mit Jugendkriminalität aus gänzlich unterschiedlichen Kultur- und Rechtskreisen miteinander verglichen werden sollen. Innerhalb dieser Einteilung wurde die Auswahl auf einige, empirisch gut belegte und anerkannte Ansätze beschränkt. Dabei wurden insbesondere solche Modelle herangezogen, die einen weiten Erklärungsansatz für Jugenddelinquenz bieten und nicht etwa auf einzelne Deliktsphänomene (wie z. B. Eigentumsdelikte) beschränkt sind.

Neben ausgewählten klassischen Kriminalitätstheorien, die vordringlich nach Gründen für den *Einstieg* in kriminelles Verhalten suchen und somit mögliche Risikofaktoren aufzeigen, soll sich ein besonderes Augenmerk auch auf die neuere Forschung richten, die sich mit Veränderungen von delinquentem Verhalten im Lebenslauf und vor allem mit dem Prozess des *Ausstiegs* aus kriminellem Verhalten beschäftigt. Welche Rolle Restorative Justice hierbei als Interventionsform annehmen kann, steht dabei im Mittelpunkt des Interesses.

2. Klassische Kriminalitätstheorien

2.1. Bindungs- und kontrolltheoretische Ansätze

2.1.1. Theoretische Grundannahmen

Nach den Bindungstheorien (auch Halt- oder Kontrolltheorien genannt) hängt die Angepasstheit des Verhaltens eines Individuums primär mit seiner Einbindung in die Gesellschaft zusammen.[989] Die ursprüngliche **Theorie der vier Bindungen** wurde 1969 von Travis Hirschi publiziert und gehört – abgewandelt und fortentwickelt – zum Kernbestand kriminologischer Theorien.[990] Nach Travis Hirschi finden relevante Bindungen primär auf den folgenden vier Ebenen statt:

---

988 So die Einteilung nach *Göppinger/Bock* 2008.
989 *Neubacher* 2020, S. 103.
990 *Neubacher* 2020, S. 104.

Die erste der Bindungsebenen bezieht sich auf emotionale Bindungen zu Bezugspersonen wie beispielsweise Eltern, nicht-delinquenten Freunden oder auch Lehrern (*attachment to meaningful persons*). Diese Verbindung führt nach Hirschi aufgrund des Verlangens, Bezugspersonen nicht enttäuschen oder verletzen zu wollen, zu einem konformen Verhalten.[991]

Mit der zweiten Bindungsebene (*commitment to conventional goals)* ist eine an konventionellen Zielen verpflichtete Lebensplanung gemeint.[992] Ein Individuum, das Zeit, Energie und Ressourcen in das Erreichen einer gesellschaftlichen Stellung investiert hat, muss die Kosten eines hiervon abweichenden Verhaltens berücksichtigen. Je mehr ein Individuum also in das Erreichen einer gesellschaftlichen Stellung investiert hat, desto mehr hat es durch delinquentes Verhalten zu verlieren.[993]

Die Einbindung in konventionelle Aktivitäten (*involvement in conventional activities)* bezieht sich auf berufliche und private Verpflichtungen. Wer also beruflich stark eingebunden ist und seine Freizeit in strukturierten Bezügen verbringt (etwa durch regelmäßige Teilnahme an Vereinsaktivitäten) hat schon aufgrund dieser äußeren Rahmenbedingungen keine Gelegenheit für abweichendes Verhalten.[994]

Bei der vierten Bindungsebene geht es um den Glauben an die Verbindlichkeit moralischer Wertvorstellungen (*belief in social rules*).[995] Eine Person, welche an die in einer Gesellschaft geltenden Moral- und Wertvorstellungen glaubt und sich daran gebunden fühlt, wird diese im Normalfall auch nicht verletzen.

Die Bindungstheorie von Hirschi ist in der Wissenschaft auf breite Zustimmung gestoßen und wird insbesondere zur Erklärung des Anstiegs der Jugendkriminalität in den vergangenen Jahrzehnten mit ihrem steigenden Maß an Individualisierung und der zunehmenden Desorganisation der Gesellschaft herangezogen.[996] Der Grundgedanke der Bindungstheorien, wonach Kriminalität auf eine unzureichende Integration in die Gesellschaft und auf das Fehlen von tragfähigen sozialen Bindungen zurückzuführen ist, kann zumindest für einen Teil der Jugenddelinquenz als empirisch belegt angesehen werden.[997] Die

991 *Bock* 2019, S. 61; *Neubacher* 2020, S. 103.
992 *Bock* 2019, S. 61; *Neubacher* 2020, S. 103.
993 *Bock* 2019, S. 61; *Neubacher* 2020, S. 103.
994 *Bock* 2019, S. 61; *Neubacher* 2020, S. 103.
995 *Bock* 2019, S. 61; *Neubacher* 2020, S. 103.
996 *Meier* 2021, S. 68 f.
997 *Meier* 2021, S. 68 f.

ursprüngliche Theorie der vier Bindungen wurde später weiterentwickelt und bildet, ergänzt um entwicklungskriminologische Erkenntnisse, die Grundlage verschiedener neuerer Forschungsansätze.[998]

2.1.2. Länderspezifische Anwendung

Wendet man nun die theoretischen Erkenntnisse der Halt- und Bindungstheorien auf die Situation deutscher und südafrikanischer Jugendlicher an, so lassen sich auf allen Ebenen der ursprünglichen Bindungstheorie Unterschiede feststellen.[999] Auf der Ebene der emotionalen Bindung zu Bezugspersonen nennt Hirschi in Übereinstimmung mit aktuellen entwicklungspsychologischen Forschungserkenntnissen die Bindung an Eltern und deren Erziehungsverhalten als wichtigste Einflussgröße.[1000] Die Tatsache, dass straffällige Jugendliche weniger eng an ihre Eltern gebunden sind als nicht-delinquente, ist empirisch gut belegt.[1001] Wie oben dargestellt, haben Armut, Arbeitslosigkeit, Wanderarbeit, Kriminalität und andere sozioökonomische Faktoren einen erheblichen Einfluss auf die Familienstrukturen in Südafrika. Insbesondere die erhebliche AIDS-Sterblichkeit führt zu einer gravierenden Erosion von Familien mit unzähligen AIDS-Waisenkindern und Kindern, die ohne oder nur mit eingeschränkter (elterlicher) Fürsorge aufwachsen. Während hierzulande hohe Scheidungsraten und die zunehmende Entstehung von Patchwork-Familien in diesem Zusammenhang angeführt werden, ist das Auseinanderfallen geordneter Familienstrukturen in Deutschland aus den genannten Gründen kein Vergleich zu der Situation in Südafrika.

Wie dargelegt, ist die Jugendarbeitslosigkeit in Südafrika um ein Vielfaches höher als in Deutschland; derzeit sind mehr als die Hälfte aller Südafrikaner unter 24 Jahren von Arbeitslosigkeit betroffen.[1002] Weite Teile der Jugendlichen leben in völliger Armut, die weltweit einzigartige Chancenungleichheit führt zu einer verbreiteten Perspektivlosigkeit. Gemessen an der Ebene „*commitment to conventional goals*" führt dies zu ausgesprochen schwachen Bindungen,

---

998 Siehe unten Kapitel C. IV. 4.

999 Die Bindungen im Sinne dieser Theorie haben universelle Gültigkeit, sind also nicht kultur- oder zeitabhängig, so dass eine theoretische Anwendbarkeit auf unterschiedliche Länder gegeben ist.

1000 *Gottfredson und Hirschi* 1990, S. 97 ff.; *Eifler und Schepers* 2018, S. 228.

1001 *Gottfredson und Hirschi* 1990, S. 97 ff.; *Eifler und Schepers* 2018, S. 228; *Schmorleiz* 2018, S. 12 ff.

1002 Siehe Kapitel B. C. 3.

denn viele Jugendliche können schon keinen gesellschaftlichen Status erreichen, den delinquentes Verhalten wieder gefährden könnte. Vereinfacht ausgedrückt haben prozentual mehr deutsche Jugendliche und Heranwachsende etwas zu verlieren, als südafrikanische.

Auch die Einbindung in konventionelle Aktivitäten (*involvement in conventional activities)* ist für überproportional viele südafrikanische Jugendliche geschwächt. In Deutschland gibt es praktisch flächendeckend ein mehr oder weniger breites Angebot an Möglichkeiten zur strukturierten Freizeitgestaltung. Insbesondere das Vereinsbrauchtum ist in diesem Zusammenhang erwähnenswert. Sport-, Musik- und Kulturvereine bestehen regelmäßig selbst in kleineren Kommunen und dürften für die absolute Mehrheit der Jugendlichen verfügbar sein. In Südafrika ist dies hingegen nicht der Fall. Zwar ist das Land sehr sportbegeistert[1003] und betreibt moderne Trainingsstätten und Sportförderung, diese sind der breiten Masse jedoch nicht zugänglich.[1004] Insbesondere in ruralen Gegenden und in den zahlreichen riesigen Townships gibt es trotz vereinzelter Bemühungen staatlicher und privater Organisationen (NGOs) jedoch kaum organisierte Angebote für Jugendliche. Im Zusammenhang mit den zerstörten Familienstrukturen und der hohen Arbeitslosigkeit führt dies zu einer großen Anzahl junger Menschen, die dauerhaft rund um die Uhr beschäftigungslos sind und daher auch auf dieser Ebene kaum tragfähige Bindungen haben.

Auch in der letzten Bindungskategorie, dem Glauben an die Verbindlichkeit moralischer Wertvorstellungen (*belief in social rules*), können deutliche Unterschiede festgestellt werden. Die Rassentrennung hat die Gesellschaft zerrüttet und zu einer noch heute verbreiteten Verachtung der Obrigkeiten, der Behörden und der Justiz geführt.[1005] Aufgrund der anhaltenden faktischen Chancenungleichheit erholt sich die Gesellschaft derzeit auch nicht davon. Verbreitete Korruption[1006] und anhaltender wirtschaftlicher und sozialer Ausschluss der

---

1003 Südafrikas Nationalsport ist Rugby, die Nationalmannschaft ist bekannt unter dem Spitznamen *Springboks*. Weltweites Aufsehen erregte der Gewinn der Rugbyweltmeisterschaft 1995 durch das erste gemischte Nationalteam. Die Durchführung gilt als großer Beitrag zur Überwindung der Rassenspaltung. Dem interessierten Leser sei die Verfilmung des Ereignisses mit *Morgan Freeman* in der Hauptrolle als *Nelson Mandela* empfohlen (Invictus — Unbezwungen, 2009, Regie: *Clint Eastwood*). Weitere WM-Titel der *Springboks* folgten 2007 und 2019.

1004 Zur Wirkung von Sport in der Kriminalprävention siehe *Rienhoff* 2016, S. 91 ff.

1005 *Herbig* 2014, S. 12.

1006 Exemplarisch aus der aktuellen Berichterstattung: *Claudia Bröll*, Korruption in Südafrika – Ramaphosa zieht Konsequenzen, in FAZ, 6.5.2021, https://www.faz.net/

Mehrheit der Bevölkerung verhindern den Wiederversöhnungsgedanken Nelson Mandelas. Die Gesellschaft ist tief zerrissen, zwischen extrem reich und extrem arm existiert praktisch keine Mittelschicht. Damit korrespondiert die – begründete – Hoffnungslosigkeit vieler, einen sozialen und wirtschaftlichen Aufstieg erreichen zu können. All dies führt zu einem großen Misstrauen gegenüber dem Rechtssystem und den Regeln der Gesellschaft. Ohne dies empirisch belegen zu können, liegt es doch auf der Hand, dass deutlich mehr deutsche Jugendliche gemeingesellschaftliche Moral- und Wertvorstellungen teilen, als dies bei südafrikanischen der Fall ist.

Auch ist die Wahrscheinlichkeit, dass sich neue soziale Bindungen durch Wendepunkte[1007] wie etwa der Aufnahme eines gesicherten Arbeitsverhältnisses generieren, bei südafrikanischen Jugendlichen aufgrund des anhaltenden ökonomischen Ausschlusses deutlich geringer als bei deutschen Jugendlichen. Letztere haben aufgrund eines vergleichsweise intakten Bildungssystems grundsätzlich in jedem Lebensabschnitt Zugang zu Aus- und Fortbildung.

Der Grad der Einbindung südafrikanischer Jugendlicher in die Gesellschaft mit weitgehend anerkannten Normen und Wertvorstellungen dürfte im Querschnitt weit hinter dem in Deutschland lebender Jugendlicher zurückliegen. Halt- und Bindungstheorien bieten damit eine durchaus plausible Erklärung in Bezug auf die Unterschiede der Kriminalitätsbelastung zwischen Deutschland und Südafrika.

2.1.3. Relevanz für Restorative Justice und Diversion

Was die Frage der Ausgestaltung des Jugendstrafrechts und der Möglichkeit von Restorative Justice betrifft, liefern die Halt- und Bindungstheorien eine klare Antwort: Die kriminalpolitischen Schlussfolgerungen der Bindungstheorien, nämlich die Beseitigung struktureller Benachteiligungen und Verbesserung der Lebensbedingungen von Kindern und Jugendlichen,[1008] müssen auch für den einzelnen delinquenten Jugendlichen gelten. Den Bindungstheorien folgend muss die Zielsetzung sein, die unzureichende Einbindung des delinquenten Jugendlichen in die Gemeinschaft zu kompensieren. Die Wiedereingliederung eines Delinquenten in die Gemeinschaft ist gerade das erklärte Ziel von Restorative Justice.

---

aktuell/politik/ausland/korruption-in-suedafrika-ramaphosa-zieht-konsequenzen-17329173.html?premium (zuletzt abgerufen am 6.6.2021).

1007 Dazu ausführlich unten Kapitel C. IV. 4.4.

1008 Vgl. *Meier* 2021, S. 69.

Der Ansatz des CJA, Restorative Justice im Diversionsverfahren deutlich zu stärken, erscheint soziokulturell ohne Weiteres übertragbar. Während die Wirksamkeit des neuen Ansatzes in Südafrika bisher unklar ist, kann eine theoretisch plausibilisierte Eignung für Deutschland gar eher angenommen werden. Denn je mehr Bindungen ein Jugendlicher schon hat, die ausgebaut werden können, und je eher man gestörte oder mangelnde Bindungen in einzelnen Bereichen (etwa Freizeit, Familie, Ausbildung, Beschäftigung) feststellen kann, desto gezielter kann auch mit diesen Bindungen gearbeitet werden. Konstellationen hingegen, wie bei einem verwaisten Jugendlichen aus einer südafrikanischen Township, bei denen auf allen Ebenen kaum tragfähige Bindungen vorliegen, dürften hierzulande seltener vorkommen.[1009]

Bindungstheoretische Überlegungen können bei der Ausgestaltung von adäquaten Restorative-Justice-Maßnahmen im individuellen Verfahren daher durchaus relevant sein. Die (grundsätzlich gegebene) Einbindung eines Individuums in eine Gemeinschaft ist gerade Voraussetzung für erfolgversprechende Restorative-Justice-Praktiken.[1010] Restorative Justice entspricht im Ergebnis genau den kriminalpolitischen Vorschlägen der Bindungstheorien, nämlich den Schwerpunkt der Kriminalitätskontrolle weg von den staatlichen Institutionen hin auf die Gesellschaft und die einzelnen Betroffenen zu übertragen.[1011]

Die Maßnahmen im jeweiligen Einzelfall können – wie üblich – nicht pauschal bestimmt werden, sondern müssen sich an den Umständen des konkreten Einzelfalls richten. Es verbieten sich hier formalisierte Erledigungsroutinen.[1012] Die mangelnden Bindungen des Jugendlichen sind ausfindig zu machen und dann möglichst wiederherzustellen oder zu festigen. Restorative-Justice-Maßnahmen erscheinen hier grundsätzlich besonders geeignet, denn das Ziel ist es ja gerade, gestörte Beziehungen zu heilen und Versöhnung zu erreichen.

1009 In einer ähnlichen Situation dürften sich allerdings unbegleitete (minderjährige) Flüchtlinge befinden, die im Rahmen der Flüchtlingskrise ab 2015 nach Deutschland kamen, dazu *Hofmann* 2017, S. 199 ff.

1010 Dazu Kapitel C. IV. 3.2.

1011 *Bock* 2019, S. 61 f.

1012 So auch Punkt IV. der Mainzer Erklärung zum Jugendstrafrecht, die anlässlich der Forderung nach einer Verschärfung des Jugendstrafrechts (insbesondere durch Roland Koch, CDU) im hessischen Landtagswahlkampf 2008 verfasst wurde und ungebrochene Bedeutung hat, siehe https://brettel.jura.uni-mainz.de/die-mainzer-erklaerung-zum-jugendstrafrecht (zuletzt abgerufen am 6.6.2021).

2.2. *Lerntheoretische Ansätze*

2.2.1. *Theoretische Grundannahmen*

Die Grundannahme der Lerntheorien ist, dass delinquentes Verhalten im Rahmen sozialer Beziehungen genauso gelernt wird wie jedes andere Verhalten auch.[1013] Die ursprünglichste Lerntheorie wurde von *Hans Jürgen Eysenck* anhand der Erkenntnisse von *Iwan Petrowitsch Pawlow* zur klassischen Konditionierung entwickelt.[1014] Demzufolge wird ein junger Mensch durch die Verknüpfung von unerwünschtem Verhalten mit negativen Reizen wie Strafen und Sanktionen konditioniert.[1015] Ob sich delinquentes Verhalten etabliert, hängt nach dieser Annahme davon ab, ob mit negativen Reizen reagiert wird oder nicht. Konditionierung vermeide dann, dass weiterhin delinquente Verhaltensweisen an den Tag gelegt werden, obgleich im konkreten Falle gar keine erneute Sanktionierung droht.[1016] In dieser Einfachheit wird die Annahme *Eysencks* nicht mehr vertreten, denn offensichtlich kann sich ein Mensch auch gegen bestimmte Reize verhalten. Die Theorie wurde daher angepasst und weiterentwickelt, so zunächst von *Burrhus Frederic Skinner* durch den Begriff des **operanten Konditionierens**.[1017] Kurz gefasst können danach nicht nur negative Erfolge wie Strafen als Verstärker von Verhaltensweisen in Betracht kommen, sondern auch positive Verstärker wie Belohnungen oder Anerkennung.[1018]

Albert Bandura hat die Lerntheorien in seiner **sozial-kognitiven Lerntheorie** dahingehend weiterentwickelt, dass er kognitive Aspekte des Lernens betont.[1019] Lernvorgänge sind danach nicht auf das eigene Erleben beschränkt, sondern richten sich zusätzlich nach dem sog. Beobachtungs- und Modelllernen anhand von Bezugspersonen wie Eltern, Lehrern, Medienfiguren, Sportlern oder Vorbildern in Peergroups.[1020] Für das Beobachtungslernen ist demnach das familiäre und soziale Umfeld entscheidend, insbesondere der Umgang der Eltern

---

1013 *Bock* 2019, S. 63 ff.; *Meier* 2021, S. 61 ff.
1014 *Eysenck* 1979; *Bock* 2019, S. 63 f.
1015 *Bock* 2019, S. 63.
1016 *Bock* 2019, S. 63.
1017 *Bock* 2019, S. 63 f.
1018 *Bock* 2019, S. 64.
1019 *Bock* 2019, S. 64.
1020 *Bock* 2008, S. 137, 2019, S. 64.

gegenüber den Kindern und miteinander, aber auch der soziale Umgang innerhalb der Peergroup.[1021]

Einen noch stärkeren Fokus auf gruppendynamische Prozesse legt *Edwin H. Sutherland* in seiner **Theorie der differenziellen Kontakte.**[1022] Wie bei anderen Lerntheorien geht auch *Sutherland* davon aus, dass kriminelles Verhalten gelernt wird. Er geht hierbei jedoch davon aus, dass sich dieses Lernen vorwiegend in Gruppen vollzieht.[1023] Zu den erlernten kriminellen Verhaltensweisen gehört nach Sutherland nicht nur das Erlernen der konkreten Techniken zur Ausführung von Straftaten (also sozusagen dem Modus Operandi), sondern auch das Erlernen von Motiven, Bedürfnissen und Rationalisierungen hinsichtlich bestimmter Verhaltensmuster.[1024] Danach entscheide sich dann, ob die herrschenden Moralvorstellungen in der jeweiligen Bezugsgruppe positiv oder negativ bewertet werden, beziehungsweise ob die in der Gruppe herrschenden Motive und Bedürfnisse eher zu normkonformem oder zu normabweichendem Verhalten drängen.[1025] Daraus leitet Sutherland die These ab, dass eine Person dann delinquent werde, wenn kriminalitätsbegünstigende Kontakte diejenigen Kontakte überwiegen, die Gesetzesverletzungen negativ beurteilen.[1026] Mit beiden Arten von Kontakten komme ein junger Mensch nach Sutherland im Laufe seiner Sozialisation in Berührung – die Frage, welche Art von Kontakten sich dann durchschlage, hänge von Häufigkeit, Dauer, Priorität und Intensität der jeweiligen Kontakte ab.[1027]

1021 Banduras Theorie wird daher – auch in der südafrikanischen Literatur – häufig herangezogen, wenn es um die schädlichen Wirkungen von Gewaltdarstellungen geht, *Bock* 2008, S. 137; *Ward et al.* 2013, S. 328.

1022 *Bock* 2019, S. 65.

1023 *Bock* 2019, S. 65.

1024 *Meier* 2021, S. 62.

1025 *Bock* 2008, S. 136.

1026 So *Meier* 2021, S. 62.

1027 *Meier* 2021, S. 62. Weiterentwickelt wurde die Theorie dann noch dahingehend, dass es nicht nur auf Art, Dauer etc. ankomme, sondern auf die Frage, mit welchen realen oder auch imaginären Personen sich das Individuum identifiziere (Theorie der differenziellen Identifikation). Die Theorie der differenziellen Verstärkung knüpft wiederum an die Idee des operanten Konditionierens an, gelernt werde also in die eine (nicht-delinquente) oder die andere (delinquente) Richtung, abhängig davon ob andere Personen im Umfeld des Individuums überwiegend Verstärkung im Sinne einer Belohnung oder einer Bestrafung erfahren haben, *Bock* 2008, S. 136.

2.2.2. *Länderspezifische Anwendung*

Übertragen auf die Bezugsländer Deutschland und Südafrika kommen hier die obigen Ausführungen zum Verhältnis des Dunkelfelds zum Hellfeld zum Tragen.[1028] Nach den Lerntheorien wird delinquentes Verhalten aufrecht erhalten, wenn positive Reaktionen im sozialen Umfeld die negativen überwiegen, etwa weil dadurch der Status oder die Anerkennung in subkulturellen Gruppen wie Jugendbanden steigt oder auch wirtschaftliche Vorteile erlangt werden.[1029] Umgekehrt ist die Gefahr der Verfestigung delinquenten Verhaltens höher, je niedriger die Entdeckungs- und Sanktionierungswahrscheinlichkeit ist. Aus den dargelegten Gründen dürfte das Verhältnis zwischen Hell- und Dunkelfeld in Südafrika deutlich weiter auseinanderklaffen als in Deutschland. Während der Apartheid wurden alle staatlichen Bemühungen darauf verwendet, die „privilegierte" weiße Rasse zu schützen.[1030] In den durch die Rassengesetze entstandenen Townships wurden die Menschen hingegen sich selbst überlassen – ein Zustand, der bis heute anhält. Während auch heute weiße Wohnsiedlungen teilweise hermetisch abgeriegelt sind und Wohnhäuser durch meterhohe elektrische Zäune und bewaffnete Patrouillen geschützt werden (*gated communities*), so betritt die Polizei Townships nur selten und aufgrund der sozialen Spannungen mit Großaufgeboten und gepanzerten Einsatzfahrzeugen; jüngst auch mithilfe des Militärs, da einzelne Bezirke offiziell als „*warzone*" tituliert wurden.[1031] Dies führt zu extrem niedrigen Anzeige- und Aufklärungsquoten in bestimmten Gegenden, in denen praktisch keine staatliche Kontrolle herrscht und die deswegen als rechtsfreie Räume und als „No-go-Areas" bezeichnet werden.[1032] Die Wahrscheinlichkeit im Sinne der vorgenannten Theorien also, dass auf delinquentes Verhalten ein negativer Stimulus durch Sanktionierung erfolgt, ist demnach sehr gering, sowohl was formelle als auch was informelle Reaktionen betrifft. Gleichzeitig sind Townships Gebiete, in denen rivalisierende Gangs das Sagen haben,[1033] sodass wiederum die Wahrscheinlichkeit von positiver

---

1028 Siehe Kapitel C. II. 2.1.

1029 *Bock* 2019, S. 64. Die Mechanismen des menschlichen Lernens sind kulturunabhängig, so dass hier eine vergleichende Anwendbarkeit der theoretischen Erwägungen auf Deutschland und Südafrika gegeben ist.

1030 Dazu *Hentschel* 2015, S. 23 ff.

1031 *Pumza Fihlani*, South Africa deploys army to gang-hit Cape Town, in: BBC News, 12.7.2019, https://www.bbc.com/news/world-africa-48962265 (zuletzt abgerufen am 6.6.2021).

1032 *Maharaj* 2020, S. 48 f.

1033 Dazu *Lindegaard* 2018; *Cooper und Ward* 2013; *Ovens* 2018, 2.7.4.

Verstärkung durch Erreichen von sozialem Status und Anerkennung innerhalb dieser Gruppen erhöht ist.

Betont man mit *Bandura* kognitive Lerneffekte durch Beobachtungs- und Modelllernen, so sind die Ausführungen zur Kriminalitätsbelastung und zur Viktimisierung von Jugendlichen in Südafrika heranzuziehen, wonach viele Kinder und Jugendliche in Südafrika in einer extrem gewalttätigen Umgebung mit einer kulturell akzeptierten Gewalt aufwachsen. Dementsprechend muss davon ausgegangen werden, dass in diesem Klima überproportional viele südafrikanische Jugendliche mit gewalttätigen Verhaltensweisen von sozialen Bezugspersonen in Berührung kommen und dementsprechend an diesen Modellen lernen.

Einflussreiche Jugendgangs bestehen in allen größeren südafrikanischen Städten.[1034] Viele Jugendliche sind dadurch kriminellen Vorbildern ausgesetzt, die in Häufigkeit, Priorität und Dauer nicht durch regelkonforme Bezugspersonen kompensiert werden. In Sutherlands Worten ausgedrückt überwiegen somit häufig die abweichenden differenziellen Kontakte.

Diesbezüglich gelten die Ausführungen zu erodierten Familienstrukturen, dem Mangel an angemessenen Freizeitbeschäftigungen und zu der massiven Jugendarbeitslosigkeit entsprechend. Nicht-delinquente Familienmitglieder, Musik-oder Sportkameraden, Trainer oder erfolgreiche Vorbilder in Beruf und Ausbildung sind häufiger nicht vorhanden, als dies im sozialen Umfeld deutscher Jugendlicher der Fall ist. Der von vielen Jugendlichen angestrebte Anschluss an Gangs bietet oftmals eine der wenigen Möglichkeiten für südafrikanische Jugendliche, einen gewissen Status zu erlangen. Gangs fungieren häufig als Identifikationsquelle und Ersatzfamilie für vernachlässigte Kinder und Jugendliche.[1035]

Wie alle klassischen Kriminalitätstheorien ist auch keine der Lerntheorien geeignet, alle Formen von Delinquenz zu erklären. Zu komplex und unterschiedlich sind menschliche Lernvorgänge und viele Kausalitätsfragen können nicht zufriedenstellend beantwortet werden.[1036] Unabhängig jedoch davon, ob man dies nun an den differenziellen Kontakten *Sutherlands* oder am Modelllernen *Banduras* festmachen will, so liefern auch diese Theorien plausible Ansatzpunkte zur Erklärung der unterschiedlich stark ausgeprägten Jugenddelinquenzbelastung in beiden Bezugsländern.

1034 *Ovens* 2018, 2.7.4.

1035 *Ward et al.* 2013, S. 4.

1036 Vgl. *Bock* 2008, S. 137.

2.2.3. Relevanz für Restorative Justice und Diversion

Auf den ersten Blick mögen Lerntheorien gegen informelle Verfahrenserledigungen sprechen, insbesondere gegen nicht-intervenierende Diversion, die der CJA anders als das JGG nicht vorsieht. Denn unabhängig davon, welche der Lerntheorien man im Einzelnen zugrunde legt, so ist der Konsens doch, dass das Ausbleiben von negativen Konsequenzen für das Individuum oder das Lernmodell vermieden werden sollte.

Hiergegen lässt sich jedoch anführen, dass eine informelle Erledigung nach § 45 Abs. 1 JGG nicht mit *„es passiert gar nichts"* gleichgesetzt werden darf. Denn schließlich wird ein Ermittlungsverfahren eingeleitet, der Jugendliche gerät (möglicherweise erstmals) in Kontakt mit der Polizei und erhält letztlich einen Einstellungsbescheid der Staatsanwaltschaft. Allein dies kann einen nicht zu unterschätzenden Eindruck hinterlassen – nicht umsonst ist der erstmalige Kontakt mit den Ermittlungsbehörden ja auch in der weit überwiegenden Anzahl der Fälle zugleich der letztmalige.

Zudem besteht auch Konsens dahingehend, dass wenn ein Verhalten erlernbar ist, es auch wieder verlernt beziehungsweise durch regelkonformes Verhalten überlernt werden kann.[1037] Auf diesem Gedanken beruhen letztlich auch jugendstrafrechtliche Interventionsmaßnahmen in beiden Systemen, wie etwa Anti-Aggressionstraining oder Präventionskurse.[1038] Auch Restorative Justice kann und soll vermitteln, dass Konflikte auf nicht-delinquente Weise nachhaltiger und für alle Parteien zufriedenstellender gelöst werden können. In der idealtypischen Vorstellung des Ansatzes sollen die Beteiligten einen gemeinsamen Prozess zur Konfliktbewältigung entwickeln. Dem Jugendlichen wird durch die Konfrontation mit dem Opfer vor Augen geführt, welche Folgen seine Straftat ausgelöst hat, sowohl für das Opfer als auch für dessen und die eigenen Bezugspersonen. Er muss sich ferner damit auseinandersetzen, wie er die Dinge wieder in Ordnung bringt und den Schaden wiedergutmacht. Dass ein solches Verfahren nachhaltigere Lernprozesse auslösen kann als durch Strafurteil aufgezwungene Maßnahmen, erscheint keinesfalls fernliegend.

Lerntheorien sind darüber hinaus auch in Bezug auf die Gefahren einer „kriminellen Ansteckung" zu bewerten.[1039] Wie oben ausgeführt, hat sich die dem

---

1037 *Bock* 2008, S. 137.

1038 *Bock* 2008, S. 137.

1039 BT-Drucks. 11/5829, S. 30; die Idee, eine „kriminelle Ansteckung" zu verhindern, sollte in frühen Strafvollzugsformen durch eine Isolierung der Gefangenen mittels Einzelhaft oder durch ein striktes Schweigegebot erreicht werden, dazu *Laubenthal* 2019, S. 79 ff.

Diversionsgedanken zugrunde liegende Annahme *Franz von Liszts* bestätigt, wonach die Rückfallquote bei förmlichen Verurteilungen grundsätzlich deutlich höher ausfällt als bei vorzeitigen informellen Einstellungen.[1040] Dies hängt nicht zuletzt damit zusammen, dass freiheitsentziehende Sanktionen schädliche Nebenwirkungen für die jugendliche Entwicklung haben und kriminelle Verhaltensweisen in Strafvollzugsanstalten erst wirklich *erlernt* werden können.[1041] Auch unter diesem Gesichtspunkt ist die seit der Einführung des CJA in Südafrika stark abfallende Anzahl minderjähriger Inhaftierter positiv zu bewerten. Problematisch ist in diesem Zusammenhang jedoch die seit der Einführung des CJA stark zugenommene, von diesem aber nicht vorgesehene „Polizeidiversion" an den gesetzlichen Regelungen vorbei.[1042] Denn dann passiert, anders als bei der Einhaltung der gesetzlichen Verfahrensvorschriften, tatsächlich „rein gar nichts".

Unter Zugrundelegung der lerntheoretischen Ansätze bleibt demnach festzustellen, dass sowohl nicht-intervenierende Diversionsformen als auch Restorative-Justice-Maßnahmen zur Erlernung von nicht-delinquenten Konfliktlösungsstrategien und zur gleichzeitigen Vermeidung des Erlernens von kriminellen Verhaltensweisen durchaus Berechtigung finden.

2.3. Drucktheoretische Ansätze

2.3.1. Theoretische Grundannahmen

Einen unterschiedlichen Ansatzpunkt führen drucktheoretische Theorien ins Feld.[1043] Prägend ist hier insbesondere der Begriff der Anomie, der ursprünglich auf *Émile Durkheim* zurückgeht.[1044] Durkheim beschreibt mit Anomie den Zustand einer sozialen Desintegration, der durch einen starken gesellschaftlichen Wandel insbesondere durch die strukturelle Arbeitsteilung während der Industrialisierung entstanden sei.[1045] Dieser Wandel verhindere die Fortentwicklung eines verbindenden solidarischen Kollektivbewusstseins (*organische Solidarität*). Steigende Selbstmord- und Kriminalitätsraten seien die Konsequenz.[1046]

1040 Exemplarisch *Ostendorf und Drenkhahn* 2020, S. 28 f.

1041 BT-Drucks. 11/5829, S. 30.

1042 Siehe Kapitel B. III. 3.

1043 Grundlegend *Bock* 2019, S. 74 ff.; *Meier* 2021, S. 58 ff.; *Neubacher* 2020, S. 100 ff.

1044 *Eifler und Schepers* 2018, S. 226.

1045 *Bock* 2019, S. 75.

1046 *Bock* 2019, S. 75 f.

Um das erhöhte Kriminalitätsaufkommen ökonomisch benachteiligter Gruppen in den USA zu erklären, griff *Robert King Merton* den Begriff in seiner viel beachteten **Anomietheorie** wieder auf.[1047] *Merton* beschreibt das Vorherrschen eines allgemeinen gesellschaftlichen Konsenses hinsichtlich der zu erreichenden Lebensziele wie Wohlstand, sozialem Status und finanziellem Erfolg. Anders als Durkheim geht er jedoch davon aus, dass nicht nur diese Lebensziele allgemein verbindlich sind, sondern auch die Art und Weise, wie diese Ziele legitim erreicht werden können.[1048] Die Möglichkeiten eines Individuums, die allgemein anerkannten Lebensziele zu erreichen, hingen nun aber von der jeweiligen sozialen Struktur ab und seien dadurch unterschiedlich verteilt. Fallen kulturell vorgegebene Ziele und sozialstrukturell verfügbare Mittel auseinander, so führt dies nach Merton zu einem anomischen Druck.[1049]

Ein Jugendlicher hat Merton zufolge nun mehrere Möglichkeiten, mit dem auf ihm lastenden anomischen Druck umzugehen und diesen zu reduzieren: Grundsätzlich können kulturelle Ziele und legitime Mittel zur Erreichung der Ziele entweder anerkannt oder abgelehnt werden. Merton beschreibt als Konsequenz fünf mögliche Verhaltensmuster: Konformität, Innovation, Ritualismus, Rückzug und Rebellion.[1050]

Bei der Bewältigungsform „Konformität" erkennt ein Jugendlicher die kulturellen Ziele und die legitimen Mittel an – er versucht entsprechend Erfolg mit legitimen Mitteln zu erreichen. Bei der als „Ritualismus" beschriebenen Bewältigungsform von anomischem Druck lehnt der Betroffene die kulturellen Ziele ab, erkennt jedoch die legitimen Mittel an – er senkt sein Anspruchsniveau so weit, dass es mit den zur Verfügung stehenden Mitteln erreicht werden kann.[1051] Konformität und Ritualismus sind daher nicht-delinquente Bewältigungsformen von anomischem Druck. Zu delinquentem Verhalten Jugendlicher führt nach Merton hingegen primär die „Innovation". Die kulturellen Ziele werden hierbei anerkannt, während die legitimen Mittel abgelehnt werden und es zum Einsatz illegitimer Mittel kommt.[1052] Auch die Bewältigungsform des „Rückzugs" – der

1047 *Bock* 2019, S. 76; *Eifler und Schepers* 2018, S. 226.

1048 *Bock* 2019, S. 76.

1049 *Bock* 2019, S. 76.

1050 Eine grafische Darstellung der möglichen Reaktionsmuster findet sich in *Bock* 2019, S. 76.

1051 *Bock* 2019, S. 76.

1052 *Bock* 2019, S. 76.

Ablehnung sowohl kultureller Ziele als auch legitimer Mittel – kann in Form einer Art Aussteigerkriminalität delinquenzbegünstigend sein.[1053]

Die Anomietheorie *Mertons* wurde aufgrund der empirischen Forschungslage dahingehend weiterentwickelt, dass nicht nur die legitimen Mittel zur Erreichung von kulturell anerkannten Zielen beschränkt sind, sondern auch die illegitimen Mittel (**Theorie der differenziellen Gelegenheit**).[1054] Tatsächlich kann nicht jeder durch den Einsatz illegitimer Mittel ein „erfolgreicher" Krimineller werden und so gesteigerten Wohlstand erreichen. Die Autoren *Cloward* und *Ohlin* haben daher die Unterschicht *Mertons* in drei verschiedene Typen aufgeteilt: Individuen, die sowohl von legitimen als auch von illegitimen Mitteln abgeschnitten sind und so primär durch Gewaltdelikte auffallen, werden als *conflict subculture* beschrieben.[1055] *Retreatist subculture* hingegen sind nach dieser Typologie echte Aussteiger, die sich den kulturellen Zielen ihrer Gesellschaft abgewendet haben und daher primär zu Alkohol- und Drogenkonsum neigen und somit durch damit zusammenhängende Delikte auffallen.[1056] Nur der letzte Typus beschreibt „erfolgreiche" Kriminelle, die Zugang zu illegitimen Mitteln und Lernmustern haben (*criminal subculture*).[1057]

2.3.2. Länderspezifische Anwendung

Wie kaum ein anderer Ansatz kann die Anomietheorie *Mertons* Unterschiede in der Verteilung von Kriminalitätsbelastung in verschiedenen gesellschaftlichen Schichten erklären und wird daher als Erklärungsansatz von Unterschichtskriminalität herangezogen.[1058] Der anomische Druck ist nach *Merton* in der Unterschicht am größten, denn die Mittel zur Erreichung der kulturellen Ziele sind für Jugendliche aus dieser Schicht von vornherein blockiert oder beschränkt.

Auch in Deutschland gibt es eine schichtspezifisch determinierte Ungleichverteilung von legitimen Mitteln. Der wirtschaftliche Wohlstand, die geringe Jugendarbeitslosigkeit und das Sozialstaatsprinzip verhindern hierzulande jedoch eine mit Südafrika qualitativ und quantitativ vergleichbare Unterschicht. Die soziale Ungleichheit in Südafrika sucht, wie oben dargestellt, ihresgleichen

---

1053 „Rebellion" hingegen beschreibt das Ersetzen von kulturellen Zielen und von legitimen Mitteln durch andere Ziele und Normen, vgl. *Bock* 2019, S. 76.

1054 *Bock* 2019, S. 77.

1055 *Bock* 2019, S. 77.

1056 *Bock* 2019, S. 77.

1057 *Bock* 2019, S. 77.

1058 *Bock* 2019, S. 76; *Neubacher* 2020, S. 102; *Bezuidenhout* 2018, 6.3.2.1; *Wilde* 2016.

und führt zu einer viel extremeren Ungleichverteilung von legitimen Mitteln. Vereinfacht ausgedrückt kann daher davon ausgegangen werden, dass ein prozentual höherer Anteil an südafrikanischen Jugendlichen einem stärkeren anomischen Druck ausgesetzt ist als deren deutsche Altersgenossen. Empirisch ist die Anomietheorie Mertons in ihrer Einfachheit nicht belegt und zugunsten der Ubiquitätsthese in Teilen auch widerlegt worden[1059] – dennoch liefert sie mit der Einführung des Begriffs „Druck" einen wichtigen Denkbeitrag für die hier gegenständlichen Fragestellungen.[1060]

Die Mitglieder der (weit überwiegend weißen) südafrikanischen Oberschicht schützen sich und ihr Vermögen, wie oben schon beschrieben, mit einer hochgerüsteten privaten Sicherheitsindustrie. Ihre Privathäuser sind in *gated communities* hermetisch abgeschottet und bewacht.[1061] Auch Geschäftslokale sind regelmäßig durch aufwendige physische Sicherheitsmaßnahmen geschützt. In Universitätsstädten wie Stellenbosch gibt es von Sicherheitskräften bewachte, speziell ausgewiesene Straßenzüge (*green routes*), um ausländischen Studierenden dort ein sicheres Fortbewegen zu ermöglichen. Lukrative Eigentumsdelikte zu begehen ist für überproportional viele südafrikanische Jugendliche daher tatsächlich erschwert. Dies könnte einen größeren Anteil an *conflict subculture* im Sinne der Theorie der differenziellen Gelegenheit hervorrufen, was wiederum die vergleichsweise sehr starke Belastung mit Gewaltdelikten unter südafrikanischen Jugendlichen erklären könnte.

Die von verschiedenen südafrikanischen Studien beschrieben hohe Verbreitung von Drogenmissbrauch[1062] und die damit korrespondierende Kriminalität ließe sich mit dem Typus der *retreatist subculture* erklären. Im Zusammenhang mit der dargestellten Perspektivlosigkeit könnten viele südafrikanische Jugendliche zu Aussteigern im Sinne dieser Typologie werden.

Die „erfolgreichen" Kriminellen *(criminal subculture)* sind in Südafrika in erster Linie höherrangige Mitglieder der in allen größeren Städten bestehenden Jugendgangs. Gangs sind für viele Jugendliche nicht nur aus den oben genannten

---

1059 *Bock* 2019, S. 76; *Neubacher* 2020, S. 102.

1060 Die – aufgrund der Studienlage in den USA entwickelte – Kategorie des „Drucks" dürfte ebenfalls universell anwendbar bzw. plausibel sein und kann somit auch für den hiesigen Ländervergleich herangezogen werden.

1061 Dazu Kapitel C. III. 5.

1062 Dazu ausführlich *Häefele* 2014; *Hesselink und Dastile* 2016, S. 9 f.; *Booyens und Bezuidenhout* 2018, 3.2.1.

Gründen als Identifikationsquelle etc. attraktiv, sondern weil sie eben auch am ehesten strukturellen Zugang zu illegitimen Mitteln ermöglichen.

Auch drucktheoretische Ansätze bieten damit eine plausible Erklärung in Bezug auf die Unterschiede der Kriminalitätsbelastung zwischen Deutschland und Südafrika.

2.3.3. Relevanz für Restorative Justice und Diversion

Legt man nun vorbehaltlich gewisser empirischer Bedenken drucktheoretische Ansätze bei der Frage zugrunde, wie auf Jugenddelinquenz reagiert werden sollte, so ergeben sich mehrere grundsätzliche Ansatzpunkte. Der auf dem Jugendlichen liegende Druck muss reduziert werden und es müssen zugleich Möglichkeiten vermittelt werden, wie mit Druck umgegangen werden kann. Auch hier gilt zu beachten, dass sich Ausmaß und Natur von Drucksituationen im Lebenslängsschnitt ändern können.[1063]

Insbesondere bei der Vermittlung von Möglichkeiten der Druckbewältigung erscheint Restorative Justice als Ausgangspunkt besonders relevant. In Bezug auf den Täter geschehe im Strafprozess kaum etwas, um diesen zu ermutigen, Verantwortung zu übernehmen und sich mit den Folgen seines Handelns und der Wirkung auf das Opfer auseinanderzusetzen, so die Kritik von Restorative Justice an der konventionellen Strafjustiz. Entlastungs- und Neutralisierungstechniken gegenüber dem Staat als dem Verletzten anzuwenden, sei viel einfacher als gegenüber der Person des Opfers. Restorative Justice bezieht daher Opfer, Täter und Mitglieder der Gemeinschaft mit den jeweiligen Bedürfnissen in die Bemühungen ein, die Dinge „in Ordnung zu bringen".[1064] Zu den Bedürfnissen des Täters zählt dabei unter anderem die Unterstützung bei der Heilung von eigenen Delinquenz verstärkenden Verletzungen sowie bei der Behandlung von Suchtproblemen und der Förderung persönlicher Kompetenzen.[1065] Die Möglichkeit, dass bei dieser gemeinsamen Bemühung adäquate Druckbewältigungsstrategien entwickelt werden können, erscheint größer als in einem formellen Strafverfahren.

Auch die von Restorative Justice angestrebte Wiedereingliederung eines Delinquenten in die Gemeinschaft nimmt möglicherweise mehr Druck von dessen Schultern als das Urteil eines Strafgerichts, sodass abschließend

---

1063 Dazu näher Kapitel C. IV. 4.2.

1064 Siehe Kapitel A. II. 2.1.

1065 Siehe Kapitel A. II. 2.2.2.

zusammengefasst auch drucktheoretische Ansätze für eine Stärkung von Restorative Justice sprechen.

2.4. Kulturkonflikt, Subkultur und soziale Desorganisation

2.4.1. Theoretische Grundannahmen

Als empirische Ausgangslage für die nachfolgenden Erklärungsansätze dienen die kriminalökologischen Studien der sogenannten „Chicago-Schule".[1066] Nach diesen ist Kriminalität in großen Städten nicht gleichmäßig über das Stadtgebiet verteilt, sondern akkumuliert sich in bestimmten Zonen, den sogenannten *„ganglands"* oder *„delinquency-areas"*.[1067] Diese Zonen befinden sich regelmäßig im Bereich zwischen den großen Innenstadtzentren und den Wohngegenden am Rande der Stadt.[1068]

Verschiedene theoretische Erklärungsansätze folgern daraus, dass die Ursache für Kriminalität nicht primär in den persönlichen Umständen eines Delinquenten zu suchen ist, sondern vielmehr in den soziokulturellen Strukturen des jeweiligen Stadtbezirks.[1069] Die Perspektive der nachfolgenden Ansätze erfolgt daher entgegen den vorherigen Theorien weniger aus Sicht der handelnden Person, sondern aus der Sicht von bestimmten sozialen Subsystemen, welche durch soziostrukturelle oder kulturelle Differenzierung entstehen sollen.[1070]

Der ursprüngliche Erklärungsansatz zur Kumulation von Kriminalität in bestimmten Gebieten stammt von *Clifford Shaw* und *Henry McKay* in ihrer **Theorie der sozialen Desorganisation**.[1071] Als soziale Desorganisation beschreiben die Autoren dabei das Fehlen von Trägern sozialer Kontrolle, wie etwa intakte Familien, aufmerksame Nachbarschaften, Kirchen oder Jugendzentren.[1072] Die Konsequenz hiervon sei das Vorherrschen einer „Tradition von Delinquenz", die praktisch unabhängig von den dort lebenden Personen sei.[1073]

1066 Grundlegend *Neubacher* 2020, S. 95 ff.; *Meier* 2021, S. 53 ff.; *Bock* 2019, S. 341.

1067 Zitiert nach *Bock* 2019, S. 341.

1068 Siehe ausführlich mit grafischer Darstellung *Cramer* 2010, S. 110 ff.

1069 Zu den sozialräumlichen Kontexteffekten auf Jugendkriminalität und Kriminalitätswahrnehmung siehe die Beiträge in *Oberwittler et al.* 2013 sowie *ders.* 2018. Zur Sicherheit und Kriminalprävention in urbanen Räumen siehe die Beiträge in *Häfele et al.* 2017.

1070 *Meier* 2021, S. 53 f.

1071 *Meier* 2021, S. 53.

1072 *Meier* 2021, S. 54.

1073 Zitiert nach *Meier* 2021, S. 54.

Auch verschiedene subkulturelle Erklärungsansätze machen sich die Beobachtungen der Chicago-Schule zu eigen. Die **Theorie der delinquenten Subkultur** von *Albert K. Cohen* begründet die Häufung von Delinquenz in bestimmten Stadtbereichen mit einer Subkultur, die mit der üblichen Rechts- und Werteordnung nicht übereinstimme und sie häufig auch negiere.[1074] Die Subkultur sei eine Reaktion auf die von den jungen Männern der Unterschicht nicht erreichbare Mittelschichterwartung und somit eine Art Ersatzgesellschaft.[1075] Charakteristisch seien daher auch typische nicht-eigennützige Jugenddelikte wie Sachbeschädigung als Ausdruck der Negierung der Mittelschicht.[1076]

Die **Theorie der Unterschichtkultur** um *Walter B. Miller* bewertet den Inhalt der subkulturellen Normen konträr hierzu und geht von einer eigenen, über die Ablehnung von Mittelschichtsnormen hinausgehenden Subkultur aus.[1077] Der Inhalt dieser geltenden subkulturellen Normen führe nach *Miller* praktisch zwangsweise dazu, dass Jugendliche mit dem Gesetz in Konflikt geraten.[1078] Er betont in diesem Zusammenhang insbesondere jugendliche Straßenbanden, die als gleichgeschlechtliche Peergroups die stabilste und konfliktfreieste Primärgruppe seien.[1079] Kriminalitätsbegünstigend wirke nach *Miller* insbesondere das hohe Maß an Solidarität und Konformität, welches Bandenstrukturen aus verschiedenen Milieus traditionell einforderten.[1080]

Auch diverse **kulturkonflikttheoretische Ansätze** beschäftigen sich in verschiedenen Ausprägungen mit Kriminalitätsentstehung durch konfligierende Verhaltensanforderungen infolge von miteinander in Widerspruch stehenden Werten und Normen in Familie, Nachbarschaft oder Gesamtgesellschaft.[1081]

1074 *Bock* 2008, S. 148, 2019, S. 71.

1075 *Bock* 2008,S. 148, 2019, S. 71.

1076 Auch Diebstähle begründet Cohen anders als Merton nicht mit „Innovation“ sondern als *„Ressentiment gegen die reichen und feinen Leute“*, vgl. *Bock* 2019, S. 71.

1077 *Bock* 2019, S. 71.

1078 *Bock* 2019, S. 72.

1079 Die Väter typischer Jugendgangmitglieder seien erfolglos und die Mütter oft die dominierenden Figuren innerhalb der Familie, sodass die Peergroup häufig auch als Vaterersatz fungiere, *Bock* 2019, S. 72.

1080 *Bock* 2019, S. 72.

1081 Vgl. *Bock* 2019, S. 69 f.; zur Jugendkriminalität als Kulturkonflikt im Ganzen *Dollinger* 2010.

2.4.2. *Länderspezifische Anwendung*

Unabhängig davon, ob man nun einen Kulturkonflikt zwischen verschiedenen Gesellschaftsschichten annimmt, soziale Desorganisation als Ursprung von Delinquenz ansieht oder ob man der Ansicht *Cohens* oder *Millers* folgt – die jüngere Geschichte Südafrikas und die heutige gesellschaftliche Situation ist ein idealer Nährboden für die Entstehung von Konflikten zwischen Kulturen und die Bildung von randständigen Subkulturen.

Auch Deutschland als Einwandererland beheimatet verschiedene Ethnien mit unterschiedlichen kulturellen Prägungen. Die traurige Besonderheit Südafrikas liegt jedoch darin, dass nicht Minderheiten von einer Mehrheit abgegrenzt worden sind oder sich selbst abgrenzten, sondern dass die Mehrheit der Menschen von einer absoluten Minderheit unterdrückt und entrechtet wurde. Die jahrzehntelang praktizierte Rassentrennung und die bis heute anhaltende extreme soziale Ungleichheit hat verhindert, dass eine weitestgehend einheitliche und konsensfähige Normvorstellung entstehen konnte. Die in den amerikanischen Studien der Chicago-Schule beschriebene Unterschicht stellt in Südafrika den Großteil der Gesellschaft dar.[1082] Eine Mittelschicht existiert bisher praktisch kaum und entwickelt sich nur sehr langsam. In Deutschland hingegen gibt es aufgrund der geringen Jugendarbeitslosigkeit und einer intakten Grundsicherung eine weder qualitativ noch quantitativ vergleichbare Unterschicht. Diese Tatsache verstärkt das Potenzial für die Entstehung delinquenter Kulturen exponentiell.

Betont man städtebauliche und kriminalökologische Aspekte, so haben sich die Beobachtungen der Chicago-Schule, wonach sich Kriminalität in bestimmten Stadtbezirken mit einer hohen sozialen Desorganisation und einem Minimum an sozialer Kontrolle häuft, auch im Hinblick auf deutsche Großstädte bestätigt.[1083]

Erwähnenswert ist in diesem Zusammenhang ergänzend die sogenannte **Broken-Windows-Theorie** von *James Wilson* und *George Kelling*.[1084] Die Autoren nutzen dabei die Analogie einer zerbrochenen Fensterscheibe, um die Beziehung zwischen Kriminalität und urbaner Unordnung zu beschreiben: Ist ein Fenster eines Gebäudes zerbrochen und wird nicht repariert, so würden auch die anderen Fenster zeitnah zerbrochen werden. Denn ein kaputtes Fenster sei ein Signal, dass sich niemand um das Haus kümmere.[1085] Bezogen auf die gesamte

---

1082 Siehe Kapitel C. III. 3.

1083 *Bock* 2019, S. 341; *Oberwittler* 2018.

1084 *Wilson und Kelling* 1982; *Neubacher* 2020, S. 95 ff.

1085 *Wilson und Kelling* 1982, S. 29 ff.; *Neubacher* 2020, S. 95 f.

Gegend signalisiere städtebaulicher Verfall einen Mangel an sozialer Kontrolle, der dazu führe, dass sich Bewohner unsicher fühlten. Einhergehend damit würde rücksichtsloses Verhalten nicht diszipliniert, sodass dies in wachsendem Ausmaß an den Tag gelegt würde wobei Straftäter wiederum angezogen und Tatgelegenheiten optimiert würden. Unerwünschtes Verhalten würde so schließlich bis hin zur Schwerkriminalität auswuchern.[1086]

Extreme Armut, Zwangsumsiedlungen und eine rasante Urbanisierung in den letzten Jahrzehnten haben zur Entstehung informeller Siedlungen in allen großen Städten Südafrikas geführt.[1087] Selbst grundlegende Ressourcen und Infrastrukturen sind dort für Millionen von Menschen rar. Zahlreiche Jugendliche sind sich selbst überlassen. Bewohner von Townships fühlen sich mehrheitlich unsicher und beschreiben Kriminalitätsfurcht als eine ihrer größten Sorgen.[1088] Tatsächlich ist die Viktimisierungsrate in diesen Gebieten stark erhöht, einzelne Ganglands gehören zu den gefährlichsten Stadtbezirken der Welt.[1089] Auch in deutschen Großstädten gibt es Kriminalitätsschwerpunkte mit städtebaulichem Verfall und hoher sozialer Desorganisation.[1090] Zustände jedoch, wie sie in Soweto, Khayelitsha oder anderen Townships herrschen, sind hierzulande weder qualitativ noch quantitativ denkbar. Das dort herrschende Maß an sozialer Desorganisation sucht selbst in den größten Problemvierteln deutscher Städte seinesgleichen.

2.4.3. Relevanz für Restorative Justice und Diversion

Tatsächlich wird auf Makroebene versucht, Prinzipien von Restorative Justice auf Städtestrukturen zu übertragen. Ausgehend von Modellprojekten in den englischen Städten Hull und Leeds hat sich hierzu der Begriff *„restorative cities“* gebildet.[1091]

Das reaktive Jugendstrafrecht kann auf Mikroebene freilich nicht an den Strukturen der von den Betroffenen bewohnten Städten ansetzen. Auch wird die Rolle von Wohngebieten bei der Stärkung von abweichendem Verhalten Jugendlicher durchaus unterschiedlich beurteilt. *Dietrich Oberwittler* fasste die hierzu

---

1086 *Wilson und Kelling* 1982, S. 38; *Neubacher* 2020, S. 96.

1087 Siehe Kapitel C. III. 5.

1088 Dazu *Eagle* 2015; *Leggett* 2003, S. 99 f.

1089 Zur Kumulation von Kriminalität in Townships am Beispiel Khayelitshas siehe *Breetzke und Edelstein* 2019.

1090 Siehe Fn. 1083.

1091 Ausführlich dazu *Mannozzi* 2019.

bestehende Forschungslage jüngst dahingehend zusammen, dass „*Kontexteffekte sozialräumlicher Benachteiligungen auf Jugendliche im Sinne einer Verstärkung der Delinquenz existieren, jedoch im Vergleich zu den wesentlich bedeutsameren individuellen Risikofaktoren eher schwach sind*".[1092]

Dennoch haben die Ansätze hohe Relevanz für das Thema dieser Arbeit. Denn zunächst spielen die Lebensumstände des Jugendlichen eine bedeutende Rolle, wenn es um die Frage der Chancen und der konkreten Ausgestaltung von Interventionen geht. Zu diesen Lebensumständen gehören eben auch mögliche Zugehörigkeiten zu Subkulturen und die Wohnstruktur des Delinquenten. Zudem hat – ungeachtet diverser empirischer Schwächen und ungeklärter Fragen – gerade die Broken-Windows-Theorie nach wie vor großen Einfluss auf die Kriminalprävention verschiedener Städte.[1093] Bekannt geworden ist in diesem Zusammenhang insbesondere die „*zero tolerance*"-Strategie New Yorks. Die Polizei wurde dort unter zeitgleicher Stärkung der personellen und materiellen Ausstattung angewiesen, die Kontrolldichte erheblich zu erhöhen und auch im Einzelfall harmloses Verhalten konsequent zu unterbinden und zu verfolgen. In Anlehnung an die Broken-Windows-Theorie sollte so ein (weiterer) Verfall der formellen und informellen Kontrolle vermieden werden, um letztlich auch schwere Kriminalität zu verhindern und kriminelle Karrieren im Ansatz zu ersticken.[1094] Auch aus diesem Grunde ist der Theorieansatz relevant, denn Diversion und Restorative Justice ist letztlich genau das Gegenteil von konsequenter Verfolgung und Ahndung unerwünschten Verhaltens mit „null Toleranz".

Die größte Bedeutung kulturkonflikttheoretischer Überlegungen kommt jedoch zum Tragen, wenn man sich einen der Ursprünge von Restorative Justice in Südafrika vor Augen führt: die Politik der Wahrheits- und Versöhnungskommission. Die Aufgabe dieser Kommission war es gerade, tiefgreifende Konflikte zwischen Bevölkerungsgruppen zu heilen. Diese Politik zusammen mit der Ubuntu-Philosophie wurde zum Leitgedanken des neuen südafrikanischen Jugendstrafrechts. Auch hier sollen Konflikte, die nach den hiesigen Theorien zu Delinquenz führen, zwischen den jeweiligen Beteiligten durch Restorative Justice langfristig geheilt werden.

1092 *Oberwittler* 2018, S. 308.
1093 *Bock* 2019, S. 341 f.; *Neubacher* 2020, S. 95 f.
1094 *Bock* 2019, S. 341 f.; *Neubacher* 2020, S. 95 f.

3. Die Theorie des *reintegrative shaming* von J. Braithwaite

3.1. *Theoretische Grundannahmen*

Einer der kriminologisch bedeutendsten Theorieansätze der letzten Jahrzehnte, der auch für die Thematik dieser Arbeit von erheblicher Relevanz ist, stammt von dem australischen Kriminologen *John Braithwaite*. Seine **Theorie des *reintegrative shaming***[1095] stellt einen überzeugenden Versuch dar, die Erkenntnisse der im vorherigen Abschnitt dargestellten klassischen Kriminalitätstheorien mit den gesicherten empirischen Befunden[1096] und dem Etikettierungsansatz zu verbinden.[1097] Anders als die klassischen Kriminalitätstheorien liefert seine Theorie somit nicht nur Antworten auf die Frage, warum Delinquenz entsteht, sondern gerade auch darauf, wie sie möglicherweise jenseits des formellen Strafrechts durchbrochen werden kann.[1098]

Das zentrale Konstrukt ist das der Theorie namensgebende *shaming* (dt. Beschämung). Nach *Braithwaite* sind darunter alle sozialen Prozesse der Missbilligung zu verstehen, die die Absicht oder die Wirkung haben, bei der beschämten Person Reue hervorzurufen und/oder Missbilligung bei anderen hervorzurufen, die von dem Beschämen erfahren.[1099]

Der Ausdruck dieser sozialen Missbilligung kann dabei auf die verschiedenste Art und Weise und in verschiedenster Intensität erfolgen (z. B. Konfrontieren, Ignorieren, Bestrafen, Beschimpfen, subtiles Kopfschütteln, Auslachen, öffentliches Bloßstellen, Lästern).[1100] *Shaming* erfolgt nach *Braithwaite* sowohl durch formelle Institutionen als auch – wie für die hier gegenständlichen Überlegungen relevant – durch informelle Interaktionspartner wie Verwandte, Bekannte, Mitschüler, Lehrer oder Sozialarbeiter. [1101] Die offizielle strafrechtliche Missbilligung der kriminellen Tat wird durch gesellschaftliche, informelle Beschämung

---

1095 *Braithwaite* 1989.

1096 Vgl. Kapitel C. IV. 4.1.

1097 *Bock* 2019, S. 90 ff.; *Münster* 2006. Herrn Prof. Dr. Münster, der mir auf meine Nachfrage, ob er einen Tipp habe, wo seine im Buchhandel vergriffene Dissertation möglicherweise noch zu bekommen sei, ein Exemplar zugesandt hat, gilt mein besonderer Dank.

1098 Siehe dazu auch Kapitel D. VII. 4.

1099 *Braithwaite* 1989, S. 100; *Münster* 2006, S. 136.

1100 *Braithwaite* 1989, S. 57 ff.; *Münster* 2006, S. 137.

1101 *Braithwaite* 1989, S. 57 ff.; *Münster* 2006, S. 137.

unterstützt, zumindest sofern die Anlasstaten von einer klaren Mehrheitsmoral als strafwürdig erachtet werden.[1102]

Der elementare Erklärungsgehalt der Theorie liegt nun in der Unterscheidung des *shaming* in zwei grundlegend verschiedene Arten: des kriminalitätshemmenden *reintegrative shaming* und der kriminalitätsfördernden *stigmatization*.[1103]

Die Natur des *reintegrative shaming* liegt darin, dass ausschließlich die Tat moralisch verurteilt wird und nicht die Person des Delinquenten als solche.[1104] *Braithwaite* vergleicht diese Art des Beschämens mit der Reaktion auf unerwünschtes Verhalten innerhalb einer *„loving family"*.[1105] In einer solchen ist abweichendes Verhalten zu erwarten und hat nicht zur Konsequenz, dass sich emotionale Bindungen auflösen und das Kind ausgeschlossen wird, sondern dass nach der Missbilligung – die auch in einschneidender Bestrafung liegen kann – eine Versöhnung und Wiederaufnahme in den Familienverband erfolgt.[1106] *Braithwaite* kann sich hierbei auf empirische Befunde stützen, die belegen, dass eine konsequente, aber warmherzige und reintegrativ ausgerichtete elterliche Erziehung am besten zu einer erfolgreichen Sozialisierung beiträgt.[1107] Keine der Extremausprägungen elterlichen Verhaltens hingegen, also weder kaltherzige und emotional-distanzierte Erziehung auf der einen noch grenzenlose oder inkonsequente „Laissez-faire-Haltung" auf der anderen Seite, sind demgegenüber gleichermaßen geeignet, sozial verantwortliche Verhaltensweisen zu vermitteln.[1108]

Dem *reintegrative shaming* wird, kriminologisch gut fundiert, eine hohe kriminalitätshemmende und präventive Wirkung zugeschrieben.[1109] Begründet wird dies zum einen mit der Abschreckungswirkung: Man will Bezugspersonen wie Familienmitglieder nicht enttäuschen oder verletzen, sich aber auch nicht vor ihnen blamieren.[1110] Zudem soll unter Rückgriff auf die Lerntheorien ein

---

1102 *„If rape is not shameful, a society will have more rape; if driving a car or flying aircraft under the influence of alcohol is not shameful, many die in crashes; if corruption is not shameful, whole states become criminalised"*, *Braithwaite* 2020, S. 108.

1103 *Bock* 2019, S. 92.

1104 *Braithwaite* 1989, S. 100 f.; *Münster* 2006, S. 137.

1105 *Braithwaite* 1989, S. 56; *Münster* 2006, S. 146.

1106 *Braithwaite* 1989, S. 56; *Münster* 2006, S. 146.

1107 Zu den empirischen Befunden der Entwicklungspsychologie *Münster* 2006, S. 147 ff.

1108 *Münster* 2006, S. 147 ff.; *Herbig* 2014, S. 157.

1109 *Braithwaite* 1989, S. 69 ff.; *Münster* 2006, S. 163 ff. Besonders aussagekräftig ist hier auch der Abschnitt über „Japan als Kronzeuge eines effizienten ‚Familien-Modells' der Verbrechenskontrolle" *ders.* S. 151 ff.

1110 *Braithwaite* 1989, S. 69 ff.; *Münster* 2006, S. 164 ff.

Gewissen ausgebildet werden. Erfährt ein Kind auf „schlechtes" Benehmen entsprechende Reaktionen des sozialen Umfeldes, so entsteht mit der Zeit – im Sinne *Eysencks* Konditionierung – ein Gewissen. Das Kind schämt sich praktisch vor sich selbst, es will Gewissensbisse vermeiden, indem es sich konform verhält.[1111] Darüber hinaus soll durch die kollektive Empörung und Missbilligung durch die Gemeinschaft ein normstabilisierendes Gemeinschafts- und Moralgefühl entstehen.[1112] Auch die Anhörungen der südafrikanischen Wahrheits- und Versöhnungskommission werden als Beispiele für *reintegrative shaming* genannt.[1113]

Die hierzu gegensätzliche und gänzlich kontraproduktive Art des *shaming* ist *stigmatization.* Konträr zum *reintegrative shaming* wird der Delinquent hier nicht mehr als eine im Kern gute Persönlichkeit behandelt, sondern *er* – und nicht *seine Tat* – wird missbilligt und erniedrigt. Das Beschämen hat hier eine desintegrierende und degradierende Wirkung. Ein Versöhnen und Wiedereingliedern ist von Anfang an weder vorgesehen noch erwünscht.[1114] Musterexemplarische Beispiele für stigmatisierende Reaktionen sind mittelalterliche Schandstrafen, wie jemanden sinnbildlich „an den Pranger zu stellen". Ebenso degradierend wie die mittelalterlichen Schandstrafen sind moderne Prangerstrafen in den (sogenannten) sozialen Medien, wofür sich mit „*Shitstorm*" ein eigener Begriff etabliert hat.[1115]

Was hierzulande lang überwunden ist, wurde in der jüngeren Geschichte Südafrikas in Form des staatlich angeordneten Auspeitschens von Kindern und Jugendlichen noch alltäglich praktiziert.[1116] Das Auspeitschen war lange eine gängige jugendstrafrechtliche Sanktion und wurde erst 1995 durch das neu gegründete Verfassungsgericht als grausam und degradierend verboten.[1117]

1111 *Braithwaite* 1989, S. 71 ff.; *Münster* 2006, S. 171 ff.

1112 *Braithwaite* 1989, S. 71 ff.; *Münster* 2006, S. 175 ff.

1113 *Herbig* 2014, S. 158.

1114 *Braithwaite* 1989, S. 102; *Münster* 2006, S. 138 ff.

1115 Zu dem Phänomen *Prinzing* 2015.

1116 Dazu *McClendon* 2018; *Midgley* 1975, S. 107 ff.; sowie die Nachweise in Fn. 4.

1117 Constitutional Court of South Africa, CCT/20/94, Urteil vom 9.6.1995, abrufbar unter http://www.saflii.org/za/cases/ZACC/1995/6.pdf (zuletzt abgerufen am 6.6.2021). In Rn. 75 kann das beginnende Umdenken gut nachvollzogen werden: „*During argument, we were informed that interesting sentencing options were being increasingly applied in the Western Cape […]. There are, for instance, community service orders which are linked to suspended or postponed sentences […]. These orders are structured in such a way that they yield benefits to the victim of the crime, the offender and to the community*", eigene Übersetzung: „*Während der Urteilsberatung wurden wir darüber informiert, dass im Westkap zunehmend interessante Strafoptionen angewandt*

Zu beachten ist allerdings, dass die Intensität des *shaming* nach Braithwaite kein geeignetes Unterscheidungskriterium ist. So können beide Formen des *shaming* durchaus harte Züge annehmen oder auch sehr subtil ausfallen. [1118] Das Bestrafen an sich, sei es körperlich oder nicht, kann grundsätzlich beide Formen des *shaming* darstellen.

Im September 2019 hat in diesem Zusammenhang das südafrikanische Verfassungsgericht das elterliche Züchtigungsrecht als für mit der Verfassung unvereinbar erklärt.[1119] Nachdem in Deutschland im Jahr 2000 eine Novellierung des § 1631 BGB erfolgte und damit ein entsprechendes Gewohnheitsrecht unterbunden wurde,[1120] haben Kinder in beiden Bezugsländern nunmehr das Recht auf eine gewaltfreie Erziehung. Das ausschlaggebende Unterscheidungskriterium zwischen beiden Formen des *shaming* ist also nicht die Intensität, sondern vielmehr, ob sich danach ein „Reintegrationszeremoniell" anschließt.[1121]

Shaming als *stigmatization* führt laut *Braithwaite* genau zu dem, wovor der Labelingapproach warnt: zu sekundärer Devianz.[1122] Dieser Effekt lässt sich dann wiederum widerspruchsfrei mit den im vorherigen Abschnitt dargestellten ätiologischen Erklärungsansätzen in Einklang bringen.[1123] Bindungen werden durch die desintegrierende Wirkung des *stigmatization* geschwächt, sie schützen nicht mehr wirksam gegen Delinquenz. Es gibt bei gesellschaftlichem Ausschluss

---

werden […]. Es gibt zum Beispiel Anordnungen zur gemeinnützigen Arbeit, die mit einer Bewährungsstrafe oder einem Strafaufschub verbunden sind […]. Diese Anordnungen sind so strukturiert, dass sie Vorteile für das Opfer der Straftat, den Täter und die Gemeinschaft bringen."

1118 *Braithwaite* 1989, S. 57 ff.; *Münster* 2006, S. 137.

1119 Constitutional Court Of South Africa, CCT 320/17, Urteil vom 18.9.2019, abrufbar unter http://www.saflii.org/za/cases/ZACC/2019/34.pdf (zuletzt abgerufen am 6.6.2021). Gewaltanwendung im Sinne einer angemessenen und moderaten Züchtigung gegen Kinder galt bis dato als Rechtfertigungsgrund *(common law defence of reasonable and moderate chastisement)*, siehe dazu Rn. 43 des Urteils; siehe auch *Veriava* 2014, S. 4 ff.

1120 Vgl. § 1631 Abs. 2 BGB, eingeführt durch das Gesetz zur Ächtung der Gewalt in der Erziehung und zur Änderung des Kindesunterhaltsrechts vom 2.11.2000 (BGBl I 1479).

1121 Auch dieses Zeremoniell kann sehr unterschiedlicher Natur sein, so etwa eine Entschuldigung und ihre Annahme, ein Handschlag, eine Umarmung, die Unterzeichnung einer Wiedergutmachungsvereinbarung, die Überreichung eines Blumenstraußes, die Übergabe von Geld etc., *Münster* 2006, S. 143.

1122 Siehe dazu Kapitel D. VI. 2.

1123 *Münster* 2006, S. 140 f.

keine Bezugspersonen mehr, die man nicht enttäuschen oder verletzten will (vgl. *Hirschis attachement*). Der Ausgeschlossene nimmt einen „Masterstatus" als krimineller Außenseiter ein, dadurch sinkt seine Einbindung in konventionelle Aktivitäten, er hat „nichts zu verlieren" (vgl. *Hirschis involvement*[1124]). Zugleich hat er als „krimineller Außenseiter" schlechteren Zugang zu sozialstrukturell verfügbaren Mitteln, der anomische Druck steigt (vgl. *Mertons* drucktheoretische Überlegungen[1125]). Konforme Personen und Gruppen wenden sich von dem „Verbrecher" ab, es überwiegen dann delinquente Kontakte, von denen weiter gelernt wird (vgl. *Sutherlands* Theorie der differenziellen Kontakte[1126]). Die Regeln der konformen Gesellschaft werden zunehmend abgelehnt oder ersetzt, der stigmatisierend Beschämte öffnet sich kriminellen Subkulturen (vgl. subkulturtheoretische Ansätze[1127]). *Stigmatization* fördert daher kriminelle Karrieren, die sonst gar nicht entstanden wären.[1128]

3.2. Ubuntu oder die Bedingungen für ein erfolgreiches shaming

Offenkundig ist jedoch, dass kriminalitätshemmendes *reintegrative shaming* an bestimmte Voraussetzungen geknüpft sein muss. Hierzu nennt *Braithwaite* individuelle und sozialstrukturelle Bedingungen, unter denen das shaming seine reintegrative Wirkung entfalten kann: Kommunitarismus (*communitarianism)* und Interdependenz (*interdependency).*[1129]

Kommunitarismus betrifft die gesellschaftsstrukturelle Ebene (Makro-Ebene).[1130] In kommunitaristischen Gesellschaften herrscht ein dicht verwobenes Netz aus sozialen Beziehungen mit wechselseitiger Abhängigkeit, Hilfsbereitschaft und gegenseitigem Vertrauen.[1131] Die Loyalität zur Gemeinschaft steht hier über persönlichen Interessen und Bequemlichkeiten. Kommunitarismus bedeutet nach Braithwaite genau das Gegenteil von Individualismus.[1132]

Interdependenz hingegen bezieht sich auf die individuelle Ebene (Mikro-Ebene). Sie beschreibt die Eingebundenheit eines Individuums in ein von

---

1124 Siehe Kapitel C. IV. 2.1.1.
1125 Siehe Kapitel C. IV. 2.3.1.
1126 Siehe Kapitel C. IV. 2.2.1.
1127 Siehe Kapitel C. IV. 2.4.1.
1128 *Münster* 2006, S. 140 f.
1129 *Braithwaite* 1989, S. 84 ff.; *Braithwaite und Mugford* 1994; *Münster* 2006, S. 177 ff.
1130 *Münster* 2006, S. 179.
1131 *Münster* 2006, S. 180 ff.
1132 *Braithwaite* 1989, S. 86.

wechselseitiger Abhängigkeit geprägtes Gefüge sozialer Bindungen, z. B. im Verhältnis zu Eltern, der Schule, Nachbarn oder Arbeitgebern.[1133] Dieses soziale Gefüge entspricht dem *attachment* und *commitment Hirschis*, auf das sich *Braithwaite* ausdrücklich bezieht.[1134] Korrespondierend mit *Hirschis* Ansatz wirkt das *shaming* am besten bei einer engen sozialen Beziehung zwischen Beschämten und Beschämenden.[1135] Besteht ein enges Verhältnis mit wechselseitiger emotionaler Zuneigung, so trifft das *shaming* den Delinquenten viel eher als bei einer Begegnung mit weitgehend Unbekannten oder dem Jugendrichter. Auch ist die Gefahr deutlich niedriger, dass eine degradierende Stigmatisierung erfolgt, denn keine *„loving family"* und keine zusammengeschweißte Bezugsgemeinschaft will ihre Mitglieder dauerhaft ausschließen.[1136]

Umstände, die Kommunitarismus und Interdependenz zugegen laufen, sind nach *Braithwaite* dann Merkmale wie junges Alter (15–25), männlich, ledig, arbeitslos, niedriges Ausbildungsniveau und fehlendes berufliches Engagement auf individueller Ebene sowie Urbanisierung und örtliche Mobilität auf gesellschaftsstruktureller Ebene.[1137]

Diese von *Braithwaite* beschriebenen Bedingungen für eine reintegrative Einbeziehung der Gemeinschaft korrespondieren unmittelbar mit der Ubuntu-Philosophie, die dem CJA zusammen mit Restorative Justice als Leitprinzip zugrunde liegt. Die Kernaussage von Ubuntu – *„umuntu ngumuntu ngabantu"* („eine Person ist eine Person durch eine andere") – beschreibt auf spiritueller oder philosophischer Ebene exakt die gesellschaftlichen und individuellen Bedingungen von Kommunitarismus und Interdependenz.[1138] Ubuntu war die Grundlage der Konfliktlösung traditioneller afrikanischer Stämme, die daher (ebenso wie die neuseeländischen Maori) das Sinnbild von kommunitaristischen Gesellschaften im Sinne *Braithwaites* waren.[1139] Die Förderung des *„spirits*

1133 Übersetzung aus *Münster* 2006, S. 187; im Original: *Braithwaite* 1989, S. 98 ff.

1134 *Braithwaite* 1989, S. 29; *Bock* 2019, S. 91.

1135 *Münster* 2006, S. 178.

1136 *Münster* 2006, S. 179.

1137 Mit grafischer Darstellung *Braithwaite* 1989, S. 99; deutschsprachige Übersetzung in *Bock* 2019, S. 90.

1138 Zur Ubuntu-Philosophie siehe Kapitel A. I. 2.3.

1139 *„Many cultures have a word that represents this notion of centrality of relationsships. For the Maori, it is communicated by* ***whakapapa****; for the Navajo,* ***hozho****; for many Africans, the Bantu word* ***ubuntu****; for Tibetan Buddhists,* ***tendrel****. Although the specific meanings of these vary, they communicate a similar message: all things are connected to each other in a web of relationships"*, *Zehr* 2015, S. 31.

of ubuntu" im Jugendstrafrecht ist eine der erklärten Zielsetzungen des CJA.[1140] Gelebtes Ubuntu ist letztlich die Voraussetzung für wirksame Restorative Justice. Daher wird auch deutlich, warum die Verknüpfung von Ubuntu und Restorative Justice während der Transformationsphase Südafrikas erwachsen ist.[1141]

Es drängt sich die Frage auf, inwieweit ein erfolgreiches shaming in beiden Bezugsländern bei den heutigen gesellschaftsstrukturellen Gegebenheiten noch möglich ist. Gerade die oben dargestellten Befunde zur Lebenswirklichkeit von Jugendlichen in Südafrika stellen sich gänzlich konträr zu den Bedingungen dar, die von *Braithwaite* als erfolgversprechend beschrieben werden. Umstände, die Kommunitarismus und Interdependenz zugegen laufen, erscheinen vielmehr geradezu prägend für das heutige Südafrika. Vereinzelt wird zwar ein starker Kollektivismus als einer der kulturellen Hauptunterschiede zwischen Afrika und der westlichen Welt beschrieben.[1142] Dem stehen jedoch die deutlichen Befunde der tiefen Zerrissenheit und Spaltung des Landes sowie der Erosion der Gesellschaft und auch der sozialen Gemeinschaften (zerrissene Familien, desorganisierte Nachbarschaften, allenfalls prekäre Arbeitsumfelder etc.) entgegen, die für die horrende Gewaltkriminalitätsbelastung zumindest mitursächlich sind. Der beschriebene Kollektivismus ist zumindest für das gegenwärtige Südafrika nicht plausibel nachvollziehbar. Inwieweit die Überlegungen *Braithwaites* dennoch auch heute noch fruchtbar gemacht werden können, wird in Kapitel D. VII. 5.2. näher beleuchtet.

3.3. Relevanz für Restorative Justice und Diversion

Vorbehaltlich dieser Bedenken ob der praktischen Umsetzbarkeit sprechen die theoretischen Überlegungen *Braithwaites* deutlich für die Stärkung einer Restorative Justice betonten Diversionspraxis. Es gilt, unnötige formelle Strafverfahren mit potenziell hohem Stigmatisierungspotenzial zu vermeiden.

Familien-Gruppen-Konferenzen und andere *fully-restorative*-Verfahren stellen eine maximal konsequente Umsetzung der theoretischen Erwägungen *Braithwaites* in die Rechtsanwendungspraxis dar. Sie sind – genau wie ihre jahrtausendalten Vorgängerverfahren – exakt auf den Prinzipien des *reintegrative shaming* aufgebaut.

Ziel ist es, den Täter nicht zu degradieren und auszuschließen, sondern ihn wieder in die Gemeinschaft einzugliedern. Früher geschah dies, weil man jedes

1140 Siehe Kapitel B. III. 2.2.

1141 Siehe Fn. 183.

1142 So *Schoeman* 2013, S. 297.

Stammesmitglied brauchte, um als Stamm überleben zu können. Aber auch heute ist eine funktionierende Gesellschaft auf ein friedliches Miteinander und Zusammengehörigkeitsgefühl angewiesen. Restorative-Justice-Praktiken sind auf Respekt und Partizipation ausgelegt, im Mittelpunkt sollen die Tat und die kriminalitätsauslösenden Probleme stehen und nicht der „böse" Täter. Der Täter soll Scham empfinden, indem er mit den Folgen seines Handelns für das Opfer und Bezugspersonen konfrontiert und gezwungen wird, sich mit der Wiedergutmachung auseinanderzusetzen.[1143] Das von Braithwaite als konstitutive Bedingung für *reintegrative shaming* genannte Reintegrationszeremoniell erfolgt bei einer konventionellen Verurteilung gerade nicht. Bei Restorative Justice steht es hingegen im Mittelpunkt des Prozesses, beispielsweise in Form eines gemeinsam ausgearbeiteten Wiedergutmachungsplans. Auf *reintegrative shaming* ausgerichtete Prozesse stellen damit spiegelbildlich Restorative-Justice-Praktiken dar.[1144]

4. Entwicklungsdynamische Ansätze und Desistance-Forschung

4.1. Einleitung und empirische Befunde

Die vorgestellten klassischen Erklärungsansätze liefern plausible Anhaltspunkte für die Erklärung der so unterschiedlich stark ausgeprägten Jugendkriminalitätsbelastung in beiden Bezugsländern. Sie zeigen auf struktureller Ebene kriminalitätsbegünstigende Risikofaktoren auf und erklären auf individueller Ebene, warum junge Menschen möglicherweise in kriminelle Karrieren einsteigen.[1145] Warum Individuen jedoch aus kriminellen Karrieren aussteigen, bleibt dort außen vor. Dieser Aspekt ist für den kriminalpolitischen Umgang mit Jugendkriminalität aber von elementarer Bedeutung und bedarf daher besonderer Beachtung.

Hintergrund für das Verständnis der nachfolgend dargestellten entwicklungskriminologischen Ansätze ist die Altersverteilung von Kriminalität. Visualisiert man die Tatverdächtigenbelastungszahlen der deutschen PKS nach Geschlecht und Alter, so entsteht das charakteristische Bild einer Alterskurve (sog. Age-Crime-Kurve).[1146] Diese Kurve gestaltet sich für männliche Tatverdächtige

1143 Vgl. *Braithwaite* 2020, S. 109.

1144 Inwieweit sich die theoretischen Erwägungen Braithwaites rechtlich und kriminologisch verstärkt in das deutsche Jugendstrafrecht implementieren ließen und inwieweit die Regelungen des CJA hierzu als Vorbild dienen könnten, ist Gegenstand der Darstellung in Kapitel D. VII.

1145 *Bock* 2019, S. 101.

1146 Abgedruckt etwa in *Neubacher* 2020, S. 72.

derart, dass ab dem frühen Jugendalter von 11–13 Jahren ein sehr steiler Anstieg von krimineller Aktivität zu verzeichnen ist, der dann bei etwa 18–21 Jahren seinen Höhepunkt erreicht. Nach diesem Höhepunkt flacht die Kurve zunächst wieder deutlich ab und verläuft dann allmählich stetig absinkend. Hinsichtlich der weiblichen Tatverdächtigen stellt sich – auf eklatant niedrigerem Gesamtniveau – ein ähnliches Bild dar, jedoch mit der Maßgabe, dass der Gipfelpunkt ihrer Auffälligkeit mit 16 Jahren bereits einige Jahre früher liegt.[1147]

Diese Daten stammen wohlgemerkt aus dem Hellfeld, der charakteristische Verlauf dieses Phänomens ist jedoch empirisch unbestritten, er hat sich durch verschiedene Hell- und Dunkelfeldstudien in verschiedensten Ländern und zu verschiedenen Zeiten bestätigt.[1148] Schon in *Shakespeares* Wintermärchen aus 1611 echauffiert sich ein Schäfer über die verdorbene Jugend und wünscht sich, es gäbe kein Alter zwischen 10 und 23 oder die Jugend würde dieses Alter verschlafen; denn sie täten in diesem Alter nichts, außer ungewollte Schwangerschaften zu produzieren, die Älteren zu ärgern, zu stehlen und zu kämpfen.[1149]

Auch südafrikanische Studien bestätigen das Grundmuster des beschriebenen Phänomens. Es wird davon ausgegangen, dass auch dort der Höhepunkt der Kriminalitätsbelastung bei Jungen bzw. Männern bei etwa 18 Jahren liegt und (vom Quantitätsniveau ebenfalls signifikant niedriger) bei Mädchen bzw. Frauen bei etwa 15–16 Jahren.[1150]

Dieses Phänomen ist ja gerade auch der Legitimationsgrund für Diversion: Jugendstrafrechtliche Auffälligkeit ist meist gerade kein Indiz für ein erzieherisches Defizit, sondern überwiegend eine normale entwicklungsbedingte Auffälligkeit, die sich im Regelfall ohne formelle Kontrollintervention mit dem Eintritt in das Erwachsenenalter von selbst auflöst.[1151] Nach dem gesicherten entwicklungskriminologischen Forschungsstand ist zudem bekannt, dass das Gros aller kriminellen Karrieren früher oder später endet.[1152] Also auch die

---

1147 *Neubacher* 2020, S. 72.

1148 Dazu *Neubacher* 2020, S. 72; *Greenberg* 1977, S. 189 ff.; *Boers* 2019, S. 7 ff.

1149 Im englischen Originaltext heißt es: „*I would there were no age between ten and three-and-twenty, or that youth would sleep out the rest, for there is nothing in the between but getting wenches with child, wronging the ancientry, stealing, fighting*" William Shakespeare, The Winter's Tale, 3.3.

1150 *Maree* 2018, 4.5.1.1. m. w. N.

1151 BT-Drucks. 11/5829, S. 1.

1152 *Bock* 2019, S. 106 ff.; *Boers* 2019, S. 8 ff.; *Neubacher* 2020, S. 77 f.; *Schmorleiz* 2018, S. 138.

von vermeintlich „hoffnungslosen chronischen Intensivstraftätern".[1153] Diese gesicherten Erkenntnisse stehen im Widerspruch zu den Erklärungen der klassischen Kriminalitätstheorien, die statisch sind.[1154] Ihnen fehlt der Erklärungsinhalt, warum es *Veränderungen* von delinquentem Verhalten im Lebenslauf von Menschen gibt.[1155] Sie gehen insoweit von einer Kontinuität kriminellen Verhaltens aus (Stabilitätspostulat), die aber im Widerspruch zu den empirisch festgestellten vielfältigen Verlaufsformen krimineller Karrieren steht.[1156] Vertreter entwicklungskriminologischer Ansätze bestreiten das Stabilitätspostulat und beziehen die Wirkung unterschiedlicher Einflussfaktoren in Abhängigkeit von Alter und Entwicklungsphasen in ihre Theorien ein.[1157]

4.2. Die Ansätze von Greenberg und Thornberry

Mit als erstes einbezogen hat *David Greenberg* den Altersaspekt als Variable in seiner **Alterstheorie.**[1158] Er greift auf die drucktheoretischen Überlegungen Mertons (s. o.) zurück und ergänzt diese um die Zeitperspektive.[1159] Der Druck auf eine Person sei nicht gleichbleibend, sondern variiere und sei gerade im Jugendalter besonders hoch.[1160] Dies begründet *Greenberg* mit einer besonders hohen Konsumorientierung Jugendlicher in Industriestaaten bei gleichzeitig wenigen finanziellen Mitteln sowie dem jugendtypischen Streben nach Anerkennung und Statuserlangung in der Peergroup.[1161] Während *Greenberg* damit den oben beschriebenen starken Anstieg von Delinquenz in der Jugendzeit erklärt, führt

---

1153 *„Ob jemand ein hoffnungsloser Fall war, weiß man erst am Ende seines Lebens und nicht vorher", Bock 2019, S. 129.*

1154 *Bock* 2019, S. 101.

1155 *Bock* 2019, S. 101.

1156 *Gottfredson* und *Hirschi* bestreiten, dass die empirischen Erkenntnise über die Age-Crime-Kurve in der Lage sind, das Stabilitätspostulat zu widerlegen. Sie führen die Neigung zu Kriminalität auf eine geringe Selbstkontrolle zurück (theory of low-self-control), die als anhaltende Persönlichkeitseigenschaft über lange Zeiträume bestünde. Diese Eigenschaft verschwände nicht, sondern würde sich lediglich mit menschlichen Reifeprozessen in andere abweichende Verhaltensformen (Suchtmittelkonsum, Glückspiel etc.) oder ins Dunkelfeld verlagern, *Meier* 2021, S. 70; *Gottfredson und Hirschi* 1990.

1157 *Greenberg* 1977; *Bock* 2019, S. 101; *Meier* 2021, S. 83.

1158 *Greenberg* 1977; *Bock* 2019, S. 101 f.

1159 *Greenberg* 1977, S. 194 ff.; *Bock* 2019, S. 101 f.

1160 *Greenberg* 1977, S. 194 ff.; *Bock* 2019, S. 101 f.

1161 *Greenberg* 1977, S. 198; *Bock* 2019, S. 102.

er den Rückgang mit dem Eintritt in das Erwachsenenalter darauf zurück, dass der anomische Druck dann auch wieder abnehme: Der eigene Status in der Peergroup verlöre an Bedeutung, Autonomie sowie Selbstständigkeit steigen und mit dem Einstieg ins Arbeitsleben eröffneten sich auch legale Einkommensmöglichkeiten. Zeitgleich zu dem abnehmenden anomischen Druck stiegen auch die Kosten gegenüber dem Nutzen delinquenten Verhaltens (Jobverlust, härtere Strafen[1162], Verlust der Partnerschaft) mit dem Einstieg ins Erwachsenenalter, so begründet *Greenberg* den Rückgang der Kriminalitätsbelastung weiter.[1163]

Die **Wechselwirkungstheorie** von *Terence P. Thornberry* ist noch weiter ausdifferenziert. Er hält wie Hirschi geschwächte Bindungen und die damit verbundene mangelnde soziale Kontrolle für kriminalitätsauslösend.[1164] Die fehlende soziale Kontrolle führe aber nicht automatisch zu Delinquenz, sondern zunächst zu einer „Erweiterung des individuellen Handlungsrepertoires".[1165] Erst wenn das Individuum dann mit kriminellem Verhalten konfrontiert werde, lerne es daran.[1166] Ob es dazu komme, hänge wiederum mit der Sozialstruktur des Individuums ab, bei einer sozial desorganisierten Nachbarschaft sei dies etwa wahrscheinlicher.[1167] Die Wechselwirkungstheorie verknüpft somit bindungs- und lerntheoretische mit sozialstrukturellen Ansätzen.[1168] Nach *Thornberry* verändern sich für Kriminalitätsentstehung kausale Einflussfaktoren mit dem Alter. Im frühen Jugendalter sei Delinquenz auf fehlende moralische Zwänge zurückzuführen. Diese resultierten aus mangelnder Bindung an die Eltern, einer fehlenden Verpflichtung der Schule gegenüber und dem fehlenden Glauben an konventionelle Werte. In der mittleren Jugendphase würde eine Verstärkung durch die Verbindung zu delinquenten Gleichaltrigen und delinquenten Werten hinzutreten.[1169] Auch delinquentes Verhalten selbst führe zu einer Verfestigung und Entstehung weiterer Delinquenz.[1170] Beim Übergang ins Erwachsenenalter würden dann neue Bindungen und Verpflichtungen zu Beruf und Familie an Bedeutung gewinnen und zum Abbruch vieler krimineller Karrieren führen.

1162 Fehlverhalten würde dann nicht mehr als *„childish mischief"* bewertet werden, *Greenberg* 1977, S. 209.

1163 *Greenberg* 1977, S. 208 ff.; *Bock* 2019, S. 102.

1164 *Bock* 2019, S. 102; *Meier* 2021, S. 79.

1165 Zitiert nach *Bock* 2019, S. 102.

1166 *Bock* 2019, S. 102; *Meier* 2021, S. 79.

1167 *Bock* 2019, S. 102 f.

1168 *Bock* 2019, S. 102.

1169 *Bock* 2019, S. 103.

1170 *Bock* 2019, S. 103; *Meier* 2021, S. 80.

Auch dies sei jedoch kein Automatismus, denn Rückkopplungsschleifen mit früheren Faktoren könnten dem entgegenlaufen.[1171]

4.3. Die Theorie der altersabhängigen informellen Sozialkontrolle

Der wohl bedeutendste entwicklungskriminologische Ansatz wurde von *Robert Sampson* und *John Laub* entwickelt.[1172] In ihrer empirisch gut fundierten **Theorie der altersabhängigen informellen sozialen Kontrolle** greifen sie auf die soziale Bindungstheorie von Hirschi zurück und ergänzen diese um entwicklungsdynamische Überlegungen.[1173] Entsprechend der Namensgebung ihrer Theorie gehen sie davon aus, dass Art und Stärke sozialer Bindungen im Lebenslängsschnitt variieren und nicht etwa gleich bleiben. Die dadurch entstehenden Veränderungen der sozialen Kontrolle im Lebenslauf führten dann auch zu Veränderungen in der Delinquenzentwicklung einzelner Personen.[1174]

Die Art der Bindungen variiere je nach Alter schon im Hinblick auf die Träger sozialer Kontrolle. Während dies im Kinder- und Jugendalter vornehmlich Eltern und Familien, *Peergroups* und die Schule seien, verlagere sich die Trägerschaft im Erwachsenenalter auf das berufliche und partnerschaftliche Umfeld.[1175] Kriminalität wird sowohl im Jugendalter als auch im Erwachsenenalter von *Sampson* und *Laub* auf fehlende oder geschwächte Bindungen zurückgeführt.[1176] Die Stärke der jeweiligen Bindungen wird den Autoren zufolge unter anderem durch sozialstrukturelle Faktoren (z. B. den sozioökonomischen Status, Familien- und Wohnverhältnisse) geprägt und beeinflusst.[1177]

1171 *Bock* 2019, S. 104.

1172 Grundlegend *Bock* 2019, S. 104ff.; *Meier* 2021, S. 81f.

1173 Als empirische Ausgangslage fungierte eine Reanalyse der Studie von *Sheldon* und *Eleanor Glueck*, die ihrerzeit den Werdegang von 500 delinquenten und 500 nicht delinquenten Jugendlichen der Bostoner Unterschicht bis zu ihrem 32. Lebensjahr begleitet und untersucht hatten (Unraveling Juvenile Delinquency, 1957). In zwei aufwändigen Studien (1993, 2003) verfolgten *Sampson* und *Laub* die Entwicklung der ursprünglichen Probanden bis zu ihrem etwa 70. Lebensjahr weiter, teilweise mit narrativen Interviews noch lebender Probanden, dazu *Bock* 2019,S. 106f. Die Auswertung der Daten der Tübinger Jungtäter Vergleichsuntersuchung durch *Wolfgang Stelly* und *Jürgen Thomas* (2005) konnten die Annahme *Sampons* und *Laubs* ebenfalls bestätigen, vgl. *ders.* 108.

1174 *Bock* 2019,S. 104.

1175 *Bock* 2019, S. 105; *Meier* 2021, S. 81.

1176 *Bock* 2019, S. 105; *Meier* 2021, S. 81.

1177 *Bock* 2019, S. 105; *Meier* 2021, S. 81.

Die Frage, ob es im Erwachsenenalter dann zu (kriminalitätshemmenden) Bindungen komme, hänge mit Delinquenz und sozial auffälligem Verhalten in der Jugendphase zusammen.[1178] Eine *„kumulative Anhäufung von Schwierigkeiten und Problemen“* machte das Zustandekommen von sozialem Kapital im Erwachsenenalter dann unwahrscheinlich.[1179] Die Autoren knüpfen diesbezüglich an den Etikettierungsansatz an. Während dies in ihrer ursprünglichen Theorie primär auf informelle Kontrollaspekte bezogen war, ergänzten *Sampson* und *Laub* ihre Überlegungen um die Auswirkungen strafrechtlicher Reaktionen.[1180] Formelle Sanktionen würden einen „Schneeballeffekt“ dahingehend auslösen, dass Ausgrenzungs- und Etikettierungsprozesse die späteren Lebenschancen immer weiter belasteten.[1181]

Diese Kontinuität zwischen Kriminalität im Kinder- und Jugendalter und im Erwachsenenalter ist jedoch nach *Sampson* und *Laub* nicht unabdingbar, sondern es könne im Lebenslauf jederzeit zu Wendepunkten (*turning points*) kommen.[1182] Solche Wendepunkte könnten beispielsweise in der Aufnahme einer beruflichen Beschäftigung, einem Umzug, dem Beginn einer festen Partnerschaft oder einer Elternschaft liegen. Das dadurch entstehende soziale Kapital führe dann zu neuen Bindungen, die Kriminalität im Erwachsenenalter unwahrscheinlicher mache.[1183] In einigen wenigen Fällen lösten diese Wendepunkte eine abrupt-radikale Kehrtwende des Lebenswegs aus, in den meisten Fälle führten sie jedoch zu einem Prozess der Veränderungen über Zeit.[1184] Entscheidend ist, dass diese Wendepunkte (etwa eine Trennung oder ein Arbeitsplatzverlust) aber auch umgekehrt wirken können, das heißt bei vorheriger Unauffälligkeit zu Delinquenz führen können.[1185]

1178 *Bock* 2019, S. 105; *Meier* 2021, S. 81.

1179 Zitiert nach *Meier* 2021, S. 81.

1180 *Dollinger und Schabdach* 2013, S. 135; *Sampson und Laub* 1997.

1181 *Dollinger und Schabdach* 2013, S. 136; *Sampson und Laub* 1997, S. 15.

1182 *Bock* 2019, S. 105; *Meier* 2021, S. 81.

1183 *Bock* 2019, S. 105 f.; *Meier* 2021, S. 81 f.

1184 *Sampson und Laub* 1997, S. 11.

1185 Die Annahme dieser Möglichkeit von Stabilität und Wandel steht im Kontrast zu dem entwicklungskriminologischen Ansatz von *Terrie Moffit*. Nach diesem gibt es neben den episodenhaften Jugendstraftätern (*adolescence-limited antisocial behavior*) nur chronische Straftäter (*chronical offenders*), die bereits früh mit sozial auffälligem Verhalten beginnen, welches dann über den Lebensverlauf hinweg in verschiedenen Lebensbereichen andauert, dazu *Boers* 2019, S. 13.

4.4. Von der Entwicklungskriminologie zur Desistance-Forschung

Nach dem gesicherten entwicklungskriminologischen Forschungsstand ist bekannt, dass das Gros aller kriminellen Karrieren früher oder später endet.[1186] Das gilt gerade auch für sogenannte Intensivstraftäter, die trotz des von *Sampson* und *Laub* beschriebenen „Schneeballeffekts“ von Chancenverschlechterung durch Stigmatisierung und Ausgrenzung ihre kriminelle Karriere irgendwann abbrechen.[1187] Aus diesen Erkenntnissen ist eine vergleichsweise junge kriminologische Disziplin entstanden, die sogenannte Desistance-Forschung.[1188] Während unter Annahme des Stabilitätspostulates lange Zeit praktisch ausschließlich nach den Gründen des Einstiegs in kriminelle Karrieren gesucht wurde, ist – unter anderem ausgelöst durch die Untersuchungen *Sampsons* und *Laubs* – nun verstärkt ein Interesse daran entstanden, warum delinquente Karrieren abgebrochen werden.[1189] Die Desistance-Forschung ist eine logische Konsequenz aus der Entwicklungskriminologie.[1190] Ihr Forschungsdesign beruht regelmäßig auf qualitativen Interviews mit Straftätern, konsequenterweise gerade auch mit ehemaligen (sog. *desister of crime*).[1191]

Die Frage der Entstehung von Desistance hängt eng mit der Frage nach protektiven Faktoren zusammen. Denn eine Kumulation von Risikofaktoren erhöht zwar die Wahrscheinlichkeit delinquenten Verhaltens, gibt dieses aber keinesfalls deterministisch vor.[1192] Auch ein AIDS-Waisenkind in einer desorganisierten südafrikanischen Township, das sozialstrukturell völlig vernachlässigt ist, in Armut lebt, nicht adäquat beschult und betreut wird, selbst Missbrauchserfahrungen erlitten hat und Umgang mit zahlreichen kriminellen Gang-Mitgliedern pflegt, muss nicht delinquent werden, selbst wenn alle denkbaren Risikofaktoren zusammentreffen. Die Resilienzforschung untersucht daher die Frage, „warum manche *trotzdem* nicht straffällig werden“.[1193] Diesen „manchen“, die

---

1186 *Bock* 2019, S. 106 ff.; *Boers* 2019, S. 8 ff.; *Neubacher* 2020, S. 77f.; *Schmorleiz* 2018, S. 138.

1187 *Bock* 2019, S. 99; *Neubacher* 2020, S. 77 f.

1188 *Hofinger* 2013; *Boxberg* 2017, S. 133 ff.

1189 *Boers* 2019, S. 26.

1190 *Bock* 2019, S. 118.

1191 *Hofinger* 2013, S. 318; *Giordano et al.* 2002; *LeBel et al.* 2008; *Maruna* 2002. Dazu gehört auch die zuvor beschriebene Reanalyse der Gluecks-Studie durch *Sampson* und *Laub*, siehe Fn. 1173.

1192 *Neubacher* 2020, S. 75 f.; *Meier* 2021, S. 189 f.

1193 So der prägnante Titel der Untersuchung von *Schmorleiz* 2018.

allen Erwartungen zum Trotz nicht delinquent werden (*false positives*) wurde kriminologisch lange Zeit wenig Aufmerksamkeit gewidmet und sie wurden auch schlicht ignoriert, denn sie passten als „Ausreißer" ja nicht in das jeweilige Erklärungsmodell.[1194]

Im Zentrum des Interesses dieser Arbeit stehen zwar weniger Intensivstraftäter, die kriminalpolitische Bedeutung der Desistance-Forschung ist aber auch für Diversion und Restorative Justice als Interventionsansatz nicht zu unterschätzen. Denn offensichtlich liegen die Auslöser früherer Straftaten in der Vergangenheit und dauern nicht mehr zwangsläufig an.[1195] Will man aber nun kein deterministisches Verständnis an den Tag legen („*kein Wunder bei den Umständen – ist doch eh alles verloren*") und den rehabilitativen und präventiven Zielsetzungen des Jugendstrafrechts gerecht werden, so liegt es durchaus nahe, sich statt alleine mit kriminalitätsauslösenden Faktoren auch mit denjenigen Prozessen zu beschäftigen, die Menschen von Kriminalität Abstand nehmen oder erst gar nicht damit beginnen lassen.

Grundsätzlich lassen sich die Erklärungsansätze für Delinquenzabbrüche in drei Modelle einteilen.[1196] Die bereits vorgestellte Theorie der altersabhängigen informellen sozialen Kontrolle von *Sampson* und *Laub* gehört zu den ***sozialen Modellen***.[1197] Wie dargelegt, wird hier der Aufbau neuen sozialen Kapitals (stabile Partnerschaft, beständige Arbeitsverhältnisse, Militärdienst etc.) für den Abbruch krimineller Karrieren verantwortlich gemacht. Inwieweit solche Wendepunkte eintreten, obliegt nach den Autoren allerdings überwiegend exogenen Faktoren, auch schlicht dem Zufall.[1198]

Andere Ansätze betonen hingegen eher psychologisch-kognitive Veränderungsprozesse und werden daher als ***innere Modelle*** bezeichnet.[1199] Innere Modelle gehen insbesondere auf den irischen Kriminologen *Shadd Maruna* zurück, der in einer Vergleichsuntersuchung mit qualitativen Interviews ehemaliger Häftlinge[1200] festgestellt hat, dass „*desister*" ein neues kognitives Selbstbild, eine neue Identität entwickelt haben.[1201] Sie sehen sich selbst als handlungsfähige Subjekte, welche sich gebessert haben oder sich zu bessern in der Lage sind

---

1194 Vgl. *Schmorleiz* 2018, S. 113 ff.

1195 Vgl. *Boers* 2019, S. 27.

1196 *LeBel et al.* 2008, S. 137 ff.; *Walsh* 2016, S. 24; *Boers* 2019, S. 27.

1197 *Boers* 2019, S. 27; *LeBel et al.* 2008, S. 139.

1198 *Sampson und Laub* 1997, S. 11; *Schmorleiz* 2018, S. 143 ff.

1199 *LeBel et al.* 2008, S. 139; *Walsh* 2016, S. 24; *Boers* 2019, S. 27.

1200 Sog. „Liverpool Desistance Study", dazu *Maruna* 2002, S. 37 ff.

1201 *Maruna* 2002, S. 85 ff.; *Schmorleiz* 2018, S. 149 f.

und das Vergangene überwinden können.[1202] Dabei spielt auch die gewünschte Wirkung auf andere Menschen eine gewichtige Rolle. Sie versuchen, den Wandel (bzw. die Rückkehr zur wahren guten Identität – *„the real me"*[1203]) plausibel zu machen und anerkannt zu werden.[1204] Es wird insoweit auch von einem Prozess der „Um-Etikettierung" gesprochen.[1205] *Desister* betonen diesbezüglich auch die Wichtigkeit, etwas Gutes zu tun und Verantwortung übernehmen zu wollen, um diese neue Identität zu untermauern.[1206] *Persister* hingegen sehen sich selbst eher als Opfer äußerer Umstände, zu deren Änderung sie selbst nicht imstande sind.[1207]

Zu einem ähnlichen Ergebnis kommen *Giordano, Cernkovich* und *Rudolph* in ihrer Studie.[1208] In der daraus entwickelten „Theorie der kognitiven Transformation" betonen sie den Aspekt, dass äußere Chancen zur Veränderung sehr unterschiedlich wahrgenommen und genutzt werden. Sie haben daher den der Theorie namensgebenden kognitiven Transformationsprozess näher untersucht und ein Vierstufenmodell formuliert.[1209] Zunächst müsse Offenheit für Änderung und die Bereitschaft für einen Neuanfang und den Glauben daran bestehen.[1210] Zweitens müssten Ankerpunkte für Veränderungen erkannt und wahrgenommen werden. Die Autoren sprechen hierbei von *„hooks for change"*.[1211] Drittens müsse ein neues, konventionelles Selbstbild aufgebaut werden, mit dem sich Kriminalität nicht mehr vereinbaren lässt.[1212] Letztlich müsse das frühere kriminelle Verhalten neu bewertet werden.[1213]

Dieses sowie weitere **integrative Modelle** kombinieren persönliche (innere) und soziale (äußere) Faktoren. Neue soziale Bindungen und ein sich wandelndes Selbstkonzept stehen nach diesen Ansätzen in Wechselwirkungen zueinander.[1214]

1202 *Dollinger* 2018, S. 251; *Maruna* 2002, S. 85 ff.

1203 *Maruna* 2002, S. 88.

1204 *Dollinger* 2018, S. 251; *Maruna* 2002, S. 85 ff.

1205 *Schmorleiz* 2018, S. 150.

1206 *Dollinger* 2018, S. 251; *Maruna* 2002, S. 85 ff. *„Making Good – How Ex-Convicts Reform and Rebuild Their Lives"* so daher auch der Titel der Studie *Marunas*.

1207 *Maruna* 2002, S. 83.

1208 *Giordano et al.* 2002; *Hofinger* 2013, S. 320.

1209 *Giordano et al.* 2002, S. 1027 ff.; eine deutschsprache Darstellung findet sich in *Schmorleiz* 2018, S. 152 ff.

1210 *Giordano et al.* 2002, S. 1028; *Schmorleiz* 2018, S. 153.

1211 *Giordano et al.* 2002, S. 1033; *Schmorleiz* 2018, S. 153.

1212 *Giordano et al.* 2002, S. 1001; *Schmorleiz* 2018, S. 156.

1213 *Giordano et al.* 2002, S. 1027; *Schmorleiz* 2018, S. 156.

1214 *LeBel et al.* 2008, S. 139; *Walsh* 2016, S. 24; *Boers* 2019, S. 27 f.

Die unterschiedlichen Modelle schließen sich jedoch nicht gegenseitig aus, sondern – so betonen es auch die jeweiligen Autoren – setzen nur unterschiedliche Schwerpunkte.[1215] Desistance, so dürfte weitgehend anerkannt und empirisch fundiert sein, wird sowohl durch innere als auch äußere Bedingungen beeinflusst.[1216] *Neubacher* resümiert zutreffend, dass es im Ergebnis auf der Hand liege, dass die Entwicklung eines positiven Selbstkonzepts nicht unabhängig von der Anerkennung und Wertschätzung durch die Umwelt sei.[1217]

4.5. Relevanz für Restorative Justice und Diversion

Angesichts der Individualität und Vielschichtigkeit menschlichen Lebens und möglicher Einflussfaktoren lassen sich allgemeingültige und universelle Erklärungen weder für die Entstehung noch für den Abbruch krimineller Karrieren liefern.[1218] Dennoch resultieren aus den Befunden der Entwicklungskriminologie und der Desistance-Forschung gewichtige Schlussfolgerungen für die Bewertung von Restorative Justice als Alternative im Umgang mit Jugendkriminalität.

Nicht nochmals ausführungsbedürftig ist, dass die entwicklungskriminologischen Befunde die Diversion als solche empirisch legitimieren: Jugendstrafrechtliche Auffälligkeit ist meist gerade kein Indiz für ein erzieherisches Defizit, sondern überwiegend eine normale entwicklungsbedingte Auffälligkeit, die sich im Regelfall ohne formelle Kontrollintervention mit dem Eintritt in das Erwachsenenalter von selbst auflöst.[1219] Eines der Diversionsziele ist es, diesen Übergang nicht mit stigmatisierenden und kontraproduktiven Interventionen zu beeinträchtigen.[1220]

Neben dieser hinlänglich bekannten Tatsache zeigen die Erkenntnisse der Desistance-Forschung, dass Delinquenzabbrüche bei aller Diversität im Einzelfall in aller Regel länger andauernde Prozesse sind.[1221] Diese banale Erkenntnis kann grundsätzlich auch wiederholte Erledigungen im Rahmen der Diversion

---

1215 *Schmorleiz* 2018, S. 157 m. w. N.

1216 *Schmorleiz* 2018, S. 156 f.; *Boers* 2019, S. 28; *Bock* 2019, S. 119.

1217 *Neubacher* 2020, S. 76.

1218 Das Zusammenspiel interner und externer Schutz- und Risikofaktoren kann daher – wie üblich – nur einzelfallbezogen bewertet werden, wofür die Methode der idealtypisch-vergleichenden Einzelfallanalyse (MIVEA) erneut ein probates Instrumentarium bietet, *Bock* 2019, S. 119.

1219 BT-Drucks. 11/5829 S. 1; *Boers* 2019, S. 8 f.

1220 *Neubacher* 2020, S. 73.

1221 *Boxberg* 2017, S. 133; *Walsh* 2016, S. 23 m. w. N.

rechtfertigen. Die in der Praxis weit verbreite Idee der „Gelben Karte" lässt sich nicht legitimieren (*„einmal Diversion, dann Anklage"*).[1222] Das heißt natürlich nicht, dass Jugendkriminalität ignoriert werden sollte, bis sie sich durch Reifungsprozesse von alleine auflöst. Wenn im Einzelfall ein Desistance-Prozess aber erkennbar im Gange ist, dann muss es auch dort Ziel sein, den Übergang nicht mit stigmatisierenden und kontraproduktiven Interventionen zu beeinträchtigen. Es gilt dann vielmehr, den Prozess zu fördern und unterstützend zu begleiten, hierfür sind Restorative-Justice-Verfahren tendenziell geeigneter als formelle Sanktionen.

Die Befunde der Entwicklungskriminologie und der Desistance-Forschung haben die überragende Bedeutung sozialer Bindungen und informeller Sozialkontrolle bestätigt. Unabhängig davon, ob Delinquenzabbrüche vorwiegend aus intrinsischen Antrieben heraus resultieren, die Wechselwirkung mit äußeren Faktoren ist unbestritten. Daraus folgt der zwingende Schluss, dass das soziale Umfeld nicht ignoriert werden darf, sondern es muss – entsprechend dem Ansatz von Restorative Justice – soweit wie möglich miteinbezogen werden. Sämtliche Maßnahmen, die sich alleine mit dem Delinquenten beschäftigen, ohne den sozialen Bezugsraum zu involvieren, können keine gleichsam nachhaltige Wirksamkeit entfalten.

Der verbreitete Ansatz, delinquente Jugendliche „professionell behandeln" zu wollen, ist daher in der Regel verfehlt.[1223] Restorative Justice stellt ein Gegenkonzept zu diesem „medizinischen Behandlungsansatz"[1224] der konventionellen Jugendstrafrechtspflege dar, die sich häufig nur mit der Persönlichkeit des Delinquenten beschäftigt.[1225] Die Einbeziehung der sozialen Bezugsgemeinschaft und die Involvierung der Betroffenen auf Augenhöhe ist Kernbestandteil der Restorative-Justice-Philosophie, die Stärkung sozialer Bindungen ihr Ziel.

Lange bekannt und wohl unbestritten ist, dass Ausgrenzungs- und Etikettierungsprozesse Chancen verbauen und eine gefährliche Eigendynamik hin zur Verfestigung krimineller Karrieren verursachen können. Eine der wichtigsten

---

1222 Zustimmend *Spiess* 2012, S. 451 ff.

1223 *Maruna* 2016, S. 292.

1224 *Maruna* 2016, S. 292.

1225 Keinesfalls soll dies professionellen Behandlern wie Suchtmittelexperten, Sozialtrainern, Psychologen oder Therapeuten ihre Legitimation absprechen. Sie sind bei entsprechender Indikation unersetzbar. Gemeint ist vielmehr der Ansatz der in der Jugendstrafrechtspflege tätigen Personen in ihrer alltäglichen Arbeit.

Erkenntnisse der Desistance-Forschung ist nun aber, dass diese Dynamik durchbrochen werden kann.

Auf äußerer Seite bedarf diese Durchbrechung der Zugänglichmachung von Aufhängern für eine positive Änderung im Sinne von *turning-points* oder von *hooks for change*, wie es *Sampson* und *Laub* beziehungsweise *Maruna* formulieren. Auch wenn deren Eintreten und Wirkung zum Teil kaum beeinflussbar sind, so hängt die Wahrscheinlichkeit positiver Wendungen doch unbestreitbar mit den Chancen zusammen, die einem Individuum gegeben werden. Die von Restorative Justice angestrebte Reintegration in die Gemeinschaft ist hierfür wiederum konstitutiv.

Auf innerer Seite hat sich die Wichtigkeit einer positiven Selbstverstärkung herauskristallisiert. *Maruna* und *Giordano et al.* betonen in ihren Studien, dass der Glaube an die Veränderbarkeit und den „eigenen guten Kern“ bei der Schaffung eines neuen Selbstbildnisses entscheidend ist.[1226] Dies ist nachvollziehbar, denn positive Verstärkung ist in allen Bereichen menschlichen Lernens wirksamer und nachhaltiger ist als Zwang oder Drohung, sei es beim Abnehmen oder im Umgang mit Suchtmitteln. Es gilt daher, diese positive Selbstverstärkung zu fördern. Dabei ist etikettierendes formelles Bestrafen *(„Du bist ein Straftäter!“)* denkbar ungeeignet. Restorative Justice hingegen verfolgt gerade das Paradigma, die im Kern gute Persönlichkeit des Delinquenten nicht infrage zu stellen, sondern diese zu betonen; die Tat soll verurteilt werden, nicht der Täter.

Einen wesentlichen Aspekt für Restorative Justice als Interventionsansatz hat die Desistance-Forschung mit dem Begriff der „Um-Etikettierung“ *(de-labeling)* in die Diskussion gebracht.[1227] Sekundäre Devianz ist keine Einbahnstraße, sondern es kann gelingen, diesen Kreislauf zu durchbrechen und eine prosoziale neue Identität aufzubauen. Restorative Justice bietet dafür einen geeigneteren Rahmen als die konventionelle Strafjustiz. Straftäter sollen nicht mit einem Strafmakel degradiert, sondern als vollwertige Mitglieder der Gemeinschaft zurückgewonnen werden. Delinquente Personen werden hier nicht „behandelt“, sondern aktiv in die Problemlösung mit einbezogen. Der Abschluss eines *gemeinsam* ausgearbeiteten Wiedergutmachungsplans kann durchaus als „Um-Etikettierungsprozess“ klassifiziert werden. Auch die von *Braithwaite* als konstitutive Bedingung für *reintegrative shaming* genannten Reintegrationszeremonielle stellen solche Prozesse dar. Alte Labels werden sinnbildlich „überstempelt“, indem der Delinquent wieder rituell in die Gemeinschaft aufgenommen

1226 Siehe unten Kapitel D. IV. 4.4.

1227 Vgl. *Hofinger* 2013, S. 323; *Schmorleiz* 2018, S. 150; *Horan* 2015, S. 152.

wird. Gerade auch die Versöhnung mit dem Opfer kann dabei helfen, das Label des „Täters“ zu überwinden.

Maruna und *Giordano et al.* betonen im Zusammenhang mit der Entstehung einer neuen kognitiven Identität die Wichtigkeit für Individuen, ihren Wandel nach außen plausibel zu machen und anerkannt zu werden.[1228] Niemand – insbesondere auch nicht die betroffene Person sich selbst gegenüber – sei ernsthaft überzeugt, wenn es lediglich hieße *„ich bin ein anderer Mensch“* oder *„ich habe meinen Weg geändert“*.[1229] Für *desister* sei es daher außerordentlich wichtig, eine Ausdrucksplattform zu bekommen, in der sie die Geschichte ihres Wandels in einer respektvollen Umgebung auf Augenhöhe erzählen können.[1230] Die Rahmenbedingungen hierfür werden in Restorative-Justice-Verfahren viel eher geboten als in konventionellen Strafverfahren, in denen es alleine um Reaktion auf *vergangenes* Verhalten geht.[1231]

Entscheidend ist weiterhin die empirische Erkenntnis, nach der es *desistern* regelmäßig ein Anliegen ist, ihre neue Identität zu untermauern, indem sie sich gesellschaftlich einbringen und Gutes tun wollen.[1232] Es sei an dieser Stelle an *Easy Nofomela* und *Ntobeko Peni* erinnert – die Mörder *Amy Biehls*, die nach der Amnestieentscheidung der TRC Mitarbeiter in der durch die Eltern gegründeten gemeinnützigen Foundation wurden.[1233] Hier drängt sich also eine wesentliche Überschneidung zu Restorative Justice auf: Die Wiedergutmachung der durch die Straftat entstandenen Schäden ist dort zentrales Anliegen. Wenn Wiedergutmachung also sowohl im Mittelpunkt von Opferinteressen steht, als auch bei Abbrüchen krimineller Karrieren eine Rolle spielt, dann kann deren Bedeutung kaum überschätzt werden.[1234]

Im Ergebnis überschneiden sich die praktischen Empfehlungen, die aus den Erkenntnissen der Desistance-Forschung gefolgert werden, in erstaunlich weiten Teilen mit dem Ansatz von Restorative Justice.

1228 Siehe Kapitel C. IV. 4.4.

1229 *Maruna* 2002, S. 85.

1230 *Maruna* 2002, S. 85 ff., 2016, S. 292; zur zunehmenden Bedeutung narrativer Ansätze in der Kriminologie siehe auch *Dollinger* 2018, S. 241 ff.

1231 *Maruna* 2016, S. 293.

1232 *Maruna* 2016, S. 295.

1233 Siehe Kapitel A. I. 2.2.3.

1234 Vgl. *Ward et al.* 2014, S. 34 f.; *Maruna* 2016, S. 294 f.

V. Fazit

Sämtliche der vorgestellten Theorieansätze liefern plausible Anhaltspunkte zur Erklärung der unterschiedlich stark ausgeprägten Jugendkriminalitätsbelastung in beiden Bezugsländern. Wie schon einleitend dargestellt, hat keiner der Ansätze allumfassendes Erklärungspotenzial. Im Kern jedoch wird die Überschneidung in wesentlichen Punkten sichtbar: Soziale Desorganisation sowie sozialer und ökonomischer Ausschluss sind in vielen Fällen zumindest mitursächlich für delinquentes Verhalten.

Der soziale und ökonomische Ausschluss junger Südafrikaner wird zu Recht als *„super-driver of violence"* beschrieben, so lautet auch das Ergebnis des Instituts für Gerechtigkeit und Versöhnung, welches im Anschluss an die TRC gegründet wurde.[1235] Ähnlich rezipiert der Friedensnobelpreisträger *Desmond Tutu* in seinem unter dem Titel „Keine Zukunft ohne Versöhnung" veröffentlichten persönlichen Bericht über seine Zeit als Vorsitzender der TRC:

> *„Die riesige Kluft zwischen den Besitzenden und den Besitzlosen, die überwiegend von der Apartheid geschaffen und aufrechterhalten wurde, ist die größte Bedrohung für die Versöhnung und die Stabilität in unserem Land. […] Bevor die Bruchbuden und Hütten der Schwarzen nicht durch Häuser ersetzt werden, bevor Schwarze keinen ausreichenden Zugang zu sauberem Wasser, Elektrizität, bezahlbarer medizinischer Versorgung, anständigem Bildungswesen, guten Berufen und einer sicheren Umwelt bekommen – Dinge, die von der Mehrheit der Weißen für lange als selbstverständlich angesehen wurden – wird der Versöhnung kein Erfolg beschieden sein".*[1236]

Zwar bezieht sich seine Aussage auf die Versöhnung der Gesamtgesellschaft – sie trifft jedoch auch uneingeschränkt auf das Potenzial von Restorative Justice als Leitprinzip des Jugendstrafrechts zu. Die andauernde soziale Ungleichheit ist eine Perversion der Ubuntu-Philosophie, deren Spirit durch den CJA gefördert werden soll. Restorative Justice hat nur dann eine Chance, flächendeckend zu fruchten, wenn es geordnete Sozialstrukturen gibt, in die ein Jugendlicher (re-)integriert werden kann. Anders wird Südafrika sein Kriminalitätsproblem nicht in den Griff bekommen – weder mit öffentlichem Auspeitschen noch mit Restorative Justice.

Die gesamtgesellschaftliche Anstrengung, sowohl in Deutschland als auch in Südafrika, muss sich daher auf die Bildung und Schaffung von Chancengleichheit

---

1235 Centre for the Study of Violence and Reconciliation 2019, S. 3.

1236 *Tutu* 2001, S. 225 f.

richten.[1237] Entschieden bekämpft werden müssen Klassenungleichheit, Arbeitslosigkeit, Armut und Perspektivlosigkeit – nicht delinquente Jugendliche.

Es ist nach alledem zu begrüßen, dass Südafrika mit Restorative Justice und Diversion auf sein Jugendkriminalitätsproblem reagieren will. Das neue Strafrecht wird ohne gesamtgesellschaftliche Veränderung aber nicht erreichen können, dass Südafrika von der „gewalttätigsten Demokratie der Welt" zu dem wird, was *Nelson Mandela* sich unter seiner versöhnten Regenbogennation vorgestellt hat.

Die weitere zentrale, aus den Überlegungen dieses Kapitels resultierende Überzeugung ist, dass die theoretischen Grundannahmen von Restorative Justice trotz der völlig unterschiedlichen geschichtlichen und kulturellen Hintergründe ohne Weiteres auf unser Rechts- und Kultursystem übertragbar sind. Südafrika hat durch seine Geschichte einen besonderen Bezug zum „Versöhnungsgedanken". Der Ansatz ist aber keineswegs auf Südafrika beschränkt, sondern hat universelle Bedeutung. Die Analyse klassischer und neuer Kriminalitätstheorien hat gezeigt, dass es sich bei Restorative Justice keineswegs um eine esoterische oder sozialromantische Vorstellung handelt, sondern um eine kaum zu unterschätzende und oft auch überlegene Alternative im Umgang mit Jugendkriminalität.

Nicht umsonst ist Restorative Justice international eines der meistdiskutierten Themen der neueren Kriminologie und erfährt auch in der Kriminalpolitik zunehmenden Aufwind, beispielsweise jüngst in den Empfehlungen des Europarates zu Restorative Justice in Strafverfahren vom 3.10.2018.[1238]

1237 Was bei einem weiten Verständnis auf Makroebene durchaus auch unter Restorative Justice fallen kann, vgl. *Hagemann* 2020, S. 156 f.

1238 Siehe dazu schon oben Fn. 213, sowie im Ganzen *Staiger* 2019.

D. Das Beste beider Welten

I. Einleitung

Gegenstand des abschließenden Kapitels ist die Analyse, inwiefern einzelne Regelungen des neuen südafrikanischen Diversionssystems auf unseren Rechts- und Kulturkreis übertragbar wären und inwiefern dies rechtlich möglich und kriminologisch geboten erscheint, um die grundsätzlich zu befürwortende Stärkung von Restorative Justice zu erreichen.

Einleitend hierzu soll eine Fallkonstellation geschildert werden, die musterexemplarisch für die oft unbefriedigende Realität konventioneller Jugendstrafprozesse steht.

Angeklagt ist ein Körperverletzungs- oder Raubdelikt, das sich ein gutes Jahr vor der nun stattfindenden Hauptverhandlung ereignet hat. In den Ermittlungsakten findet sich der staatsanwaltliche Vermerk „Diversion wegen Vorbelastung" oder „Diversion wegen Verbrechenstatbestand" ausgeschlossen. Nach Verlesung der Anklageschrift und ordnungsgemäßer Belehrung erfolgt eine geständige Einlassung über den Verteidiger. Der junge Angeklagte wirkt dabei wie ein Zuschauer. Nach geraumer Wartezeit auf dem kargen Gerichtsflur wird das als Zeuge geladene Opfer von der Vorsitzenden hereingerufen – um dann direkt wieder mit den Worten „*Vielen Dank fürs Kommen. Wir brauchen Sie nicht mehr. Hier ist ein Formular für die Zeugenauslagen.*" entlassen zu werden. Mit diesem Zettel, aber ohne irgendwelche Informationen oder Erklärungen, verlässt es ernüchtert den Verhandlungssaal. Das Gefühl der Leere ist dem Opfer förmlich anzusehen. Es erfährt weder, was in der Verhandlung ablief, noch welche Entscheidung getroffen wurde.[1239] Erst recht erfährt es nicht, warum es überhaupt Opfer der angeklagten Tat wurde und was den Täter dazu bewogen hat. Es versteht auch nicht, warum es jetzt noch einmal als Zeuge erscheinen muss, obwohl bei der polizeilichen Vernehmung doch schon alles gesagt wurde. Die Erkenntnis, dass es Schadensersatz und Schmerzensgeld nur dann erhält, wenn es selbst einen separaten Zivilprozess anstrengt, führt zu zusätzlicher Verwirrung und Enttäuschung über das Justizsystem.

1239 Dem Opfer ist allerdings auf Antrag Auskunft über den Ausgang des Verfahrens zu geben, vgl. § 406d Abs. 1 S. 1 Nr. 3 StPO. Die Vorschrift findet auch in Verfahren gegen Jugendliche Anwendung, vgl. *Zapf* 2012, S. 61 f. Das Stellen solcher Anträge dürfte bei nicht anwaltlich vertretenen Opfern jedoch die Ausnahme sein.

Die weitere Verhandlung erfolgt an dem jungen Angeklagten vorbei. Es wirkt, als gäbe es nur einen Konflikt zwischen Verteidigung und Staatsanwaltschaft, den diese untereinander austragen. Die Entscheidungen werden von anderen über ihn getroffen. Er selbst versteht die Fachsprache der Beteiligten oft nicht. Den Bericht der Jugendgerichtshilfe nimmt der Angeklagte wahr, als werde über eine völlig andere Person gesprochen. Derjenige Anteil der Plädoyers, der bei dem Angeklagten hängen bleibt, beschränkt sich auf die Wahrnehmung, dass die „harte" Staatsanwältin alles übertreibt, wohingegen der „gute" Verteidiger alles kleinredet, um den Angeklagten möglichst nett dastehen zu lassen. Die Ausführungen der Beteiligten zur Frage des Vorliegens von schädlichen Neigungen und § 27 JGG kann der Angeklagte nicht nachvollziehen, sie sind ihm letztlich aber auch egal, denn beide wollen ja scheinbar keine Gefängnisstrafe ohne Bewährung. Als letztes Wort schließt sich der Angeklagte seinem Verteidiger an, es wurde ja schon alles gesagt. Auch dem hinten im Zeugenbereich sitzenden Elternteil des Jugendlichen wird zuvor das letzte Wort gewährt, es kann aber vor Scham nicht viel sagen und fragt sich vor allem, was sie in der Erziehung falsch gemacht haben. Die warnenden Worte der Vorsitzenden nach der Urteilsverkündung sind sodann auch schnell wieder verhallt. Das Urteil wird revisionsfest formuliert sein, lesen wird es der Jugendliche nie. Der Prozess hinterlässt ein gemischtes Gefühl beim Verurteilten. Irgendwie wollte ihm ja jetzt keiner was Böses. Aber gleichwohl fühlt er sich trotzdem wie ein Schwerverbrecher, als er das Gericht verlässt, abgestempelt mit dem Etikett „Gewalttäter".

Der Ansatzpunkt von Restorative Justice ist es, Strafprozesse wie diesen zu vermeiden, und zwar resultierend aus der Überzeugung, dass es eine bessere Art des Umgangs mit Jugendkriminalität gibt. Eine, die Verletzungen heilt und Konflikte überwindet, die dem Opfer und dem Täter samt deren sozialen Bezugspersonen gerecht wird. Eine, die die Betroffenen einbezieht und nicht von professionellen Berufsträgern von außen getroffen, sondern durch diese unterstützt wird.

Viele der Kritikpunkte der Restorative-Justice-Verfechter an der konventionellen, strafenden Justiz werden vom Leitprinzip des Erziehungsgedankens im deutschen Jugendstrafrecht entschärft. Das „Kerndilemma" bleibt davon aber unberührt: Straftaten werden als Verletzung des Staates betrachtet und nicht als zwischenmenschliche Konflikte, die Verletzungen beim Opfer, der Gemeinschaft und den Tätern selbst verursacht haben und daher geheilt werden müssen.

Die Adaption des südafrikanischen Diversionssystems würde in diesem Punkt einen Paradigmenwechsel bedeuten. Dessen Ziele beinhalten Reintegration, Wiedergutmachung, Versöhnung, Heilung und beziehen Opfer und soziale Bezugsgemeinschaften mit ein. Damit gehen sie über die hierzulande alles dominierende Spezialprävention durch Erziehung hinaus – sodass sich die Frage stellt, ob das südafrikanische System dem unseren nicht überlegen ist. Es gilt daher, die charakteristischen Merkmale des neuen südafrikanischen Diversionssystems dem unseren gegenüberzustellen und zu bewerten, um so das „Beste beider Welten" zu finden.

II. Vereinbarkeit der Leitprinzipien Erziehung und Restorative Justice

Bevor konkrete Regelungen und Mechanismen des südafrikanischen Diversionssystems kritisch analysiert werden können, muss geprüft werden, ob die beiden Systemen zugrunde liegenden Leitprinzipien miteinander in Einklang zu bringen sind.

Wie ausführlich dargelegt, ist das deutsche Jugendstrafrecht spezialpräventiv ausgerichtet. Es soll vor allem erneuten Straftaten eines Jugendlichen oder Heranwachsenden entgegenwirken. Um dieses Ziel zu erreichen, sind die Rechtsfolgen und unter Beachtung des elterlichen Erziehungsrechts auch das Verfahren vorrangig am Erziehungsgedanken auszurichten, so bestimmt es § 2 Abs. 1 JGG. Der Erziehungsgedanke ist die *„Basis aller Regelungen des Jugendstrafrechts"*, heißt es in der ständigen Rechtsprechung des BGH.[1240]

Dem deutschen *Erziehungsgedanken* steht auf südafrikanischer Seite *Restorative Justice* als Leitprinzip gegenüber. Würden sich diese beiden Leitprinzipien nun diametral widersprechen und Restorative Justice eine Abkehr vom Erziehungsgedanken darstellen, so wäre die Adaption des südafrikanischen Diversionssystems von vornherein ausgeschlossen, ohne dass es eine systemimmanente Veränderung des hiesigen Jugendstrafrechts erfordern würde.

Ein unlösbarer Widerspruch beider Leitmotive ist aus mehreren Gründen eklatant nicht gegeben. Dies lässt sich zunächst mit einer wesentlichen Gemeinsamkeit begründen: Sowohl der Erziehungsgedanke als auch Restorative Justice wenden sich gegen die Idee der konventionellen Strafjustiz, wonach das Strafen ein Ausgleich für begangenes Unrecht darstellt und individuelle Schuld gesühnt werden soll. Eine stigmatisierende Zufügung von Übel wollen beide Ansätze gerade vermeiden.[1241]

Weiter darf Restorative Justice auch nicht mit reinem Opferschutz verwechselt werden und nicht mit solchen Bestrebungen, die alleine auf Restitution und Schadenswiedergutmachung setzen. Der Restorative-Justice-Pionier *Howard Zehr* warnt diesbezüglich vor der zunehmenden Anzahl an Verfahren, die das Etikett „Restorative Justice" tragen, den dahinterstehenden Prinzipien aber

---

1240 Exemplarisch BGH, Urteil vom 6.12.1988, 1 StR 620/88.

1241 *Trenczek und Hartmann* 2018, S. 861.

nicht gerecht werden.[1242] Zu diesen Prinzipien gehört gerade auch die Orientierung an Bedürfnissen, auch denen des Täters. Restorative Justice soll den Täter ermutigen, Verantwortung zu übernehmen und sich mit den Folgen des eigenen Handelns und der Wirkung auf das Opfer auseinandersetzen. Übliche Entlastungs- und Neutralisierungsstrategien, die durch das konventionelle Strafverfahren regelrecht gefördert würden, sollen durch Restorative Justice eingedämmt werden. Scham soll verwandelt werden und reintegrativ wirken. Ausdrücklich soll Restorative Justice dem Täter auch bei der Heilung eigener Verletzungen und bei der Behandlung von Suchtproblemen unterstützen sowie persönliche Kompetenzen fördern.[1243] Nur durch die Beachtung der Bedürfnisse des Täters könne nach dem Paradigma von Restorative Justice erreicht werden, dass dieser sich seiner Verantwortung stellt, sein Verhalten ändert, (wieder) nützliches Mitglied der Gemeinschaft wird und keine Straftaten mehr begeht. Nichts Anderes will auch der Erziehungsgedanke.

Dass sich Restorative Justice und der Erziehungsgedanke keinesfalls gegenseitig ausschließen, ergibt sich auch aus der Tatsache, dass Restorative-Justice-Elemente schon in das deutsche System implementiert sind, insbesondere in Form des Täter-Opfer-Ausgleichs. Dieser *„eignet sich wie keine andere Reaktion, dem Täter bewusst zu machen, dass er gegen elementare Verhaltensregeln verstoßen und für die Folgen einzustehen hat. Die Verantwortungsübernahme deckt auch die dem Jugendstrafrecht zukommende Funktion der Normverdeutlichung, ohne entsozialisierend und desintegrierend zu wirken. TOA ist der klassische Fall einer integrierenden Sanktion"*, heißt es aus der Fachwelt.[1244]

Wie bei der Analyse der Diversionsoptionen erörtert wurde, lassen sich auch weitere Elemente finden, die sich zumindest partiell einer Restorative Justice zuordnen lassen, etwa die Auflagen der Schadenswiedergutmachung[1245] oder der Entschuldigung beim Verletzten.[1246] Die damit zum Tragen kommende Verantwortungsübernahme ist zentraler Bestandteil sowohl des Erziehungs- als auch des Versöhnungsgedankens. Dass diese Diversionsoptionen erzieherisch begründet werden, sich gleichzeitig aber problemlos einer Restorative Justice zuordnen lassen, zeigt, dass sich die beiden Leitprinzipien überschneiden und sich keinesfalls ausschließen. Auch die Prävention konnte als ein gemeinsames

---

1242 *Zehr* 2015, S. 75.

1243 Dazu im Ganzen Kapitel A. II. 2.

1244 *Bannenberg und Rösner*, zitiert nach *Spiess* 2012, S. 455.

1245 § 45 Abs. 3S. 1 i.V.m. § 15 Abs. 1 Nr. 1 JGG.

1246 § 45 Abs. 3S. 1 i.V.m. § 15 Abs. 1 Nr. 2 JGG.

oberstes Ziel beider Leitprinzipien identifiziert werden. Wird die soziale Störung von allen Beteiligten als beseitigt angesehen – was viel eher dann der Fall ist, wenn der Schaden wiedergutgemacht wird und die Betroffenen aktiv eingebunden werden –, so wird das Streben nach Rache und das erneute Aufflammen von Konflikten mit entsprechenden Folgestraftaten vermieden.[1247]

Für die zwanglose Vereinbarkeit von Erziehungsgedanken und Restorative Justice spricht ferner, dass durch die Erweiterung des Betroffenenkreises dem elterlichen Erziehungsrecht (vgl. § 2 Abs. 1 S. 2 JGG i. V. m. Art. 6 Abs. 2 GG) eher Rechnung getragen werden kann als durch das bisherige Diversionssystem, da diese als nahe soziale Bezugspersonen in die Konfliktlösung einbezogen werden. Bei *fully-restorative*-Praktiken besteht daher erst gar kein Spannungsfeld zwischen elterlichem Erziehungsrecht und dem staatlichen Interventionsinteresse.

Es lässt sich daher festhalten, dass beide Leitprinzipien keinesfalls unvereinbar miteinander sind. Erziehung des Täters lässt sich ohne Weiteres als Teil von Restorative Justice qualifizieren, der Ansatz geht aber darüber hinaus, indem er den Kreis der zu berücksichtigenden Betroffenen erweitert und die Rollen bei der Konfliktbewältigung neu verteilt. Gleichwohl resultieren aus dieser Erweiterung Spannungsfelder, auf die im Folgenden eingegangen wird.

III. Drei Fälle aus der Strafverteidigung als Diskussionsgrundlage

Nachdem nun feststeht, dass Restorative Justice zum Teil schon in das hiesige Diversionssystem implementiert ist und auch eine Erweiterung aus rechtlichen, kulturellen und kriminologischen Gesichtspunkten grundsätzlich möglich ist, sollen einzelne Mechanismen des südafrikanischen Systems auf ihre Geeignetheit und Zweckmäßigkeit in unserer Rechtsordnung hin analysiert werden. Um hierbei nicht in rein abstrakte und rechtstheoretische Ausführungen zu verfallen, sollen drei Musterfälle aus der strafrechtlichen Praxis des Verfassers aufgeführt werden, die mögliche Herausforderungen und Probleme in der Rechtswirklichkeit aufzeigen. Auf diese kann dann als Diskussionsgrundlage bei der Bewertung einzelner Verfahrensfragen zurückgegriffen werden.

Die Auswahl der nachfolgenden Diskussionsfälle beruht hier nicht auf dem Versuch, die jugendstrafrechtliche Praxis repräsentativ abbilden zu wollen. Sie spiegeln zunächst eine lokale Handhabungspraxis wider, die – wie oben dargestellt – deutschlandweit höchst unterschiedlich ist und im Einzelfall auch nicht

1247 *Roxin und Greco* 2020, S. 170.

widerspruchsfrei mit dem gesetzlichen Normenprogramm in Einklang zu bringen ist. Auch sind die Auswahlfälle von einer gewissen Kuriosität geprägt, die sie von anderen Fällen mit Restorative-Justice-Prozessen unterscheiden. Gerade deshalb erscheinen sie aber besonders geeignet, die unterschiedlichen Aspekte und praktischen Herausforderungen des Konzepts zur Anschauung zu bringen.

1. Der „Käsekuchenfall"

Die Beiordnung des Verfassers als Pflichtverteidiger erfolgte wegen eines Verbrechenstatbestandes nach § 68 Nr. 1 JGG i. V. m. § 140 Abs. 1 Nr. 2 StPO.[1248] Nach dem Inhalt der umfangreichen Ermittlungsakte hat sich im Mai 2019 folgendes Verbrechen zugetragen: Der 15-jährige Beschuldigte hielt sich zusammen mit seinem befreundeten Mitbeschuldigten vor einem Schulzentrum auf. Dort stießen sie auf einen gleichaltrigen Schüler einer Parallelklasse, der sich gerade einen Döner zum Mitnehmen gekauft hatte und damit auf dem Heimweg war. Die beiden Beschuldigten sprachen ihn sinngemäß mit den Worten an: *„Ey gib mal einen Euro, wir haben auch Hunger".* Der Mitschüler verneinte dies mit dem Hinweis, dass er keinen Euro habe und zudem nach Hause wolle, damit sein Döner nicht kalt werde. Die beiden Beschuldigten akzeptierten dies nicht und es entstand eine Diskussion, in der seitens der Beschuldigten unter anderem die Aussage fiel *„Jetzt gib halt einen Euro oder wir boxen dich".* Der Mitschüler holte daraufhin seine Geldbörse aus dem Rucksack und wollte den Beschuldigten sein Kleingeld geben, welches jedoch ausschließlich aus einer 2-Euro-Münze

1248 § 68a JGG wurde zeitlich danach, namentlich mit dem Gesetz zur Stärkung der Verfahrensrechte von Beschuldigten im Jugendstrafverfahren vom 9.12.2019, eingeführt (BGBl. 2019 I Nr. 47, S. 2146). Gem. § 68a Abs. 1 S. 1 JGG ist in Fällen der notwendigen Verteidigung dem Jugendlichen, der noch keinen Verteidiger hat, ein Pflichtverteidiger schon im Ermittlungsverfahren vor der Vernehmung des Jugendlichen zu bestellen. Dies gilt jedoch gem. § 68a Abs. 1 S. 2 JGG nicht, wenn eine Diversion nach § 45 Abs. 2 oder 3 JGG zu erwarten ist. Zur Begründung verweist die Gesetzesbegründung auf den Sinn und Zweck des Jugendstrafverfahrens, insbesondere den Beschleunigungsgrundsatz und nennt zur Veranschaulichung ein Beispiel, in dem ein nicht vorbestrafter 16-jähriger seinem gleichaltrigen Mitschüler im Klassenzimmer dessen Trinkflasche wegnimmt, wobei er ihn zur Ermöglichung der Wegnahme schubst (§ 249 StGB). Hier wäre eine Vernehmung durch die herbeigerufene Polizei wegen des Verbrechenstatbestands nicht ohne vorherige Beiordnung möglich. Die normverdeutlichende Vernehmung (und Rückgabe der Trinkflasche) würde hier jedoch regelmäßig eine Diversion indizieren, die bei der sonst zwingenden Pflichtverteidigerbeiordnung deutlich verzögert würde, vgl. BT-Drucks. 19/13837, S. 84 f.

bestand. Dies wiederum wollten die Beschuldigten nicht annehmen, da sie ja nur nach einem Euro verlangt hatten. Daraufhin begaben sich alle drei Jugendlichen in einen Supermarkt, um das Kleingeld wechseln zu lassen. Die später erfolgte Auswertung der dortigen Überwachungskameras durch die Kriminalpolizei bestätigte sodann die Angaben des geschädigten Zeugen, wonach die Beschuldigten in seinem Beisein ein Stück Käsekuchen zum Kaufpreis von 0,89 € mit der 2-Euro-Münze des Geschädigten erwarben und diesem das Wechselgeld in Höhe von 1,11 € nach dem Bezahlen an der Kasse aushändigten.

Zurück zu Hause erzählte der Geschädigte seiner Mutter von dem Vorfall, die dann entgegen dem Wunsch des Sohnes Anzeige bei der Polizei erstattete. Der Zeuge gab bei seiner Befragung an, eher genervt von den Beschuldigten gewesen zu sein und die Drohung mit Gewalt auch nicht wirklich ernst genommen zu haben; Angst habe er eher um die Temperatur seines Döners gehabt. Gleichwohl wurden die Überwachungskameras des Supermarkts ausgewertet und der diensthabende Kassierer als Zeuge befragt.

Nach der Mandantenbesprechung verfasste der Beschuldigte einen Entschuldigungsbrief an den Geschädigten und legte einen Kinogutschein im Wert von 15,00 € bei. Er berief sich dabei darauf, dass er die Aktion als Spaß gesehen habe und nie damit gerechnet habe, dass die Kriminalpolizei gegen ihn ermitteln würde; er zwischenzeitlich aber erkannt habe, dass es sich um eine Straftat handele, auch wenn es nur um ein Stück Käsekuchen gegangen sei. Nach Erhalt des über den Verfasser versendeten Entschuldigungsschreibens meldete sich die Mutter des Geschädigten und erklärte für ihren Sohn, dass er die Entschuldigung annehme und die Sache damit für ihn erledigt sei.

Die Staatsanwaltschaft vermochte dem daraufhin gestellten Antrag auf Einstellung des Verfahrens nach § 45 Abs. 2 JGG jedoch nicht zu folgen, ohne es zuvor an die Täter-Opfer-Ausgleichsstelle zwecks Durchführung eines persönlichen Ausgleichsgesprächs zu verweisen. Die dortige Terminfindung mit allen drei Jugendlichen gestaltete sich sehr schwierig und scheiterte nach mehreren Terminverschiebungen an der Mitwirkungsbereitschaft des Geschädigten, für den die Sache „doch längst erledigt" war. Die endgültige Einstellung nach § 45 Abs. 2 JGG erfolgte dann am 16.7.2020, gut 14 Monate nach der tattaggleichen Anzeige bei der Polizei.

2. Der „Schuleinbruchsfall"

Die anwaltliche Tätigkeit des Verfassers im „Schuleinbruchsfall" begann nach Anklageerhebung zum Jugendschöffengericht. Der Anklage lag neben dem hier gegenständlichen Diebstahl eine tatmehrheitlich begangene Sachbeschädigung an einem Unterstand der Deutschen Bahn sowie ein Verstoß gegen das Betäubungsmittelgesetz wegen des Besitzes von geringfügigen Mengen von Marihuana zugrunde.

Laut Anklage entwendete der Mitangeklagte, der zum Tatzeitpunkt noch Schüler der Schule war, am letzten Tag vor den Ferien einer Lehrerin unbemerkt die Schlüssel der Schultoilette, über die auch Zugang in das Hauptgebäude erlangt werden kann. Hiervon berichtete er dem befreundeten Mitangeklagten, der bis vor kurz vor der Tat ebenfalls noch Schüler der Schule war. Gemäß ihrem sodann gemeinsam gefassten Tatplan drangen die beiden Angeklagten nachts mit dem zuvor entwendeten Schlüssel in die Schule ein und durchsuchten die Klassenräume nach Wertgegenständen. Dabei öffneten sie gewaltsam abgeschlossene Schubladen von zwei Lehrerpulten und entwendeten das dort in Metallkassetten gelagerte Geld zweier Klassenkassen im Wert von etwa 300,00 €. Überführt wurden die beiden Jugendlichen, weil der Mitangeklagte mehreren Zeugen aus dem Bekanntenkreis von der Tat erzählte und dabei Täterwissen preisgab. Diese vertrauten sich dann ihren Lehrern an, die wiederum die Polizei informierten.

Die Verteidigungsstrategie nach Eröffnung des Hauptverfahrens und der Beiordnung als Pflichtverteidiger war auf Wunsch des jugendlichen Angeklagten und seiner Familie auf Schadenswiedergutmachung gerichtet. Zu diesem Zweck vereinbarte der Verfasser in Absprache mit dem Angeklagten einen Besprechungstermin bei der Schulleitung der betroffenen Schule. An diesem nahmen dann der Angeklagte mitsamt dem Verfasser, die Schulleiterin und der Schulsozialarbeiter teil. Der Angeklagte entschuldigte sich bei der Schulleiterin und reichte das entwendete Geld in voller Höhe zurück.

Das etwa eine Dreiviertelstunde andauernde Gespräch war anfangs von wenig Harmonie geprägt und glich stellenweise einem Verhör, da die Schulleitung genau wissen wollte, was den Angeklagten zur Tat antrieb. Sie zeigte sich verärgert und führte dem Angeklagten eindringlich vor Augen, dass nicht sie in erster Linie die Geschädigte sei, sondern die Schülerinnen und Schüler der Klassen, deren durch Kuchenspenden und andere gemeinsame Aktionen für Klassenausflüge gesammeltes Geld entwendet wurde. Die Schulleiterin erklärte gegenüber dem Angeklagten, dass sie seine – zugegebenermaßen recht wortkarge – Entschuldigung für nicht wirklich ernst gemeint empfinde, insbesondere da sie keine wirkliche Reue erkenne. Der Einwand der Verteidigung, dass dies auch eine hochpeinliche Situation darstelle, der Betroffene insgesamt ein eher introvertierter Mensch sei und dennoch aus freien Stücken dieses Gespräch suche, was viel Mut erfordere, überzeugte zumindest aber ansatzweise.

Gleichwohl wünschte sich die Schulleiterin, dass sich der Angeklagte auch an die betroffenen Schulklassen wenden sollte. Das Gespräch wurde gegen Ende noch deutlich versöhnlicher und man unterhielt sich über Auftritte des jungen Angeklagten bei Schulfesten, die nach Auskunft der Schulleiterin und des Sozialarbeiters aufgrund seines akrobatischen Geschicks langfristig in Erinnerung geblieben seien. Es war deutlich spürbar, dass es ihnen darum ging, den Angeklagten nach einem „ordentlichen Dämpfer" stärken und ermutigen zu wollen – was spürbar auch gelang.[1249]

Die Hauptverhandlung vor dem Jugendschöffengericht fand kurz nach diesem Gespräch statt. Aufgrund des angekündigten Geständnisses wurden außer der Schulleiterin, die über das Nachtatverhalten berichten sollte, alle Zeugen abgeladen. Der Angeklagte wurde zu einer sechsmonatigen Jugendstrafe verurteilt, die zur Bewährung ausgesetzt wurde. Das Bemühen um Schadenswiedergutmachung spielte bei der Urteilsfindung eine gewichtige Rolle, letztlich wollte das Gericht dem Antrag einer Verurteilung nach § 27 JGG jedoch nicht folgen, da es schädliche Neigungen annahm, u. a. wegen der tatmehrheitlich angeklagten Taten, Vorbelastung, Betäubungsmittelkonsum und Problemen im Schulbereich.

Im direkten Anschluss an die Hauptverhandlung erklärte der Angeklagte gegenüber dem Verfasser, dass das Treffen in der Schule für ihn viel *„heftiger"* gewesen sei als der Hauptverhandlungstermin. Auf Nachfrage begründete er wörtlich weiter: *„Na ja, heute musste ich ja nur rumsitzen und zuhören."*[1250]

3. Der „Revierkampffall"

Hintergrund der Wahlmandatierung im „Revierkampffall" war die Rivalität zwischen zwei Fußballvereinen. Das spätere Opfer, Fan eines auswärtigen Vereins, zog berufsbedingt mit seiner Frau in die Stadt des dort beheimateten

---

1249 Dies hat an ein Reintegrationszeremoniell erinnert, wie es Braithwaite als konstituierende Voraussetzung von *reintegrative shaming* beschreibt, siehe dazu Kapitel C. IV. 3.3.

1250 Auch hieran wird deutlich, dass es bei Restorative Justice nicht um Härte oder Milde geht. Die Stärkung von Restorative Justice bedeutet keine Aufweichung des Jugendstrafverfahrens, was in beiden Bezugsländern gerne angenommen wird, vgl. dazu etwa den Aufsatz *„Just say sorry? Ubuntu Africanisation and the CJA"* von *Sloth-Nielsen und Gallinetti* 2011. Eine Idee, wie der Schuleinbruchsfall alternativ im Sinne einer Restorative Justice hätte behandelt werden können, findet sich unten unter Kapitel D. VII. 5.3.

Konkurrenzvereins. Dem Verein seiner ehemaligen Heimatstadt wollte er dabei treu bleiben und brachte dies durch das Tragen entsprechender Fanbekleidung zum Ausdruck, auch in dem Stammlokal der Fans der neuen Heimat.

Die anfänglichen, insoweit wohl noch üblichen Sticheleien unter konkurrierenden Fans überschritten das sozialadäquate Maß, als der Zugezogene mit einer Gruppe junger und treuer Fans des ortsansässigen Vereins aneinandergeriet, die ihn mehrfach beleidigten und bedrohten. Es gab immer wieder hitzige Begegnungen in dem Stadtviertel, in dem alle Beteiligten wohnhaft waren. Endgültig eskaliert ist der Konflikt sodann, als der zugezogene Fan Aufkleber seines Vereins an Laternenmasten und andernorts im „Revier" der Beschuldigten verteilte und dabei beobachtet wurde. Eine Gruppe von acht Anhängern des ortsansässigen Fußballklubs fingen den zugezogenen Fan daraufhin eines Nachts vor seiner Wohnung ab, als dieser gerade von einer Kneipentour heimkehrte. Die Gruppe der Beschuldigten umzingelte den Geschädigten, beleidigte ihn und legte ihm unter Drohung nahe, seine Aktivitäten in ihrem „Revier" fortan zu unterlassen.

Der Geschädigte erstatte daraufhin Strafanzeige. Es wurde ein Ermittlungsverfahren wegen gemeinschaftlich begangener gefährlicher Körperverletzung, Nötigung und Beleidigung eingeleitet. Der Anfangsverdacht der gefährlichen Körperverletzung bestätige sich nicht, da die Handlungen nach Aussagen des am Tattag erheblich alkoholisierten Zeugen entgegen seinen ersten Angaben nicht über einfache Schubsereien hinausgingen. Vier der jungen Beschuldigten konnten durch Wahllichtbildvorlagen identifiziert werden, da sie bereits zuvor im Zusammenhang mit Fußballspielen polizeilich in Erscheinung getreten waren.

Was dann folgte, kann als gelungener Versöhnungsprozess bezeichnet werden. Das Verfahren wurde auf entsprechende Anregung der Verteidigung an eine Täter-Opfer-Ausgleichsstelle verwiesen. Es fanden mehrere Einzelgespräche statt und der Geschädigte erklärte sich schließlich bereit, ein Gruppengespräch mit allen Beschuldigten in der Ausgleichsstelle zu führen. Hier konnte konstruktiv über den zugrunde liegenden Konflikt gesprochen werden, man wurde sich einig, die Rivalität nur noch auf sachlicher Ebene auszutragen. Der Geschädigte bot dann an, ein zweites Treffen bei sich zu Hause abzuhalten, zu dem auch die restlichen Beschuldigten – die wohlbemerkt polizeilich nicht ermittelt werden konnten – eingeladen wurden. Tatsächlich fand dieses vom Geschädigten initiierte Treffen auch statt. Vermutlich war die Überzeugungsarbeit des Geschädigten gegenüber seiner Ehefrau, mit ihm Kaffee und Kuchen für dieses Treffen zuzubereiten, größer als die der Verteidigung gegenüber der Staatsanwaltschaft, die Ermittlungsverfahren gem. § 45 Abs. 2 JGG einzustellen. Lediglich ein Verfahren gegen einen der Heranwachsenden wurde wegen bereits durchgeführter Diversionen und eines tatmehrheitlich begangenen Deliktes eingeleitet. Als die

Jugendrichterin in der Hauptverhandlung jedoch hörte, dass die beiden Treffen dazu führten, dass man sich regelmäßig in der Stammkneipe traf, sich die Beteiligten seither stets höflich begrüßten und Frieden im Viertel eingekehrt sei, konnte auch sie den Antrag auf Einstellung des Verfahrens nach § 47 JGG nicht ernstlich ablehnen.

IV. Die Einteilung von Straftatbeständen in ein Klassensystem

Eine der größten Herausforderungen der Rechtsanwendungspraxis ist es, diversionsgeeignete Delikte herauszufiltern und – was Deutschland betrifft, falls eine nicht-intervenierende Diversion nicht angezeigt ist – individuell angemessene Diversionsoptionen zu finden. Die erste, anhand der vorherigen Ausführungen und Überlegungen zu bewertende charakteristische Besonderheit des südafrikanischen Diversionssystems ist die Einteilung der materiell-rechtlichen Straftaten in ein Dreiklassensystem nach aufsteigender Schwere.[1251] Von dieser Einordnung hängen sowohl die formellen Diversionsvoraussetzungen als auch die zur Verfügung stehenden Diversionsoptionen ab.[1252]

Für eine solche bundeseinheitliche Einteilung sämtlicher Delikte auf primärer (d. h. im JGG selbst) oder sekundärer Regelungsebene (d. h. in den bundeseinheitlichen Richtlinien zum JGG) ließe sich anführen, dass damit der Problematik der regional stark uneinheitlichen Diversionspraxis entgegengewirkt werden könnte.[1253] Denn wie dargestellt bestehen trotz berechtigter verfassungsrechtlicher Bedenken gravierende Unterschiede hinsichtlich des Anklage- und Verurteilungsrisikos, die alleine durch den Wohnort des Beschuldigten determiniert sind und gerade nicht durch die Merkmale des Falles.[1254] Dies wird unter anderem auf die ebenfalls sehr unterschiedlichen Länderdiversionsrichtlinien zurückgeführt, die durch eine mit der CJA vergleichbare Regelung auf höherer Regelungsebene harmonisiert werden müssten.[1255] Mit einem Klassifizierungssystem nach südafrikanischem Vorbild könnten die Entscheidungsträger auf eine bundeseinheitliche, deliktsabhängige Einordnungshilfe zurückgreifen.

1251 Siehe Kapitel B. III. 2.4.

1252 Siehe Kapitel B. III. 2.5.

1253 Zu den verfassungsrechtlichen Grenzen einer Gleichschaltung siehe jedoch *Kleinbrahm* 2015, S. 422 f.

1254 Siehe Kapitel B. II. 3.

1255 Siehe Kapitel B. II. 2.5, 3.

Gegen die Einteilung sämtlicher Delikte in ein Stufensystem bestehen jedoch durchgreifende Bedenken, die sich vordringlich aus einer nur schwerlich zu erreichenden Vereinbarkeit mit dem jugendstrafrechtlichen Grundsatz der Individualisierung ergeben.[1256]

Wie unterschiedlich die Umstände einer Jugendstraftat sein können, zeigt der Vergleich der zugrundliegenden Delikte im „Käsekuchenfall“ und im „Revierkampffall“. Die Androhung von Gewalt zur Beschaffung des Käsekuchens stellte eine räuberische Erpressung gemäß §§ 253, 255 StGB und damit ein Verbrechen dar. Dieses wäre zumindest im Bereich der mittelschweren Delikte (im CJA Level 2) einzuordnen, auch wenn alle inneren und äußeren Umstände für ein völlig jugendtypisches Delikt sprechen. Die Anlassdelikte (Nötigung und Beleidigung zum Nachteil des zugezogenen Fans) im „Revierkampffall“ hingegen stellen sich nach dieser Kategorisierung als leichteste Delikte dar, hatten für das Opfer aber eine ganz andere Qualität und waren auch seitens der Beschuldigten von einer viel höheren Zielstrebigkeit geprägt. Sie waren Ausdruck eines schwelenden Konflikts, dessen Ausbruch jederzeit wieder zu erwarten war. Eine Unterscheidung nur nach der Einordnung des Straftatbestandes kann der notwendigen Differenzierung und Individualisierung daher nicht gerecht werden, wie sich am Vergleich dieser Fälle zeigt. Der Grundsatz der Individualisierung schließt eine schematische Anwendung von Diversionsvorschriften nach der rechtlichen Einordnung des Anlassdeliktes aus.[1257]

Dies trifft auch auf die Frage der Eignung für Restorative-Justice-Prozesse zu. Die Subsumtion des Geschehens unter einem Straftatbestand sagt wenig über den zugrunde liegenden Konflikt, über die Schwere der zu heilenden Verletzungen und über die Bedürfnisse der Beteiligten aus, wie der Vergleich zwischen dem „Käsekuchenfall“ und dem „Revierkampffall“ zeigt.

Sieht man in Restorative Justice eine wirkliche Alternative zum jugendstrafrechtlichen Verfahren, so ist es wiederum zu befürworten, dass nach dem südafrikanischen System grundsätzlich alle Delikte für Ausgleichsverfahren in Betracht kommen. Die Deliktschwere – die sich wie dargelegt ohnehin nicht ohne Weiteres alleine am Straftatbestand festmachen lässt – sagt nichts über die Erfolgsaussichten einer Restorative-Justice-Maßnahme aus. Wie am „Käsekuchenfall“ gesehen, sollte insbesondere von der teilweise verbreiteten Praxis Abstand genommen werden, Verbrechenstatbestände grundsätzlich für nicht diversionsgeeignet zu erachten, so wie es beispielsweise die rheinland-pfälzischen Richtlinien in

1256 Vgl. *Laubenthal et al.* 2015, S. 21.

1257 Zustimmend *Brunner und Dölling* 2017, § 45 Rn. 13; *Kleinbrahm* 2015, S. 422.

rechtswidriger Weise vorschreiben.[1258] Bestimmte Delikte von vornherein auszuschließen, widerspräche auch gerade den Interessen der Geschädigten, die von Restorative Justice viel mehr beachtet werden als von der herkömmlichen Strafjustiz und regelmäßig deutlich mehr profitieren, indem ihnen eine aktive Rolle bei der Konfliktbewältigung zugebilligt wird. Beide Geschädigte, sowohl der zugezogene Fan im „Revierkampffall" als auch der Schüler im „Käsekuchenfall" stehen nachträglich jedenfalls besser da, als dies bei einer Verurteilung der Täter der Fall gewesen wäre.

Gewisse Delikte für Diversion auszuschließen, würde Chancen wie diese von Anfang an unterbinden und widerspräche daher auch Opferinteressen. Zeitgleich erscheint es auch aus erzieherischen Gründen in weitaus mehr Fällen als in der Anwendungspraxis üblich angezeigt, Restorative-Justice-Maßnahmen den Vorzug zu geben. Restorative Justice hat von seiner Grundkonzeption her viel eher das Potenzial, Konflikte dauerhaft zu lösen. So wie im „Revierkampffall" geschehen sogar nicht nur zwischen den unmittelbar Beteiligten. Das dauerhafte Lösen von Konflikten durch die Begegnung von Täter und Opfer verhindert das erneute Aufflammen dieser Straftaten und erfüllt damit am besten das in § 2 Abs. 1 JGG statuierte Ziel, erneute Straftaten zu verhindern. Der konventionelle Strafprozess kann das nicht leisten.[1259]

Als gewichtiges Argument gegen die Einführung eines Klassensystems lässt sich ferner anführen, dass dadurch „neue Labels" geschaffen würden.[1260] Einer der Hauptgründe für die Diversion in beiden Ländern ist die Vermeidung von Stigmatisierung und Etikettierung des Beschuldigten. Eine Unterteilung wie im CJA schafft aber buchstäblich neue „Stempel", die Diversion doch gerade vermeiden will. Völlig unabhängig davon, ob der Betroffene überhaupt erfährt, in welcher Kategorie er geführt wird, er trägt von Anfang an stets einen „Stempel" als „Level-X Beschuldigter". Dies führt bei den involvierten Personen zu einer gedanklichen Kategorisierung im Sinne einer Vorverurteilung, die den individuellen Umständen des Falles kaum gerecht werden kann.

Was die konkrete Umsetzung im CJA betrifft, kommt erschwerend hinzu, dass eine Einordnung schon am Anfang des Ermittlungsverfahrens von den Polizeibeamten vorgenommen wird. Ob das Diebesgut aber beispielsweise die

1258 Siehe Kapitel B. II. 2.5.

1259 Der Konflikt wäre auch dann nicht befriedet worden, wenn einzelne der Beteiligten zu Haftstrafen verurteilt worden wären. Vielmehr wäre dann erst recht eine Eskalation zu befürchten gewesen.

1260 Begriff aus *Pitz* 2020, S. 58 f.

Wertgrenze zur nächsten Kategorie erreicht oder nicht, kann teilweise erst nach Abschluss der Ermittlungen beurteilt werden. Den sprichwörtlichen Stempel wird der Beschuldigte aber nicht mehr los, er determiniert von Anfang an den Umgang mit ihm und seinem Fall.

Hieraus folgt die Empfehlung, keine festen Tatbestandskataloge nach südafrikanischem Vorbild einzuführen.[1261] Vielmehr sollten nicht abschließende Regelbeispielkataloge maßgebend sein, die indizieren, bei welchen Delikten nicht-intervenierende Diversion nach § 45 Abs. 1 JGG besonders geeignet erscheint. Jenseits der Schwelle dieser Bagatellkriminalität sollte primär auf besondere tat- und täterbezogene Umstände,[1262] zu denen auch die Auswirkungen auf das Opfer gehören, eingegangen werden und nicht auf Straftatbestände als solche.

Klargestellt werden sollte, dass Restorative Justice in der Lage sein kann, Bedürfnissen der Allgemeinheit, des Täters und gerade auch des Opfers in geeigneten Fällen besser gerecht zu werden als ein formelles Strafverfahren. Daher sollten auch schwerere Delikte grundsätzlich auf die Geeignetheit für Restorative-Justice-Verfahren hin positiv geprüft werden. Der kategorische Ausschluss bestimmter Delikte oder Verbrechen sollte unterbleiben. Formalisierte Erledigungsroutinen verbieten sich, eine individuelle Beschäftigung mit dem Einzelfall ist unabdingbar.[1263] Daher können und dürfen Delikte nur regelbeispielhaft eingeordnet werden.

Das deutsche System der §§ 45, 47 JGG auf primärer Regelungsebene mit entsprechenden Bundes- und Länderdiversionsrichtlinien auf zweiter und dritter Regelungsebene ermöglicht hohe Flexibilität, was bei gesetzeskonformer Anwendung einzelfallgerechte Entscheidungen ermöglicht. An einem Klassensystem oder an einer Kategorisierung sämtlicher Delikte nach südafrikanischem Vorbild besteht daher kein Bedarf. Die verfassungsrechtlich gebotene Vereinheitlichung der Rechtsanwendungspraxis in einzelnen Bundesländern und Gerichtsbezirken muss daher auf andere Art und Weise erfolgen, etwa durch eine Harmonisierung der Länderdiversionsrichtlinien.[1264]

1261 Wie dargestellt, ist die Reaktion nicht durch die Einordnung des Deliktes determiniert, sondern es verbleibt großes Ermessen; dies ändert jedoch nichts an der kritisch zu bewertenden Weichenstellung durch eine Kategorisierung.

1262 Zustimmend *Kleinbrahm* 2015, S. 425.

1263 So auch die bereits in Fn. 1012 erwähnte Mainzer Erklärung zum Jugendstrafrecht.

1264 Überzeugende Reformvorschläge zur Harmonisierung der regionalen Diversionsraten finden sich in *Kleinbrahm* 2015, S. 388 ff.

V. Die Ausweitung von Diversionsoptionen nach Vorbild des CJA

1. Einleitung

Der Rechtsvergleich in Kapitel B. hat ergeben, dass die den südafrikanischen Entscheidungsträgern zur Verfügung stehenden Diversionsoptionen deutlich umfangreicher sind als die ihrer deutschen Kolleginnen und Kollegen.[1265] Zudem können nach den Regelungen des CJA sämtliche Delikte bis hin zur Schwerstkriminalität divergiert werden.[1266] Die Ausweitung der Diversionsoptionen nach südafrikanischem Vorbild würde daher einen deutlich weiteren Anwendungsbereich für informelle Diversionsverfahren eröffnen. Dies gilt es im Folgenden zu bewerten.

2. Der Net-Widening-Effekt

Fest steht, dass die Grenze jeglicher Anpassung des Jugendstrafrechts die Rechtsstaatlichkeit ist. Diversion darf die Verfahrensrechte des Beschuldigten in keiner Weise beschneiden.

Eine der diesbezüglich verfassungsrechtlichen Hauptbedenken an der sonst weitgehend anerkannten Diversion ist die Gefahr der Ausweitung des Netzes sozialer Kontrolle, man spricht insoweit von dem *Net-Widening-Effekt*.[1267]

Darunter wird zum einen die Befürchtung verstanden, dass informelle Einstellungen nach den Diversionsvorschriften als Surrogate für Einstellungen mangels hinreichendem Tatverdacht (§ 170 Abs. 2 StPO) zweckentfremdet werden, etwa weil Unsicherheit über die hinreichende Beweisbarkeit besteht.[1268] Diese Vorgehensweise wäre wegen eines eklatanten Verstoßes gegen die Unschuldsvermutung rechtswidrig.

Problematischer ist indes ein anderer Aspekt des *Net-Widening-Effekts*, vor dem etwa die Diversionsrichtlinie von Mecklenburg-Vorpommern warnt:

„Der das Jugendstrafrecht beherrschende Erziehungsgedanke verlangt, dass in jedem Einzelfall genau abgewogen wird, ob eine nichtförmliche Erledigung dem förmlichen Verfahren vorzuziehen ist. Trotz Vorliegens der allgemeinen

---

1265 Vgl. Kapitel B. II. 2.6. und Kapitel B. III. 2.5 sowie die Gegenüberstellung in Kapitel B. IV.

1266 Siehe dazu Kapitel B. II. 2.4.3.2.

1267 *Kleinbrahm* 2015, S. 46 ff.; *Pitz* 2020, S. 57 f.; *Graebsch und Burkhardt* 2015, S. 61 ff.; *Bannenberg und Uhlmann* 2000, S. 45 f.; *Gräf* 2015, S. 39.

1268 *Kleinbrahm* 2015, S. 47.

Voraussetzungen für eine nichtförmliche Erledigung können gewichtige erzieherische Erwägungen für die Durchführung eines förmlichen Verfahrens sprechen. Diversion darf nicht zu einer Ausweitung der sozialen Kontrolle auf Kosten sonst folgenloser oder weniger einschneidender Erledigungsweisen führen."[1269]

Gemeint ist also die Gefahr, dass es wegen der Verfügbarkeit informeller Interventionsmöglichkeiten zu einer Reduzierung folgenloser Einstellungen von Bagatelldelikten kommt oder das informelle Interventionen eine höhere Eingriffsintensität aufweisen als formelle Sanktionen.[1270] Über diesen *Net-Widening-Effekt* im jetzigen deutschen Diversionssystem wurde bereits viel diskutiert. Im Ergebnis lassen sich die Bedenken bei der Befolgung des in den §§ 45, 47 JGG verankerten Subsidiaritätsgrundsatzes im gegenwärtigen System weitgehend entkräften. Die Befürchtung hat sich, anders als beispielsweise in den USA, Deutschland betreffend empirisch nicht bestätigt.[1271]

3. Gefahr bei Adaption der südafrikanischen Diversionsoptionen

Vor diesem Hintergrund erscheint eine Ausweitung der Diversionsoptionen nach südafrikanischem Vorbild höchst problematisch. Zunächst ist folgenlose bzw. nicht-intervenierende Diversion im südafrikanischen System schlicht nicht vorgesehen. Von den Diversionsoptionen des CJA entspricht wie oben dargestellt die formelle Verwarnung ohne Auflagen am ehesten einer nicht-intervenierenden Diversion, jedoch geht auch diese über eine Einstellung nach § 45 Abs. 1 JGG hinaus, über die der Beschuldigte regelmäßig lediglich mit einem kurzen Anschreiben *informiert* wird.[1272] Zwar dürfte sich der Unterschied in der

---

1269 Richtlinien zur Förderung der Diversion bei jugendlichen und heranwachsenden Beschuldigten für das Land Mecklenburg-Vorpommern, Gemeinsame Verwaltungsvorschrift des Justizministeriums, des Innenministeriums und des Sozialministeriums vom 23.1.2004, Az. III 320/4210 – 2 SH, abrufbar unter https://www.landesrecht-mv.de/bsmv/document/VVMV-VVMV000000157 (zuletzt abgerufen am 6.6.2021).

1270 *Pitz* 2020, S. 57.

1271 *Laubenthal et al.* 2015, S. 21 f.; *Kleinbrahm* 2015, S. 47 m. w. N.; *Heinz* 2019, S. 905.

1272 Nach der Erfahrung des Verfassers sind Anschreiben mit der simplen Mitteilung, dass das Ermittlungsverfahren gem. § 45 Abs. 1 JGG eingestellt wurde, in der Praxis üblich. Vereinzelt wird noch darauf hingewiesen, dass bei erneuter Auffälligkeit nicht mit einer weiteren Einstellung gerechnet werden könne. Darüber hinausgehende Ausführungen und Mahnungen scheinen indes unüblich. Vorschläge für personalisierte Einstellungsanschreiben aus individualpräventiven Gründen liefert *Pitz* 2020, S. 307 ff.

Rechtspraxis kaum auswirken, insbesondere da die Einstellungsnachricht auch hier gelegentlich eine Verwarnung der Staatsanwaltschaft enthält. Dennoch wäre die nicht-intervenierende Diversion, wie sie sich hierzulande absolut bewährt hat, bei einer hypothetischen unveränderten Adaption der südafrikanischen Diversionsvorschriften faktisch abgeschafft. Dies ist angesichts der eindeutigen kriminologischen und empirischen Forschungslage strikt abzulehnen.[1273]

Beim Vergleich der Diversionsoptionen beider Länder fällt neben der nicht vorgesehenen folgenlosen Einstellung als weiteres Hauptmerkmal auf, dass die Diversionsoptionen Südafrikas deutlich umfangreicher und eingriffsintensiver sind als die des JGG. Bereits die Level-1-Diversionsoptionen beinhalten beispielsweise die Unterstellung unter eine Aufsichtsperson, die Anordnung von Meldeauflagen, Gebote und Verbote im Aufenthalts- und Kontaktbereich oder die verpflichtende Teilnahme an Berufs-, Erziehungs- oder Therapiekursen. Level-2-Diversionsoptionen gehen dann noch deutlich darüber hinaus, indem beispielsweise sogar ein Berufs- und Erziehungskurs oder Therapien mit stationärem Aufenthalt sowie die Unterstellung unter einen Bewährungshelfer veranlasst werden können. Zudem sind die Diversionsoptionen nicht abschließend geregelt, sondern können (unter Beachtung der entsprechenden Ermessensvorschriften und Mindeststandards) erweitert werden. In zeitlicher Hinsicht können die Diversionsoptionen je nach Alter des Beschuldigten bis zu 48 Monate lang verhängt und entsprechend überwacht werden.[1274]

Demgegenüber sind die Diversionsoptionen in Deutschland deutlich eingeschränkter. Es kommen wie oben dargestellt neben der Nicht-Intervention (§ 45 Abs. 1 JGG) und den erzieherischen Maßnahmen (§ 45 Abs. 2 JGG) nach dem abschließenden Katalog von Maßnahmen nur die Erteilung einer formlosen Ermahnung sowie die Weisungen zur Erbringung von Arbeitsleistungen, zum Bemühen um Ausgleich mit dem Verletzten im Rahmen eines Täter-Opfer-Ausgleichs, zur Teilnahme an einem Verkehrsunterricht wie auch die Auflagen des JGG (also Schadenswiedergutmachung, persönliche Entschuldigung, Erbringung von Arbeitsleistungen und Bezahlung eines Geldbetrages an eine gemeinnützige Einrichtung) in Betracht.[1275] Der Gesetzgeber hat sich bewusst gegen die Aufnahme weiterer Weisungen entschieden, da Weisungen wie die Unterstellung unter einen Bewährungshelfer oder zur Durchführung eines sozialen Trainingskurses von der Eingriffsintensität und der notwendigen Einwirkungszeit

1273 Siehe Kapitel C. IV. 4.
1274 Siehe Kapitel B. III. 2.5.
1275 Siehe Kapitel B. II. 2.6.

nur schwer mit dem eigentlichen Zwecken der informellen Erledigung – schnell und so wenig belastend wie möglich – vereinbar seien.[1276]

Die hypothetische Einführung der erheblich eingriffsintensiveren Diversionsmöglichkeiten des südafrikanischen Diversionssystems würden die Gefahr des *Net-Widening-Effekts* potenzieren. Die Anlasstat im „Käsekuchenfall" wäre nach der Kategorisierung eine Schedule-2-Straftat und könnte dementsprechend nach dem CJA eine engmaschige Überwachung des Beschuldigten über bis zu vier Jahre mit diversen einschneidenden Maßnahmen nach sich ziehen. Damit wären die in einer Hauptverhandlung zu erwartenden formellen Rechtsfolgen weit überschritten.[1277]

Der CJA beinhaltet zwar Regelungen, die unverhältnismäßige Reaktion im Rahmen der Diversion verhindern sollen, etwa durch Mindeststandards, zu denen auch die Wahrung des Verhältnismäßigkeitsgrundsatzes gehört. Auch ist bei der *preliminary inquiry* ein Richter anwesend und die Diversionsoption muss vom Jugendgericht abgesegnet werden. Dies ist aber auch im informellen richterlichen Erziehungsverfahren nach § 45 Abs. 3 JGG der Fall – bei dem die Aufnahme weiterer Diversionsoptionen mit guten Gründen abgelehnt wurde.

Auch müssen der Beschuldigte sowie seine Erziehungsberechtigten zustimmen. All dies schützt jedoch keinesfalls ausreichend vor dem *Net-Widening-Effekt.* Es liegt gerade in der Natur von informellen Verfahren, dass die diversen Schutzmaßnahmen und verfassungsrechtlich garantierten Verteidigungsrechte des Beschuldigten nicht in der Weise geschützt werden können wie in einem streng formalen Prozess. Auch die Freiwilligkeit des Beschuldigten kann rechtsstaatliche Zweifel nicht beseitigen, denn diese ist immer unter dem Eindruck eines schwebenden gerichtlichen Hauptverfahrens zu bewerten, welches zumindest in der Vorstellung des Betroffenen noch viel punitiver ist als das vermeintlich kleinere Übel einer Diversion.[1278]

Derart eingriffsintensive und lang andauernde Interventionen bedürfen zudem einer fundierten Interventionsplanung. Sie sind daher nicht nur mit dem Zweck der informellen Erledigung völlig unvereinbar, sondern auch mit rechtsstaatlichen Grundsätzen. Darüber hinaus ist es nicht von der Hand zu weisen, dass eine hohe Gefahr besteht, den Zweck der Diversion, der hier wie dort zumindest auch die Vermeidung von Stigmatisierung ist, ins Gegenteil zu pervertieren.

1276 BT-Drucks. 11/5829, S. 25.

1277 Auch die zulässige Laufzeit von gerichtlichen Weisungen wäre weit überschritten, vgl. § 11 Abs. 1 JGG.

1278 Siehe auch *Münster* 2006, S. 304.

Eine Erweiterung der Diversionsoptionen nach südafrikanischem Vorbild ist daher abzulehnen. Dies betrifft vor allem die zahlreichen Diversionsoptionen, die entgegen der Ausrichtung des CJA nicht *partly* oder *fully restorative* sind.

4. Nicht-Intervention und Restorative Justice im Spannungsfeld

Problematisch gestaltet sich aber auch die Auflösung des Spannungsfeldes zwischen der wohl einhellig anerkannten Annahme von Normalität als Regelfall jugendstrafrechtlicher Auffälligkeit und dem Ansatz von Restorative Justice. Kriminalität im Jugendalter ist, wie es der Gesetzesentwurf zum 1. JGGÄndG zutreffend ausführt, meist gerade kein Indiz für ein erzieherisches Defizit, sondern überwiegend eine entwicklungsbedingte Auffälligkeit, die mit dem Eintritt in das Erwachsenenalter abklingt und sich nicht wiederholt.[1279] Aus dieser Ansicht resultiert die Auffassung, dass in vielen Fällen irgendeine Intervention nicht nur nicht notwendig, sondern auch kontraproduktiv und schädlich ist. Wie dargelegt ist der Ansatz von Restorative Justice zwanglos mit dem Erziehungsgedanken in Einklang zu bringen, er geht jedoch noch darüber hinaus, indem er auch den Interessen des Opfers und weiterer Beteiligter gerecht werden will.

Dieses „darüber hinaus gehen“ ist im Hinblick auf den *Net-Widening-Effekt* aber gerade überaus problematisch. Denn nimmt man mit Restorative Justice an, es bestehe kein Konflikt zwischen Täter und Staat, sondern zwischen Täter, Opfer und Gemeinschaft, dann kann dieser Konflikt nicht mit dem kriminologisch zutreffenden Verweis auf die Normalität jugendstrafrechtlicher Auffälligkeit erledigt sein. Wohl genau aus dem Grund kennt der an Restorative Justice orientierte CJA auch keine nicht-intervenierende Diversion.

Die Erweiterung des Kreises der Betroffenen durch Restorative Justice steht daher in Konflikt mit nicht-intervenierender Diversion. Viel weniger Einbeziehung von Geschädigten und den jeweiligen Bezugspersonen als durch einen Abschluss des Verfahrens mit dem Vermerk *„das Verfahren gegen den Beschuldigten wurde gemäß § 45 Abs. 1 JGG eingestellt“*, ist schließlich kaum möglich. Restorative Justice setzt im Regelfall eine irgendwie geartete *Begegnung* zumindest zwischen Täter und Opfer voraus.[1280]

1279 BT-Drucks. 11/5829 S. 1, dazu schon Kapitel C. IV. 4.1.

1280 Die maßgeblichen Modelle beinhalten meistens eine Begegnung, vgl. *Zehr* 2010, S. 59 ff. Was den TOA im Sinne des § 46a Nr. 1 StGB betrifft, muss diese jedoch nicht persönlich erfolgen. Der BGH nutzt einen offenen Kommunikationsbegriff, um verschiedene Arten des geforderten „kommunikativen Prozesses“ zuzulassen, dazu ausführlich sogleich unten.

Um die naheliegende Ausweitung des Netzes sozialer Kontrolle zu vermeiden, darf die Subsidiarität der jugendstrafrechtlichen Sanktionsfolgen auch bei einer im Ergebnis zu befürwortenden Stärkung von Restorative Justice nicht durchbrochen werden. Dem steht die von Restorative Justice angestrebte Konfliktlösungsverlagerung nicht entgegen. Bei den Fällen, die sich regelmäßig für eine Einstellung nach § 45 Abs. 1 JGG eignen, handelt es sich um solche jugendtypischer Bagatellkriminalität, also um jugendtypisches Fehlverhalten mit geringem Schuldgehalt und geringen Auswirkungen. Verbrechen sind dabei von vornherein ausgeschlossen (vgl. § 45 Abs. 1 JGG i. V. m. § 153 StPO). Beispielhaft von den Diversionsrichtlinien erwähnt werden unter anderem leichte Eigentums- und Vermögensdelikte mit niedrigen Wertgrenzen; der unbefugte Gebrauch von Fahrzeugen, leichte Fälle der Sachbeschädigung, Beleidigung, Beförderungserschleichung, leichte (nach einigen Länderdiversionsrichtlinien auch nur fahrlässige) Fälle der Körperverletzung, geringfügige Straßenverkehrsdelikte, leichte Vergehen gegen strafrechtliche Nebengesetze und vergleichbare Delikte.[1281] Selbst wenn es bei diesen Delikten konkret identifizierbare Geschädigte gibt, so dürften hier regelmäßig keine tiefgreifenden zwischenmenschlichen Konflikte bestehen und auch keine Verletzungen, die geheilt werden müssten, um dauerhaften Rechtsfrieden zu erreichen.

Die oben geschilderte Straftat des *Neville Snyman*, der 1992 Süßigkeiten aus einem Ladengeschäft entwendet hatte und anschließend im Polizeigewahrsam von erwachsenen Mitgefangenen zu Tode geprügelt wurde, würde nach hiesigen Maßstäben ein „typisches § 45 Abs. 1 JGG Delikt"[1282] und nach dem heutigen südafrikanischen System ein „Schedule-1-Offence" darstellen. Die Ansicht, hierfür unmittelbar freiheitsentziehende Maßnahmen verhängen zu müssen, haben beide Rechtsordnungen glücklicherweise lange überwunden. Aber auch am anderen Ende der Reaktionsmöglichkeiten kann erzieherisch und kriminologisch verfehlt reagiert werden, wenn man umfangreiche „erzieherisch wertvolle" Diversionsmaßnahmen veranlassen würde.

Falls im Einzelfall aber doch ein bereits bestehender Konflikt für eine Straftat auslösend war oder ein nachhaltiger Konflikt durch die Straftat ausgelöst wurde und berechtigte Bedürfnisse auf Täter- und Opferseite erkennbar sind, so ermöglicht der geöffnete Ermessensspielraum den Entscheidungsträgern,

---

1281 Eine aktuelle Übersicht der gegenwärtigen Diversionsrichtlinien findet sich in *Pitz* 2020, S. 88 ff.

1282 Die bundesweite Diversionsrate bei dieser Konstellation (erstmalige Auffälligkeit, leichtes Eigentumsdelikt) liegt bei rund 95 %, vgl. dazu Fn. 532.

einzelfallgerechte Entscheidungen zu treffen. Auch hier sei der „Revierkampffall“ als Beispiel genannt. Eine Einstellung nach § 45 Abs. 1 JGG wäre hier verfehlt, auch wenn dies rechtlich möglich gewesen wäre, da insoweit „nur“ Beleidigung und Nötigung verfahrensgegenständlich waren. Gleichwohl lag der Tat ein schwelender Konflikt zugrunde, der durch Restorative Justice auch mustergültig befriedigt werden konnte.

5. Fazit

Eine Ausweitung der Diversionsoptionen um eingriffsintensive Maßnahmen nach südafrikanischem Vorbild ist aus rechtsstaatlichen Gründen abzulehnen. Mechanismen, die vor Übermaß schützen sollen, wie kodifizierte Mindeststandards, Zustimmungsbedürfnisse und die Beteiligung des Jugendgerichts, können in informellen Verfahren naturgemäß keine ausreichende Wirksamkeit und Schutz entfalten. Die Durchführung von längerfristig angelegten Maßnahmen bedarf zudem einer fundierten Interventionsplanung, die in informellen Erledigungsverfahren nur schwer realisierbar ist.

Fälle, die im jetzigen Diversionssystem als Bagatelldelikt gemäß § 45 Abs. 1 JGG eingestellt würden, dürften bei einer Stärkung von Restorative Justice nicht zum Spielball einer gut gemeinten Philosophie werden. An dem Vorrang der folgenlosen Einstellung bei geeigneten jugendtypischen Delikten ist aus kriminologischen und rechtsstaatlichen Gründen uneingeschränkt festzuhalten.[1283] Dieses Gebot ist ohne Weiteres mit dem Potenzial von Restorative Justice in Einklang zu bringen, das sich am ehesten bei Straftaten entfalten kann, die eine gewisse Erheblichkeitsschwelle überschritten haben.

VI. Die Einbeziehung des Opfers in den Diversionsprozess

1. Einleitung

Opfer sollen nach der Restorative-Justice-Philosophie von der „Nebenrolle des Strafverfahrens“ in die „Hauptrolle“ des Verfahrens versetzt werden.[1284] Will man nun nach südafrikanischem Vorbild Restorative Justice als Leitprinzip von Diversion zugrunde legen, so ginge damit zwangsläufig auch eine stärkere

---

1283 Zustimmend *Horrer* 2014, S. 181: *„Fälle, die ohne die Möglichkeit eines Restorative Justice Programms wegen Geringfügigkeit ‘unangetastet’ geblieben wären, müssen daher nach wie vor ausgenommen bleiben“.*

1284 Siehe Kapitel A. II. 2.2.1.

Einbeziehung des Opfers einher. Während die Einbeziehung des Opfers hierzulande allenfalls als positiver „Nebeneffekt“ bewertet und primär erzieherisch begründet wird, stellt sie im südafrikanischen System einen elementaren Bestandteil dar.[1285] Dies ist immer vor dem rechtspolitischen Hintergrund zu bewerten, dass Südafrika mit der Einführung des CJA versucht, zwei historisch vernachlässigten Bevölkerungsgruppen gerecht zu werden: jugendlichen Straftätern und Kriminalitätsopfern.[1286] Das an Restorative Justice ausgerichtete Diversionssystem wird als Versuch verstanden, die Interessen dieser beiden Gruppen in Einklang zu bringen. Inwieweit dies sinnvoll auf unser Rechtssystem übertragbar wäre, ist Gegenstand der nachfolgenden Überlegungen.

2. Täter- und Opferinteressen im Spannungsfeld

Zu den Regelungen des CJA, die die Einbeziehung des Opfers sichern sollen, gehört, dass das Opfer vor einer Abschlussentscheidung angehört werden muss, und zwar nicht nur als Zeuge, sondern ausdrücklich auch über die Auswirkungen der Straftat.[1287] Diese Regelung dient der vom CJA erklärten Intention, durch das Diversionsverfahren eine Plattform auch für die Betroffenen von Straftaten zu schaffen.[1288] Während im förmlichen Jugendstrafprozess eidliche Stellungnahmen eingeholt werden müssen (*Victim Impact Statements*)[1289], kann die Anhörung im Diversionsverfahren formlos erfolgen.[1290] Der Geschädigte muss im Regelfall ausdrücklich danach gefragt werden, ob Diversion befürwortet wird oder nicht und ohne diese Anhörung darf ein Verfahren nicht divergiert werden.

Eine vergleichbare Vorschrift besteht im deutschen Diversionssystem nicht. Zwar ist nach § 69 Abs. 2 S. 2 StPO, der über § 2 Abs. 2 JGG grundsätzlich auch für das (förmliche) Jugendstrafverfahren gilt, nunmehr ausdrücklich vorgeschrieben, dass Zeugen, die durch eine Straftat verletzt wurden, Gelegenheit gegeben werden soll, sich zu den Auswirkungen, die die Straftat auf sie hatte, zu äußern.[1291] Dieser Passus wurde im Rahmen des Gesetzes zur Stärkung

1285 Zur neuen Rolle des Opfers im CJA siehe *van der Merwe* 2013.

1286 *Van der Merwe* 2013, S. 1037.

1287 Siehe Kapitel B. III. 2.4.2 und 2.4.3.

1288 Siehe Kapitel B. III. 2.2.

1289 Vgl. Sec. 70 CJA, dazu *Terblanche* 2016, S. 366 f.

1290 Vgl. Sec. 52(2)(a), 52(3)(b)(i) CJA.

1291 Die Vorschrift gilt über die entsprechenden Verweisvorschriften (§ 161a Abs. 1 S. 2 StPO bzw. § 163 Abs. 3 S. 2 StPO) auch für staatsanwaltliche und polizeiliche Vernehmungen, *Gercke/Julius/Temming/Zöller* 2019, § 69 Rn. 1.

der Rechte von Opfern sexuellen Missbrauchs (StORMG) vom 26.6.2013 aufgenommen, ist aber nicht auf solche beschränkt.[1292] Aus der dazugehörigen Gesetzesbegründung geht hervor, dass es insbesondere für Opfer von sexuellem Missbrauch von außerordentlicher Bedeutung sein könne, im Strafverfahren zu den Taten gehört zu werden. Die verschuldeten Auswirkungen der Tat seien gemäß § 46 Abs. 2 StGB für die Strafzumessung relevant und insoweit bereits nach geltendem Recht regelmäßig zum Gegenstand der Verletztenvernehmung zu machen. Die Klarstellung solle diesen Aspekt betonen und dazu beitragen, dass in der Praxis dem Interesse von Verletzten, im Strafverfahren Gehör zu finden, entsprochen wird.[1293] Letzterer sei nach wie vor durch § 160 StPO und § 244 Abs. 2 StPO vorgegeben und werde durch die Klarstellung nicht erweitert.[1294] Die einschlägigen Kommentierungen sprechen von einer *„längst praktizierten Banalität […], die wahrlich nicht im Gesetz hätte verankert werden müssen."*[1295] Oder davon, dass nunmehr ausdrücklich vorgeschrieben sei, dass ein durch die Straftat verletzter Zeuge sich zu den Auswirkungen der Tat auf ihn äußern soll, was im Hinblick auf § 244 Abs. 2 StPO und § 46 Abs. 2 StGB jedoch ohnehin eine *„Selbstverständlichkeit"* sei.[1296] Unterschiedlich ist also nicht nur Art und Weise sowie Umfang der Opferbeteiligungspflicht in den jeweiligen Rechtsordnungen, sondern auch die dahinterstehende Zielsetzung. Auf der deutschen Seite geht es in erster Linie um Strafzumessungsgesichtspunkte. Das dem Opfer zugefügte Leid ist im Rahmen der Strafzumessung mit sehr weiten Strafrahmen zu berücksichtigen. In Südafrika dagegen soll hiermit primär Opferinteressen gedient und die Möglichkeiten von Restorative Justice evaluiert werden.

Die jugendstrafrechtlichen Diversionsvorschriften durchbrechen jedoch als speziellere Regelungen die des § 69 Abs. 2 S. 2 StPO, sodass eine Anhörung des Opfers im Diversionsverfahren grundsätzlich entbehrlich ist, zumindest soweit diese über die Sachverhaltsaufklärung hinausgeht.[1297]

Für die Einführung einer solchen Regelung nach südafrikanischem Vorbild spricht, dass sie grundsätzlich geeignet ist, die Autonomie des Opfers zu stärken. Zu den von der Strafjustiz vernachlässigten Bedürfnissen gehört nach

1292 *Gercke/Julius/Temming/Zöller* 2019, § 69 Rn. 7.

1293 BT-Drucks. 17/6261, S. 11.

1294 BT-Drucks. 17/6261, S. 11.

1295 *Gercke/Julius/Temming/Zöller* 2019, Vorb. §§ 403 ff, Rn. 3.

1296 *Meyer-Goßner/Schmitt* 2021, § 69 Rn. 6.

1297 Bei Straftaten der Kategorie 1 *(minor offences)* ist auch in Südafrika keine Anhörung notwendig, sofern das Verfahren schon vor der *preliminary inquiry* eingestellt wird, dazu Kapitel B. III. 2.4.3.1.

der Restorative-Justice-Überzeugung die Möglichkeit zur Heilung und Bewältigung von Verbrechen durch die Gelegenheit, Wahrnehmungen und Gefühle in einer respektvollen Umgebung schildern zu können und dabei Anteilnahme zu erfahren und ernst genommen zu werden. Zudem gehöre die Ermutigung zur Selbstfindung der eigenen Bedürfnisse zu den Opferinteressen und nicht die Festlegung dieser durch Staatsanwälte oder Opfervertreter.[1298] Diesen viktimologisch gut bestätigten[1299] Bedürfnissen trägt das südafrikanische Diversionssystem eher Rechnung als das hiesige, gerade auch indem es das Opfer in die Überlegungen zur Rechtsfolgenentscheidung einbezieht. Dem Opfer wird auf diese Weise eine aktive Rolle zugebilligt.

Gegen die Zubilligung einer aktiven Rolle des Opfers im Diversionsverfahren bestehen aber auch Bedenken, insbesondere im Hinblick auf die Anregungskompetenz, des „Ob" und „Wie" von Diversion. Das deutsche Jugendstrafrecht schränkt die Opferbeteiligung an diversen Stellen bewusst gegenüber dem allgemeinen Strafverfahrensrecht ein, um seiner täterorientierten und spezialpräventiven Orientierung gerecht zu werden.[1300]

So ist beispielsweise die Privatklage gegen einen Jugendlichen gemäß § 80 Abs. 1 S. 1 JGG unzulässig, *„um die Verfahrensinitiierung und -gestaltung nicht den subjektiven Bestrebungen Privater zu überlassen."*[1301] Opferinteressen sollen im Bereich der Privatklagedelikte (vgl. § 374 StPO) alleine durch die Staatsanwaltschaft wahrgenommen werden.[1302] Diesbezüglich regelt § 80 Abs. 1 S. 2 JGG ergänzend, dass der Staatsanwalt Privatklagedelikte auch dann verfolgt, wenn Gründe der Erziehung oder ein berechtigtes Interesse des Verletzten, das dem Erziehungszweck nicht entgegensteht, es erfordern. Die Grenze opferrechtlicher Beteiligung ist - wie an dieser Formulierung deutlich wird - der Erziehungszweck.[1303]

Aber auch im Bereich schwerer und schwerster Straftaten, also fernab von Privatklagedelikten, wird die Opferbeteiligung im Jugendstrafprozess gegenüber dem allgemeinen Strafrecht eingeschränkt. So ist die Nebenklage nur nach Maßgabe des § 80 Abs. 3 JGG zulässig, also nur bei schweren Straftaten mit

---

1298 Siehe Kapitel A. II. 2.2.1.

1299 Vgl. die Nachweise in Fn. 268.

1300 Ein Überblick über opferorientierte Elemente im deutschen Jugendstrafrecht findet sich in *Kölbel* 2017.

1301 *Laubenthal et al.* 2015, S. 165.

1302 *Laubenthal et al.* 2015, S. 165.

1303 Zum Spannungsfeld zwischen Opferschutz und Erziehung im Ganzen siehe *Zapf* 2012.

erheblicher Opferbetroffenheit.[1304] Die Frage der Zulassung der Nebenklage ist seit jeher strittig, da hier ein Spannungsfeld zwischen der jugendadäquaten Ausgestaltung des Jugendstrafverfahrens und dem Opferschutz gesehen wird. Mit der durch das 2. Justizmodernisierungsgesetz eingeführten Regelung des § 80 Abs. 3 JGG versuchte der Gesetzgeber einen angemessenen Ausgleich zwischen beiden Interessen zu finden, indem er die Nebenklage nunmehr zulässt, aber auf abschließend nummerierte schwere Straftaten mit erheblicher Opferbetroffenheit beschränkt.[1305] In dem dazugehörigen Gesetzentwurf ist ausgeführt:

„Die [Anm. des Verfassers: weitergehende Zulassung der] Nebenklage mit ihren offensiven Befugnissen könnte im Einzelfall die weitergehende erzieherische Zielsetzung und die jugendadäquate Ausgestaltung des Jugendstrafverfahrens erheblich beeinträchtigen. Es bestünde die Gefahr, dass der Nebenkläger wegen seines eigenen Genugtuungsbedürfnisses oder zur Vorbereitung von Schadensersatzforderungen ohne Rücksicht auf erzieherische Erwägungen die Verhandlung nachhaltig mitgestalten würde“.[1306]

Anhand der anhaltenden rechtspolitischen Diskussion wird deutlich, dass die Kompromisslösung keinesfalls auf uneingeschränkte Zustimmung stößt und das Spannungsfeld zwischen Erziehung und Opferbeteiligung nicht leicht aufzulösen ist.[1307]

Der Weisse Ring als einflussreichste und bekannteste Opferschutzorganisation fordert, die Nebenklage und die Beiordnung eines Opferanwalts in Verfahren gegen Jugendliche im selben Umfang zuzulassen wie gegen Erwachsene.[1308] Zur Begründung wird ausgeführt, dass sich an der Schutzbedürftigkeit des Opfers nichts ändere, wenn der Täter ein Jugendlicher sei.[1309] Die Erziehungsbedürftigkeit des Täters könne die Schlechterstellung des Opfers nicht rechtfertigen und auch die Opfer seien im Übrigen nicht selten minderjährig.[1310]

Dies sind wohlgemerkt Diskussionen, die sich auf das förmliche jugendstrafrechtliche Hauptverfahren beziehen. Die dahinterstehenden Überlegungen

---

1304 *Diemer/Schatz/Sonnen* 2020, § 80 Rn. 14 ff.

1305 Vgl. *Diemer/Schatz/Sonnen* 2020, § 80 Rn. 14.

1306 BT-Drucks. 16/3038, S. 65.

1307 *Diemer/Schatz/Sonnen* 2020, § 80 Rn. 16.

1308 *Weisser Ring*, Strafrechtspolitische Forderungen des Weissen Rings (Stand November 2019), S. 4, abrufbar unter https://weisser-ring.de/system/files/domains/weisser_ring_dev/downloads/strafrechtspolitischeforderungenokober2019.pdf (zuletzt abgerufen am 6.6.2021).

1309 *Weisser Ring*, ebd.

1310 *Weisser Ring*, ebd.

gelten jedoch erst recht für das hier gegenständliche Diversionsverfahren, denn mit der Adaptierung der südafrikanischen Regelungen würde man die Partizipationsrechte des Opfers, die nach den jetzigen Regelungen schon im Hauptverfahren deutlich eingeschränkt sind, im vorverlagerten Diversionsverfahren ausbauen und stärken.

3. Auflösung durch die Art und Weise der Einbeziehung des Opfers

Eine deutliche Entschärfung dieses Spannungsfeldes lässt sich erzielen, wenn man sich nochmals vergegenwärtigt, dass Restorative Justice nicht die Stärkung einer Position auf Kosten einer anderen will. Es geht nicht um eine Verlagerung von einem erzieherisch geprägten „Täterstrafrecht" zu einem „Opferstrafrecht".

Restorative Justice überwindet die Kategorien konventionellen strafrechtlichen Denkens, wonach die Stärkung der einen Position durch die Gewährung von prozessualen Rechten automatisch die Schwächung der anderen ist. Bei Restorative Justice geht es um eine völlig andere Art der Konfliktbewältigung fernab vom staatlichen Strafanspruch. Denjenigen, die von einem Delikt betroffen sind, soll die Konfliktlösung in einem fairen, gleichberechtigten und geschützten Rahmen ermöglicht werden. Dabei geht es nicht um die Stärkung oder Schwächung von prozessualen Rechten im Sinne des herkömmlichen rechtsdogmatischen Denkens. Ausschlaggebend ist gerade auch, dass sowohl Opfer als auch Täter freiwillig teilnehmen.

Restorative Justice ist mehr als materielle Wiedergutmachung. Wollte man einseitig Opferinteressen stärken, so böte es sich beispielsweise an, das Adhäsionsverfahren gegen Jugendliche zuzulassen. Geschädigte könnten ihre zivilrechtlichen Ansprüche im Strafverfahren durchsetzen, ohne noch ein kosten- und zeitaufwendiges Zivilverfahren initiieren zu müssen. Der Gesetzgeber hat das Adhäsionsverfahren aber gem. § 81 JGG unter Bezugnahme auf den Erziehungsgedanken bewusst ausgeschlossen und verweist in seinen Richtlinien auf die Möglichkeiten des Täter-Opfer-Ausgleichs.[1311] Auch der deutsche Gesetzgeber differenziert also zwischen Ausgleichsverfahren wie dem Täter-Opfer-Ausgleich und materieller Wiedergutmachung und hält nur Ersteres für erzieherisch geboten.[1312] Materielle Schadenswiedergutmachung durch das Zusprechen eines

---

1311 RiJGG zu § 81 JGG, dazu *Eisenberg/Kölbel* 2021, § 81 Rn. 5.

1312 Ausführlich zur Vereinbarkeit des Adhäsionsverfahrens mit dem Erziehungsgedanken *Zapf* 2012, S. 210 ff.

Schadensersatz- und Schmerzensgeldbetrages durch ein Straf- oder Zivilgericht wäre eine Stärkung der Opferposition. Sie ist aber nicht vergleichbar mit einem konsensualen vereinbarten Plan zur Wiedergutmachung eines Schadens im Rahmen eines Täter-Opfer-Ausgleichs oder einer Familien-Gruppen-Konferenz, in die der Beschuldigte aktiv einbezogen wird.

In dieser Differenzierung zwischen einseitigen Interessen und prozessualen Rechten auf der einen Seite sowie Restorative Justice auf der anderen Seite liegt auch der Schlüssel für die Beantwortung der Frage, inwieweit die stärkere Einbeziehung des Opfers im Diversionssystem zu befürworten ist.

Opfer außerhalb von Bagatelldelikten (die regelmäßig in den potenziellen Anwendungsbereich von § 45 Abs. 1 JGG fallen) zu den Tatfolgen anzuhören, ist grundsätzlich zu begrüßen, da es zu den legitimen Opferbedürfnissen gehört, sich ausdrücken zu können und ernst genommen zu werden. Zudem kann regelmäßig auch nur so bewertet werden, wie die Straftat einzuordnen ist und welche umsetzbaren Reaktionsmöglichkeiten angezeigt erscheinen. Insbesondere sollte die Befragung auch dazu dienen, die Bereitschaft des Opfers für einen Tatausgleich in Erfahrung zu bringen – was wiederum adäquate Aufklärung über Möglichkeiten und Vorteile von Restorative-Justice-Maßnahmen beinhalten muss.

Darüber hinausgehende obligatorische Anhörungen über mögliche Sanktionsfolgen sind hingegen abzulehnen. Der deutsche Gesetzgeber will mit guten Gründen die Verfahrensinitiierung und -gestaltung nicht den subjektiven Bestrebungen Privater überlassen. Es sollte nicht den Empfindlichkeiten des Opfers obliegen, ob Diversion durchgeführt wird oder nicht. Auch wenn die Stellungnahmen von Opfern für die südafrikanische Staatsanwaltschaft nicht bindend sind, so ist zu erwarten, dass diese häufig persönlichen Rache- oder Genugtuungsinteressen entspringen und einen zu großen sachfremden Einfluss auf die Diversionspraxis hätten.

Das Rechtsfolgensystem des Jugendstrafrechts, einschließlich der Diversionsbestimmungen, ist ein diffiziles und aufeinander gut abgestimmtes Gebilde, welches sich nur mit entwicklungspsychologischem, pädagogischem und kriminologischem Grundverständnis durchdringen lässt. Es erschließt sich daher auch Jurastudierenden regelmäßig nicht ohne Weiteres, da es nicht mit der gewohnten Subsumtionslogik greifbar ist.[1313] Um dem jugendstrafrechtlichen Erziehungsgrundsatz gerecht werden zu können, schreibt § 37 JGG daher auch

1313 Wenn sie überhaupt an einer jugendstrafrechtlichen Vorlesung teilnehmen, was wiederum nur bei entsprechender Schwerpunktsetzung der Fall ist, da Jugendstrafrecht nicht zum Pflichtstoff juristischer Ausbildung gehört.

vor, dass Jugendrichter und Jugendstaatsanwälte erzieherisch befähigt und in der Jugenderziehung erfahren sein sollen.[1314] Von betroffenen Opfern kann jedenfalls nicht erwartet werden, dass sie erzieherisch adäquate Reaktionsfolgen innerhalb des Konstruktes der rechtlichen Vorschriften vorzuschlagen im Stande sind.

Davon zu unterscheiden ist die Einbeziehung des Opfers in „echte" Restorative-Justice-Maßnahmen. Es stellt sich als eklatanten Unterschied dar, ob ein Opfer in einem Fragebogen oder bei der polizeilichen Anhörung angeben soll, ob es wünscht, dass eine Gerichtsverhandlung gegen den Schädiger durchgeführt wird oder ob Diversion befürwortet wird – worunter sich ein durchschnittliches Opfer im Regelfall wohl ohnehin nichts vorstellen kann. Oder aber, ob das Opfer in einer sicheren und angeleiteten Umgebung, nachdem es den Täter und seine Motive kennengelernt hat, an einer Lösung zur Wiedergutmachung beteiligt wird. Diese Verfahren beruhen stets auf Freiwilligkeit beider Seiten – und um diese Beteiligungsbereitschaft zu erfragen, muss das Opfer selbstverständlich angehört werden.

4. Empfehlung: Stärkung des TOA

Der TOA bildet, wie oben dargestellt, das wichtigste Restorative-Justice-Element des deutschen Jugendstrafrechts. Er spielt in der diversionellen Ausgestaltung des JGG eine bedeutende Rolle und kann, da bereits durch das 1. JGGÄndG von 1990 eingeführt, auf eine viel längere Anwendungspraxis als sein Pendant im südafrikanischen Jugendstrafrecht zurückblicken.[1315] Die Regelungen zum TOA (§ 10 Abs. 1 S. 3 Nr. 7, §§ 45 Abs. 2 S. 2, 46a StGB) lassen auch eine sehr weite Anwendung bei hoher Flexibilität zu. Das Bemühen des Beschuldigten, einen Ausgleich mit dem Verletzten zu erreichen, ist insoweit ausreichend und es bedarf auch konträr zur VOM im CJA keines (staatlich akkreditierten) Mediators. Der vom BGH geforderte „*kommunikative Prozess*" zwischen Täter und Opfer, der auf einen „*umfassenden friedensstiftenden Ausgleich der durch die Straftat verursachten Folgen angelegt sein muss*",[1316] setzt also nicht zwangsweise eine Begegnung voraus. Das gegenwärtige deutsche Diversionssystem bietet demzufolge bereits einen sehr offenen Rahmen für die Begegnung von Täter

---

1314 Bedauerlicherweise wird die Soll-Vorschrift weitgehend ignoriert, vgl. dazu *Eisenberg/Kölbel* 2021, § 37 Rn. 11 f.

1315 VOM wurde 1992 als Pilot-Projekt in Kapstadt erstmals getestet und wurde dann erst 2010 mit dem CJA gesetzlich kodifiziert, vgl. Kapitel B. III. 1.

1316 BGH, Urteil vom 19.12.2002, 1 StR 405/02.

und Opfer im Sinne einer Restorative Justice, auch wenn diese Begrifflichkeit dem deutschen Gesetzgeber nicht bekannt ist.

Beide Rechtsordnungen haben also das immense Potenzial erkannt, dass dem Versöhnungs- und Wiedergutmachungspotenzial der Begegnung von Opfer und Täter innewohnt. Obwohl der TOA bei seiner Einführung als *„hoffnungsvollste Alternative zum übelzufügenden Sanktionenkatalog des Strafrechts“* bezeichnet wurde[1317] und mittlerweile auch eindeutige empirische Relevanz für die Wirksamkeit besteht,[1318] hat er sich in Deutschland nicht flächendeckend etabliert. Die überwiegenden Stimmen in Forschung und Praxis gehen daher zu Recht davon aus, dass das Potenzial des Täter-Opfer-Ausgleichs in Deutschland bei Weitem nicht ausgeschöpft werde;[1319] dass seit Jahren zumindest Stillstand und eher Rückgang herrsche, die Finanzierung ungewisser denn je sei, mit immer mehr bürokratischem Aufwand der Status quo gehalten werde und berufspolitische Diskussionen den Kurs bestimmten.[1320] Ausgebremst wird die Entwicklung des Täter-Opfer-Ausgleichs durch anhaltende Vorbehalte von Teilen der Justiz und Politik.[1321] Zudem wird der TOA *„so scheint es, eher als Sanktionsergänzungsinstrument im Diversionsbereich wahrgenommen, denn als eigenständiges Konfliktregelungskonzept.“*[1322]

Fraglich bleibt, wie erreicht werden kann, das Potenzial des TOA als Restorative-Justice-Maßnahme mehr auszuschöpfen. Immerhin schreibt § 155a S. 1 StPO vor, dass die Staatsanwaltschaften und Gerichte in jedem Stadium des Verfahrens (also auch im Rahmen der Diversion) die Möglichkeiten prüfen sollen, einen Ausgleich zwischen Beschuldigtem und Verletztem zu erreichen. In geeigneten Fällen sollen sie auch darauf hinwirken, § 155a S. 2 StPO.

Neben dieser strafprozessualen Verankerung bestehen auch Informationspflichten über Wiedergutmachungsdienste an Opfer. Die als „EU-Opferschutzrichtlinie“ bezeichnete Richtlinie 2012/29/EU[1323] schreibt vor, dass Opfern schon bei der ersten Kontaktaufnahme mit einer Behörde unverzüglich Informationen auch über verfügbare Wiedergutmachungsdienste zur Verfügung gestellt werden.[1324] In Umsetzung dieser Richtlinie[1325] schreibt § 406i

1317 BT-Drucks. 11/5829, S. 17.
1318 *Trenczek und Hartmann* 2018, S. 875 ff.; *Lutz* 2018, S. 613. m. w. N.
1319 *Kilchling* 2019, S. 4.
1320 *Fahl* 2017, S. 4 f.
1321 Ausführlich dazu *Sack* 2017.
1322 So *Heinz* 2019, S. 953.
1323 Vgl. Fn. 211.
1324 RL 2012/29/EU, Art. 4 Abs. 1j).
1325 Näher *Gercke/Julius/Temming/Zöller* 2019, § 406i Rn. 3.

Nr. 5 StPO vor, dass Verletzte *„möglichst frühzeitig, regelmäßig schriftlich und soweit möglich in einer für sie verständlichen Sprache"* auch auf die Möglichkeit einer Wiedergutmachung im Wege eines Täter-Opfer-Ausgleichs nach Maßgabe des § 155a StPO hinzuweisen sind. Auch angesichts der Fülle an Informationspflichten (vgl. § 406i i. V. m. §§ 406d–406h StPO) erscheint ein solcher schriftlicher Hinweis wenig Wirkungspotenzial zu haben.

Genauso bedeutend ist es aber auch, Beschuldigte darauf hinzuweisen und ihnen Möglichkeiten aufzuzeigen, da deren grundsätzliche Bereitschaft und Öffnung die Grundvoraussetzung ist. Hierzu bestehen aber keine flächendeckenden Regelungen. Die Erfahrung aus der Verteidigungspraxis zeigt, dass vielen Beschuldigten die Möglichkeit gar nicht bewusst ist oder angenommen wird, es sei ohnehin zu spät, da ja schon angeklagt wurde. Auch in allen drei Beispielfällen bestand sofort Bereitschaft bei den Beschuldigten, auf die Geschädigten zuzugehen. Es hat insoweit nur der Information und Organisation bedurft und keinerlei Überzeugungsarbeit durch den Verfasser.

Eine vergleichsweise einfache Stärkung des TOA ließe sich erreichen, wenn man die Sollvorschrift des § 155a StPO zumindest im Jugendstrafrecht in eine Mussvorschrift abändern oder eine entsprechende Regelung in die Diversionsrichtlinien aufnehmen würde. Müsste die Staatsanwaltschaft stets prüfen, ob ein TOA oder eine andere Restorative-Justice-Maßnahme in Betracht kommt und bei Verneinung einen dies begründenden Aktenvermerk verfassen, so würde zumindest erreicht, dass sich aktiv mit der Frage der Eignung auseinandergesetzt würde. Eine solche zu befürwortende Regelung hat beispielsweise Belgien eingeführt.[1326]

Das Potenzial des TOA kann letztlich aber nur wirklich effektiv ausgebaut werden, wenn es von allen Beteiligten im Jugendstrafverfahren erkannt wird. Gesetzesanpassungen, stärkere Informationspflichten und andere Modifikationen können ein Ausbremsen durch Vorbehalte und Widerstände der Berufsträgerschaft nicht überwinden.

Bei aller Kritik an der staatlichen Jugendstrafrechtspraxis gilt dies auch für die Anwaltschaft. Gerade auch Rechtsanwältinnen und Rechtsanwälte in Jugendstrafsachen haben hier eine nicht zu unterschätzende Einwirkungsmöglichkeit, da sie erfahrungsgemäß ein anderes Standing bei jugendlichen Beschuldigten haben als die Strafverfolgungsbehörden, deren Mitglieder oft als Feindbild gesehen werden und mit denen aufgrund ihrer Rolle auch naturgemäß nicht so offen gesprochen werden kann. Sie sehen sich oft auch selbst als Konfliktpartei, was,

---

1326 Dazu *Walgrave* 2011, S. 227 ff.

wenn es um die Verteidigung der Beschuldigtenrechte geht, auch angezeigt, in vielen Fällen aber auch für den eigenen Mandanten kontraproduktiv ist. *Nils Christie* hat in seinem viel beachteten Artikel *„Conflicts As Property"* von 1977 ausgeführt, dass Anwälte besonders gut darin seien, Konflikte zu stehlen, sie seien *„professional thieves"*.[1327] Sicherlich überspitzt dargestellt, so ist es doch nicht von der Hand zu weisen, dass die klassische Tätigkeit des Anwalts als „Konfliktlöser" darin besteht, Konflikte „namens und in Vollmacht" für jemanden auszutragen.

> *„Faktisch werden Anwälte ausgebildet, einen Krieg zu gewinnen. Jetzt mussten sie lernen, dass es in restorativen Verfahren darum geht, Frieden zu schaffen. Dabei handelt es sich um etwas ganz Verschiedenes."*[1328]

So beschreibt *Walgrave* die neue Rolle für Anwälte nach Belgiens Jugendstrafrechtsreform.

Nicht nur in allen drei Beispielsfällen ließen sich jedenfalls mit der Unterstützung und Anregung von Restorative-Justice-Maßnahmen Ergebnisse für die Mandanten erzielen, die einer interessengerechten Verteidigung entsprachen.

Angst um eigene berufliche Bedeutung braucht die Rechtsanwaltschaft jedenfalls nicht zu haben, denn ihnen kommt auch in Restorative-Justice-Verfahren die bedeutende Aufgabe zu, Beschuldigtenrechte zu schützen, wie etwa die neuseeländische Strafrechtspraxis zeigt.[1329] Gerade auch in Ausgleichsverfahren haben sie mit ihrer Erfahrung, welche Schmerzensgelder realistisch zu erzielen wären, die wichtige Aufgabe, dabei zu unterstützen angemessene Wiedergutmachungslösungen zu finden und zu verhindern, dass eine Seite übervorteilt wird.

5. Fazit

Dort, wo es nicht in erster Linie um Versöhnung im Sinne einer Restorative Justice geht, sondern um materielle Schadenswiedergutmachung, sind die

---

1327 *Christie* 1977, S. 4: *„Lawyers are particularly good at stealing conflicts. They are trained for it. They are trained to prevent and solve conflicts. They are socialised into a sub-culture with a surprisingly high agreement concerning interpretation of norms, and regarding what sort of information can be accepted as relevant in each case. Many among us have, as laymen, experienced the sad moments of truth when our lawyers tell us that our best arguments in our fight against our neighbour are without any legal relevance whatsoever and that we for God's sake ought to keep quiet about them in court. Instead they pick out arguments we might find irrelevant or even wrong to use"*.

1328 *Walgrave* 2011, S. 232.

1329 Dazu *Müller* 2017, S. 90 f.

Regelungen des JGG gut abgewogen. Sie ermöglichen einen angemessenen Ausgleich zwischen erzieherischen Gesichtspunkten und den Genugtuungsinteressen von Geschädigten. Das Diversionssystem schützt vor stigmatisierendem und erzieherisch schädlichem Einfluss privater Dritter, die persönlichen Rache- oder Genugtuungsinteressen entspringen. Gleichzeitig bietet das gegenwärtige Diversionssystem mit dem TOA bereits einen sehr offenen rechtlichen Rahmen für die Begegnung zwischen Täter und Opfer. Vorbehaltlich gewissen Optimierungsbedarfs mangelt es also nicht an den gesetzlichen Voraussetzungen für restorative Ausgleichsverfahren zwischen Täter und Opfer. Dennoch frönt der TOA in der Rechtsanwendungspraxis ein Schattendasein. Trotz entsprechender gesetzgeberischer Intention, klarer empirischer Relevanz für die Wirksamkeit, hohen Bereitschaftswerten bei Tätern und Opfern zur Teilnahme und hohen Zufriedenheitswerten nach Teilnahme bleibt der TOA weit hinter seinem Potenzial zurück. Eine stärkere Anwendung wird also nicht von mangelnden gesetzlichen Rahmenbedingungen ausgebremst, sondern von Vorbehalten und Widerständen der Praxis. Es bedarf daher keiner grundlegenden Gesetzesänderung, sondern einer grundlegenden Änderung in den Köpfen derjenigen, die im Jugendstrafprozess involviert sind. Dazu gehört ausdrücklich auch die Rechtsanwaltschaft.

VII. Die Einbeziehung der Gemeinschaft in den Diversionsprozess

1. Einleitung

Während die hiesigen rechtlichen Rahmenbedingungen eine starke Einbeziehung des Opfers in den Diversionsprozess durchaus zulassen, stellt sich die Situation hinsichtlich der Einbeziehung der Gemeinschaft gänzlich konträr dar.[1330] Praktiken gelten nach den gängigen Klassifizierungssystemen von *McCold und Wachtel* sowie *Zehr* nur dann als *fully restorative*, wenn auch die Gemeinschaft in den Prozess einbezogen wird.[1331] Der TOA ist wegen des Fehlens dieser Einbeziehung auch nur *partly restorative*. Die gezielte Einbeziehung der Gemeinschaft ist dem deutschen Rechtsfolgensystem grundsätzlich fremd.[1332] Für das auf Restorative Justice basierende südafrikanische System ist sie hingegen immanent. So ist die Gemeinschaft im CJA durchweg fest verankert, das Wort *„community"*

1330 Zum Begriff der Gemeinschaft im Sinne der Restorative Justice siehe Kapitel A. II. 1.
1331 Siehe Kapitel A. II. 3.
1332 Vgl. nur die „erzieherischen Maßnahmen" im Sinne des § 45 Abs. 2 JGG.

kommt insgesamt mehr als dreißig Mal vor. Im JGG hingegen taucht das Wort „*Gemeinschaft*“ einmal auf, namentlich wenn es um die Aufgabe der Jugendgerichtshilfe zur Wiedereingliederung des Verurteilten in die Gemeinschaft während des Jugendstrafvollzuges geht (§ 38 Abs. 5 S. 5 JGG). Wenn also ein Gericht im Namen des Volkes, für das es spricht, schon längst entschieden hat, dass ein Jugendlicher für dieses nicht mehr tragbar und daher einzusperren ist.

Nach der Legaldefinition des CJA beinhaltet Restorative Justice ausdrücklich die Involvierung der Gemeinschaft. Sie soll zusammen mit Täter, Opfer und den jeweiligen Familien Schäden, Bedürfnisse, Verpflichtungen erkennen und angehen, unter anderem um Wiedergutmachung zu ermöglichen, um eine Wiederholung des Vorfalls zu verhindern und um Versöhnung zu fördern.[1333]

Die Einbeziehung der Gemeinschaft soll ausweislich der Zielsetzungen des CJA gerade auch innerhalb des Diversionssystems erfolgen. Reintegration in die und Wiederversöhnung mit der Gemeinschaft soll erreicht werden.[1334] Dementsprechend ist die Gemeinschaft auch in diversen Level-1-Diversionsoptionen involviert, beispielsweise im Rahmen des *community service* oder von *family-time-ordern*.[1335] Darüber hinaus normiert der CJA auch als „*community-based sentences*“ bezeichnete Sanktionen, die sowohl vom Jugendgericht verhängt werden können als auch im Rahmen der Diversion anwendbar sind.[1336] Die wohl prägnanteste Einbeziehung der Gemeinschaft erfolgt im Rahmen der *family group conferences*, die stets auch im Diversionsverfahren durchgeführt werden können und als Musterbeispiele für *fully-restorative*-Maßnahmen gelten. Mitglieder der Gemeinschaft werden zudem auch an anderen Stellen des Diversionsverfahrens in den Prozess eingebunden, etwa wenn es um die Altersfeststellung der beschuldigten Person[1337] oder um die Überwachung der Einhaltung der angeordneten Diversionsmaßnahme durch eine „*suitable person*“ geht.[1338]

1333 Sec. 1 CJA, siehe dazu Kapitel A. II. 1.

1334 Sec. 51(d),(g) CJA.

1335 Sec. 53(1)(f),(l),(n),(p),(q) CJA, dazu ausführlich Kapitel B. III. 2.5.

1336 Vgl. Sec.72(1) i. V. m. Sec. 53 CJA, dazu Kapitel B. III. 2.5.3 und 2.5.4.

1337 Es ist ein verbreitetes Problem in Südafrika, dass keine Geburtsurkunden oder sonstige Nachweise vorliegen, aus denen sich das Alter des Beschuldigten ergibt. Sec. 13 CJA schreibt daher vor, auf welcher Grundlage die Altersfeststellung ermöglicht werden kann. Dazu gehört auch die Befragung von Personen aus der Community *(religious or community leader, likely to have direct knowledge of the age of the child)*. Siehe auch *Songca et al.* 2016, S. 207 ff.

1338 Sec. 57 CJA.

Die Einbeziehung der Gemeinschaft ist damit das wohl kritischste Unterscheidungsmerkmal beider Systeme. Es gilt daher zu analysieren, welchen Nutzen die Einbeziehung nach südafrikanischem Vorbild hätte.

2. Bedenken gegen die Einbeziehung: Stigmatisierung und Etikettierung

Der Nutzen der Involvierung der Gemeinschaft erschließt sich in dem hier vorherrschenden rechtskulturellen Denken nicht ohne Weiteres. Vielmehr drängen sich eher Gefahren und Widersprüche auf, oder es wird von verfehlter *„Community-Romantik“* gesprochen.[1339]

Diese Vorbehalte resultieren vornehmlich aus den folgenden Erwägungen. Einer der Grundsätze des deutschen Jugendgerichtsverfahrens ist die in § 48 Abs. 1 JGG normierte Nichtöffentlichkeit. Im Gegensatz zum rechtsstaatlichen Öffentlichkeitsprinzip des allgemeinen Strafverfahrens (§§ 169 ff. GVG) ist die Öffentlichkeit für das gesamte Verfahren einschließlich der Verkündung der Entscheidung bewusst ausgeschlossen. Der Ausschluss der Öffentlichkeit betrifft grundsätzlich mit Ausnahme der Erziehungsberechtigten also auch sämtliche soziale Bezugspersonen der Betroffenen. Nur dem in § 48 Abs. 2 JGG beschriebenen engen Personenkreis ist die Anwesenheit gestattet.

Sinn und Zweck dieses Grundsatzes sind entwicklungspsychologische und jugendpädagogische, also erzieherische Erwägungen.[1340] Der Jugendliche soll nicht eingeschüchtert werden, es soll ihm aber genauso wenig eine Plattform für Selbstinszenierung geboten werden.[1341] Durch den Ausschluss der Öffentlichkeit soll eine jugendgerechte Kommunikationsatmosphäre geschaffen werden.[1342] Zudem soll gerade auch die stigmatisierende Wirkung einer öffentlichen Hauptverhandlung vermieden werden.[1343] Der Grundsatz der Nichtöffentlichkeit gilt auch außerhalb der Hauptverhandlung, etwa sind öffentliche Ladungen zu unterlassen und es sollen keine Terminzettel mit Namen von Jugendlichen im Gericht aushängen.[1344] Auch im Ermittlungsverfahren soll jede unnötige Bloßstellung des Beschuldigten vermieden werden, z. B. auch im Schriftverkehr mit anderen Behörden und Personen, vgl. Nr. 4a RiStBV.

1339 *Trenczek und Hartmann* 2018, S. 862.
1340 *Eisenberg/Kölbel* 2021, § 48 Rn. 8; *Streng* 2020, S. 109 f.
1341 *Eisenberg/Kölbel* 2021, § 48 Rn. 8; *Streng* 2020, S. 109 f.
1342 *Diemer/Schatz/Sonnen* 2020, § 48 Rn. 2.
1343 *Streng* 2020, S. 110.
1344 *Diemer/Schatz/Sonnen* 2020, § 48 Rn. 12.

Ein gemeinschaftsbezogenes Diversionssystem wie das Südafrikas steht mit diesem Grundsatz der Nichtöffentlichkeit in Widerspruch. Nicht erst in der Hauptverhandlung, sondern schon gerade zur Vermeidung dieser soll das gesamte soziale Umfeld von Täter und Opfer samt örtlicher Gemeinschaft in das Diversionsverfahren einbezogen werden.

Aber nicht nur zwischen den beiden Rechtsordnungen, sondern auch innerhalb des Regelungssystems des CJA erscheint der Gemeinschaftsansatz nicht widerspruchsfrei, denn auch dort soll Diversion doch ausdrücklich Stigmatisierung von Beschuldigten vermeiden.[1345]

Beide Rechtsordnungen wollen Stigmatisierung und Etikettierung unbedingt verhindern, unter anderem deswegen setzen sie ja überhaupt auf Diversion. Die kriminalpolitische Bedeutung von Stigmatisierungs- und Etikettierungsprozessen, wovor sich beide Länder dabei so fürchten, erschließt sich nicht ohne Weiteres und soll daher vorab erläutert werden.

Der Versuch des Vermeidens von Stigmatisierungs- und Etikettierungseffekten resultiert keineswegs aus einer übertriebenen „Samthandschuh-Mentalität", wie es landläufig angenommen wird, sondern aus den Erkenntnissen des einflussreichen Etikettierungsansatzes, dem *labeling-approach*.[1346] Nach diesem können entsprechende Labeling-Effekte nicht nur schaden, sondern Kriminalität fördern oder sogar auslösen. Darunter fallen nicht nur negative Effekte durch formelle Strafverfolgung, die ja insgesamt die Hauptlegitimation der Diversion als solche sind, sondern eben auch Etikettierungen durch informelle Institutionen und das hier zu diskutierende gemeinschaftliche Umfeld.[1347]

Interpretations-, Zuschreibungs- und Stigmatisierungsprozesse stellen nach Ansicht der Etikettierungstheorie eine verschärfende zusätzliche Bedingung für delinquentes Verhalten dar, indem sie *sekundäre Devianz* verursachen.[1348] Darunter ist zu verstehen, dass gesellschaftliche Stigmatisierungen und Degradierungen sich auf das Selbstbild des Delinquenten auswirken und damit dessen Verhalten verstärken oder gar erst auslösen können. Wird jemand also durch einen Zuschreibungsprozess als Straftäter etikettiert und wird dies durch

1345 Siehe Kapitel B. III. 2.2.

1346 Dazu grundlegend *Bock* 2019, S. 79 ff.; *Meier* 2021, S. 72 ff.; *Neubacher* 2020, S. 114 ff.

1347 *Bock* 2019, S. 80 f.

1348 In einer radikalen (Fehl-)Rezeption wird sekundärer Devianz nicht nur eine zusätzlich verschärfende Bedingung zugeschrieben, sondern die auslösende und einzige. Die primäre Devianz wird also schlicht abgelehnt, dazu *Bock* 2019, S. 81 f.; *Eifler und Schepers* 2018, S. 233.

Personen im sozialen Umfeld repetiert, dann führt dies zu einem entsprechenden Selbstbildnis – mit der Konsequenz, dass sich der Betroffene letztlich genauso verhält, wie es von allen erwartet wird.[1349]

Anschaulicher wird der Effekt der sekundären Devianz am „Schuleinbruchsfall". Nachdem der Jugendliche der Schulleiterin den entwendeten Geldbetrag erstattete und sich entschuldigte, verwies diese darauf, dass nicht sie die Geschädigte sei, sondern die Schülerinnen und Schüler der betroffenen Klassen. Folglich müsse er sich auch an diese wenden, wenn er über die Rückerstattung des Betrages hinausgehende Wiedergutmachung leisten wolle. So pädagogisch nachvollziehbar diese Ansicht der Schulleiterin war, so herausfordernd wäre es gewesen, eine Stigmatisierung und Etikettierung des Jugendlichen zu vermeiden. Wie hätte eine angemessene Begegnung zwischen der Schülerschaft und dem Jugendlichen aussehen sollen, ohne dass er zum Gespött der ganzen Schule und weit über das Schulzentrum hinaus als Einbrecher bekannt geworden wäre? Jedenfalls hätten Regelungen gefunden werden müssen, um das Ungleichgewicht und Machtgefälle zwischen der Vielzahl der geschädigten Schüler und dem Jugendlichen auszugleichen, wenn man nicht die Schulturnhalle hätte füllen wollen. Denkbar wäre es, besonders geeignet erscheinende oder hierfür gewählte Stellvertreter beider Klassen zu entsenden, um das Teilnehmerfeld zu begrenzen. Aber auch dann erscheint es mehr als fraglich, ob eine solche Maßnahme reintegrative Wirkung entfalten könnte oder nicht gerade stigmatisierend und ausgrenzend wäre – und sich der Jugendliche vielleicht genau wie der „Verbrecher" verhalten würde, für den ihn ohnehin alle halten.

Was die Einbeziehung der Mitschülerschaft in Diversionsprozesse betrifft, so werden Schülergerichte *(Teen Courts)* kontrovers diskutiert, die insbesondere in Bayern seit nunmehr 20 Jahren an mittlerweile zehn Standorten eingesetzt werden.[1350] Solche Schülergerichte werden auf Anregung der Staatsanwaltschaft bei geringfügigen Verfehlungen und mit Zustimmung von Beschuldigten und den Erziehungsberechtigten durchgeführt.[1351] In Begleitung sozialpädagogischen Fachpersonals werden dann erzieherische Maßnahmen vereinbart, wie beispielsweise das Erbringen von Arbeitsleistungen, Leisten von Wiedergutmachung,

---

1349 *Bock* 2019, S. 81; *Münster* 2006, S. 140.

1350 *Annelie Kaufmann*, Teen Courts für leichte Jugendkriminalität, Ein Lied komponiert, Verfahren eingestellt, in Legal Tribune Online, 10.8.2019, https://www.lto.de/recht/justiz/j/teen-courts-schuelerrichter-kritik-von-fachleuten-jugendkriminalitaet-verfahren-jgg (zuletzt abgerufen am 6.6.2021).

1351 *Kaufmann*, ebd.

Verfassen von Aufsätzen, die zeitweise Abgabe des Handys oder auch das Komponieren von Liedtexten.[1352] Bei Erfüllung dieser Maßnahme wird das Verfahren dann gemäß § 45 Abs. 2 JGG eingestellt. Bayerns Justizminister *Georg Eisenreich* (CSU) spricht von einem Erfolgsmodell:

> *"Seit bald 20 Jahren leisten wir in Bayern mit den Schülergerichten Pionierarbeit: Junge Straftäter stellen sich einem Gremium aus drei Schülerrichtern. An einem runden Tisch führen die Schülerrichter mit dem jugendlichen Täter ein intensives Gespräch über dessen Tat, vor allem über die Hintergründe, die Motive und die Folgen. Auf Augenhöhe wird eine erzieherische Maßnahme als Reaktion auf die Straftat erarbeitet. Damit erreichen wir eine höhere Akzeptanz."*[1353]

Keine hohe Akzeptanz erfahren Schülergerichte hingegen in der deutschen kriminologischen Wissenschaft, die insbesondere unter Verweis auf die stigmatisierende Wirkung deutlich überwiegend ablehnend hierauf reagiert[1354] oder sie gar für rechtswidrig hält.[1355]

Die Kritik ist völlig berechtigt, denn Schülergerichte beruhen nicht auf den Prinzipien von Restorative Justice, sondern *„auf der kriminalpolitischen Überzeugung, es müsse in jedem Fall gegenüber jugendtypischer Delinquenz mehr geschehen als das Regelverfahren der 'nicht intervenierenden' Diversion vorsieht."*[1356] Empirisch unterstützt wird dieser Vorwurf von der Tatsache, dass gerade Bayern die bundesweit niedrigste staatsanwaltliche Diversionsquote aufweist,[1357] dort also tatsächlich am ehesten die *„faktenresistente"*[1358] Überzeugung vorherrscht, unbedingt irgendwie intervenieren zu müssen.[1359]

Abgesehen von diesen umstrittenen Schülergerichten und anderen Pilotprojekten ist die Einbeziehung von Personen außerhalb der professionellen

---

1352 *Kaufmann*, ebd.

1353 Bayerisches Staatsministerium der Justiz, Pressemitteilung vom 22.7.2019, abrufbar unter https://www.justiz.bayern.de/presse-und-medien/pressemitteilungen/archiv/2019/38.php (zuletzt abgerufen am 6.6.2021).

1354 So das ganz überwiegende Schrifttum: *Heinz* 2019, S. 904 f.; *Eisenberg/Kölbel* 2021, § 45 Rn. 20a; *Diemer/Schatz/Sonnen* 2020, § 45 Rn. 15; *Ostendorf und Drenkhahn* 2020, S. 103; *Laubenthal et al.* 2015, S. 138; *Spiess* 2012, S. 467 ff.; *Streng* 2020, Rn. 182; *Rautenberg* 2006, S. 2749 f.

1355 *Heinz* 2019, S. 904; *Spiess* 2012, S. 468.

1356 Zutreffend *Spiess* 2012, S. 470.

1357 Siehe die Abbildungen 6 und 7 nebst dazugehörigen Ausführungen in Kapitel B. II. 3.

1358 *Spiess* 2012, S. 470.

1359 Ähnlich wie *Spiess* argumentiert Generalstaatsanwalt a. D. *Rautenberg*, der Schülergerichte für *„kriminalpolitischen Verhältnisblödsinn"* hält, *Rautenberg* 2006.

Berufsträger im deutschen Rechtsfolgen- und Diversionssystem also nicht nur wesensfremd, sondern es stehen durchaus berechtigte Bedenken entgegen.[1360] Stigmatisierung durch die Einbeziehung der Gemeinschaft kann schließlich nicht nur schaden, sondern auch sekundäre Devianz auslösen und damit genau das Gegenteil von dem erreichen, was sie bezweckt.

3. Nutzen der Einbeziehung

Fraglich ist also, welche Vorteile sich gegen diese gewichtigen Bedenken ins Feld führen lassen und was sich der südafrikanische Gesetzgeber davon erhofft, so stark auf ein gemeinschaftsbezogenes Diversionssystem zu setzen, wo er doch Stigmatisierungseffekte ebenso fürchtet wie der deutsche Gesetzgeber.

3.1. Die Vorbildfunktion Neuseelands

Zum Vorverständnis ist ein kurzer Blick auf die jüngere Jugendstrafrechtsgeschichte Neuseelands notwendig, die bei der Entwicklung des CJA eine große Vorbildfunktion hatte.[1361] Neuseeland, der Rugby-Erzrivale Südafrikas, hat 1989 ein neues Jugendgerichtsgesetz eingeführt, das für internationales Aufsehen gesorgt hat, denn es hat Restorative Justice so konsequent gegen das konventionelle Strafsystem ausgetauscht wie kein anderer Staat.[1362]

Hintergrund der neuen Gesetzgebung war die Tatsache, dass Jugendliche, die von den Ureinwohnern Neuseelands (Maori) abstammen, überproportional häufig strafrechtlich in Erscheinung getreten sind. Man hat daher – mit überragendem Erfolg – die ursprünglichen Konfliktlösungsstrategien der Maori neu interpretiert. In der Maori-Kultur war, ähnlich wie in derjenigen afrikanischer Ureinwohner, der komplette Stamm in die Konfliktlösung einbezogen, um eine Lösung zu finden.[1363] Die Verhängung von Strafen oder gar das Herausnehmen von jugendlichen Stammesmitgliedern aus der Gemeinschaft in Form von

---

1360 Auch die Jugendschöffen (§ 35 JGG) bilden hierbei keine Ausnahme, denn sie sind nur beim Jugenschöffengericht (§ 33a Abs. 1 JGG) und bei der Jugendkammer (§ 33b Abs. 1 JGG) tätig und wirken bei Entscheidungen außerhalb der Hauptverhandlung nicht mit (vgl. § 33a Abs. 2 JGG, § 33b Abs. 7 JGG). Im Diversionsverfahren spielen sie keinerlei Rolle.

1361 *Mujuzi* 2015, S. 41 f.

1362 Dazu *Müller* 2017; *Wiese* 2010; *MacRae und Zehr* 2015; *Hagemann* 2011, S. 165; *Hansbauer et al.* 2009.

1363 *MacRae und Zehr* 2015, S. 214 f.; zum historischen und soziokulturellen Ursprung der maorischen Konfliktlösungsstrategien siehe *Münster* 2006, S. 239 ff.

Inhaftierung oder stationärer Unterbringung durch außenstehende Richter war den Maori völlig fremd.[1364] Autoritär-staatliche Entscheidungen wurden dementsprechend auch in der Neuzeit nicht akzeptiert, was zu hohen Rückfallquoten und immer weiterer Kriminalisierung führte.

Neuseeland hat dies erkannt und daher alte Maori-Kulturen wiederbelebt. Die gemeinschaftsbezogene Art, mit abweichendem Verhalten umzugehen, wurde in Form von *Family-Group-Conferencing* zum Standard für den Umgang mit Jugendkriminalität gemacht.[1365] Das Gros der Bagatellkriminalität wird seither im Rahmen der (Polizei-)Diversion erledigt[1366] und im Übrigen muss im Regelfall ein Konferenzverfahren durchgeführt werden.[1367] Ausschließlich bei Tötungsdelikten ist das Jugendgericht direkt zuständig, im Übrigen nur, wenn ein vorgeschaltetes Konferenzverfahren scheitert.[1368]

Dieser durch den *Oranga Tamariki Act 1989*[1369] eingeführte Umgang mit Jugendkriminalität gilt als Musterbeispiel für eine erfolgreiche Implementierung von Restorative Justice. Innerhalb und außerhalb Neuseelands wird das Gesetz als bahnbrechender Erfolg beschrieben, sowohl was die Kriminalitätsentwicklung als auch die Zufriedenheitswerte bei Anwendern und Teilnehmern betrifft.[1370] Auch Südafrika hat sich bei der Suche nach internationalen Erfolgsmodellen während der Entwicklungspraxis des CJA ausdrücklich auf die neuseeländische Praxis bezogen.[1371]

Die Parallelen beider Länder neben der Leidenschaft für den Rugby-Sport sind offenkundig: In beiden Ländern tritt eine Bevölkerungsgruppe überproportional häufig strafrechtlich in Erscheinung, die gleichzeitig auch diejenige

---

1364 *MacRae und Zehr* 2015, S. 225 f.

1365 *MacRae und Zehr* 2015, S. 218.

1366 *Wiese* 2010, S. 209 ff.; *MacRae und Zehr* 2015, S. 217 ff.

1367 Zum Ablauf einer FGC siehe *Münster* 2006, S. 229 f.; *MacRae und Zehr* 2015, S. 230 ff.

1368 *Hagemann* 2011, S. 165; *Münster* 2006, S. 255.

1369 Auch: „*Children's and Young People's Well-being Act 1989*", abrufbar unter http://www.legislation.govt.nz/act/public/1989/0024/latest/DLM147088.html (zuletzt abgerufen am 6.6.2021).

1370 *Hagemann* 2011, S. 165; *Wiese* 2010, S. 299 f.; *Müller* 2017, S. 133 m. w. N.

1371 Vgl. schon Fn. 601. Die konkrete Form der Implementierung von Konferenzverfahren unterscheidet sich dabei jedoch insbesondere in dem Punkt, dass in Südafrika Opfer und Täter zustimmen müssen und die Durchführung anders als in Neuseeland fakultativ ist. Sie spielen im südafrikanischen CJA nur eine ergänzende Rolle, in Neuseeland sind sie hingegen das Standardverfahren im Umgang mit Jugendkriminalität jenseits von Bagatellkriminalität.

ist, die jahrzehntelang staatlich und gesellschaftlich unterdrückt wurde. In Neuseeland sind es maorisch abstammende, in Südafrika schwarze Kinder und Jugendliche. Beide stammen von indigenen Kulturen ab, deren originäre gemeinschaftsbezogene Art mit Abweichung umzugehen durch das Recht westlicher Kolonialmächte verdrängt wurde.[1372] Und beide versuchen diese Art von Konfliktbewältigung wieder aufleben zu lassen und für eine moderne Lebenswirklichkeit anzupassen. Neuseeland hat hiermit bereits viel erreicht, Südafrika steht noch ein langer Weg bevor.

3.2. Kulturelle Angemessenheit

Das Unterscheidungskriterium zwischen *fully-* und *partly-restorative*-Maßnahmen, also die Einbeziehung der Community, ist zugleich der Schlüssel zum Verständnis des Gemeinwesenansatzes. Denn hierdurch soll das erreicht werden, was die Begegnung zwischen Täter und Opfer alleine nicht zu leisten im Stande ist.[1373]

Gegenüber *partly-restorative*-Praktiken (TOA bzw. VOM) lässt sich, wie das Beispiel der neuseeländischen Jugendstrafrechtsreform zeigt, zunächst anführen, dass mit einer Einbeziehung des sozialen Umfeldes besser auf kulturelle Besonderheiten eingegangen werden kann.

Hinsichtlich der „Regenbogennation“ Südafrika mit seinen elf offiziellen Amtssprachen und seiner extremen kulturellen Vielfalt leuchtet es sofort ein, dass mit einem standardisierten, einheitlichen Verfahren nicht immer kulturell adäquat reagiert werden kann. Natürlich müssen für einen High-School-Schüler aus einer modernen Großstadt wie Kapstadt dieselben Strafgesetze gelten wie für einen gleichaltrigen Farmarbeiter in der nahezu unberührten Karoo-Halbwüste, der im Wesentlichen noch so lebt wie seine Vorfahren. Das heißt aber lange nicht, dass beide mit denselben Mitteln erreicht werden können. Der eine hat sich mangels Verfügbarkeit noch nie mit dem Internet auseinandergesetzt, der andere noch nie mit der Straußenzucht oder der Antilopenjagd. Dementsprechend muss auch eine individuelle Interventionsplanung erfolgen. Ein sozialer Trainingskurs, wie er hierzulande beispielsweise oft verhängt wird, müsste inhaltlich gänzlich unterschiedlich konzipiert sein, um beide adäquat erreichen zu können.

1372 Zur Kolonialisierung Neuseelands findet sich eine übersichtliche Darstellung in *Münster* 2006, S. 241 ff.

1373 *Früchtel und Halibrand* 2016, S. 91.

Auch wenn es in Deutschland keine derart unterschiedlichen Lebensformen gibt wie in Südafrika, so ist auch Deutschland als Einwandererland von einer kulturellen Vielfalt geprägt. Hier wie dort gleicht kein Mensch in seinen sozialen Bezügen dem anderen und es bedarf einzelfallgerechter Interventionen, die sich nur treffen lassen, wenn das individuelle soziale Umfeld miteinbezogen wird. Egal wie laut die Forderungen nach einer „deutschen Leitkultur"[1374] auch noch werden mögen, besondere Traditionen und kulturelle Besonderheiten innerhalb von Familien und sozialen Bezugsgemeinschaften wird es glücklicherweise immer geben.

Je eher eine Konfliktlösungsstrategie diese kulturellen Besonderheiten des Umfeldes berücksichtigt und je eher sie sich in das soziale Umfeld des Delinquenten einbauen und in seinen Alltag einbetten lässt, desto eher wird sie auch akzeptiert werden und Bestand haben.

Die Forderung nach kultureller Sensibilität ist daher keineswegs die Forderung zur Schaffung einer Paralleljustiz. Sie ist auch keine Aufforderung zum „Wegsehen" aus falsch verstandener Rücksichtnahme oder politischer Korrektheit. Sondern sie ist die unabkömmliche Bedingung für das einzelfallgerechte Erreichen von Jugendlichen und die Wahrung des jugendstrafrechtlichen Individualitätsgrundsatzes.

3.3. Nutzung, aber auch Stärkung der Sozialraumressourcen

Nach dem Konzept von Restorative Justice sollen die Betroffenen einen Plan entwickeln, wie das begangene Unrecht wiedergutgemacht und Versöhnung erreicht werden kann. Verknüpft mit der kulturellen Sensibilität ist auch die Überzeugung, dass ein solcher Plan eher als verbindlich erachtet wird, wenn er selbst mit den Bezugspersonen erarbeitet und nicht von Außenstehenden aufoktroyiert wird.

Das konkret Vereinbarte wird nicht nur am ehesten als verbindlich erachtet, sondern auch am ehesten eingehalten, wenn die Ressourcen des Sozialraumes miteinbezogen werden.[1375] Nur mit der Unterstützung des Sozialraumes lässt sich der Mediationsprozess in den Alltag der unmittelbar Betroffenen einbetten.[1376] Eine von externen Autoritäten auferlegte Maßnahme ist von vornherein zum Scheitern verurteilt, wenn die Notwendigkeit und Angemessenheit weder

---

1374 Der Begriff geht auf eine Formulierung Friedrich Merz' (CDU) in einem Interview im Jahr 2000 zurück, siehe dazu *Esser* 2004, S. 199 f.

1375 So *Müller* 2017, S. 133.

1376 *Früchtel und Halibrand* 2016, S. 101.

vom Beschuldigten selbst noch von seinem sozialen Umfeld anerkannt wird. Diese Gefahr ist bei einem gemeinschaftlich ausgearbeiteten, konsensualen Plan zur Wiedergutmachung, der vom sozialen Bezugsraum mitentwickelt und mitgetragen wird, zweifelsohne geringer.

Diese Überzeugung herrscht nicht nur im fernen Afrika oder im noch ferneren Neuseeland, und sie entspringt auch keiner „Community-Romantik", sondern auch der deutsche Gesetzgeber führt im Gesetzesentwurf zum 1. JGGÄndG hinsichtlich § 45 Abs. 2 JGG unmissverständlich aus:

> *„Dabei ist zu beachten, daß erzieherische Maßnahmen aus dem sozialen Umfeld des Jugendlichen nachdrücklicher empfunden werden und – folgen sie der Tat auf dem Fuße – besonders geeignet sind, Schuldeinsicht zu fördern und das künftige Verhalten des Jugendlichen zu beeinflussen. Können daher die Reaktionen von Eltern, von Verwandten und Freunden, seitens der Schule oder anderer Träger informeller Sozialkontrolle Äquivalente zu Reaktionen der Strafjustiz darstellen, so ist deren Berücksichtigung unter dem Aspekt auch der „Reaktionsbegrenzung" geboten."*[1377]

Kaum abstreiten lässt sich zudem, dass traditionelle Familien und Communitys schon immer mit abweichendem Verhalten ihrer Mitglieder konfrontiert waren und daher folgerichtig auch diejenigen sind, die am besten einschätzen können, wie mit diesem Verhalten umzugehen ist.[1378] Keiner der professionellen Berufsträger im Jugendgerichtsverfahren seitens der Gerichte, der Staatsanwaltschaften, der JGH oder der Anwaltschaft kann für sich in Anspruch nehmen, den Beschuldigten so gut zu kennen wie der eigene Familienverband.[1379] Die überragende Bedeutung bindungs- und kontrolltheoretischer Überlegungen bei der Erklärung von Jugendkriminalität und dem Ausstieg daraus wurde oben dargestellt. Durch *fully-restorative*-Praktiken werden diese Kenntnisse gezielt eingebracht und das Einwirkungspotenzial systematisch genutzt.

Hiergegen ließe sich anführen, dass das Strafverfahren gegen Jugendliche doch ohnehin erst zum Tragen kommt, wenn die Erziehung durch die Familie oder die informelle Kontrolle durch diese gescheitert ist. *Fully-restorative*-Praktiken sind jedoch gerade so konzipiert, dass auch Probleme und Defizite in der Gemeinschaft gefunden und angegangen werden sollen.[1380]

Wenn sich kriminalitätsbegünstigende Defizite in der Familie zeigen, so können diese nur sinnvoll angegangen werden, wenn die Familienmitglieder aktiv

---

1377 BT-Drucks. 11/5829, S. 24.

1378 *MacRae und Zehr* 2015, S. 223.

1379 Siehe auch *Rosenblatt* 2015, S. 44.

1380 *MacRae und Zehr* 2015, S. 224.

einbezogen werden. Familien soll durch Restorative Justice gerade Hilfestellungen geboten werden.[1381] Zeigt sich etwa, dass ein Jugendlicher Unterstützung in der Alltagserziehung braucht, etwa beim Hausaufgaben machen, beim pünktlichen Aufstehen oder der Wahrnehmung geregelter Freizeitaktivitäten, die Erziehungsberechtigten dies aber aus beruflichen oder gesundheitlichen Gründen nicht leisten können, so wäre im Rahmen des auszuarbeitenden Plans auch hierfür eine Lösung zu finden. Beispielsweise indem sich andere Familien- oder Gemeinschaftsmitglieder (z. B. Nachbarn) bereit erklären, Hilfe zu leisten oder man vereinbart, professionelle Hilfsangebote in Anspruch zu nehmen.[1382] Solche Hilfsangebote können durch die anwesenden Fachleute (im CJA: *Family Group Facilitator*) auch direkt vermittelt werden. Defizite in diesem Bereich würden im konventionellen deutschen Jugendstrafverfahren im besten Fall auch durch den Bericht der Jugendgerichtshilfe offenkundig. Aber zur einzelfallgerechten und erfolgversprechenden Schaffung von Abhilfe muss der soziale Bezugsraum zwangsweise eingebunden werden – genau dies kann ein herkömmliches Jugendstrafverfahren aber kaum leisten.[1383]

Familien, nicht nur im engeren Sinne, sondern auch soziale Gemeinschaften – die es im Einzelfall zu definieren gilt – sollen also nicht nur genutzt, sondern bei Bedarf auch gestärkt werden. Dadurch soll soziale Kontrolle ausgebaut und das Gemeinschaftsgefühl gefördert werden.

3.4. Verfassungsrechtliche Gebotenheit

Die Einbeziehung der Familie ist im Übrigen nicht nur kriminologisch, sondern auch verfassungsrechtlich geboten. Sowohl das deutsche Grundgesetz als auch die südafrikanische Verfassung schützen das elterliche Erziehungsrecht.[1384] Die Erziehungsberechtigten sind im deutschen Jugendstrafverfahren mit eigenen Rechten und Pflichten ausgestattet, beispielsweise haben sie ein Anwesenheits-, Anhörungs- und Antragsrecht, vgl. § 67 JGG. Sie haben auch das Recht auf das

---

1381 *MacRae und Zehr* 2015, S. 224; *Hansbauer et al.* 2009, S. 31 ff.

1382 Siehe dazu das Beispiel eines Familienrats in *Früchtel und Halibrand* 2016, S. 82 ff.

1383 Vgl. jedoch die Erziehungsmaßregel der Anordnung einer Erziehungsbeistandsschaft nach § 12 Nr. 1 JGG i. V. m. § 30 SGB VIII: Der Erziehungsbeistand soll das Kind oder den Jugendlichen bei der Bewältigung von Entwicklungsproblemen möglichst unter Einbeziehung des sozialen Umfelds unterstützen und unter Erhaltung des Lebensbezugs zur Familie seine Verselbständigung fördern.

1384 Art. 6 Abs. 2 GG / Sec. 28(1)(b) Constitution of South Africa.

(vor-)letzte Wort[1385] in der Hauptverhandlung gegen ihr jugendliches Kind. Bei den eigentlichen Rechtsfolgen haben sie aber wenig mitzureden.

Keines der prozessualen Rechte wird dem elterlichen Erziehungsrecht so gerecht wie die dem deutschen Jugendstrafrecht fremden Familien-Gruppen-Konferenzen oder andere *fully-restorative*-Praktiken. Sämtliche Entscheidungen im Jugendstrafverfahren werden von Hoheitsträgern getroffen, eine Einbeziehung in die Entscheidungsfindung oder in die Überwachung der getroffenen Maßnahmen sieht das JGG anders als der CJA nicht vor.[1386]

Wenn seitens der Familie schon erzieherische Maßnahmen im Sinne des § 45 Abs. 2 S. 1 JGG durchgeführt oder eingeleitet wurden, kann die Staatsanwaltschaft eine Diversionsentscheidung treffen. Die Wahrscheinlichkeit, dass solche erzieherischen Maßnahmen erfolgen, ist wiederum viel größer, wenn schon intakte Familienstrukturen bestehen. Benachteiligt werden also sozialstrukturell schwache Familien. Aktiv einbezogen werden Familienverbände nicht. Erst recht werden sie nicht unterstützt und gestärkt. Dies kann das konventionelle Strafrecht nicht leisten und es ist – anders als Restorative Justice – auch nicht dafür konzipiert.

3.5. Erweiterung der Kommunikationskanäle

Eine weitere Intensivierung des Potenzials gegenüber *partly-restorative-* erfahren *fully-restorative*-Praktiken durch die Erweiterung der Kommunikationskanäle.[1387] Bei einem „klassischen" Mediationsverfahren wie dem TOA ist neben Täter und Opfer regelmäßig noch ein Mediator anwesend, d. h. üblicherweise drei Personen. Dementsprechend gibt es auch nur drei Kommunikationskanäle (Opfer-Täter, Täter-Mediator, Opfer-Mediator). Bei Gruppenkonferenzen hingegen potenzieren sich die Kommunikationskanäle, was eine viel größere Perspektiven- und Interaktionsvielfalt zulässt.[1388]

Im Dreipersonenverhältnis hat der Mediator die schwierige Aufgabe, Kommunikationsdifferenzen zwischen Täter und Opfer auszugleichen, um mögliche

---

1385 Vgl. § 67 Abs. 1 JGG i. V. m. § 258 Abs. 2, 3 StPO. Der Ausdruck „vorletztes Wort" resultiert aus der Tatsache, dass den Erziehungsberechtigten unmittelbar vor dem Angeklagten das letzte Wort gewährt werden muss, dazu *Diemer/Schatz/Sonnen* 2020, § 67 Rn. 21; *Eisenberg/Kölbel* 2021, § 67 Rn. 9b.

1386 *Wiese* 2010, S. 419.

1387 Vgl. *Früchtel und Halibrand* 2016, S. 96 ff.

1388 Siehe dazu die anschauliche grafische Darstellung in *Früchtel und Halibrand* 2016, S. 97.

Definitionsmachtgefälle in beide Richtungen zu kompensieren und einen angemessenen Rahmen zu schaffen, in dem Täter und Opfer auf Augenhöhe interagieren können.[1389]

Die Perspektiven- und Interaktionsvielfalt kann in verschiedenen Konstellationen vorteilhaft sein. Gelingt es dem Opfer beispielsweise nicht, den Täter emotional zu berühren, etwa weil dieser Neutralisierungstechniken anwendet, so kann dies möglicherweise erreicht werden, wenn sich ein nahestehender Angehöriger vor dem Opfer schämt oder Mitleid empfindet.[1390] Sich dem Empfinden einer nahestehenden Person zu verschließen, fällt naturgemäß schwerer als gegenüber einer fremden. Sich nur vor einem Opfer zu rechtfertigen, dürfte deutlich leichter fallen, als gegenüber dessen und vor allem auch gegenüber den eigenen sozialen Bezugspersonen. Gerade auch aus erzieherischer Sicht ist es zu befürworten, wenn sich der Täter mit den Folgen seines Handelns auf sein soziales Umfeld auseinandersetzen muss (vgl. sozial-kognitive Lerntheorie[1391]).

3.6. *Opferschutzinteressen*

Auch die Gefahr der sekundären Viktimisierung[1392] durch eine Begegnung zwischen Täter und Opfer ist geringer, wenn das Opfer Schutz und Unterstützung durch die eigene Gemeinschaft erfährt. Die Wahrscheinlichkeit, dass es sich öffnen kann, um die von Restorative Justice angestrebte Ausdrucksplattform nutzen zu können, ist größer, wenn es sich der mentalen und kommunikativen Unterstützung von sozialen Bezugspersonen bedienen kann. Die Möglichkeit der Hinzuziehung einer Vertrauensperson nach § 406f Abs. 2 StPO im formellen Verfahren ist insoweit schon deswegen nicht vergleichbar, da es sich hierbei alleine um *Vernehmungen* handelt, also gerade nicht um Situationen der partizipatorischen Begegnung zwischen Täter und Opfer.[1393]

1389 Denn auch der Beschuldigte kann in einer „unterlegenen" Position sein, etwa wenn er von einem älteren, erfahreneren und möglicherweise anwaltlich beratenen Opfer droht, übervorteilt zu werden.

1390 *Münster* 2006, S. 252 f; *Rosenblatt* 2015, S. 46.

1391 Kapitel C. IV. 2.2.1.

1392 Dazu *Bock* 2019, S. 352 f.; *Neubacher* 2020, S. 136.

1393 Zudem hat die Vertrauensperson nur ein Anwesenheitsrecht und sonst keinerlei Befugnisse, *Gercke/Julius/Temming/Zöller* 2019, § 406f Rn. 6 f. Auch die Hürde zur Gewährung von psychosozialer Prozessbegleitung im formellen Strafverfahren ist hier deutlich höher (vgl. § 406g StPO).

Zusätzlich wird auch das gewichtige Opferbedürfnis nach Information[1394] potenziell besser bedient, wenn es sich mehrerer Informationskanäle bedienen kann und nicht nur mit Täter und Mediator hinter verschlossenen Türen sitzt, sondern auch dessen Beweggründe und Persönlichkeit in seinen sozialen Bezügen kennenlernt. Beim TOA hingegen ist es auf den Informationskanal des Täters beschränkt, der sich vielleicht altersbedingt aus Scham, Trotz oder Einschüchterung nicht hinreichend artikulieren kann.

4. Auflösung des Spannungsfeldes zwischen Bedenken und Nutzen

Die Darstellung des möglichen Nutzens der Einbeziehung der sozialen Bezugsgemeinschaften hat gezeigt, dass sich das volle Restorative Justice innewohnende Potenzial nur so komplett entfalten kann. Die Analyse der Kriminalitätstheorien und gerade auch der Desistance-Forschung untermauert die überragende Bedeutung informeller Sozialkontrolle und sozialer Bindungen. Gleichzeitig steht aber auch fest, dass der Einbeziehung der Gemeinschaft gewichtige und berechtigte Bedenken entgegenstehen. Dieses Spannungsfeld hat besondere Brisanz, denn es geht nicht nur darum, unterschiedliche Interessen gegeneinander abzuwägen, sondern die Einbeziehung ist gleichermaßen geeignet, kriminalitätshemmende wie auch kriminalitätsfördernde Wirkungen zu entfalten.

Der entscheidende Beitrag zur Lösung dieses Spannungsfeldes liegt in der oben dargestellten *Theorie des reintegrative shaming* von *John Braithwaite*, der als einer der führenden Restorative-Justice-Verfechter gilt und auf dessen Theorie sich auch die südafrikanische kriminologische Wissenschaft ausdrücklich zur Legitimation des Gemeinwesenansatzes im CJA beruft.[1395] Mit seiner Differenzierung des *shaming* in zwei mögliche Arten lässt sich das Spannungsfeld theoretisch zwanglos bewältigen: Erfolgt das *shaming* durch die Community reintegrativ, so kann sich das Potenzial von Restorative Justice entfalten. Erfolgt es hingegen als *stigmatization*, so treten die genau gegenteiligen Effekte ein. Seine Theorie kann, praktisch angewendet, somit nicht nur Täter, Opfer und Gemeinschaft vereinen, sondern auch die ätiologischen Erklärungstheorien und den Labeling-Approach. Sie gilt völlig zu Recht als „Meilenstein in der kriminologischen Theoriebildung".[1396]

1394 Siehe Kapitel A. II. 2.2.1.

1395 Vgl. etwa *Herbig* 2014, S. 157.

1396 So *Bock* 2019, S. 90.

Wie oben dargestellt stellen Familien-Gruppen-Konferenzen und andere *fully-restorative*-Verfahren eine maximal konsequente Umsetzung der theoretischen Erwägungen Braithwaites in die Rechtsanwendungspraxis dar. Wie die ihnen zugrunde liegenden indigenen Konfliktlösungsrituale sind sie darauf ausgerichtet, die im Kern gute Persönlichkeit des Täters und seine Bedeutung für die Gemeinschaft zu betonen.[1397] Die *fully-restorative*-Praktiken inhärenten Konzepte zur Wiedergutmachung der Verletzungen und zur Reintegration des Verursachers entsprechen den „Reintegrationszeremoniellen", die Braithwaite als konstitutive Bedingung für *reintegrative shaming* beschreibt.[1398]

Abzulehnen sind hingegen Verfahren unter Einbeziehung der Gemeinschaft, die ein Setting aufweisen, in dem von vornherein eher von stigmatisierenden Prozessen ausgegangen werden muss. Dazu gehören auch Schülergerichte.

Die Einbeziehung *der* Gemeinschaft ist kein Selbstzweck und es verbietet sich, die einzubeziehenden Personen pauschal zu bestimmen. All die oben dargestellten möglichen Potenziale einer sinnvollen Einbeziehung der Sozialraumressourcen haben überhaupt nur die Chance zu fruchten, wenn die entsprechenden Personen ein enges Verhältnis mit wechselseitiger emotionaler Zuneigung zueinander haben – dass sind aber gerade keine beliebigen Mitschüler oder Laienbeteiligte, die zwar im selben Viertel wohnen, sonst aber gänzlich unverbunden mit dem Beschuldigten sind.[1399]

Eine in diesem Zusammenhang sehr aussagekräftige Studie von *Rosenblatt* beschäftigt sich mit *Youth Offender Panels* in England und Wales.[1400] Bei diesen Panels handelt es sich um Gremien, deren Mindestbesetzung aus dem Beschuldigten, einem Mitarbeiter der Jugendhilfe und mindestens zwei Laienpersonen aus der jeweiligen Kommune (*Locals*) besteht.[1401] Entsprechend den Prinzipien von Restorative Justice sollen dort im gemeindlichen Kontext Wiedergutmachungspläne in Vertragsform ausgearbeitet werden.[1402] *Rosenblatts* klares Fazit

---

1397 *„Stigmatisation is avoided in restorative circles by treating people with respect, dignity and with love from loved ones and by actively listening to them. It is averted by putting the problem in the centre of the circle rather than the person. Shame acknowledgement is accomplished by enabling the offender to see the full complexity of the harm that has been caused by the crime, especially to the victim, but not only to the victim – to the offender's family as well, for example."*, *Braithwaite* 2020, S. 109.

1398 Dazu ausführlich schon oben Kapitel C. IV. 3.3.

1399 *Münster* 2006, S. 315 f.; vertiefend sogleich Kapitel D. VII. 5.2.

1400 *Rosenblatt* 2015.

1401 *Rosenblatt* 2015, S. 75 ff.

1402 *Rosenblatt* 2015, S. 90 ff.

ihrer Studie ist, dass diese Form der Einbeziehung der Community nicht zielführend ist. Fehlende, über den gemeinsamen Wohnort hinausgehende Verbindungen zwischen dem Beschuldigten und den Gemeindemitgliedern führen dazu, dass Letztere zwar beteiligt, aber nicht wirklich involviert würden. Sie vergleicht deren Rolle mit Theaterdarstellern, die ein (von der Jugendhilfe vorbereitetes) Skript nachspielen.[1403] Konstruktive Kommunikation und Kreativität in der Lösungsfindung würde verhindert und anstelle wirklicher und individualisierter Nutzung von Sozialraumressourcen würde auf standardisierte Programme zurückgegriffen.[1404] *Rosenblatt* plädiert daher übereinstimmend mit *Braithwaite, Zehr und McCold und Wachtel* für die Einbeziehung der *„community of care"*, also solchen Personen, die über signifikante soziale Verbindungen mit dem Betroffenen verfügen.[1405]

5. Einführung von Gruppenkonferenzverfahren in das JGG

Entsprechend den vorherigen Ausführungen sind *family group conferences* unter den normierten Diversionsoptionen des CJA diejenigen, die das Konzept von Restorative Justice am konsequentesten umsetzen und in denen das *shaming* im Sinne *Braithwaites* am ehesten reintegrativ sein kann, mithin die geringste Gefahr für stigmatisierende Effekte besteht. Die daraus resultierende Frage, ob das theoretisch gegebene Potenzial von Familien-Gruppen-Konferenzen im deutschen Diversionssystem genutzt werden könnte, hängt nun davon ab, ob eine Implementierung rechtlich zulässig (5.1) und kriminologisch geboten wäre (5.2).

5.1. Rechtliche Zulässigkeit

Der CJA sagt trotz seiner hohen Regelungsdichte nichts darüber aus, wann eine FGC angezeigt ist. Sie kann als Restorative-Justice-Maßnahme bei Schwerstkriminalität (Kategorie-3-Straftaten) ebenso angeordnet werden wie bei Bagatelldelikten der Kategorie 1. Dies ist aus Gründen der Flexibilität zwar nachvollziehbar, hierzulande wäre der Anwendungsbereich jedoch einzuschränken. Zunächst gilt das oben Ausgeführte zur Vermeidung des Net-Widening-Effekts, d. h. es wäre uneingeschränkt am Subsidiaritätsgrundsatz festzuhalten. Fälle, die sich für eine

---

1403 *Rosenblatt* 2015, S. 208; *Drenkhahn* 2017, S. 50 f.

1404 Die Autorin spricht von einem *„'dessert menu' – a ‚one-size-fits-all' list of reparation programmes"*, *Rosenblatt* 2015, S. 90 f.

1405 *Rosenblatt* 2015, S. 212.

folgenlose Einstellung nach § 45 Abs. 1 JGG eignen, wären grundsätzlich ausgeschlossen. Niedrigschwelligere Einstellungsvarianten, die gleichsam ausreichend erscheinen, sind vorzuziehen. Aus rechtsstaatlichen Gründen, aber auch wegen des organisatorischen Mehraufwandes[1406] wären Familien-Gruppen-Konferenzen also auf Fallkonstellationen zu beschränken, die sich nach derzeitigem Verständnis nicht mehr für informelle Verfahren eignen. Sie kämen daher nur bei Fällen jenseits der Bagatellgrenze oder auch bei mehrfacher Auffälligkeit in Betracht.

Bereits nach der gegenwärtigen Gesetzeslage wäre die Durchführung von Familien-Gruppen-Konferenzen zulässig.[1407] Sie können zunächst zwanglos „erzieherische Maßnahmen" im Sinne des § 45 Abs. 2 JGG darstellen. Wie dargelegt können erzieherische Maßnahmen sehr vielfältiger Natur sein und alle Vorgehensweisen von privater oder öffentlicher Seite im Rahmen bestehender Erziehungsaufgaben umfassen, die geeignet sein können, die Schuldeinsicht zu fördern und eine Verhaltensänderung zu bewirken.[1408] Die dazugehörige Gesetzesbegründung nennt gerade Maßnahmen aus dem sozialen Umfeld des Jugendlichen wie Reaktionen von Eltern, Verwandten, Freunden oder anderen Trägern informeller Sozialkontrolle, die als nachdrücklicher empfunden würden und daher besonders geeignet seien, Schuldeinsicht zu fördern und das künftige Verhalten des Jugendlichen zu beeinflussen.[1409] Die Einbeziehung dieser individuell auszumachenden Träger informeller Sozialkontrolle in den Konfliktlösungsprozess im Rahmen von Familien-Gruppen-Konferenzen wäre daher musterexemplarisch für erzieherische Maßnahmen im Sinne des § 45 Abs. 2 JGG.

Darüber hinaus wären Familien-Gruppen-Konferenzen auch als Variante des bereits umfangreich in das Diversionssystem eingebundenen TOA durchführbar. Der TOA ist, auch wenn er regelmäßig so verstanden und praktiziert wird, nicht zwangsläufig auf Täter und Opfer beschränkt. Die Legaldefinition des TOA, also *„das Bemühen des Täters, einen Ausgleich mit dem Verletzten zu erreichen"*, beinhaltet gerade keine Beschränkung des Personenkreises. Der vom BGH geforderte und bereits an anderer Stelle erörterte *„kommunikative Prozess"*, der auf einen *„umfassenden, friedensstiftenden Ausgleich der durch die Straftat verursachten Folgen angelegt sein muss"*,[1410] kann durch die Einbeziehung von

1406 Man vergegenwärtige sich schon die Probleme bei der Terminfindung im „Käsekuchenfall".

1407 Zustimmend *Drenkhahn* 2017, S. 49.

1408 *Laubenthal et al.* 2015, S. 127.

1409 BT-Drucks. 11/5829, S. 24.

1410 Siehe schon Fn. 1316.

Unterstützungspersonen aus den oben genannten Gründen oft besser erreicht werden als bei einer Begegnung nur zwischen Täter und Opfer mit Mediator. Der BGH hat klargestellt, dass es zum Bejahen eines erfolgreichen TOA nicht stets eines unabhängigen Mediators bedarf.[1411] Er hat in diesem Zusammenhang bewusst einen „*offeneren Kommunikationsbegriff gewählt, um auch anderen Kommunikationsformen zur Schadenswiedergutmachung Raum zu lassen*".[1412] Auch könne, anstelle eines persönlichen Gesprächs, „*eine über Angehörige, den Verteidiger und den Nebenklägervertreter oder den Beistand vermittelte Kommunikation ausreichen*".[1413] Wenn also höchstrichterlich anerkannt ist, dass die Voraussetzungen für einen kommunikativen Prozess auch bei Abwesenheit des Opfers erfüllt sein können, dann sind sie erst recht erfüllt, wenn soziale Bezugspersonen beider Parteien zugegen sind. Familien-Gruppen-Konferenzen sind daher auch im Rahmen der gesetzlichen Bestimmungen zum TOA zulässig. In leider nur sehr vereinzelten Pilotprojekten wird dies bereits praktiziert. Durch den Verein für Jugendhilfe und Soziales Pinneberg e. V. werden beispielsweise „erweiterte Täter-Opfer-Ausgleiche für Jugendliche und Heranwachsende (e-TOA)" angeboten.[1414]

Familien-Gruppen-Konferenzen sind nach alledem schon nach jetziger Gesetzeslage grundsätzlich zulässig.[1415] Eine ausdrückliche Implementierung würde daher nur geringfügige und klarstellende Änderungen erfordern, etwa durch die Aufnahme in den – ohnehin nicht abschließenden – Katalog der Weisungen des § 10 Abs. 1 JGG. Denkbar wäre eine Ergänzung der Nr. 7 um den Passus „*Das Bemühen um einen Ausgleich kann in geeigneten Fällen auch im Rahmen einer Familien-Gruppen-Konferenz erfolgen*". Vorzugswürdiger, weil eher zur Abgrenzung geeignet, erscheint die Aufnahme der Weisung „*an einer Familien-Gruppen-Konferenz teilzunehmen*", die dann unter Ordnungsziffer Nr. 10 des Weisungskataloges fiele.[1416] § 45 Abs. 3 S. 1 JGG müsste in diesem Fall

---

1411 BGH, Urteil vom 19.12.2002, 1 StR 405/02.

1412 BGH, Urteil vom 19.12.2002, 1 StR 405/02.

1413 Allerdings ging es hierbei um schwere Gewaltdelikte, insbesondere Delikte gegen die sexuelle Selbstbestimmung, die einen TOA nicht ausschlössen, seltener jedoch durch ein persönliches Gespräch geprägt seien, so der BGH a. a. O.

1414 Dazu *Nöthe und Hagemann* 2018. Weitere Informationen auf der Internetseite des Vereins für Jugendhilfe und Soziales Pinneberg e. V., https://www.ju-pi.de/erweiterter-taeter-opfer-ausgleich.htm (zuletzt abgerufen am 6.6.2021).

1415 So auch *Müller* 2017, S. 165; *Münster* 2006, S. 308; *Drenkhahn* 2017, S. 49.

1416 So auch die Empfehlung von *Müller* 2017, S. 165 f.

ebenfalls entsprechend ergänzt werden, um den Anwendungsbereich auch für die gerichtliche Diversion nach § 45 Abs. 3 JGG sowie nach § 47 JGG zu öffnen.

Auch die Empfehlungen des Europarates zu Restorative Justice in Strafsachen von 2018[1417] legen die Einbeziehung von Personen, die direkt oder indirekt von der Straftat betroffen sind, in geeigneten Fällen nahe. Unterstützer von Täter und Opfer, professionelle Berufsträger und Mitglieder der betroffenen Communitys sind ausdrücklich als Beispiele genannt.[1418] Die Empfehlung des Europarates nennt auch Familien-Gruppen-Konferenzen in einer nicht abschließenden Aufzählung möglicher Restorative-Justice-Instrumentarien.[1419] Deutschland hat diese Empfehlung bisher nur sehr punktuell in Pilotprojekten umgesetzt.[1420]

5.2. *Kriminologische Gebotenheit*

Die kriminologischen Überlegungen des Kapitels C. haben ergeben, dass das theoretische Potenzial von Restorative Justice trotz der völlig unterschiedlichen sozialen, geschichtlichen und kulturellen Begebenheiten beider Bezugsländer ohne Weiteres übertragbar ist. Bedenken ob des *praktischen* Nutzens werden allerdings in beiden Bezugsländern geäußert. Diese Bedenken resultieren aus den heutigen Gesellschaftsstrukturen, die sich unbestreitbar von den Rahmenbedingungen indigener Völker wie der afrikanischen San, Xhosa und Zulu[1421] oder auch der neuseeländischen Maori unterscheiden.[1422]

Die von Braithwaite beschriebenen Bedingungen für ein *reintegrative shaming* (Kommunitarismus und Interdependenz), die zugleich auch so stark mit der Ubuntu-Philosophie korrespondieren, lagen in diesen indigenen Gesellschaftsstrukturen anders als in heutigen zweifelsfrei vor.[1423] *Kunz* bringt diese Bedenken in einer kritischen Auseinandersetzung mit *Braithwaites* Theorie auf den Punkt:

> *„Wer für Bürgerbeteiligung bei der Beschämung von Straftätern – und nicht etwa bei der Herstellung eines sozialen Ausgleichs! – eintritt, spielt mit dem Feuer. Unter den realen Bedingungen einer überwiegend nichtkommunitarischen Gesellschaft, in der sich Bürger eher bei der Ächtung als bei der tätigen Wiedereingliederung von Tätern engagieren, dürfte*

1417 Siehe Fn. 213.

1418 Rule 4 CM/Rec(2018)8.

1419 Rule 5 CM/Rec(2018)8.

1420 Vgl. *Fahl* 2020, S. 31 f.

1421 Zu *„Ubuntuism in a Westernized Africa"* siehe *Schoeman* 2013, S. 297 ff.

1422 Dazu auch *Münster* 2006, S. 308 f.

1423 So auch *Braithwaite* selbst, *Braithwaite* 1989, S. 89 ff.; *Münster* 2006, S. 314 ff.

> *die Praktizierung des Beschämungskonzepts überwiegend nicht re-integrativ, sondern stigmatisierend wirken.“*[1424]

Auch in der südafrikanischen Literatur stößt der Gemeinwesenansatz nicht auf uneingeschränkte Zustimmung. *Altbeker* etwa, der zwölf Monate an verschiedenen Polizeidienststellen in Südafrika hospitiert hat, resümiert im Anschluss:

> *„In the smaller, more settled communities of the past, the simple fact that everyone knew everyone else was enough to keep the peace. Whatever we tell ourselves about the strength of social bonds in our communities and the power and currency of ubuntu, those days are gone forever.“*[1425]

Diese Bedenken sind vor dem Hintergrund der oben dargestellten Befunde zur Lebenswirklichkeit von Jugendlichen in Südafrika durchaus nachvollziehbar. Die kriminologische Vergleichsanalyse hat gezeigt, dass der Zerfall der Gesellschaftsstrukturen und auch der sozialen Gemeinschaften (gerade auch der Familien) zumindest mitursächlich für die horrende Jugendkriminalität gemacht werden kann. Intakte Gemeinschaften sollen nun aber auch ein Teil der Lösung des Kriminalitätsproblems sein.[1426] Dabei ist Perspektivlosigkeit, Armut und Jugendmassenarbeitslosigkeit prägend für den Alltag der meisten südafrikanischen Jugendlichen; ihre Familienstrukturen sind regelmäßig durch eine immense AIDS-Sterblichkeit, Wanderarbeit und Kriminalität zerrissen und sie leben in Wellblechhütten in verwahrlosten Townships. Trotzdem setzt der CJA auf die Gemeinschaft und will die Ubuntu-Philosophie beim Umgang mit Jugendkriminalität nutzen und stärken. Darin liegt ein Paradoxon, das sich nicht ohne Weiteres auflösen lässt.

Eine kleine Idee dessen, was mit *„spirit of ubuntu“* gemeint sein könnte, entsteht, wenn man längere Zeit in Südafrika lebt und Gast in Townships war. Das Beobachten der Menschen bei alltäglichen Situationen lässt erahnen, warum Kollektivismus als einer der kulturellen Hauptunterschiede zwischen Afrika und der westlichen Welt bezeichnet wird.[1427] Die Erzählungen der auf den Gassen spielenden Kinder über etliche Onkels, Tanten, Großmütter, Lehrer, Nachbarn

1424 *Kunz* 2011, S. 129.

1425 *Altbeker* 2005, S. 41, eigene Übersetzung: *„In den kleineren, sesshafteren Gemeinschaften der Vergangenheit genügte die einfache Tatsache, dass jeder jeden kannte, um den Frieden zu wahren. Was immer wir uns über die Stärke der sozialen Bindungen ins unseren Gemeinschaften und die Kraft und Bedeutung von Ubuntu einreden, diese Zeiten sind für immer vorbei.“*

1426 Auf dieses Paradoxon weist *Lutz* anschaulich hin, *Lutz* 2002, S. 38.

1427 *Schoeman* 2013, S. 297.

und Feuerwehrleute lassen vermuten, dass der Begriff der „Community“ eine ganz andere Bedeutung hat als hierzulande. Diese subjektiven Momentaufnahmen eines ausländischen Studenten beseitigen aber keinesfalls die Zweifel an dem Wirkpotenzial des Gemeinwesenansatzes in Südafrika. Die horrenden Kriminalitätsraten sprechen eine klare Sprache dahingehend, dass die Bedingungen für einen erfolgreichen Gemeinschaftsbezug nicht ansatzweise flächendeckend vorliegen, sondern allenfalls erst durch einen langwierigen gesellschaftlichen, wirtschaftlichen und sozialen Transformationsprozess *geschaffen* werden müssen. Die Ressourcen und Strukturen, auf die hoch entwickelte Wohlfahrtsstaaten wie Neuseeland zurückgreifen und Restorative Justice sehr erfolgreich implementieren konnten, fehlen im hochkriminalitätsbelasteten und gespaltenen Südafrika. Die teilweise Verlagerung der Verantwortung bei der Kriminalitätsbekämpfung auf die Gemeinschaften ist vor diesem Hintergrund ein durchaus bemerkenswerter Ansatz, dessen Wirkung bisher noch völlig offen ist.

Was nun die mögliche Implementierung in Deutschland betrifft, so resultiert hieraus die feste Überzeugung, dass es keinesfalls von vornherein aussichtslos ist, die soziale Bezugsgemeinschaft im Einzelfall gewinnbringend einzubeziehen. Die hierzulande als dramatisch beschriebenen gesellschaftlichen und kulturellen Veränderungen der letzten Jahre mit vielen alleinerziehenden Elternteilen, hoher struktureller Arbeitslosigkeit und diskontinuierlichen Erwerbsbiografien[1428] stellen keinen Vergleich zu der – wirklich dramatischen – Lage in Südafrika dar. Es mag zutreffen, dass es *„in der heutigen Zeit deutlich schwieriger geworden ist, kommunitäre interdependency im Sinne Braithwaites aufzubauen und eine verlässliche, gefühlsstarke und soziale Geborgenheit zu finden, in die das reintegrative shaming notwendig eingebunden sein muss“*.[1429] Zweifellos ist unsere Gesellschaft divergenter geworden. Es gibt zunehmend mehr Patchwork-Familien und alternativere Beziehungs-, Freundschafts- und Arbeitsmodelle. Auch gibt es mannigfaltigere kulturelle Einschläge als in den vergangenen Jahrzehnten und auch mögen Beziehungen in den Zeiten unverfänglicher Dating-Apps durchschnittlich oberflächlicher und kurzlebiger geworden sein. Dennoch ist unsere Gesellschaft keine Ansammlung voneinander unabhängiger und isolierter Individualisten.[1430] Auch die Erfahrung als Strafverteidiger in Jugendsachen zeigt, dass es kaum jemanden gibt, der nicht über tragende und für ihn bedeutende

---

1428 *Münster* 2006, S. 314; *Bock* 2019, S. 97 f.

1429 *Bock* 2019, S. 98.

1430 Oder wie *Münster* es ausdrückt, keine *„bloße Ansammlung einsamer Wölfe“*, *Münster* 2006, S. 315.

Bindungen verfügt, auch wenn die Akten ihn als noch so hoffnungslosen Fall dastehen lassen.

Das auf individuelle kulturelle Besonderheiten eingegangen werden muss, um erfolgversprechende Intervention zu ermöglichen, ist die wohl wichtigste Botschaft, die uns das neue südafrikanische Jugendstrafrecht vermitteln kann. Es gibt schlicht nicht *die* Familie, *den* Stamm, *die* Nachbarn oder *die* örtliche Gemeinschaft, die es einzubeziehen gilt, so wie es vielleicht in vergangenen Zeiten möglichen gewesen wäre. Der Personenkreis muss individuell identifiziert werden, was eine fundierte Beschäftigung mit dem Einzelfall erfordert.[1431]

Das erscheint zunächst natürlich aufwendiger als formalisierte jugendstrafrechtliche Erledigungsroutinen, die die Praxis so gern betreibt. Vergleicht man die Durchführung einer Familien-Gruppen-Konferenz jedoch mit der alternativ durchzuführenden jugendstrafrechtlichen Hauptverhandlung, so relativiert sich dieser Aufwand schnell. Auch hier sind Geschädigte und sonstige Zeugen zu laden, ebenso die Eltern von jugendlichen Angeklagten und die Jugendgerichtshilfe.[1432]

Auch sind gemäß § 43 Abs. 1 S. 1 JGG nach Einleitung des Verfahrens ohnehin so bald wie möglich unter anderem die Lebens- und Familienverhältnisse des Beschuldigten zu ermitteln. Hierbei ergeben sich, sofern sachgerecht betrieben, ohne Weiteres auch tragfähige Beziehungen zu Personen, die im Rahmen einer Familien-Gruppen-Konferenz einzubeziehen wären.

Gänzlich relativiert sich der Aufwand vor dem Hintergrund der vorliegenden empirischen Befunde, die trotz methodischer Schwierigkeiten auf eine deutliche rückfallsenkende Wirkung von Konferenz-Verfahren gegenüber konventionellen Gerichtsverfahren hindeuten und damit möglicherweise etliche Nachverfahren obsolet machen.[1433]

5.3. *Empfehlung*

Der deutsche Gesetzgeber sollte daher langfristig Familien-Gruppen-Konferenzen einführen und damit auch den Empfehlungen des Europarates nachkommen.

Aus den dargelegten rechtlichen und organisatorischen Gründen wären Familien-Gruppen-Konferenzen auf Fallkonstellationen beschränkt, die sich nach derzeitigem Verständnis nicht mehr für informelle Verfahren eignen. Sie

---

1431 *Münster* 2006, S. 315 f.

1432 Vgl. § 50 Abs. 2, 3 JGG.

1433 Dazu *Münster* 2006, S. 289 ff. m. w. N.; siehe auch *Lauwaert und Aertsen* 2015, S. 180 ff.

würden den Anwendungsbereich für Diversion damit auf Fallkonstellationen erweitern, denen schwerere Anlassdelikte oder auch mehrfache Auffälligkeit zugrunde liegen. Rechtsstaatliche Bedenken hinsichtlich der Unschuldsvermutung, der Gewaltenteilung oder der Selbstbelastungsfreiheit ließen sich bei entsprechender Ausgestaltung im Wesentlichen aus denselben Gründen wie beim TOA entkräften.[1434] Dies gilt umso mehr, da es sich bei denen für Familien-Gruppen-Konferenzen infrage kommenden Konstellationen im Regelfall um solche handelt, bei denen das Jugendgericht einzubeziehen ist. Das Verfahren könnte beispielsweise vorsehen, dass die Akte nach Anklageerhebung in geeigneten Fällen an eine qualifizierte Ausgleichsstelle zwecks Durchführung einer Familien-Gruppen-Konferenz geleitet wird. Der dort erarbeitete Plan müsste dann vom Jugendgericht (als rechtsstaatlich unbedenklich) freigegeben und das Verfahren nach Erfüllung gemäß § 47 JGG eingestellt werden. Die Regelung des § 47 Abs. 1 JGG könnte insoweit bestehen bleiben, der in der Konferenz ausgearbeitete Plan müsste also binnen sechs Monaten erfüllt werden. Auf diese Art und Weise ließen sich ausufernde Diversionsmaßnahmen wie im CJA weitestgehend vermeiden. Die Gegenüberstellung mit der alternativ durchzuführenden Hauptverhandlung relativiert auch den vermeintlichen organisatorischen Mehraufwand.[1435]

Offensichtlich ist aber auch, dass die Durchführung von Familien-Gruppen-Konferenzen durchaus auch mit praktischen Herausforderungen verknüpft ist. Ein Mediationsverfahren nur mit Täter und Opfer zu führen, ist offenkundig leichter handhabbar als ein konfliktträchtiges Zusammentreffen von möglicherweise noch aufgebrachten Gruppen, das ganz sicher tatsächlich nicht immer ablaufen wird wie die Zusammenkunft einer *„loving family“*, so wie es Braithwaite beschreibt.[1436]

Der Ablauf und die Struktur von Konferenzverfahren sind international unterschiedlich ausgestaltet, stets geht jedoch eine *Vorbereitungsphase* voraus,[1437]

1434 Ausführlich *Münster* 2006, S. 301 ff.

1435 Studien aus England und Neuseeland wollen festgestellt haben, dass Restorative-Justice-Verfahren in der Gesamtschau gar kostengünstiger sind als herkömmliche Strafverfahren, vgl. dazu *Hagemann* 2016, S. 254. m. w. N.

1436 *„Es ist eine nicht unerhebliche Herausforderung für den Mediator – mit einem kann ich noch sprechen, aber mit zehn Personen, die sich vielleicht streiten? … oh nein, lieber nicht“*, war eine der Reaktionen auf die Befragung von TOA-Stellen über Konferenzverfahren durch das TOA-Servicebüro, *Fahl* 2020, S. 32.

1437 *Hansbauer et al.* 2009, S. 135 ff.; *MacRae und Zehr* 2015, S. 230 ff.; *Wiese* 2010, S. 238 ff.; *Früchtel und Halibrand* 2016, S. 94.

die von wesentlicher Bedeutung sein dürfte.[1438] In entsprechenden Vorgesprächen geht es dort zunächst um die Evaluation tragfähiger Beziehungen, die sinnvoll einbezogen werden könnten. Dabei können von Anfang an auch solche Personen ausgenommen werden, die offenkundig kindeswohlgefährdend sind oder erkennbar nur verfahrensfremde Ziele verfolgen, etwa nach Selbstjustiz streben.[1439]

Damit dies gelingen kann, sind an die Organisation von Konferenzverfahren und die Qualifikation der Koordinatoren bzw. Mediatoren hohe Anforderungen zu stellen. Das südafrikanische Akkreditierungswesen, nach dem nur geprüfte und zertifizierte Diversionsangebote zugelassen werden, stößt hinsichtlich der gewollten hohen Flexibilität und der niedrigschwelligen Zugänglichkeit von Diversion zwar grundsätzlich auf Bedenken. In diesem Bereich sollten jedoch nur gut ausgebildete Personen mit fundierten Kenntnissen und Erfahrungen in den relevanten Bereichen Pädagogik, Psychologie, Konflikttheorie, Gesprächsführung etc. tätig sein dürfen.[1440] Die Implementierung und Einhaltung von Werten und Standards der Restorative Justice scheint hier von größerer Bedeutung als die verfahrensrechtliche Überreglementierung möglicher Bestimmungen.[1441] Denn das Ziel der Restorative Justice, den Betroffenen – innerhalb eines geschützten und adäquaten Rahmens – eine möglichst selbstbestimmte Lösung des Konflikts zu ermöglichen, sollte nicht durch ein zu starres Verfahrenskorsett konterkariert werden.[1442] Die Diskussionsfälle veranschaulichen, dass Kreativität und Flexibilität – die immer auch ein Stück mit Kontrollverlust einhergehen – zu ungeahnten Ergebnissen führen können.

Im Schuleinbruchsfall etwa wäre ein Konferenzverfahren eine echte Alternative zur formellen Hauptverhandlung gewesen. Der Beschuldigte war bereit, Verantwortung zu übernehmen und hat dies durch das Treffen mit der Schulleitung unter Beweis gestellt. Es gab mehrere Familienmitglieder, die ihn auch während des Strafprozesses unterstützt haben. Obwohl getrennt lebend, haben ihn beide Elternteile

1438 Zustimmend *Hagemann* 2016, S. 240 f. m. w. N.

1439 Vgl. *Hagemann* 2011, S. 157 f.

1440 So fordern es auch die vom TOA-Servicebüro des DBH e. V. und der BAG TOA herausgegebenen „Standards Mediation in Strafsachen im Rahmen des Täter-Opfer-Ausgleichs", mittlerweile erschienen in der 7. Aufl., abrufbar unter https://www.toa-servicebuero.de/service/bibliothek/toa-standards-7-aufl (zuletzt abgerufen am 23.10.2021), S. 20. Zur Umsetzung dieser Standards in Deutschland siehe *Willms und Muhl* 2019.

1441 Vgl. dazu *Chapman* 2019.

1442 Zustimmend *Horrer* 2014, S. 207.

zu allen Terminen begleitet. Es gab auch Großeltern, bei denen er an festen Tagen in der Woche war und die er sehr schätzte. Seitens der geschädigten Schule hätte der Schulsozialarbeiter stellvertretend teilnehmen können, zu dem der Beschuldigte ein gutes Verhältnis hatte. Im Rahmen des zu erfüllenden Plans hätte mit diesem und den anderen Beteiligten eine nicht-stigmatisierende Wiedergutmachungslösung (die über die ohnehin geleistete Rückzahlung hinaus geht) gefunden werden können. Zum Beispiel 20 Stunden Gartenarbeit bei den Großeltern, die dann dem Förderverein der Schule eine bestimmte Spende zukommen lassen – statt ihm Taschengeld. Von den Eltern wurde bemängelt, dass der Beschuldigte sein Hobby (Fußball) öfter schleifen ließ und auch der Beschuldigte meinte Spaß daran zu haben, öfter aber zu faul zu sein. Vielleicht wäre der Vereinstrainer bereit gewesen, Lösungen mitzuentwickeln, die eine regelmäßigere Teilnahme am Training hätten fördern können. Im Rahmen des zu erfüllenden Plans hätten darüber hinaus Unterstützungspersonen festgelegt werden können, mit denen er eine bestimmte Anzahl an Bewerbungsschreiben für Ausbildungsstellen hätte fertigen müssen. Es gab diesbezüglich zwischen den Eltern immer wieder Disput, wer für diese Angelegenheiten verantwortlich sein sollte, sodass letztlich ungewollt gar keine Unterstützung erfolgte. Die Jugendgerichtshilfe oder die Ausgleichsstelle hätte professionelle Unterstützungsmöglichkeiten in verschiedenen Lebensbereichen aufzeigen und vermitteln können. Der Beschuldigte wäre hier beteiligt worden, die Maßnahmen wären auf sein Umfeld zugeschnitten und von diesem unterstützt worden.

Wenn, wie in diesem Fall, die Voraussetzungen – allen voran stets die Freiwilligkeit – vorliegen, dann ist kein herkömmliches jugendstrafrechtliches Instrumentarium gleichermaßen geeignet, das volle Potenzial von Restorative Justice zu entfalten. Konferenzverfahren stellen in geeigneten Fällen damit wirkliche „*Äquivalente zu Reaktionen der Strafjustiz*“ dar und sollten berücksichtigt werden.[1443] Das südafrikanische Jugendstrafrecht ist in diesem Punkt dem deutschen voraus, in dem es die Durchführung als fakultative Möglichkeit ausdrücklich bereithält. Diese Chance sollte der deutsche Gesetzgeber nicht ungenutzt lassen. Das jugendstrafrechtliche Reaktionsspektrum würde dadurch um eine ausgesprochen sinnvolle Alternative zugunsten der Diversion erweitert.

VIII. Fazit

Der südafrikanische CJA ermöglicht bei seiner ausgesprochen hohen Regelungsdichte einen sehr weiten Rahmen, um abseits der formellen Strafjustiz auf

1443 Vgl. Fn. 410.

Jugenddelinquenz reagieren zu können. Ohne dass hieraus die Bewertung des CJA als das „schlechtere" Gesetz resultieren würde, wären die meisten seiner Regelungen dennoch nicht geeignet, das deutsche Diversionssystem sinnvoll fortzuentwickeln. Der CJA ist im Kontext der finsteren Vergangenheit des Landes im Umgang mit seinen Kindern und Jugendlichen zu bewerten; er stellt eine fundamentale Kehrtwende im Umgang mit Jugendkriminalität dar, für die alle mit jungen Delinquenten befassten Personen noch grundlegend sensibilisiert werden müssen. Ohne seine ausführlichen Regelungen, gerade auch zu Zielsetzungen und Ermessensregeln sowie der Vielzahl denkbarer Reaktionsmöglichkeiten, wäre es wohl nicht möglich, diesen neuen Standard zu etablieren. Man bedenke, dass es in der Situation Südafrikas umgekehrt ausgesprochen wenig Sinn machen würde, das hierzulande bewährte JGG dort zu implementieren. Die Regelungen des CJA machen ein angemessenes, einzelfallbezogenes, kulturell sensibles und verhältnismäßiges Intervenieren möglich. Ob Südafrika den selbsterklärten, hochanerkennenswerten Zielen gerecht werden kann, wird im Wesentlichen davon abhängen, was die Praxis aus den rechtlichen Rahmenbedingungen macht.

Zu den wichtigsten Botschaften des CJA gehört, dass kein Mensch in seinen sozialen Bezügen dem anderen gleicht und dass sich standardisierte und formalisierte Erledigungsroutinen verbieten. Seine Ausführungen sensibilisieren dafür, dass die kulturellen und individuellen Umstände zwingend beachtet werden müssen, um in irgendeiner Weise erfolgversprechend auf Delinquenz reagieren zu können.

All dies will aber auch das deutsche JGG, welches ebenso auf einzelfallbezogene Interventionen ausgerichtet ist. Das, was die Praxis stellenweise aus dem Jugendstrafrecht macht und von *Bock* zu Recht als *„jugendstrafrechtliche Parallelwelt"* beschrieben wird, ist vom JGG nicht vorgesehen.[1444] Der Kern dieser *„Parallelwelt"* liegt in der von Juristen gewöhnten Subsumtionsmethodik begründet, die für juristische Probleme die etablierte Herangehensweise darstellt, für jugendstrafrechtliche Interventionsentscheidungen aber gänzlich ungeeignet ist.[1445] Einfach ist es, auf vermeintliche Maßnahmen des *„One-Size-Fits-All"*[1446] zurückzugreifen, zielführend ist dies aber nicht. Der CJA mitsamt seiner Entstehungsgeschichte gibt hilfreiche Anstöße, welche individuellen, kulturellen und sozialen Umstände zu beachten sind, um nicht in diese sachfremde

1444 *Bock* 2014.

1445 *Bock* 2014, S. 303.

1446 Begriff aus *Rosenblatt* 2015, S. 208 f.

Subsumtionslogik zu verfallen und den Jugendlichen nicht als Objekt strafdogmatischer Überlegungen zu degradieren.

Vor diesem Hintergrund waren die meisten der analysierten charakteristischen Besonderheiten des südafrikanischen Diversionssystems als für mit unserem System unvereinbar abzulehnen. Dazu gehört allen voran die Abschaffung der auf der kriminologischen Erkenntnis der Normalität jugendstrafrechtlicher Auffälligkeit beruhenden Möglichkeit der nicht-intervenierenden Diversion nach § 45 Abs. 1 JGG, die eine Adaption des CJA nach sich ziehen würde. Auch eine Ausweitung der Diversionsoptionen um eingriffsintensive Maßnahmen nach südafrikanischem Vorbild wäre aus rechtsstaatlichen Gründen strikt abzulehnen. Diese übertreffen das stigmatisierende Potenzial von jugendgerichtlichen Verhandlungen und keine der Schutzmechanismen in informellen Verfahren kann einen hinreichend wirksamen Schutz vor rechtsstaatswidrigen und unangemessenen Reaktionen bieten, auch nicht das Zustimmungs- und Freiwilligkeitserfordernis. Ebenso war die Einführung eines Klassifizierungssystems der materiell-rechtlichen Straftaten nach südafrikanischem Vorbild im Ergebnis als mit dem Grundsatz der jugendstrafrechtlichen Individualisierung unvereinbar abzulehnen.

Während die meisten konkreten Regelungen für eine Adaptierung in Deutschland abzulehnen waren, liegt der größte potenzielle Nutzen des CJA in seiner allgemeinen konzeptionellen Ausrichtung nach Versöhnung, Heilung und Wiedergutmachung durch Restorative Justice. Keine konventionelle jugendstrafrechtliche Intervention kann das leisten, wozu eine erfolgreiche Restorative Justice im Stande ist. Es gibt keine andere Intervention, die für Täter, Opfer und Gemeinschaft gleichermaßen dienlich ist.

Das heißt nicht, das Restorative Justice für alle Fälle geeignet ist und erst recht nicht, dass es die konventionelle Jugendstrafjustiz ersetzen kann. Es heißt aber, dass ein Jugendstrafsystem den Rahmen bereitstellen muss, um Restorative Justice in geeigneten Fällen grundsätzlich zu ermöglichen.

Diesbezüglich hat sich gezeigt, dass das deutsche Diversionssystem mit den Regelungen zum TOA durchaus einen sehr weiten Anwendungsbereich für Restorative Justice ermöglicht. Es gibt grundsätzlich keinerlei tat- oder täterbezogene Zugangshürden.[1447] Anders als im CJA ist der Beschuldigte nicht darauf angewiesen, dass das Opfer einer Begegnung zustimmt. Die gesetzlichen Bestimmungen lassen es vielmehr zu, dass das ernsthafte Bemühen des Beschuldigten ausreicht. Der Beschuldigte ist auch nicht darauf angewiesen, dass der

1447 *Kilchling* 2019, S. 6 f.

Fall seitens Gericht oder Staatsanwaltschaft an eine Ausgleichsstelle überwiesen wird, sondern die Beteiligten können sich selbst darum bemühen. Auch ist die Art und Weise der Durchführung des TOA nicht gesetzlich festgelegt. Sein Anwendungsbereich wurde durch die Rechtsprechung des BGH weiter geöffnet, es wurde bewusst ein offener Kommunikationsbegriff angenommen, um diversen Kommunikationsformen zur Schadenswiedergutmachung Raum zu lassen. Ferner wurde dargelegt, dass der TOA grundsätzlich nicht auf die Personen des Täters und Opfers beschränkt ist. Zudem bedarf es, abweichend vom südafrikanischen Pendant (VOM), auch nicht zwangsweise eines Mediators, um einen TOA durchführen zu können.

Durch diesen sehr offenen Rahmen ermöglicht das JGG letztlich genau das, was der CJA will: die Möglichkeit der Versöhnung zwischen Täter und Opfer bei gleichzeitiger hoher Flexibilität und niedrigschwelliger Zugänglichkeit. Um das – in der Praxis bei Weitem nicht ausgeschöpfte – Potenzial zu nutzen, bedarf es daher keiner Änderung der gesetzlichen Grundlagen, sondern einer Bereitschaft und Motivation aller im Jugendstrafverfahren involvierten Personen, die Möglichkeiten wahrzunehmen.

Die Restorative Justice prägende Einbeziehung der Gemeinschaft hat sich als das kritischste Unterscheidungsmerkmal der beiden Diversionssysteme herauskristallisiert, denn hier besteht die größte Herausforderung, die theoretischen Grundlagen angemessen in die praktische Anwendung zu übertragen. Die gewichtige Problematik besteht darin, dass der Gemeinschaftsbezug gleichermaßen geeignet ist, kriminalitätshemmende wie auch kriminalitätsfördernde Effekte auszulösen. Es kommt also entscheidend auf die Art und Weise der konkreten Ausgestaltung an. Maßnahmen unter Einbeziehung der Gemeinschaft müssen sich daran messen lassen, ob sie den grundlegenden Prämissen von Restorative Justice gerecht werden oder nur als solche gekennzeichnet sind. Maßnahmen, die nur das Etikett „Restorative Justice" tragen, bergen eine erhebliche Gefahr, selbst zu etikettieren und so sekundäre Devianz auszulösen.[1448]

Braithwaites Überlegungen zu *reintegrative shaming* und dem dazu notwendigen Setting bieten bei der Unterscheidung wertvolle Hilfe. Wie die aktuelle Studie von *Rosenblatt* zu Youth Offender Panels in Großbritannien übereinstimmend damit zeigt, ist eine pauschalisierte Einbeziehung von „beliebigen" privaten Dritten im besten Fall nicht zielführend. Sie ist tatsächlich ein *„Spiel mit dem Feuer"*, wie *Kunz* es beschreibt. Eine individuell angemessene Beschäftigung

---

1448 *Tim Chapman*, Vorstandsvorsitzender des European Forum for Restorative Justice weist zu Recht auf die Wichtigkeit von Werten und Standards hin, *Chapman* 2019.

mit dem Einzelfall ist unabdingbar, um das personelle und organisatorische Setting bestimmen zu können, in dem der Nutzen von Restorative Justice wirklich erkannt und eingesetzt werden kann, ohne die gegenteiligen Effekte zu riskieren. Das südafrikanische Akkreditierungswesen, nach dem nur geprüfte und zertifizierte Diversionsangebote zugelassen werden,[1449] kann hier durchaus eine Idee vermitteln, wie Werte und Standards von Restorative Justice verbreitet und eingehalten werden könnten.

Von den im CJA bereitgestellten Diversionsmaßnahmen sind *family group conferences* diejenigen, die am ehesten diesen Rahmen bieten. Aber auch hier verbietet sich jede pauschale Herangehensweise. Die sinnvoll zusammenzuführende Gruppe ist nicht formalistisch über Verwandtschafts- oder Wohnverhältnisse zu definieren. Sondern es ist – und das zieht sich wie ein roter Faden durch sämtliche Empfehlungen – auf die kulturellen und individuellen Besonderheiten jeden einzelnen Falls einzugehen und den Betroffenen in seinen sozialen Bezügen zu bewerten.[1450] Unter Beachtung dieser Prämissen stellen Familien-Gruppen-Konferenzen und vergleichbare *fully-restorative*-Maßnahmen in Fällen jenseits des Bagatellbereichs eine ausgesprochen sinnvolle Erweiterung des diversionellen Reaktionsspektrums dar und sollten unbedingt gefördert werden. Die Untersuchung hat gezeigt, dass auch in diesem Punkt keine grundlegenden Gesetzesänderungen notwendig sind, sondern die gegenwärtigen rechtlichen Rahmenbedingungen die Durchführung von *fully-restorative*-Maßnahmen grundsätzlich schon zulassen. Vorbehaltlich des dargestellten gesetzlichen Optimierungs- und Anpassungsbedarfs braucht es auch hier in erster Linie zunächst einer viel breiteren Akzeptanz bei den Rechtsanwendern.

1449 Siehe Kapitel B. III. 2.10.

1450 Die Methode der idealtypisch vergleichenden Einzelfallanalyse (MIVEA) von *Göppinger/Bock* bietet dabei eine hervorragende und praktisch gut verwertbare Hilfe, so auch *Münster* 2006, S. 316.

Schlussbetrachtung

Diese Arbeit hat kriminologisch untermauert und aus praktischer Sicht gezeigt, dass Restorative Justice keine sozialromantische Vorstellung, sondern eine kaum zu unterschätzende und in vielen Fällen auch überlegene Alternative im Umgang mit Jugendkriminalität ist. Nicht umsonst erfährt Restorative Justice zunehmenden Aufwind und ist eine der prominentesten Erscheinungen der internationalen Strafrechtsentwicklung. Verstärkt durch überstaatliche Gesetzgebungsinitiativen und Impulse wie jüngst den Empfehlungen des Europarates zu Restorative Justice im Strafverfahren aus 2018 haben zahlreiche Länder entsprechende Regelungen in ihren Strafrechtssystemen übernommen.

Südafrika hat sein Jugendstrafrecht jedoch nicht nur um einzelne Restorative-Justice-Praktiken ergänzt, sondern es gänzlich daran ausgerichtet. Die Auswertung der Lebenswirklichkeit in dieser Arbeit hat gezeigt, dass die hochanerkennenswerten Ziele und Motive des neuen Gesetzes auf eine Realität treffen, die wenig Hoffnung auf eine Eindämmung der horrenden Jugendkriminalitätsbelastung macht. Tatsächlich ist Südafrika eine der gewalttätigsten Demokratien der Welt. Solange weiterhin ein Großteil aller Jugendlichen in menschenunwürdiger Armut und Perspektivlosigkeit lebt und mit einer weltweit einzigartigen Ungleichheit konfrontiert ist, wird das Land sein Kriminalitätsproblem nicht in den Griff bekommen – weder mit Restorative Justice noch wie bisher mit öffentlichem Auspeitschen und drakonischen Haftstrafen. Diese Probleme gilt es zu bekämpfen und nicht delinquente Jugendliche. Dementsprechend ist es trotz aller Widrigkeiten zu begrüßen, dass Südafrika erkannt hat, dass ein *„war against crime“* genau wie alle anderen Kriege nur Leid und Verwüstung bringt.

Was also kann das deutsche Jugendstrafrecht von dem hochkriminalitätsbelasteten Entwicklungsland Südafrika lernen? Die wohl wichtigste Lektion ist der unerschütterliche Glaube in den Wert jedes Menschen für die Gemeinschaft. Der afrikanischen Ubuntu-Philosophie ist es fremd, ein Mitglied der Gemeinschaft aufzugeben. Selbst den brutalsten Apartheidverbrechern oder den Mördern Amy Biehls hat man die Möglichkeit gegeben, sich mit den Opfern oder ihren Angehörigen zu versöhnen und wieder Teil der Gesellschaft zu werden. Südafrika hat der Welt vorgelebt, dass Versöhnung immer möglich ist, egal wie aussichtslos dies erscheinen mag.

Der Versuch, diese Überzeugung auf individuelle Konflikte zu übertragen, ist das, was sich am Schluss dieser Arbeit als Vorstellung von Restorative Justice manifestiert hat. Versöhnung ist nicht einfach, sie ist nicht billig, wie Desmond

Tutu eingangs zitiert zutreffend festgestellt hat. Sie kann auch nicht erzwungen werden. Fest steht aber, dass es unter all den denkbaren Formen jugendstrafrechtlicher Intervention keine gibt, die Opfer, Täter und Gemeinschaft gleichermaßen dienlich ist wie ein gelungener Restorative-Justice-Prozess. Daher muss es die Verpflichtung des Jugendstrafrechts sein, die Rahmenbedingungen hierfür zu schaffen und dies zu fördern.

Dass das konventionelle Strafrecht Wiedergutmachung und Versöhnung eher vereitelt oder erschwert, hat auch schon der Gesetzgeber des 1. JGGÄndG von 1990 erkannt und den TOA völlig zu Recht *„als hoffnungsvollste Alternative zum übelzufügenden Sanktionenkatalog des Strafrechts"* eingeführt. Das immense Potenzial wird – so die nahezu einhellige Meinung der Wissenschaft – jedoch bei Weitem nicht von der Praxis genutzt.

Auch wenn die meisten der Regelungen des CJA für eine Adaptierung in Deutschland im Ergebnis abzulehnen waren, so liegt der größte Nutzen in seiner konzeptionellen Ausrichtung nach Versöhnung, Heilung und Wiedergutmachung. Mit standardisierten „One-Size-Fits-All"-Erledigungsroutinen lässt sich dies jedoch nicht erreichen, wie auch die Beispielfälle in Kapitel D. verdeutlicht haben. Der CJA sensibilisiert für die Wichtigkeit der Beachtung kultureller und individueller Umstände. Auch dies ist jedoch dem individualpräventiven deutschen Jugendstrafrecht immanent. Die Gegenüberstellung der beiden Rechtssysteme hat gezeigt, dass das JGG konzeptionell genau das ermöglicht, was der CJA will: die Möglichkeit der Versöhnung zwischen Täter und Opfer bei gleichzeitig hoher Flexibilität und niedrigschwelliger Zugänglichkeit.

Vorbehaltlich der dargestellten Optimierungsmöglichkeiten bedarf es daher weniger Änderungen der gesetzlichen Grundlagen als vielmehr der Bereitschaft und Motivation aller im Jugendstrafverfahren involvierten Personen, die bereitgestellten Möglichkeiten auch zu nutzen. Denn solange sich Jugendgerichte nicht trauen, die Konfliktlösung mit in die Hände derjenigen zu geben, die betroffen sind, Staatsanwaltschaften nicht akzeptieren, dass das konventionelle Strafrecht oft für alle Beteiligten das schlechtere Mittel ist und die Anwaltschaft meint, die Konflikte ihrer Mandantschaft als „Profis" viel besser lösen zu können, werden Gesetzesänderungen im Sande verlaufen.

Die Bestimmungen des JGG lassen eine flexible, kulturell angemessene und individuelle Reaktion auf Jugenddelinquenz zu. Sie ermöglichen auch einen sehr weiten Rahmen für Restorative Justice. Gleichzeitig schützt der im Diversionssystem verankerte Subsidiaritätsgrundsatz – bei sachgerechter Anwendung – vor erzieherisch nicht notwendigen Einwirkungen.

Wenn es also abschließend zu beantworten gilt, was das Beste beider Welten ist, so wären das die Ideale und Maximen des CJA in den Köpfen derjenigen, die das JGG anwenden.

Oder in den Worten Nelson Mandelas:

> *"In the end, reconciliation is a spiritual process, which requires more than just a legal framework. It has to happen in the hearts and minds of people."*[1451]

1451 Nelson Mandela in einer Rede am 18.8.1994, abgedruckt in *Mandela et al.* 2012, S. 65.

Literaturverzeichnis

Altbeker, Antony, The dirty work of democracy – A year on the streets with the SAPS, Johannesburg 2005.

Altbeker, Antony, A country at war with itself – South Africa's crisis of crime, Johannesburg 2007.

Attia, Sahar/Shabka, Shahdan et al. (Hrsg.), Dynamics and Resilience of Informal Areas – International Perspectives, Cham 2016.

Badenhorst, Charmain, Second Year of The Child Justice Act's Implementation: Dwindling Numbers, Belville 2012.

Badenhorst, Charmain, Diversion provisions in terms of the Child Justice Act 75 of 2008, in: South African Journal of Criminal Justice 2013 (2013), S. 302–315.

Bannenberg, Britta/Uhlmann, Petra, Die Konzeption des Täter-Opfer-Ausgleichs in Wissenschaft und Kriminalpolitik, in: Bundesministerium der Justiz (Hrsg.), Täter-Opfer-Ausgleich in Deutschland, Mönchengladbach 2000.

Bennett, Thomas William, Ubuntu: An African Equity, in: Potchefstroom Electronic Law Journal 14 (2011), S. 30–61.

Beulke, Werner/Swoboda, Sabine, Strafprozessrecht, 15. Auflage, Heidelberg 2020.

Bezuidenhout, Christiaan (Hrsg.), Child and youth misbehaviour in South Africa – A holistic approach, 4. Auflage, Pretoria 2018.

Binswanger-Mkhize, Hans/Im, Fernando, Economic and Social Trends in Townships and Informal Settlements, in: Mahajan (Hrsg.), Economics of South African Townships: Special Focus on Diepsloot, Washington D. C. 2014.

Birkel, Christoph, Die Entwicklung der Gewaltkriminalität in Deutschland – Theoretische Erklärungsansätze im empirischen Vergleich, Wiesbaden 2015.

Blaauw, Phillip Frederick/Bothma, Louis J., Informal Labour Markets as a Solution for Unemployment in South Africa – A Case Study of Car Guards in Bloemfontein, in: SA Journal of Human Resource Management 1 (2003), S. 40–44.

Bock, Michael, Kriminologische Theorien und Forschungseinrichtungen, in: Göppinger (Hrsg.), Kriminologie, München 2008.

Bock, Michael, Die jugendstrafrechtliche Parallelwelt, in: NK 26 (2014), S. 301–308.

Bock, Michael, Kriminologie – Für Studium und Praxis, 5. Auflage, München 2019.

Boers, Klaus, Delinquenz im Altersverlauf – Befunde der kriminologischen Verlaufsforschung, in: Monatsschrift für Kriminologie und Strafrechtsreform 102 (2019), S. 3–42.

Boezaart, Trynie (Hrsg.), Child Law in South Africa, Claremont, Cape Town 2018.

Booyens, Karen/Bezuidenhout, Christiaan, The nature and extent of child and youth misbehaviour in South Africa, in: Bezuidenhout (Hrsg.), Child and youth misbehaviour in South Africa, Pretoria 2018.

Boshammer, Susanne, Die zweite Chance – Warum wir (nicht alles) verzeihen sollten, Hamburg 2020.

Botha, Linus, Vom Konflikt zum Kreis – Von der strafenden zur wiederherstellenden Gerechtigkeit, Norderstedt 2018.

Boxberg, Verena, Entwicklungsintervention Jugendstrafe – Lebenskonstellationen und Re-Integration von Jugendstrafgefangenen, Wiesbaden 2017.

Braithwaite, John, Crime, shame and reintegration, Cambridge 1989.

Braithwaite, John, The conversation, the journal, not the book, in: The International Journal of Restorative Justice 3 (2020), S. 106–121.

Braithwaite, John/Mugford, Stephen, Conditions of successfull reintegration ceremonies – Dealing with Juvenile Offendes, in: British Journal of Criminology 1994 (1994), S. 139–171.

Breetzke, Gregory D., Crime and Spatiality in South African Cities, in: Massey/Gunter (Hrsg.), Urban Geography in South Africa, Cham 2020, S. 155–172.

Breetzke, Gregory D./Edelstein, Ian, The spatial concentration and stability of crime in a South African township, in: Security Journal 32 (2019), S. 63–78.

Breitkopf, Lisa, Restorative Justice, Frankfurt 2017.

Brettel, Hauke, Gewaltkriminalität, in: Göppinger (Hrsg.), Kriminologie, München 2008, S. 474–502.

Brunner, Rudolf/Dölling, Dieter, Jugendgerichtsgesetz, 13. Auflage, Berlin 2017.

Bukow, Wolf-Dietrich/Jünschke, Klaus et al. (Hrsg.), Ausgegrenzt, eingesperrt und abgeschoben – Migration und Jugendkriminalität, Wiesbaden 2003.

Bundesministerium der Justiz (Hrsg.), Täter-Opfer-Ausgleich in Deutschland – Bestandsaufnahme und Perspektiven, 2. Auflage, Mönchengladbach 2000.

Bundesministerium der Justiz (Hrsg.), Berliner Symposium zum Jugendkriminalrecht und seiner Praxis – 12. und 13. April 2016, Mönchengladbach 2017.

Case, Jennifer M./Marshall, Delia et al., Going to university – The influence of higher education on the lives of young South Africans, Cape Town 2018.

Centre for Child Law/Centre for Justice and Crime Prevention et al., Impact of the Child Justice Act 75 of 2008 – (bisher unveröffentlichter Forschungsbericht) 2019.

Centre for the Study of Violence and Reconciliation, Research Brief - What drives Violence in South Africa, Johannesburg 2019.

Chapman, Tim, Über die Wichtigkeit von Werten und Standards in der Restorative Justice, in: TOA-Magazin 02/2019 (2019), S. 10–13.

Chigwedere, Pride/Seage, George R. et al., Estimating the lost benefits of antiretroviral drug use in South Africa, in: Journal of acquired immune deficiency syndromes 49 (2008), S. 410–415.

Children's Right Project/Community Law Centre et al., Children used by adults to commit crime – Diversion programme manual, Hatfield 2006.

Christie, Nils, Conflicts as property, in: British Journal of Criminology 1977 (1977).

Community Law Centre, Children in Prison in South Africa – A Situational Analysis, Cape Town 1997.

Cooper, Adam/Ward, Catherine L., Intervening with Youth in Gangs, in: Ward/ van der Merwe/Dawes (Hrsg.), Youth violence, Claremont 2013, S. 241–274.

Cornel, Heinz, Der Erziehungsgedanke im Jugendstrafrecht: Historische Entwicklungen, in: Dollinger/Schmidt-Semisch (Hrsg.), Handbuch Jugendkriminalität, Wiesbaden 2018, S. 533–558.

Cornell, Drucilla/Muvangua, Nyoko (Hrsg.), Ubuntu and the law – African ideals and postapartheid jurisprudence, New York 2012.

Cosi, Roberta/Reinders, Samantha et al., Südafrika (Reiseführer) – Alle Highlights, exklusive Tipps, unvergessliche Erlebnisse, 3. Auflage, Hamburg 2014.

Courtenay, Morgan/Hansungule, Zita, Protecting the rights of children in conflict with the law: A review of South Africa's Child Justice Act, in: Proudlock (Hrsg.), South Africa's progress in realising children's rights, Cape Town 2014, S. 153–166.

Cramer, Josef, Urbanisierung und rapides urbanes Wachstum im Western Cape (Südafrika) – Eine vergleichende Studie der Entwicklung von vier Städten zwischen 1996 und 2009: Paarl, Malmesbury, Stellenbosch und Hermanus, Berlin 2010.

DBH – Fachverband für Soziale Arbeit, Strafrecht und Kriminalpolitik e. V. (Hrsg.), Die Stärke der Beteiligten: Selbstbestimmung statt Bedürftigkeit – Tagungsdokumentation des 17. Forums für Täter-Opfer-Ausgleich, Köln 2019.

Diemer, Herbert/Schatz, Holger et al., Jugendgerichtsgesetz – Mit Jugendstrafvollzugsgesetzen, 8. Auflage, Heidelberg 2020.

Dollinger, Bernd, Jugendkriminalität als Kulturkonflikt, Wiesbaden 2010.

Dollinger, Bernd, Kriminalität und Kriminalitätskontrolle als Erzählungen: Positionen narrativer Kriminologien, in: Dollinger/Schmidt-Semisch (Hrsg.), Handbuch Jugendkriminalität, Wiesbaden 2018, S. 241–260.

Dollinger, Bernd/Schabdach, Michael, Jugendkriminalität, Wiesbaden 2013.

Dollinger, Bernd/Schmidt-Semisch, Henning (Hrsg.), Handbuch Jugendkriminalität – Interdisziplinäre Perspektiven, 3. Auflage, Wiesbaden 2018.

Drenkhahn, Kerstin, Möglichkeiten und Herausforderungen von Restorative Justice-Maßnahmen im Jugendstrafrecht, in: Bundesministerium der Justiz (Hrsg.), Berliner Symposium zum Jugendkriminalrecht und seiner Praxis, Mönchengladbach 2017, S. 43–58.

Dünkel, Frieder/Horsfield, Philip et al. (Hrsg.), European Research on Restorative Juvenile Justice – Research and Selection of the Most Effective Juvenile Restorative Justice Practices in Europe: Snapshots from 28 EU Member States, Brussels 2015.

Dünkel, Frieder/Păroşanu, Andrea, Snapshots - Germany, in: Dünkel/Horsfield/Păroşanu (Hrsg.), European Research on Restorative Juvenile Justice, Brussels 2015, S. 75–80.

DVJJ (Hrsg.), Achtung (für) Jugend! – Praxis und Perspektiven des Jugendkriminalrechts; Dokumentation des 28. Deutschen Jugendgerichtstages vom 11.–14. September 2010 in Münster, Mönchengladbach 2012.

Eagle, Gillian, Crime, fear and continuous traumatic stress in South Africa: What place social cohesion?, in: Psychology in Society 49 (2015), S. 83–98.

Eifler, Stefanie/Schepers, Debbie, Theoretische Ansatzpunkte für die Analyse der Jugendkriminalität, in: Dollinger/Schmidt-Semisch (Hrsg.), Handbuch Jugendkriminalität, Wiesbaden 2018, S. 219–240.

Eisenberg, Ulrich/Kölbel, Ralf, Jugendgerichtsgesetz, 22. Auflage, München 2021.

Ellmer, Jutta, Kontroversen – Das neue Südafrika, Neckenmarkt u. a. 2008.

Eser, Albin/Arnold, Jörg, Transitionsstrafrecht und Vergangenheitspolitik, Berlin 2012.

Esser, Hartmut, Was ist denn dran am Begriff der “Leitkultur”?, in: Kecskes (Hrsg.), Angewandte Soziologie, Wiesbaden 2004, S. 199–214.

Eysenck, Hans Jürgen, Crime and personality, in: Medico-Legal Journal 47 (1979), S. 18–32.

Fahl, Evi, Täter-Opfer-Ausgleich – Zehn Jahre Stillstand?, in: TOA-Magazin 01/2017 (2017), S. 4–5.

Fahl, Evi, Von der Praxis für die Praxis - Einbeziehung von indirekt Betroffenen in Vermittlungsgespräche, in: TOA-Magazin 01/2020 (2020), S. 31–32.

Falk, Rainer (Hrsg.), Südafrika – Widerstand und Befreiungskampf, Köln 1986.

Fisch, Jörg, Geschichte Südafrikas, München 1990.

Früchtel, Frank/Halibrand, Anna-Maria, Restorative Justice – Theorie und Methode für die Soziale Arbeit, Wiesbaden 2016.

Füllgrabe, Uwe, Veränderungen der Kriminalität in Zeiten der Corona-Pandemie – Die Konsequenzen einer vorhergesagten Katastrophe, in: Kriminalistik 7/2020 (2020), S. 439–444.

Gade, Christian, Restorative Justice and the South African Truth and Reconciliation Process, in: South African Journal of Philosophy 32 (2013), S. 10–35.

Gallinetti, Jacqui, Getting to know the Child Justice Act, Bellville, South Africa 2009.

Gavrielides, Theo (Hrsg.), Routledge International Handbook of Restorative Justice, London, New York 2019.

Gavrielides, Theo, The Wind of Change – Comparative lessons for restorative justice in South Africa and the UK, London 2018.

Gavrielides, Theo/Artinopulu, Basō (Hrsg.), Reconstructing restorative justice philosophy, Farnham, Surrey 2013.

Gercke, Björn/Julius, Karl-Peter et al. (Hrsg.), Strafprozessordnung, 6. Auflage, Heidelberg 2019.

Gieler, Wolfgang (Hrsg.), Staatenlexikon Afrika – Geographie, Geschichte, Kultur, Politik und Wirtschaft, 2. Auflage, Frankfurt am Main, Bern, u. a. 2016

Giordano, Peggy C./Cernkovich, Stephen A. et al., Gender, Crime, and Desistance: Toward a Theory of Cognitive Transformation, in: American Journal of Sociology 107 (2002), S. 990–1064.

Go, Frank M./Govers, Robert (Hrsg.), International Place Branding Yearbook 2011 – Managing Reputational Risk, London 2011.

Gobodo-Madikizela, Pumla, Das Erbe der Apartheid – Trauma, Erinnerung, Versöhnung, Opladen, Farmington Hills 2006.

Göppinger, Hans (Hrsg.), Kriminologie, 6. Auflage, München 2008.

Gottfredson, Michael/Hirschi, Travis, A general theory of crime, Stanford (Kalifornien) 1990.

Graebsch, Christine/Burkhardt, Sven, Vergleichsweise menschlich? – Ambulante Sanktionen als Alternative zur Freiheitsentziehung aus europäischer Perspektive, Wiesbaden 2015.

Gräf, Julia, Die Diversion im Jugendstrafrecht im Lichte der angewandten Kriminologie, Berlin, Münster 2015.

Greenberg, David F., Delinquency and the age structure of society, in: Contemporary Crises 1 (1977), S. 189–223.

Grupp, Thomas Michael, Südafrikas neue Verfassung – Mit vergleichender Betrachtung aus deutscher und europäischer Sicht, Baden-Baden 1999.

Günther, Andreas M., Täterschaft und Teilnahme im südafrikanischen Recht – Eine rechtsvergleichende Studie unter besonderer Berücksichtigung der common purpose rule, Freiburg im Breisgau 2003.

Haase, Florian, Einführung in das Recht der Republik Südafrika, Berlin 1999.

Häefele, Benjamin, Substance abuse and drug-related crime in South Africa, in: Herbig (Hrsg.), Contemporary Criminology in Practice in South Africa, Cape Town 2014, S. 88–114.

Häfele, Joachim/Sack, Fritz et al. (Hrsg.), Sicherheit und Kriminalprävention in urbanen Räumen – Aktuelle Tendenzen und Entwicklungen, Wiesbaden 2017.

Hagemann, Otmar, Restorative Justice: Konzept, Ideen und Hindernisse, in: Lummer/Hagemann/Tein (Hrsg.), Restorative Justice - A European and Schleswig-Holsteinian perspective, Kiel 2011, S. 151–179.

Hagemann, Otmar, Gemeinschaftskonferenzen und andere Restorative Conferencing-Verfahren, in: Ochmann/Schmidt-Semisch/Temme (Hrsg.), Healthy Justice, Wiesbaden 2016, S. 229–260.

Hagemann, Albrecht, Kleine Geschichte Südafrikas, 4. Auflage, München 2018.

Hagemann, Otmar, Restorative Justice und Resozialisierung – Abgrenzung und Gemeinsamkeiten, in: Maelicke/Wein (Hrsg.), Resozialisierung und Systemischer Wandel 2020, S. 151–180.

Hall, Katherine/Richter, Linda et al. (Hrsg.), South African Child Gauge 2018 – Children, Families and the State - Collaboration and Contestation, Cape Town, South Africa 2018.

Hamilton, Mark, Environmental Crime and Restorative Justice – Justice as Meaningful Involvement, Cham 2021.

Hanf, Theodor/Weiland, Heribert et al., Südafrika: friedlicher Wandel? – Möglichkeiten demokratischer Konfliktregulierung: eine empirische Untersuchung, München, Mainz 1978.

Hansbauer, Peter/Hensen, Gregor et al., Familiengruppenkonferenz – Eine Einführung, Weinheim 2009.

Hargovan, Hema, Child Justice in Practice – The diversion of young offenders, in: South African Crime Quarterly 44 (2013), S. 25–35.

Hartmann, Arthur, Restorative Justice und die Opferperspektive – Forschungsbefunde, in: DBH – Fachverband für Soziale Arbeit, Strafrecht und Kriminalpolitik e. V. (Hrsg.), Die Stärke der Beteiligten: Selbstbestimmung statt Bedürftigkeit, Köln 2019, S. 93–109.

Hartmann, Arthur, Victims and restorative justice – Bringing theory and evidence together, in: Gavrielides (Hrsg.), Routledge International Handbook of Restorative Justice, London, New York 2019, S. 127–145.

Hartmann, Arthur/Schmidt, Marie et al., Täter-Opfer-Ausgleich in Deutschland – Auswertung der bundesweiten Täter-Opfer-Ausgleich-Statistik für die Jahrgänge 2017 und 2018: Bericht für das Bundesministerium der Justiz und für Verbraucherschutz, Mönchengladbach 2020.

Heinemann, Eva, Diversionsrichtlinien im Jugendstrafrecht – Segen oder Fluch, Mainz 2010.

Heinz, Wolfgang, Sekundäranalyse empirischer Untersuchungen zu jugendkriminalrechtlichen Maßnahmen, deren Anwendungspraxis, Ausgestaltung und Erfolg, abrufbar unter https://krimpub.krimz.de/frontdoor/deliver/index/docId/142/file/Gutachten_JGG_Heinz_insg_01.pdf (5.6.2021), Konstanz 2019.

Hentschel, Christine, Security in the bubble – Navigating crime in urban South Africa, Minneapolis 2015.

Herbig, Friedo Johann Willem (Hrsg.), Contemporary Criminology in Practice in South Africa, Cape Town 2014.

Hesselink, Anni, Violent Crime and Crimonology in South Africa, in: Herbig (Hrsg.), Contemporary Criminology in Practice in South Africa, Cape Town 2014, S. 7–31.

Hesselink, Anni/Dastile, Pearl, Vulnerable Children In The South African Context, in: Songca/Sibanda/Basdeo/Luyt W./Hesselink/Dastile N./Matetoa/Mooki/Karels (Hrsg.), Vulnerable children in South Africa, Claremont 2016, S. 1–52.

Himonga, Chuma/Taylor, Max *et al.*, Reflections on judical views of Ubuntu, in: Potchefstroom Electronic Law Journal 16 (2013), S. 369–429.

Hofinger, Veronika, „Desistance from Crime" – neue Konzepte in der Rückfallforschung, in: NK 25 (2013), S. 317–325.

Hofmann, Robin, Flucht, Migration und die neue europäische Sicherheitsarchitektur – Herausforderungen für die EU-Kriminalpolitik, Wiesbaden 2017.

Horan, Rachel N., Restorative justice: the relevance of desistance and psychology, in: Safer Communities 14 (2015), S. 147–155.

Horrer, Kathrin, Restorative Justice im Strafrecht – Eine vergleichende Analyse von Konzeptionen des Konfliktausgleiches und deren Verwirklichung in

Deutschland, Österreich, den Vereinigten Staaten von Amerika, Australien und Belgien, Tübingen 2014.

Imhof, Kurt/Blum, Roger et al. (Hrsg.), Demokratisierung durch Social Media?, Wiesbaden 2015.

Jaenecke, Heinrich, Die weissen Herren – 300 Jahre Krieg und Gewalt in Südafrika, 2. Auflage, München 1989.

Jenny, Hans, Südafrika – Vom Chaos zur Versöhnung, Herford 1992.

Jesse, Christiane/Jacob, Susanne et al., Opferorientierung im Justizvollzug, in: Maelicke/Suhling (Hrsg.), Das Gefängnis auf dem Prüfstand, Wiesbaden 2018, S. 159–174.

Joubert, J. J. (Hrsg.), Criminal procedure handbook, 12. Auflage, Claremont 2017.

Jung, Heike, Der Einfluß des englischen Rechts im südafrikanischen Strafrecht, Bonn 1973.

Jünschke, Klaus, Zur Kriminalisierung von Jugendlichen mit Migrationshintergrund in Köln, in: Bukow/Jünschke/Spindler/Tekin (Hrsg.), Ausgegrenzt, eingesperrt und abgeschoben, Wiesbaden 2003, S. 50–70.

Karels, Michelle/Swanepoel, J. P., Pre-trial, trial and post-trial child justice process, in: Karels/Swanepoel/Mokoena/Basdeo (Hrsg.), Child offenders in South African criminal justice, Cape Town 2015, S. 121–152.

Karels, Michelle/Swanepoel, J. P. et al. (Hrsg.), Child offenders in South African criminal justice – Concepts and process, Cape Town 2015.

Kaußen, Stephan, Von der Apartheid zur Demokratie – Die politische Transformation Südafrikas, Wiesbaden 2003.

Kawalek, Anna/Edwards, Michael et al., Recovery and restorative justice, in: Gavrielides (Hrsg.), Routledge International Handbook of Restorative Justice, London, New York 2019, S. 87–102.

Kecskes, Robert (Hrsg.), Angewandte Soziologie, Wiesbaden 2004.

Kemp, Gerhard (Hrsg.), Criminal law in South Africa, 2. Auflage, Cape Town 2015.

Kenny, Paula/Leonard, Liam, The sustainability of restorative justice, Bingley 2014.

Kerrigan, Deanna/Barrington, Clare (Hrsg.), Structural Dynamics of HIV – Risk, Resilience and Response, Cham 2018.

Kesselring, Rita, Bodies of truth – Law, memory, and emancipation in post-apartheid South Africa, Stanford 2017.

Kiessl, Heidrun, Die Regelwerke der Vereinten Nationen zum Jugendstrafrecht in Theorie und Praxis, Freiburg im Breisgau 2001.

Kilchling, Michael, Opferinteressen und Strafverfolgung, Freiburg im Breisgau 1995.

Kilchling, Michael, Restorative Justice in Europa, in: TOA-Magazin 2/2019 (2019), S. 4–9.

Kleinbrahm, Anika, Divergente Diversion im Jugendstrafverfahren, Berlin, Münster 2015.

Klocke, Gabriele, Vergebung und Restorative Justice, in: Ochmann/Schmidt-Semisch/Temme (Hrsg.), Healthy Justice, Wiesbaden 2016, S. 189–207.

Kölbel, Ralf, Opferorientierte Elemente des Jugendstrafrechts, in: Bundesministerium der Justiz (Hrsg.), Berliner Symposium zum Jugendkriminalrecht und seiner Praxis, Mönchengladbach 2017, S. 9–42.

Kornienko, Kristen, "Slum" Upgrading in South Africa: Defamiliarising the Global Neighbourhood Aesthetic, in: Attia/Shabka/Shafik/Ibrahim (Hrsg.), Dynamics and Resilience of Informal Areas, Cham 2016, S. 149–164.

Kriegler, Anine/Shaw, Mark, A citizen's guide to crime trends in South Africa, Johannesburg 2016.

Kunz, Franziska, Wie allgemein sind allgemeine Kriminalitätstheorien? Eine empirische Analyse auf der Basis von Querschnittdaten, in: Monatsschrift für Kriminologie und Strafrechtsreform 93 (2010), S. 42–68.

Kunz, Karl-Ludwig, Kriminologie, 6. Auflage, Stuttgart 2011.

Küppers, Carolin, Gefährlich oder gefährdet? – Diskurse über Sexarbeit zur Fußball-Weltmeisterschaft der Männer in Südafrika, Wiesbaden 2017.

Landman, Karina, Gated Communities in South Africa: An Emerging Paradox, in: Massey/Gunter (Hrsg.), Urban Geography in South Africa, Cham 2020, S. 55–74.

Lang, Bettina, Strafrechtsbezogene Vergangenheitspolitik, Freiburg im Breisgau 2005.

Laubenthal, Klaus, Strafvollzug, 8. Auflage, Berlin 2019.

Laubenthal, Klaus/Baier, Helmut et al., Jugendstrafrecht, 3. Auflage, Berlin, Heidelberg 2015.

Lauwaert, Katrien/Aertsen, Ivo (Hrsg.), Desistance and restorative justice – Mechanisms for desisting from crime within restorative justice practices, Leuven 2015.

LeBel, Thomas P./Burnett, Ros et al., The 'Chicken and Egg' of Subjective and Social Factors in Desistance from Crime, in: European Journal of Criminology 5 (2008), S. 131–159.

Leggett, Ted, Rainbow tenement – Crime and policing in inner Johannesburg, Pretoria 2003.

Leubolt, Bernhard, Transformation von Ungleichheitsregimes – Gleichheitsorientierte Politik in Brasilien und Südafrika, Wiesbaden 2015.

Lindegaard, Marie Rosenkrantz, Surviving Gangs, Violence and Racism in Cape Town – Ghetto Chameleons, London, New York 2018.

Linke, Alexander, Diversionsrichtlinien im Jugendstrafverfahren – Bundeseinheitliche Einstellungspraxis durch Verwaltungsvorschriften der Länder?, in: NStZ 2010, S. 609 ff.

Lodge, Tom, Sharpeville – An apartheid massacre and its consequences, Oxford 2011.

Louw, Dap/van Wyk, Lezahne, The perspectives of South African legal professionals on restorative justice: an explorative qualitative study, in: Social Work/Maatskaplike Werk 52 (2016), S. 489–510.

Löwer, Hans-Joachim, Mandelas schweres Erbe – Südafrika am Scheideweg, München 2010.

Luft genannt Plaisier, Bettina, Das Jugendkriminalrecht in der Republik Südafrika – Die Darstellung des Rechtssystems und seine praktische Bedeutung im Vergleich zur Situation in Deutschland, Aachen 2003.

Lummer, Ricarda/Hagemann, Otmar et al. (Hrsg.), Restorative Justice – A European and Schleswig-Holsteinian perspective – Restorative Justice – Aus der europäischen und Schleswig-Hosteinischen Perspektive, Kiel 2011.

Lutz, Tilman, Restorative justice – visionäre Alternative oder Version des Alten?, Münster 2002.

Lutz, Tilman, Wiedergutmachung statt Strafe? Restorative Justice und der Täter-Opfer-Ausgleich, in: Dollinger/Schmidt-Semisch (Hrsg.), Handbuch Jugendkriminalität, Wiesbaden 2018, S. 601–616.

MacRae, Allan/Zehr, Howard, The little Book of Family Group Conferences, in: Zehr/MacRae/Pranis/Amstutz (Hrsg.), The Big Book of Restorative Justice, New York 2015, S. 207–280.

Maelicke, Bernd/Suhling, Stefan (Hrsg.), Das Gefängnis auf dem Prüfstand – Zustand und Zukunft des Strafvollzugs, Wiesbaden 2018.

Maelicke, Bernd/Wein, Christopher (Hrsg.), Resozialisierung und Systemischer Wandel 2020.

Maguire, James, Children of the Abyss: Permutations of Childhood in South Africa's Child Justice Act, in: New Criminal Law Review 15 (2012), S. 68–121.

Mahajan, Sandeep (Hrsg.), Economics of South African Townships: Special Focus on Diepsloot, Washington D. C. 2014.

Maharaj, Brij, The Apartheid City, in: Massey/Gunter (Hrsg.), Urban Geography in South Africa, Cham 2020, S. 39–54.

Mandela, Nelson, Der lange Weg zur Freiheit – Autobiographie, 8. Auflage, Frankfurt 2004.

Mandela, Nelson/Hatang, Sello et al., Notes to the Future – Words of Wisdom, New York 2012.

Mannozzi, Grazia, The emergence of the idea of a 'restorative city' and its link to restorative justice, in: The International Journal of Restorative Justice 2 (2019), S. 288–292.

Maree, Alice, Risk factors pertaining to youth offenders, in: Bezuidenhout (Hrsg.), Child and youth misbehaviour in South Africa, Pretoria 2018.

Maruna, Shadd, Making Good – How ex-convicts reform and rebuild their lives, Washington D. C. 2002.

Maruna, Shadd, Desistance and restorative justice: it's now or never, in: Restorative Justice: An International Journal 4 (2016), S. 289 301.

Massey, Ruth/Gunter, Ashley (Hrsg.), Urban Geography in South Africa – Perspectives and Theory, Cham 2020.

McClendon, Thomas, Whipping boys: South Africa's limited reform of judicial corporal punishment in the 1960s and 1970s, in: African Studies 77 (2018), S. 354–377.

McCold, Paul/Wachtel, Ted, In Pursuit of Paradigm: A Theory of Restorative Justice, https://www.iirp.edu/pdf/paradigm.pdf (05.06.2021).

Meier, Bernd-Dieter, Kriminologie, 6. Auflage, München 2021.

Midgley, James, Children on trial – A study of juvenile justice, Cape Town 1975.

Mihr, Anja/Pickel, Gert et al. (Hrsg.), Handbuch Transitional Justice – Aufarbeitung von Unrecht – hin zur Rechtsstaatlichkeit und Demokratie, Wiesbaden 2018.

Mokgoro, Yvonne, Ubuntu and the Law in South Africa, in: Cornell/Muvangua (Hrsg.), Ubuntu and the law, New York 2012, S. 317–324.

Montenbruck, Axel, Zivile Versöhnung – Ver-Sühnen und Mediation, Strafe und Geständnis, Gerechtigkeit und Humanität – aus juristischen Perspektiven, 5. Auflage, Berlin 2016.

Morikawa, Takemitsu (Hrsg.), Verzeihen, Versöhnen, Vergessen – Soziologische Perspektiven, Bielefeld 2018.

Mühling, Markus, Versöhnendes Handeln – Handeln in Versöhnung – Gottes Opfer an die Menschen, Göttingen 2005.

Mujuzi, Jamil Ddamulira, Diversion in the South African criminal justice system: Emerging jurisprudence, in: South African Journal of Criminal Justice 28 (2015), 40–58.

Müller, Monique, Family Group Conference (FGC) und Täter-Opfer-Ausgleich (TOA) – Restorative Justice in Neuseeland und in Deutschland, Tübingen 2017.

Münster, Peter Maria, Das Konzept des reintegrative shaming von John Braithwaite – Kriminalsoziologische und praktische Bedeutung einer neuen alten Theorie der strafrechtlichen Sozialkontrolle, Münster 2006.

Muntingh, Lukas/Shapiro, Rosemary, NICRO Diversion Options, Cape Town 1997.

Musara, Mazanai/Nieuwenhuizen, Cecile, Informal sector entrepreneurship, individual entrepreneurial orientation and the emergence of entrepreneurial leadership, in: Africa Journal of Management 6 (2020), S. 194–213.

Neubacher, Frank, Kriminologie, 4. Auflage, Baden-Baden 2020.

Ngcobo, Sandile, Vergebung und Recht: Der Aufbau des neuen Südafrika – Eröffnungsreferat zur Konferenz der Australischen Anwälte in Berlin am 3. Juli 2011, in: Betrifft Justiz 2011, S. 129–134.

Nöthe, Angela/Hagemann, Otmar, Community im e-TOA, in: TOA-Magazin 01/2018 (2018), S. 12–15.

Oberwittler, Dietrich, Jugendkriminalität in sozialen Kontexten – Zur Rolle von Wohngebieten und Schulen bei der Verstärkung von abweichendem Verhalten Jugendlicher, in: Dollinger/Schmidt-Semisch (Hrsg.), Handbuch Jugendkriminalität, Wiesbaden 2018, S. 297–316.

Oberwittler, Dietrich/Rabold, Susann et al. (Hrsg.), Städtische Armutsquartiere – Kriminelle Lebenswelten? – Studien zu sozialräumlichen Kontexteffekten auf Jugendkriminalität und Kriminalitätswahrnehmungen, Wiesbaden 2013.

Ochmann, Nadine/Schmidt-Semisch, Henning et al. (Hrsg.), Healthy Justice – Überlegungen zu einem gesundheitsförderlichen Rechtswesen, Wiesbaden 2016

Ostendorf, Heribert, Die Entwicklungsgeschichte des deutschen Jugendstrafrechts, in: Schumann/Wapler (Hrsg.), Erziehen und Strafen, Bessern und Bewahren, Göttingen 2017, S. 49–60.

Ostendorf, Heribert/Drenkhahn, Kirstin, Jugendstrafrecht, 10. Auflage, Baden-Baden 2020.

Ottendörfer, Eva, Rechtsstaatlichkeit und Versöhnung in Transitional-Justice-Prozessen, in: Mihr/Pickel/Pickel (Hrsg.), Handbuch Transitional Justice, Wiesbaden 2018, S. 63–82.

Ovens, Michelle, A historical perspective of the youth offender, in: Bezuidenhout (Hrsg.), Child and youth misbehaviour in South Africa, Pretoria 2018.

Palmary, Ingrid, Gender, Sexuality and Migration in South Africa – Governing Morality, Cham 2016.

Panday, Saadhna/Ranchod, Chitra et al., The Situation of the Youth in South Africa, in: Ward/van der Merwe/Dawes (Hrsg.), Youth violence, Claremont 2013, S. 95–140.

Pitz, Tamara Verena, Robe versus Brief im Diversionsverfahren – Zum spezialpräventiven Potential jugendstrafrechtlicher Einstellungsvarianten unter Empfehlung einer Diversionsrichtlinie, Baden-Baden 2020.

Porsche-Ludwig, Markus, Südafrika, in: Gieler (Hrsg.), Staatenlexikon Afrika, Frankfurt am Main, Bern, Bruxelles, New York, Oxford, Warszawa, Wien 2016.

Prinzing, Marlis, Shitstorms – Nur Wutstürme oder begründete demokratische Proteste?, in: Imhof/Blum/Bonfadelli/Jarren/Wyss (Hrsg.), Demokratisierung durch Social Media?, Wiesbaden 2015, S. 153–176.

Proudlock, Paula (Hrsg.), South Africa's progress in realising children's rights – A law review, Cape Town 2014.

Rautenberg, Erardo Cristoforo, Schülergerichte: Kriminalpolitischer Verhältnisblödsinn!, in: NJW 2006 (2006), S. 2749–2750.

Razumovsky, Dorothea/Wätjen, Elisabeth, Kinder und Gewalt in Südafrika, München 1988.

Richter, Natalie, Die höchstrichterliche Rechtsprechung zum Täter-Opfer-Ausgleich im Rahmen von § 46a StGB unter besonderer Berücksichtigung der Beteiligung des Opfers, in: DBH – Fachverband für Soziale Arbeit, Strafrecht und Kriminalpolitik e. V. (Hrsg.), Die Stärke der Beteiligten: Selbstbestimmung statt Bedürftigkeit, Köln 2019, S. 54–58.

Rienhoff, Jannik, Präventionsarbeit im sozialen Brennpunkt – Neue Methoden der Gewalt- und Kriminalprävention bei Jugendlichen am Beispiel der Stadt Dietzenbach, Berlin 2016.

Roberts, Benjamin/Bohler-Muller, Narnia et al., Protest Blues – Public opinion on the policing of protest in South Africa, in: South African Crime Quarterly 62 (2017), S. 63–80.

Rosenblatt, Fernanda Fonseca, The role of community in restorative justice, London 2015.

Roxin, Claus/Greco, Luis, Strafrecht Allgemeiner Teil, 5. Auflage, München 2020.

Sack, Fritz, Der Täter-Opfer-Ausgleich – Gelobt und doch verschmäht?, in: TOA-Magazin 1/2017 (2017), S. 6–10.

Sampson, Robert J./Laub, John H., A Life-Course Theory of Cumulative Disadvantage and the Stability of Delinquency, in: Thornberry (Hrsg.), Developmental theories of crime and delinquency, New Brunswick 1997, S. 1–29.

Schippa, Camilla, The Global Peace Index, in: Go/Govers (Hrsg.), International Place Branding Yearbook 2011, London 2011, S. 112–129.

Schmitt, Bertram/Meyer-Goßner, Lutz et al., Strafprozessordnung - Kommentar, 64. Auflage, München 2021.

Schmorleiz, Benjamin, Warum manche trotzdem nicht straffällig werden – Ein Versuch, die Ergebnisse der Resilienzforschung in die Angewandte Kriminologie zu integrieren, Berlin 2018.

Schneider, Hans Joachim, Viktimologie – Wissenschaft vom Verbrechensopfer, Tübingen 1975.

Schoeman, Marelize, The African Concept of Ubuntu and Restorative Justice, in: Gavrielides/Artinopulu (Hrsg.), Reconstructing restorative justice philosophy, Farnham, Surrey 2013, S. 291–310.

Schoeman, Marelize, Restorative justice in practice, in: Herbig (Hrsg.), Contemporary Criminology in Practice in South Africa, Cape Town 2014, S. 154–180.

Schoeman, Marelize, Perceptions of justice: a South African youth perspective, in: Acta Criminologica: African Journal of Criminology & Victimology 29 (2016), S. 33–46.

Schumann, Eva/Wapler, Friederike (Hrsg.), Erziehen und Strafen, Bessern und Bewahren – Entwicklungen und Diskussionen im Jugendrecht im 20. Jahrhundert, Göttingen 2017.

Seekings, Jeremy/Nattrass, Nicoli Jean, Class, race, and inequality in South Africa, New Haven 2005.

Skelton, Ann, Freedom in the Making – Juvenile Justice in South Africa, in: Zimring/Langer/Tanenhaus David S. (Hrsg.), Juvenile Justice in Global Perspective, New York 2015, S. 327–369.

Skelton, Ann/Batley, Mike, Mapping Progress, Charting the Future – Restorative justice in South Africa, Pretoria 2006.

Skelton, Ann/Batley, Mike, W(h)iter Restorative Justice in South Africa? – An Updated Status Review 2019, Pretoria 2019.

Sloth-Nielsen, Julia, Child Justice, in: Boezaart (Hrsg.), Child Law in South Africa, Claremont, Cape Town 2018, S. 677–725.

Sloth-Nielsen, Julia/Gallinetti, Jaqueline, "Just say sorry?" Ubuntu, Africanisation and the Child Justice System in the Child Justice Act 75 of 2008, in: Potchefstroom Electronic Law Journal 14 (2011).

Snyman, Carel R., Criminal law, 6. Auflage, Durban 2014.

Songca, Rushiella, A comparative analysis of models of child justice and South Africa's unique contribution, in: Journal for Juridical Science 44 (2019), S. 63–89.

Songca, Rushiella/Sibanda, Omphemetse Stephen et al. (Hrsg.), Vulnerable children in South Africa, Claremont 2016.

Sonnen, Bernd-Rüdeger, Neuere Interventionsformen im Jugendstrafrecht, in: Dollinger/Schmidt-Semisch (Hrsg.), Handbuch Jugendkriminalität, Wiesbaden 2018, S. 501–516.

Spiess, Gerhard, Was soll (und was darf) Diversion?, in: DVJJ (Hrsg.), Achtung (für) Jugend!, Mönchengladbach 2012.

Sprenger-Menzel, Michael Thomas P., Von der Apartheidsgesellschaft zur Rainbow Nation – Südafrikas Wandel zu einem ökonomisch fundierten demokratischen Wohlfahrtsstaat, Wiesbaden 2019.

Staiger, Ines, Ein Plädoyer für Restorative Justice – Die Europaratsempfehlung im Überblick, in: TOA-Magazin 2/2019 (2019), S. 13–16.

Statistics South Africa, General Household Survey 2018, Pretoria 2020.

Steinbrink, Malte, Leben zwischen Land und Stadt – Migration, Translokalität und Verwundbarkeit in Südafrika, Wiesbaden 2009.

Steyn, Francois, Review of South African innovations in diversion and reintegration of at-risk youth – A study commissioned by the Criminal Justice Initiative of the Open Society Foundation for South Africa, Newlands 2005.

Steyn, Francois, Challenges of diversion strategies in meeting the diversion objectives of the Child Justice Act (75 of 2008), in: Acta Criminologica: African Journal of Criminology & Victimology 2012 (2012), S. 76–86.

Steyn, Francois/Sadiki, Lufuno, Youth in contact with criminal justice – Diversion, in: Bezuidenhout (Hrsg.), Child and youth misbehaviour in South Africa, Pretoria 2018.

Stolp, Inga, Die geschichtliche Entwicklung des Jugendstrafrechts von 1923 bis heute – Eine systematische Analyse der Geschichte des Jugendstrafrechts unter besonderer Berücksichtigung des Erziehungsgedankens, Baden-Baden 2015.

Strang, Heather/Sherman, Lawrence, Restorative Justice to Reduce Victimization, in: Welsh/Farrington (Hrsg.), Preventing Crime, New York 2007, S. 147–160.

Streng, Franz, Jugendstrafrecht, 5. Auflage, Heidelberg 2020.

Swanepoel, J. P., The criminal courts of the Republic, in: Joubert (Hrsg.), Criminal procedure handbook, Claremont 2017, S. 30–46.

Terblanche, Stephan S., A guide to sentencing in South Africa, 3. Auflage, Durban 2016.

Thiedemann, Hilke, Judicial Independence – Eine rechtsvergleichende Untersuchung der Sicherung unabhängiger Rechtsprechung in Südafrika und Deutschland, Baden-Baden 2007.

Thobane, Mahlogonolo Stephina/Schoeman, Marelize, Practitioners' perspectives about the successes and challenges in the implementation of the Child Justice Act, in: Acta Criminologica: African Journal of Criminology & Victimology 28(3) (2015), S. 34–49.

Thornberry, Terence P. (Hrsg.), Developmental theories of crime and delinquency, New Brunswick 1997.

Trenczek, Thomas/Hartmann, Arthur, Kriminalprävention durch Restorative Justice – Evidenz aus der empirischen Forschung, in: Walsh/Pniewski/Kober/Armborst (Hrsg.), Evidenzorientierte Kriminalprävention in Deutschland, Wiesbaden 2018, S. 859–886.

Tutu, Desmond, Keine Zukunft ohne Versöhnung, Düsseldorf 2001.

Tutu, Desmond, Versöhnung – Sei wahr und werde frei, Freiburg im Breisgau u. a. 2008.

Tutu van Furth, Mpho Andrea, Vergebung: ein heilsames Geschenk für Dich selbst, in: DBH – Fachverband für Soziale Arbeit, Strafrecht und Kriminalpolitik e. V. (Hrsg.), Die Stärke der Beteiligten: Selbstbestimmung statt Bedürftigkeit, Köln 2019.

V. Dewitz, Clivia, Strafrecht in Reaktion auf Systemunrecht, Berlin 2005.

Van der Merwe, Annette, A new role for crime victims? An evaluation of restorative justice procedures in the Child Justice Act 2008, in: De Jure Law Journal 46 (2013), S. 1022–1038.

Veriava, Faranaaz, Promoting Effective Enforcement of the Prohibition Against Corporal Punishment in South African Schools, Pretoria 2014.

Verrel, Torsten, Die regional ungleiche Diversionspraxis im Jugendstrafrecht – wie lange noch?, in: ZIS 12/2015 (2015), S. 614–618.

Vormbaum, Thomas, Einführung in die moderne Strafrechtsgeschichte, 4. Auflage, Berlin, Heidelberg 2019.

Wakefield, Lorenzo, The third & fourth year of the Child Justice Act's implementation: Where are we headed?, Bellville 2015.

Walgrave, Lode, Restorative Justice in Belgien, in: Lummer/Hagemann/Tein (Hrsg.), Restorative Justice – A European and Schleswig-Holsteinian perspective, Kiel 2011, S. 223–242.

Walsh, Maria, Desistance – Ansätze und Befunde der Forschung zum Abbruch krimineller Karrieren, in: Forum Kriminalprävention 2016, S. 22–25.

Walsh, Maria/Pniewski, Benjamin et al. (Hrsg.), Evidenzorientierte Kriminalprävention in Deutschland – Ein Leitfaden für Politik und Praxis, Wiesbaden 2018.

Ward, Tony/Fox, Kathryn J. et al., Restorative justice, offender rehabilitation and desistance, in: Restorative Justice: An International Journal 2 (2014), S. 24–42.

Ward, Catherine L./van der Merwe, Amelia et al. (Hrsg.), Youth violence – Sources and Solutions in South Africa, Claremont 2013.

Welsh, Brandon C./Farrington, David P. (Hrsg.), Preventing Crime – What Works for Children, Offenders, Victims and Places, New York 2007.

Wessels, Johannes/Beulke, Werner et al., Strafrecht Allgemeiner Teil – Die Straftat und ihr Aufbau, 50. Auflage, Heidelberg 2020.

Wiese, Katja Kristina, Family Group Conferencing – Mehr gemeinschaftliche und familiäre Verantwortungsübernahme im Jugendstrafrecht? – Eine rechtsvergleichende Betrachtung des deutschen und des neuseeländischen Jugendstrafrechts, Frankfurt 2010.

Wilde, Frank, Armut und Strafe – Zur strafverschärfenden Wirkung von Armut im deutschen Strafrecht, Wiesbaden 2016.

Willms, Christoph/Muhl, Johanna, Relevanz und Umsetzung der TOA-Standards in Deutschland – Eine fachliche Einschätzung aus elf Bundesländern, in: TOA-Magazin 02/2019 (2019), S. 20–24.

Wilson, James/Kelling, George, Broken windows: the police and neighborhood safety, in: Atlantic Monthly 1982, S. 29–38.

Wood, Catherine, Diversion in South Africa – A review of policy and practice, 1990-2003, in: ISS 79 (2003).

Woznica, Daniel/Leddy, Anna et al., Structural Approaches Are Building Power: South Africa's National HIV Response Among Female Sex Workers (1990–2016), in: Kerrigan/Barrington (Hrsg.), Structural Dynamics of HIV, Cham 2018, S. 157–172.

Yu, Derek, Defining and measuring informal employment in South Africa, in: Development Southern Africa 29 (2012), S. 157–175.

Zapf, Jana Christina, Opferschutz und Erziehungsgedanke im Jugendstrafverfahren, Göttingen 2012.

Zehr, Howard, Fairsöhnt – Restaurative Gerechtigkeit: wie Opfer und Täter heil werden können, Schwarzenfeld 2010.

Zehr, Howard, The little book of Restorative Justice, in: Zehr/MacRae/Pranis/Amstutz (Hrsg.), The Big Book of Restorative Justice, New York 2015, S. 1–108.

Zehr, Howard/MacRae, Allan et al. (Hrsg.), The Big Book of Restorative Justice – Four Classic Justice & Peacebuilding Books in One Volume, New York 2015.

Zieger, Matthias/Nöding, Toralf, Verteidigung in Jugendstrafsachen, 7. Auflage, Heidelberg 2018.

Zimring, Franklin E./Langer, Máximo et al. (Hrsg.), Juvenile Justice in Global Perspective, New York 2015.

www.ingramcontent.com/pod-product-compliance
Ingram Content Group UK Ltd.
Pitfield, Milton Keynes, MK11 3LW, UK
UKHW020714071026
15590UKWH00011B/596

9 783631 893111